오 염 된 재 판

일러두기
- 각주는 옮긴이 주입니다.
- 외래어 표기는 국립국어원의 외래어표기법을 따랐습니다.

CONVICTING THE INNOCENT

WHERE CRIMINAL PROSECUTIONS GO WRONG

브랜던 L. 개럿 지음
신민영 옮김

과학수사의 추악한 이면과 DNA 검사가 밝혀낸 250가지 진실

오염된 재판

한겨레출판

이 책에 등장한 오판 피해자들

그리고 아직 결백이 입증되지 않은 무고한 사람들에게

차례

1장

서론: 250건의 오염된 재판

013

오판 피해자 250명의 악몽 같은 현실 **018** | 무엇이 잘못되었는지 반드시 밝혀내겠다 **021** | 빙산의 일각이 외친 시스템 개혁 **028**

2장

오염된 자백

035

거짓 자백의 수수께끼 **040** | 가장 유력하고 위험한 증거 **042** | 자백을 이끌어내는 복잡한 심리전술 **046** | 몰랐던 사실을 알게 되는 일 **048** | 진범이라고 믿었다 **055** | 기록되지 않은 진실 **060** | 경찰이 원하는 대답 **063** | 강요된 자백에 대한 사법심사 **067** | 전문가 증언의 무능함 **072** | 자백에 대한 오염은 막을 수 있다 **075**

3장

목격자의 착각

083

'저자가 바로 그 사람'이라는 말의 위력 **087** | 다른 목격자들의 같은 실수 **091** | 목격자의 기억을 시험하는 법 **093** | '믿을 만하다'는 판단 **095** | 암시적인 절차의 위험과 부조리 **096** | 단 한 명의 용의자, 쇼업 **098** | 불공정한 검증, 라인업 **101** | 경찰의 암시적인 발언 **104** | 신빙성 판단의 기준 **109** | 목격자의 잘못된 확신 **110** | 범인과 얼마나 닮았을까 **118** | 가해자를 볼 기회 **120** | 목격자의 집중도 **122** | 사건과 재판 사이의 시간 **123** | 다른 인종을 범인으로 지목할 때 **124** | 어린이 목격자 **127** | 목격자에 대한 판사의 믿음 **131** | 배심원들에게 주어진 최종 지침 **134** | 범인식별절차가 달라지고 있다 **136**

4장

결함 있는 과학수사

143

신빙성도 타당성도 없는 법과학 **149** | 법과학자들은 어떤 사람들인가 **153** | 혈액형의 말, 혈청학 **156** | 현미경 체모 비교 **159** | DNA 검사 **165** | 치흔 비교 **168** | 족적 비교 **172** | 음성 비교 **174** | 지문 비교 **175** | 법과학 증거 은폐하기 **176** | 실수투성이 분석과 총체적인 오류 **178** | 용의자 배제 실패 **179** | 변호사들과 판사들은 무엇을 했는가 **182** | 법과학 개혁으로 가는 길 **185**

5장

거짓 제보자에 의한 재판

193

필요악으로서의 제보자 **200** | 살인 사건과 수감자 제보자 **203** | 수감자 제보자와의 위험한 거래 **206** | 구체적 사건 내용의 출처 **211** | 주 정부 사건을 뒷받침하다 **216** | 상습 제보자의 증언 동기 **222** | 공동피고인의 증언 **224** | 협조자의 기대에 찬 증언 **226** | 수감자 제보자의 증언에 대한 개혁 **228**

6장

농락당한 무죄 주장

235

무고한 피고인의 주장 **239** | 검찰은 재판에서 유리한 출발을 한다 **241** | 유죄협상과 유죄답변 **242** | 재판에서 무죄를 주장하다 **246** | 빈약한 알리바이 **251** | 오판 피해자의 진범 지목 **254** | 저는 범인이 아닙니다 **257** | 불균형하게 이뤄지는 전문가의 도움 **262** | 무능한 변호사 **265** | 검사와 경찰의 부정행위 **269** | 검사의 불공정한 최종진술 **273** | 판사와 배심원 사이의 줄다리기 **275** | 기울어진 운동장과 법원의 편향성 **282**

7장

오판을 바로잡는 여정

287

재판상 오류는 벌레들과 같다 **292** | 거짓 자백이 낳은 유죄판결 **297** | 목격자의 오인과 잘못된 확신 **299** | 값비싼 법과학 증거 **302** | 제보자의 거짓 증언 **304** | 형사재판 불복절차 **310** | 파기, 재심 그리고 취소된 판결 **313** | 결백한 피고인들이 파기를 이끌어낸 사건들 **315** | 무해한 오류와 무죄 증거 **318** | 무능한 변호인의 헛발질 **324** | 정의를 저버린 검사의 부정행위 **327** | 소수의견의 힘 **330** | 오판을 바로잡는 여정 **331**

8장

다시 세상으로

337

결백을 입증받기까지의 머나먼 길 **340** | DNA 기술 발전과 오판 사례 **342** | 대법원의 방관과 DNA 검사 거부 **350** | 판결 취소와 귀환 절차 **353** | 진짜 범인을 잡다 **362** | 여전히 풀려나지 못한 사람들 **366** | 결백 입증, 그 이후 **366** | 오판이 입증된 후 사건 피해자들의 삶 **372** | 앞으로의 오판 피해자들 **374**

9장

형사사법제도 개혁이라는 과제

379

형사절차를 어떻게 개혁해야 하는가 **383** | 신문절차 개혁의 필요성 **387** | 건전한 범인식별절차로의 개혁 **389** | 느리지만 반드시 필요한 법과학 개혁 **395** | 수감자 제보의 남용을 막는 개혁 **400** | 무고한 사형수를 위한 개혁 **401** | 검찰 개혁 **404** | 변호 개혁 **406** | 연방 정부의 방관과 개혁 **407** | 빙산의 일각, 오판 사건을 다시 이야기하다 **409** | 구조적인 오류를 잡아내야 한다 **414** | 알 수 없는 미래의 오류를 예방하는 일 **418** | 250건의 오판 사례들이 우리에게 주는 교훈 **423**

부록 **429**

참고문헌 **449**

감사의 말 **508**

1장

서론: 250건의 오염된 재판

1993년 10월 일리노이주, 로널드 존스(Ronald Jones)의 사형집행일이 다가오고 있었다. 그의 죄명은 강간살인이었고, 이제 그에게 남은 마지막 희망은 DNA 검사였다. 그의 변호인은 검사비 3,000달러를 대신 지불하겠다고 나섰다. 그러나 그때까지만 해도 DNA 검사를 통해 유죄판결을 뒤집은 사례는 거의 없었다. 이 재판을 담당한 검사는 확실한 증거가 많아 어차피 유죄로 결정될 거라는 이유로 DNA 검사를 반대했다. 쿡 카운티의 순회재판관 존 모리시(John Morrissey) 또한 "DNA 검사가 재판 결과를 뒤집을 가능성이 낮다"며 존스의 DNA 검사 신청을 기각했다.[1]

그로부터 8년 전인 1985년 3월의 어느 늦은 밤, 세 아이의 엄마인 28세의 피해자는 언니와 함께 시카고 사우스 사이드에서 늦게까지 춤을 췄다. 배가 고팠던 피해자는 집 근처 치킨 가게로 가다 우연히 친구와 마주쳤고, 그들이 거리에 서서 얘기를 나누는 동안 한 걸인이 다가왔다. 심한 여드름이 나 있어 동네 사람들이 '비포장도로'라고 부르는 걸인이었다. '비포장도로'는 피해자의 친구에게 50센트를 구걸했고, 그 후 셋은 뿔뿔이 제 갈 길을 갔다.

그로부터 몇 시간 후 피해자는 사망한 채로 발견됐다. 그녀의 시체는 폐허로 방치되던 인근의 크레스트호텔 뒤 골목에서 반라 상태로 발견되었는데, 시체에는 여러 차례 찔리고 폭행당한 흔적이 있었다. 범인으로 지목된 사람은 또 다른 성폭행 사건에서 용의자로 지목된 적이 있었던 로널드 존스였다. 여드름이 심한 그는 비포장도로라고 불렸고, 그날 밤 피해자의 친구가 본 그 사람이었을지도 모른다. 그리고 그는 IQ가 80인 "노숙자, 알코올중독자, 거지"였다.[2]

존스는 체포되어 미란다 원칙이 적힌 종이 한 장 이외에 벽으로만 둘러싸인 경찰서의 작은 심문실에서 조사를 받았다. 8시간에 걸친 조사 끝에 존스는 범행을 자백했다. 그의 자백은 수사관이 묻는 말에 수동적으로 답한 정도가 아니었다. 그는 단순히 죄를 인정하는 데 그치지 않고, 오직 살인자만이 알 수 있는 구체적인 정황들이 담긴 진술조서에 서명하기까지 했다.

피해자는 비어 있는 크레스트호텔의 한 방에서 공격받았고, 경찰은 그곳에서 다량의 피와 피해자의 옷가지를 발견했는데, 진술조서에서 존스는 범행이 있던 날 아침 "크레스트 주변을" 산책하다가 피해자를 봤고, 호텔 안에 있는 방에서 피해자를 공격했다고 말했다. 또한 경찰 분석반은 피해자의 질에서 정액을 검출했는데, 존스는 성관계가 있었다고 진술했다. 그리고 피해자에게 구타를 막는 과정에서 발생한 상처가 있었다는 법의학자의 증언처럼, 존스는 "몸싸움"을 벌였다고 진술했다. 게다가 피해자는 네 차례 찔렸는데, 존스는 자신이 이성을 잃고 칼로 "그녀를 몇 차례 베었다"고 진술했다. 또 경찰은 유리창이 없는 창문 밖에서부터 골목을 따라 나 있는 혈흔을 발견했고, 골목에서는 피해자의 시체를 발견했는데, 존스는 호텔 옆에 "골목"이 있는 것을 알고 있었고 "옆쪽 창문"[3]을 통해 들어가고 나왔다고 진술했다. 누구든 범죄 현장의 구체적 정황을 추측만으로 이렇게 많이 알아맞힐 수는 없을 것이다.

수석 수사관은 자신이 존스를 범죄 현장으로 데려갔고, 그곳에서 존스가 더 많은 구체적 정황에 대해 얘기했다고 법정에서 진술했다. 존스는 "우리에게 방을 보여주었습니다". 그리고 "우리에게 어디서 몸싸움이 있었고 어디서 그녀가 찔렸는지를 알려주었습니다". 존스는 피해자의 모습을 정확히 묘사했고,[4] 어떤 암시도 받지 않은 채 범죄 현장의 구체적 정황에 대해 말한 듯했다. 이 구체적 정황들이 그의 운명을 결정지었다.

한편, 로널드 존스의 자백이 그가 범죄를 저질렀다는 유일한 증거는 아니었다. 과학 증거 역시 존스와 범행의 연관성을 보여줬기 때문이다. 현장에서 검출한 정액에 대해 실시한 DNA 검사에서는 결과를 얻지 못했다. 재판 당시인 1989년에는 DNA 기술이 신기술이었고 생물학적 시료량이 많아야만 검사를 할 수 있어서, 대체로 이전의 ABO 혈액형 검사가 행해졌다. 재판에서 과학 분석관은 검출된 정액이 인구 중 52%에 해당하는 그룹에서 나왔으며, 로널드 존스의 혈액형은 이 그룹에 속해 있다고 설명했다.

재판 5차 기일에 존스는 증인석에 섰으며, 자백을 철회했다. 최종진술에서 검사는 배심원단에게 존스가 "전과 2범의 흉악범"임을 감안해 달라고 말했다. 그리고 "이 남자가 법정과 증인석에서 보인 침착한 태도에 속지 말기를 바랍니다. 오직 두 개의 눈동자만이 끔찍한 강간살인 장면을 목격했는데 … 그것이 지금 이 법정에서 여러분들을 응시하고 있습니다"[5]라고 덧붙였다. 결국 배심원단은 존스에게 유죄판결을 내리고 사형을 선고했다.

존스는 항소했지만 패소했다. 그는 자백이 강요되었고 절차상 오류가 재판 결과를 오염시켰다고 주장했지만, 일리노이주 대법원은 그의 상고를 기각했고 연방 대법원 역시 마찬가지였다. 또한 그때 예심판사는 DNA 검사를 해달라는 그의 청구도 기각했다.

그러나 최후의 순간에 로널드 존스의 운이 바뀌기 시작했다. 1997년 일리노이주 대법원은 예심법원의 결정을 파기하고 그의 DNA 검사 요청을 받아들였다. 그 결과 정액에서 검출된 DNA 정보는 존스와 일치하지 않았고, 사건 당시 피해자와 동거하던 연인과도 일치하지 않았다. 그것은 다른 남자의 것이었으나 그는 아직까지 검거되지 않았다.[6] 그 후 존스에 대한 유죄판결이 취소되었지만 검사는 1999년까지 공소를 철회하지 않고 기다렸다. 2000년에 조지 H. 라이언 주지사가 사면[7]할 때까지 존스는 교도소에서 13년 이상을 보내야만 했다.

DNA 검사로 생명을 구한 로널드 존스는 "DNA가 아니었다면 누가 저에 대해 알기나 했겠어요?"라고 언급했다.[8] 그는 하마터면 사형당할 뻔했던 것이다.

로널드 존스의 사례에서는 무엇이 잘못되었던 걸까? 그는 왜 자기가 저지르지도 않은 범죄를 자백한 걸까? 그리고 그는 어떻게 그렇게나 자세하게 자백할 수 있었을까? 해답은 존스의 재판기록에 나타난다.

형사재판 녹취록은 이야기가 어떻게 잘못되어갔는지를 밝혀준다. 로널드 존스는 몇 시간에 걸친 신문을 견뎌낸 직후에 진술조서에 서명을 했다. 자백을 하지 않자 수사관이 그에게 수갑을 채워 벽으로 끌고 가서는 길고 검은 물체로 머리를 반복해서 때렸다고 존스는 법정에서 진술했다. 그는 그때 두 번째 수사관이 방에 들어와서는 "때리지 마, 멍들면 어쩌려고 그래"라고 말했다고 진술했다. 그 수사관은 대신 주먹으로 존스의 몸통을 마구 세게 때렸다.[9]

재판에 앞서 변호인은 이러한 경찰의 불법행위로 인해 자백에 증거능력이 없다고 다투었다. 두 수사관 모두 존스가 얻어맞았다는 점을 부인했다. 수석 수사관은 그 어떤 신문 기법도 사용하지 않았다고 말하며, "저는 앉습니다, 그리고 사람들을 인터뷰합니다, 저는 사람들에게 얘기합니다. 그것이 제가 하는 일의 전부입니다, 판사님"이라고 증언했다. 판사는 재판에 자백을 증거로 제출해도 된다고 결정하면서 "피고인에 대한 강요나 부당한 압박이 있었던 것 같지는 않다"라고 설명했다.[10]

설사 존스가 법정에서 묘사했던 것처럼 자백이 물리적으로 강요된 것이라 하더라도 여전히 의문점이 남는다. 지금 우리는 존스가 결백하다는 것을 알기에, 그가 어떻게 범죄에 대한 구체적인 내부 정보를 알 수 있었는지 의아하다. 재판에서 존스는 경찰이 자신을 범죄 현장으로 데려가서 어떻게 범행이 이루어졌는지 차근차근 알려줬다고 진술했다. 수사관은 "저에게 바닥의 핏자국에 대해 얘기해줬어요. 그리고 폐허가 된 건물 안에서 발견된 옷에 대해서도요". 그리고 피해자가 "칼로 살해당했고, 서너 번 정도 찔렸다고요".[11] 그가 진술조서에서 범죄의 구체적 정황에 대해 명확히 반복할 수 있었던 것은 그가 현장에 있었기 때문이 아니라 경찰이 그에게 무엇을 말해야 하는지 일러주었기 때문으로 보인다.

존스의 재판에서 제시된 과학 증거 역시 결함이 있었다. 검사가 최종 진술에서 "물적증거는 거짓말을 하지 않는다"라고 말했지만, 정작 과학 분석관은 과학과 관련한 심각한 허위 진술을 했다.[12] 존스의 혈액형은 가장 흔한 타입인 O형이었다. 그러나 그는 또한 체액에서 혈액형이 드러나지 않는 비분비자이기도 했다. 인구 중 20%가 비분비자이다. 피해자는 인구 중 32%를 차지하는 혈액형 A의 분비자였다. 피해자 시체에서 수집된 질 내 물질은 피해자의 유형과 일치했으며 혈액형 A 물질을 포함하고 있었다. 이를 바탕으로 분석관은 비분비자와 혈액형 A의 분비

자를 합친 퍼센티지, 즉 인구의 약 절반 가까이 되는 사람이 정액의 주인일 확률이 있다고 증언했다.[13]

하지만 분석관은 틀렸다. 유능한 분석관이었다면 어떤 남자라도 강간범으로 지목될 가능성이 있다고 설명했을 것이다. 분석관은 피해자의 혈액형 A 물질 외에는 다른 것을 찾아내지 못했으며, 이것은 바로 당시 만연했던 '마스킹' 문제로 이어졌다. 즉, 피해자의 몸에서 나온 물질이 강간범으로부터 나온 물질을 덮어버릴 수도 있다는 문제였다. 그러므로 이 사건 현장에서 수집한 증거 중에 결정적인 것은 하나도 없었으며, 강간범의 혈액형에 대해 말할 수 있는 것은 아무것도 없었던 것이다.

오판 피해자 250명의 악몽 같은 현실

로널드 존스의 사례는 우리의 시스템이 무고한 사람에게 어떻게 유죄 판결을 내리는지 보여주는 충격적인 예이기도 하다. 만약 이것이 유일한 사례라면, 우리는 이를 그저 비극적인 사건이라 부르고 말 것이다. 하지만 그의 사례는 전혀 특별하지 않다. 1980년대 후반 DNA 검사가 보급되고 나서 250명 이상의 피고인들이 판결 후 DNA 검사를 통해 결백을 입증했기 때문이다.

이 무고한 사람들은 과연 누구인가? DNA 검사로 결백을 입증한 첫 250명은 주로 강간으로 유죄판결을 받았다. 68%인 171건이 강간이었다. 9%인 22건이 살인이었으며, 21%인 52건이 강간살인이었고, 2%인 5건에서 강도 같은 다른 죄로 유죄판결이 내려졌다.[14] 17명이 사형을 선고받았고, 80명은 종신형을 선고받았다. 그들은 평균 13년을 감옥에서 보내야만 했다. 이들은 주로 20대에 유죄판결을 받았으며, 24명은 미성년자였다. 4명을 제외한 전부가 남자였고, 적어도 18명에게는 정신장애가 있었다. DNA 검사로 결백이 입증된 오판 피해자들 중 소수자가 70%를 차지하며 이들은 강간과 살인으로 유죄를 받은 사람들 중 이미 인종적으로 차별을 받은 사람들이다. 250명의 오판 피해자들 중 155명은 흑인이었고, 20명은 라틴아메리카계였으며, 74명이 백인, 1명이 아시아인이었다.[15]

DNA 검사는 또한 진범을 식별해내기도 한다. 250건의 사례 중 45%인 112건에서 검사 결과를 통해 진범을 찾아냈다. 이는 주로 '콜드히트(Cold hit)' 또는 나날이 증가하고 있는 수사기관 DNA 데이터베이스와의 비교를 통해 이뤄진다. 잘못된 유죄판결이 끼치는 해악은 무고한 사람이 고초를 겪는 데 그치지 않는다. DNA 검사에서 진범으로 밝혀지기 전까지 많은 범죄자가 수년간 강간과 살인을 지속했다.

DNA 검사가 발명되기 전에는 무고한 사람에게 유죄를 선고하는 문제가 겉으로 드러나지 않았다. 잘못된 판결이 내려질 수 있다는 사실조차 믿지 않는 사람들이 많았다.[16] 산드라 데이 오코너 판사는 "헌법에서 결백한 사람에게 유죄를 판결할 경우 사상 초유의 보호를 해주기 때문에 우리 사회는 형사재판에 높은 신뢰도를 보인다"며 치켜세웠다. 러니드 핸드(Learned Hand) 판사는 "유죄판결을 받은 무고한 사람의 유령이라는 것은 비현실적인 꿈일 뿐"이라는 유명한 선언을 하기도 했다. 검사들은 때때로 "무고한 사람이 유죄판결을 받는 경우는 없다"고 하며 무결성을 주장하기도 했다.[17] 인간이라면 당연히 실수할 때도 있다는 것을 아는 다른 사람들도 재소자들이 자신의 무고함을 설득력 있게 증명할 때는 그것을 믿지 않으려 했다. 이처럼 잘못된 유죄판결에 대해서는

알려진 것이 거의 없었기 때문에 학자들은 이를 "보이지 않는 무죄"라고 말했다.[18]

DNA가 밝혀낸 무죄 사례들은 잘못된 판결이 발생할 수 있다는 사실을 드러내고 판사, 변호사, 입법자, 여론, 학자들이 가졌던 재판에 대한 신뢰도를 바꿔놓음으로써 미국 형사사법의 모습을 변화시켰다. 형사사법제도가 사람들이 믿는 만큼 완전무결하지 않다는 의심을 가졌던 진취적인 변호사, 기자, 학생들의 노고가 있었기에 이 엄청난 변화가 가능했다.

형사 변호사로 유명한 배리 섹(Barry Scheck)과 피터 뉴펠드(Peter Neufeld)는 1990년대 초반 카도조 로스쿨에서 선구적인 무죄 프로젝트(Innocence Project)를 출범시켰고, 이는 첫 250명의 오판 피해자들 중 많은 수를 석방하는 데 기여했다. 나는 새내기 변호사로서 섹 앤드 뉴펠드 로펌에서 근무하던 시절, 오판 피해자들을 여러 사람 만날 수 있었다. 당시 로펌은 이들을 대리해, 감옥에 갇혀 있었던 것에 대한 보상을 청구하는 소송을 진행하고 있었다.

이 밖에도 몇 년간 변호사, 기자를 비롯한 많은 사람이 무고한 사례들을 찾아내기 위해 여러 로스쿨이 포함된 '무죄 네트워크'를 설립했다. 오늘날에는 전미 33개 주와 컬럼비아 특별구를 포함한 미 전역에서 DNA를 이용해 무고한 사례를 밝혀내고 있다.[19] 또한 형사사법제도에 대해 불신하는 여론이 일고 있으며, 유명한 TV 쇼, 책, 영화, 연극은 잘못된 유죄판결에 관한 이야기를 그려내고 있다.[20] 이제 우리는 러니드 핸드 판사가 말했던 "무고한 사람의 유령"이 더 이상 "비현실적인 꿈"이 아니라 악몽 같은 현실임을 잘 안다.

무엇이 잘못되었는지 반드시 밝혀내겠다

잘못된 판결을 야기하는 제도 자체의 결함이 있는지 여부를 예전에는 알 수 없었다. 하지만 이제는 DNA 검사를 통해 무죄를 입증한 사례가 아주 많이 있기에, 연구 대상이 될 만한 재판상 오류들을 많이 알 수 있다. DNA 검사를 통해 결백을 입증한 첫 250명의 사례들은 불행하지만 어쩔 수 없는 일이었던 것일까? 그간 형사사법이 의존해왔던 견고한 관습 때문에 이러한 사례들이 발생한 것은 아닐까? 오판 피해자 사례들 사이에는 공통점이 있을까? 그리고 우리는 이러한 사례들에서 무엇을 배울 수 있을까?

이 책은 무고한 사람들에게 벌어진 일을 심도 깊게 관찰함으로써 이러한 질문에 대해 처음으로 답하고자 한다. 이 책을 집필하기 위해 법률 자료를 수집하는 일부터 쉽지 않았다. 학자들이 자세한 설문지를 사용해 배심원과 판사들을 조사해왔지만, 어떤 증거가 제출되었는지를 조사하기 위해 재판 속기록 뭉치를 연구한 사람은 누구도 없었다. 하물며 오판 피해 사례에 관한 재판에 대해서는 말할 것도 없었다.[21] 재판기록을 찾아내는 데는 난점이 많고 비용이 많이 들기 때문이었다.

엄청난 양의 기록들을 찾기 위해서는 법원 기록보관소의 창고를 뒤지거나 법원 속기사에게 부탁을 해야만 했고, 수많은 사서들과 조교들의 도움을 받아 어려움을 극복할 수 있었다. 첫 250명의 오판 피해자들의 사례 각각에 대해서 이와 관련한 변호인, 법원 서기, 속기사, 검사, 전국 방방곡곡의 무죄 프로젝트 팀과 접촉했다. 그리하여 진술조서, 재판부의 의견, 그리고 가장 중요한 재판의 속기록 등의 문서들을 찾아냈다. 재판에서 유죄판결을 받은 234명의 사례 중 88%에 해당하는 207건에 관한 속기록을 수집했고,[22] 재판을 받는 대신 자백하여 간이공판절차로 끝난 16건의 사례 중 13건에 관한 녹취록과 기타 기록들을 구했다. 나머지 사례들의 경우, 기록은 봉인되어 있거나 파기되었거나 분실되었다.

다량의 정보를 모으기 시작하면서 내가 세운 목표는 무엇이 잘못되었는지를 밝혀내겠다는 것이었다. 재판기록들을 분석하면서 억울하게 유죄판결을 받은 사례가 결코 특별한 일이 아니라는 것을 알 수 있었다. 같은 문제가 반복되고 있었던 것이다. 오판 피해자들은 대부분 로널드 존스처럼 오염된 자백을 했고, 재판에서는 과학적 오류가 있는 분석 결과가 제출되었다. 로널드 존스의 사례는 그 자체로도 문제이지만 한편으로는 오판 피해자 사례의 전형이기도 하다. 오염된 증거와 부당한 수사, 과학 분석상의 오류 그리고 형편없는 변호라는 패턴과 정확히 일치한다.

이 재판들은 미국 헌법이 가정하는 '무고한 사람이 처벌받지 않도록 더할 나위 없이 보호해야 한다'는 원칙에 의구심을 불러일으킨다. 미국의 사법 시스템은 배심원단을 사실발견자로서 크게 신뢰한다. 대법원은 헌법상 유죄를 받은 사람들이 결백을 주장할 수 있는 권리를 인정하지 않으면서 "재판은 피고인의 유죄와 무죄를 결정하는 가장 중요한 일이다"라고 밝혔다.[23] 하지만 배심원단이 재판에서 정확한 증거를 접할 수 있도록 보장하는 형사소송 규칙은 없다시피 하다. 물론 '배심원단은 합리적인 의심을 넘어서 입증된 경우에만 유죄를 선고해야 한다'거나 '빈곤한 피고인에게 국선변호사가 선임되어야 한다' 같은 헌법상의 유명한 권리가 오심을 방지하는 중요한 방어벽 역할을 하는 것은 분명하다. 하지만 이러한 권리들과 함께 미란다 원칙, 위법수집증거 배제 원칙, 목격자와 대면할 수 있는 권리 같은, 법원이 인정하는 다른 많은 권리 역시 판결 번복을 방지하기 위해 반드시 따라야 하는 절차법이다. 그러나 이와 같은 문제들은 대부분 사실심 판사의 재량으로 남아 있다.

오판 피해자 사례들은 검사가 잘못 기소할 수 있다는 점도 알려준다. 무고한 사람들이 얼마나 많이 감옥에 갇혀 있는지 우리는 알지 못하고 알 수도 없다. 그렇지만 피해가 밝혀진 250명이 경찰, 검찰, 변호인, 판사, 배심원단, 과학수사관이 저지른 비슷한 오류로 인해 잘못된 유죄판결을 받은 사람들의 전부라고 믿을 이유 역시 없다. 동일한 오류를 지니고도 일상적으로 사용된 방식들은 다른 자백, 목격자 증언, 과학 증거, 제보자 증언, 변호를 셀 수 없이 많이 오염시켰을 것이다. 이 책은 오판 피해자들의 사례에서 어떤 면이 잘못되었는지에 대해 각 장별로 다음과 같은 질문을 던질 것이다.

왜 무고한 사람이 자기가 저지르지도 않은 범죄에 대해 그렇게 자세히 자백한 걸까? 2장은 로널드 존스처럼, "내가 했습니다" 수준을 훨씬 뛰어넘는 자백을 했던 제프리 데스코빅(Jeffrey Deskovic)의 사례로 시작할 것이다.

250명의 오판 피해자 중 16%에 해당하는 40명이 자기가 저지르지도 않은 범죄를 자백했다. 비슷한 여러 사례들이 널리 알려져 있었고, 심리학자들이 경찰의 압박이 어떻게 거짓 자백으로 이어지는지에 대해 이미 연구했었기에 나는 오판 피해자들 중에도 거짓 자백을 한 경우가 어느 정도 있을 것이라고 예상했다. 하지만 놀랍게도 2명을 제외한 모두가 오직 살인자나 강간범만이 알 수 있었던 범행의 구체적 정황에 대해 자백했다는 사실을 알아냈다. 대부분은 분명히 경찰이 이들에게 구체적인 사실관계를 부적절하게 노출했을 것이다.

데스코빅의 경우 경찰의 압력에 굴복한 것이 놀라운 일은 아니다. 그는 16살이었고, 마지막 피의자 신문 중에 나타난 신경쇠약 증상으로 이후 정신병원에 입원해야만 했다. 거짓으로 자백한 무고한 피고인들 중 절반 이상이 미성년자였거나 정신장애가 있었다.

거기에다 형사절차 역시 한몫을 했다. 오래전에 대법원은 자백의 신빙성을 검토하는 것을 포기했고, 대신 경찰이 자백을 강요했는지 여부에 초점을 맞추었기 때문이다.

왜 피해자와 목격자는 피고인이 범행을 저지르는 것을 분명히 보았다고 증언했을까? 3장은 하비브 압달(Habib Abdal)의 사례로 시작한다.

그는 250명의 오판 피해자 중 76%에 해당하는 190명과 마찬가지로, 목격자에 의해 범인으로 잘못 지목되었다. 피해자는 재판에서 압달을 지목했고, 그가 강간범임을 틀림없이 확신한다고 말했다. 그러나 피해자는 틀렸다. 나는 목격자들이 재판 당시에는 확신을 갖고 있었을 거라고 예상했다. 하지만 내 예상과 달리 이들 사례 중 대부분에서, 목격자들은 자신이 처음에는 확신이 없었고 경찰이 신빙성 낮은 유도신문 절차를 사용했다고 재판에서 인정했다. 압달의 경우에는 경찰이 피해자에게 그의 사진만을 보여주면서 그를 알아볼 수 있겠냐고 반복해서 피해자를 압박했다. 처음에 피해자는 범인을 전혀 다르게 묘사했다. 그리고 압달을 경찰서에서 처음 보았을 때, 피해자는 그가 강간범이 아니라고 말했다. 대부분의 다른 증인들 역시 확실치 않다고 하거나, 다른 사람을 지목하거나, 가해자를 전혀 다르게 묘사했다.

압달은 백인 목격자에 의해 오인된 74명의 흑인 중 한 명이다. 오랫동안 연구된 결과에 따르면, 타 인종 간 얼굴 식별은 틀릴 확률이 매우 높다. 다시 한번 형사절차는 별 역할을 하지 못했다. 수십 년 전 대법원은 경찰에게 고강도의 유도신문을 허용하는 매우 유연한 '신빙성' 기준을 채택한 것이다.

왜 과학수사는 이들이 무고하다는 것을 재판에서 밝혀내지 못했을까? 4장은 게리 닷슨(Gary Dotson)의 사례로 시작한다.

로널드 존스 사례에서 그랬던 것처럼, 닷슨 재판에서 분석관은 혈액형에 관한 부정확한 통계를 배심원에게 제시했다. 그는 또한 체모 증거에 대해서 과장되게 증언했다. 대다수 오판 피해자들의 재판 과정에는 법과학 증거가 사용되었다. 비록 이후에 최첨단 DNA 기술을 통해 그들이 석방되었지만, 재판에서는 법과학 증거에 오류가 있었다. 이들의 재판기록을 읽으면서 나는 검찰 측이 신청한 153명의 과학 증거 분석관 중 61%에 해당하는 93명이 일련의 잘못된 분석을 했음을 알게 되었다. 분석관들은 거짓 가능성을 날조해냈다. 이들은 아무런 과학적 근거도 없이 물린 자국이나 체모가 피고인으로부터 유래했다고 주장했다.

게다가 분석관들은 신빙성 없는 기술을 사용했다. 그리고 DNA 검사가 완전무결한 것은 아니다. DNA 검사의 오류가 3명의 무고한 사람들이 잘못된 유죄판결을 받는 데 일조했기 때문이다.

또한 과학 증거는 모두 검찰 측에 편향된 것이었다. 잘못된 과학수사에 대응하기 위해서 겨우 몇몇 변호인만이 전문가의 도움을 얻을 수 있었다. 대법원은 현재 표면적으로는 전문가의 증언에 오류가 없고 신빙성이 있어야 한다고 요구하지만, 아직까지도 대부분의 판사들은 형사사건에서 이런 요구를 존중하지 않는다.

왜 제보자는 무고한 사람에게 불리한 증언을 했을까? 5장은 동료 수감자가 검찰에게 중요 증인이 되어주었던 데이비드 그레이(David Gray)의 사례로 시작한다.

오판 피해자 사례 중 21%에서 제보자들이 악역을 담당했다. 대부분이 동료 수감자였는데, 내가 예상했던 대로 이들은 거짓말을 하는 데 그치지 않고 더 나아가 치명적인 짓을 저질렀다. 그들은 피고인이 범행에 대해 자세히 얘기하는 것을 우연히 들었다고 주장했다. 그레이의 사례에서 검사는 제보자가 유명한 거짓말쟁이인 점을 인정하면서도, 그를 믿어야만 한다고 배심원단에게 주장했다. 결국 제보자는 그레이가 자신에게 범행에 대해 구체적—피해자의 전화기를 벽에서 잡아 떼냈고, 요란한 와인색 신발을 신고 있었다—으로 말해줬다고 주장했다. 그리고 거짓말을 한 대가로 검사에게 가벼운 형을 받았음에도 당시 제보자는 어떠한 거래도 없었다고 부인했다. 판사들은 이런 신빙성 없는 제보자들의 증언을 통제하거나 제한할 수 있는 의미 있는 조치를 취하지 않았다.

왜 변호사는 무고한 의뢰인이 유죄판결을 받는 것을 막지 못했나? 6장은 사형 사건이었음에도 단 2일간만 재판이 진행되었던 얼 워싱턴(Earl Washington)의 사례로 시작한다.

만약 자신이 무고하게 재판을 받게 된다면 무엇을 할지 상상해보자. 나는 무고한 사람들이 격렬하게 무죄를 다퉜을 거라고 생각했다. 절반이 넘는 다른 오판 피해자들처럼 워싱턴은 자신의 결백을 주장했다. 하지만 이런 경우 대부분이 할 수 있는 건 허약한 알리바이를 대는 것뿐이었다. 그들이 내세운 알리바이는 중립성이 의심된다고 공격받기 좋은 가족 구성원들이었다. 한편 사형 사건에 대한 경험이 없었던 워싱턴의 변호사는 단지 2명의 증인을 신청했고 고작 40분간 증거를 제시했다. 그는 짧은 최종변론에서 배심원에게 워싱턴이 죄를 저질렀는지 정확하게 밝혀달라고 말했을 뿐이었다. 그 후 배심원들이 무고한 사람에게 유죄판결을 내리는 데는 단 50분의 시간이 소요됐다.

수십 년 후에야 변호사들은 워싱턴의 결백을 입증할 증거를 경찰과 검사가 은폐했음을 밝혀냈다. 대법원이 "의미 있는 교차검증의 장"이 피고인을 보호한다고 강조했음에도, 오랜 기간 판사들은 피고인들이 적정한 변호를 받는 것과 재판에서 결백을 입증할 증거에 접근하는 것을 보장하지 못했다.[24]

왜 항소심 또는 인신보호절차는 무고한 사람들을 석방하지 못했나? 7장은 무고한 사람이 계속해야 했던 지루한 항소심과 인신보호절차를 다룬다.

판사가 앞의 사례에서 나타난 것 같은 중대한 실수를 찾아냈을 거라 기대하는 사람이 있을지도 모르겠다. 그러나 유죄판결 이후 판사는 마지못해 증거를 검토했을 뿐이다. 결국 대부분의 피고인들은 재판상 증거의 결함에 대해 이의제기조차 하지 못했고, 이의제기를 했어도 항상 실패했다. 대부분의 판사는 새 재판을 여는 것을 기각했고, 일부는 유죄라는 확신에 차서 유죄의 증거가 "압도적"이라고 말하기도 했다.

왜 무고한 사람들의 결백이 입증되는 데 이렇게 많은 시간이 걸린 걸까? 8장은 수년간 DNA 검사를 요구하며 싸운 끝에 사형수 감옥에서 암으로 사망한 프랭크 리 스미스(Frank Lee Smith)의 사례로 시작한다. DNA 검사 결과는 사망한 후에야 그의 무고함을 입증해주었다. 대부분의 피고인들은 DNA 검사를 받아 무고함을 입증하기까지 수년간을 싸웠다. '무죄 입증(exoneration)'이라는 단어는 새로운 무죄 증거에 기초해 유죄판결을 뒤집는 공식적 결정을 일컫는다. 무죄 입증은 판사가 새로운 무죄 증거에 대해 청취한 후 유죄판결을 파기하고 재심을 하지 않든가 혹은 새로운 재판을 열어 무죄선고를 하는 방식으로 진행된다.

또는 주지사가 직접 사면을 하기도 한다.[25] 250명의 피고인들은 평균 13년을 감옥에서 보냈다. 그들이 무죄를 입증받는 데는 더 많은 시간인 평균 15년이 걸렸다. 때로는 판사와 검사가 DNA 검사 청구에 반대했다. 초기에 판사들은 DNA 검사 결과가 오판 피해자들의 무고함을 강력하게 증명했음에도 그들에게 무죄판결을 내리는 것을 거부하기도 했다.

왜 형사사법제도는 오판 피해자 사례에 대한 대응책을 내놓지 않는 걸까? 9장은 잠재적 무죄 사례를 검토하기 위해 무죄위원회(Innocence Commission)를 설립하고 수사와 범인식별절차를 개혁하는 법을 통과시킴으로써 대응책을 마련한 노스캐롤라이나의 사례를 소개하며 시작한다. 하지만 대부분의 지역에서는 대응책을 전혀 마련하지 않고 있다.

마지막인 이 장에서는 이전 장에서 제기했던 각 질문들을 다시 언급하고 해결책을 제안할 것이다. 주와 지역의 수사기관은 수사절차 녹취와 범인식별절차 개선 그리고 과학수사 개선과 같은 개혁안을 채택해가고 있다. 이러한 개혁안은 향후 잘못된 판결이 내려지는 것을 막는 데 도움이 될 것이다.

빙산의 일각이 외친 시스템 개혁

로널드 존스의 사례와 같은 사건들이 미국에서 매해 처리되는 엄청난 양의 형사사건에 대해 무엇을 말해주는 것일까? 오판 피해자 250명의 사례는 빙산의 일각에 불과하다. 물 아래 잠긴 빙산의 아랫부분에는 보이지 않지만 불길한 무언가가 잠재해 있다. 이 오판 피해 사례들에 대해 가장 중요한 질문에는 답을 할 수가 없다. 다른 수많은 무고한 사람들이 어떻게 옥고를 치르고 있는지 모르며 알 수도 없다. 이들은 보이지 않는다. 이 오판 피해 사례들의 가장 끔찍한 특징 중 하나는 너무 많은 사람들이 우연히 발견되었다는 점이다.

항소심 및 재심절차에서 DNA 검사를 원하는 기결수 대부분이 검사를 받을 수 없다. 일부 관할 구역은 여전히 이들이 결백을 입증할 수 있는 DNA 검사를 허용하지 않고 있다. 세분화된 사법제도에서 무죄 입증은 지역 경찰, 검사 및 판사의 협조에 달려 있다. 1980년대에 대부분의 경찰들은 유죄판결 이후에 통상적으로 증거를 저장하지 않았다. 생물학적 증거가 보존되어 있는 텍사스 댈러스의 경우, DNA로 무죄판결을 받은 오판 피해 사례가 19건이나 있다.[26] 근처인 텍사스 휴스턴의 경우, 휴스턴 범죄 연구소가 폐쇄되는 중대한 파문에도 불구하고 창고가 가득 차면 직원이 증거를 폐기해버렸기 때문에 단지 6건의 DNA 관련 오판 피해 사례가 남아 있었다.[27] 또한 대부분의 범죄의 경우 범죄현장에서 수집되어 DNA 검사가 가능한 그런 유용한 증거가 존재하지 않는다. DNA가 "진실을 말하는 기계"라면 1980년대에 발생한 매우 심각한 유죄판결, 대부분 강간 사건에서의 아주 일부의 진실만을 알려줄 뿐이다.[28]

이런 이유들 때문에, 우리는 빙산이 얼마나 큰지는 절대 알 수 없지만 감내하기 어려운 수많은 결백한 사람들이 유죄판결을 받고 있다는 점에서 마땅히 여기에 관심을 가져야만 한다. 경찰이 최초로 DNA 검사용 샘플을 보내기 시작했던 1990년대 중반에 실시된 연방 차원의 연구에서, 1차 용의자 중 25%가 재판 전에 DNA 검사로 제외된 바가 있다.[29]

이 사건들의 재판 기록은 경찰, 검사, 법과학 분석, 피고인의 변호인, 판사, 배심원 대부분이 성실하게 행동했다고 믿을 만한 증거를 제시한다. 자신이 결백한 사람들을 표적으로 삼고 있다고 생각하는 사람은 거의 없다. 이들은 인지적 편향의 일상에서 고통받고 있었을 수도 있다. 즉, 이들은 결백의 증거가 사전 검토 내용과 일치하지 않아서 또는 이들이 스스로를 범죄만을 쫓는 사람들로 느끼게 만들었기 때문에 무죄와 관련된 증거를 무의식적으로 무시했다는 것을 의미한다. 이런 요인 때문에 이런 오판 사례는 모두 더 큰 어려움에 처하게 된다. 다른 사건과 비교해 이 오판 피해 사례들에서 역시 누구도 다르게 행동했을 것으로 보이지 않는다면, 유사한 오류로 수많은 다른 결백한 사람들에게 유죄가 선고되었을 수 있고 죄인들이 오히려 자유를 얻었을 수 있다.

이 오판 피해 사례들에서 발생한 잘못을 개인의 탓으로 돌리기보다는, 이러한 잘못된 판결에 대한 연구를 통해 시스템상에 문제가 있으며 개혁이 필요하다는 사실을 이 책을 통해 시사하고자 한다. 형사사건에서 목격자의 범인식별절차, 자백, 법과학, 핵심 증언과 같은 증거들의 정확성을 보호해야 한다. 250명의 오판 피해자들이라는 고유한 창을 통해 우리 사법제도의 어두운 이면을 이 책에서 살펴보고자 한다. 이어지는 장에서는 각각 사례들에 대해 면밀한 검토를 거쳐 형사사건의 기소가 어떤 이유로 잘못 이루어지는지 그리고 결백한 사람들에게 유죄 판결을 내리지 않으려면 어떻게 해야 하는지에 대해 알아볼 것이다.

2장

오염된 자백

뉴욕주 픽스킬시 시내의 한 공원, 숲이 우거진 구역에 있는 흙길에서 15세 소녀의 시체가 발견되었다. 근처에 살던 그 소녀는 뉴키즈온더블록(New Kids on the Block)의 카세트테이프를 들으며 공원을 산책하던 중 공격을 받은 것이었다. 그녀는 둔기로 심하게 공격당한 상태였고, 검시관은 그녀가 강간도 당했다고 결론지었다.

17세의 제프리 데스코빅은 피해자와 동급생이었는데, 두 사람 모두 픽스킬고등학교 2학년생이었다. 그녀의 장례식에 참석한 데스코빅은 산만해 보였다. 그는 경찰에게 범인을 잡는 것을 몹시 돕고 싶다고 말했다.[1] 처음 그를 경찰서로 데려갔을 때, 형사는 원한다면 그의 어머니에게 말해주겠다고 했으나, 데스코빅은 그러지 않겠다고 답했다. 경찰서로 압송된 그에게 형사는 미란다 원칙을 읽어주었다. "당신은 묵비권과 어떠한 질문에도 답하지 않을 권리가 있습니다. 당신이 말한 내용은 유죄의 증거로 사용될 수 있으며 … 당신은 조사받기 전이나 묵비권을 행사하기 전에 변호사를 접견할 권리가 있습니다." "내가 설명한 이상의 권리들에 대해 이해했습니까?"라는 형사의 물음에 데스코빅은 이해했다고 답했고, 변호사 없이 조사를 받겠다는 의사를 표시하는 카드에 서명했다.[2]

데스코빅은 몇 주 동안 여러 번에 걸쳐 경찰에게 진술했고, 회를 거듭하며 오랜 시간 동안 조사를 받았다. 테이프리코더를 사용한 한 조사에서 경찰은 기계를 켰다 껐다 하면서 오직 35분간만 녹음했는데, 데스코빅이 미란다 권리를 낭독할 때는 기계를 켜놓고, 형사가 공격적으로 그를 몰아세우는 부분에서는 꺼놓는 식이었다.[3]

데스코빅은 자신이 피해자를 강간하거나 살해했다고는 결코 말하지 않았지만, 전하는 바에 따르면 다른 세부 사항에 대해서는 털어놓았다고 한다. "사실 그는 진범이 아니고는 알 수 없는 것들에 대해 이야기하기 시작했다"고 형사는 설명했다.[4] 추측건대 데스코빅은 다른 이야기를 하는 중에 사건 현장에 대한 정확한 그림을 그렸을 것이다. 그가 그린 그림은 별개의 세 범죄 현장에 대해 자세히 묘사하고 있었는데, 이는 한 번도 대중에 공개된 적이 없는 내용이었다. 그는 지도에 "몸싸움", "거기서 강간", "시체 발견"이라고 표시했는데,[5] 또한 형사에게 "때때로 환청을 듣는다"고 말하기도 했다.[6]

특히 데스코빅에 대한 마지막 신문은 거짓말탐지기 검사로 시작됐다. 법정에서 형사는 데스코빅의 진실성을 검증하기 위해 거짓말탐지기 검사를 한 것이 아니라 자백을 받아내기 위해 이를 사용한 것이라고 설명했다.[7] 거짓말탐지기 검사 이후 형사는 데스코빅을 압박하기 위해 그가 검사를 통과하지 못했다고 말했고, 결국 그 조사는 데스코빅이 거짓말탐지기 검사실 바닥에서 아기처럼 웅크린 채 우는 것으로 마무리되었다.

쓰러지기 직전에 그는 "처음에 왔을 때는 자신이 진범을 잡는 데 협조하고 있다고 생각했지만" 시간이 갈수록 점차 "그 진범이 자신이었음을 깨닫게 되었다"[8]고 말한 것으로 알려져 있다. 그는 피해자가 측두부를 맞아 정신이 없을 때 그녀의 옷을 찢어버렸다고 자백한 것으로 전해진다. 피해자와 몸싸움을 했고 손으로 그녀의 입을 아마도 "조금 오래"

막았다고도 말했다. 또한 그는 피해자의 브래지어를 찢어버렸다고 말했는데, 피해자의 찢어진 브래지어는 사건 현장에서 발견되었다. 그는 피해자가 공원을 가던 중 사진을 찍었고 열쇠를 떨어뜨린 사실도 알고 있었다. 마지막으로, 전하는 바에 따르면 데스코빅은 "길가에 떨어져 있던 게토레이 병으로 그녀의 머리 뒷부분을 때렸다"고 말했는데, 이를 들은 경찰은 사건 현장으로 돌아가 게토레이 병뚜껑을 찾아냈다고 주장했다.[9]

마지막 신문을 받고 체포된 다음 날 데스코빅이 '자살'을 시도한 사실이 공표됐다. 자살 시도로 인해 데스코빅은 몇 달간 입원을 해야 했고, 그 후 그에게 검사를 받을 것을 명한 판사는 그가 재판을 받을 능력이 있다고 판단했다.[10] 재판 전에 판사는 미 대법원과 주 법원의 기준에 따라 진술이 자발적으로 이루어졌는지를 평가하기 위해 심문을 열었다. 경찰은 정보를 얻어내는 '수동적' 전술에서 '적극적' 압박으로 이동하는 기법을 사용했다. 판사는 이러한 전술이 합법적이며 진술이 자발적이므로 허용될 수 있다고 판단했고, 배심원들은 재판에서 진술을 들을 수 있게 되었다.[11]

그럼에도 불구하고 재판 과정에서 검사 측에 문제가 있었다. 검사 측은 데스코빅이 단독으로 피해자를 강간살해했다고 결론지었고, FBI 실험실은 재판 전에 DNA 검사를 실시했다. 그 결과 데스코빅은 피해자의 시체에서 면봉으로 채취한 정액의 주인이 아니었다. 이에 대해 재판에서 지방검사는 배심원에게 강력한 과학 증거를 무시할 것을 요청했다. 지방검사는 피해자가 "성적으로 활발"하고 강간살해당하기 직전에 "로맨틱한 관계에 있던 누군가"와 성관계를 가졌을 것이라고 추측했다. 결국 "그녀는 80년대에 자라났다"는 것이었다.[12] 하지만 그녀가 성적으로 활발하다는 사실을 입증할 증거는 없었고, 검사 측에서나 피고인 측에서는 이 추측을 검증할 조사조차 실시하지 않았다.

검사의 주장입증절차에서 데스코빅의 자백이 얼마나 중요했는지는 공판기록에 드러난다. 데스코빅과 이 사건을 이어주는 유일한 증거는 자백뿐이었다. 지방검사는 최종진술에서 데스코빅이 "여러 차례에 걸쳐" 미란다 원칙을 고지받았다고 강조했다. 그는 "그 어떤 속임수도 사용되지 않았고", "폭력을 사용한다는 위협도, 수갑도 사용되지 않았으며, 총을 꺼내놓지도, 때리지도 않았다"고 말했다.[13] 지방검사는 데스코빅이 경찰에게 게토레이 병에 대해 말한 후 "실제로 그것이 거기서 발견됐으며"(하지만 발견됐던 것은 뚜껑에 불과했다) 그것은 "그저 작은 병이 아니라"[14] 무거운 무기라고 말해 진술의 신빙성을 강조했다. 형사들은 "그들이 관찰한 사실과 제프리(데스코빅)로부터 발견한 증거에 대해서는 그들이 인터뷰한 다른 누구에게도 결코 밝힌 적이 없었다". 형사들은 "간단한 이유 때문에" 작업 내용을 비공개로 유지했는데, "진짜 살인범만이 알 수 있는 상세한 세부 사항에 대해 용의자가 진술한 후, 그가 체포된 다음에 '이봐, 나는 그것을 경찰을 통해 들었어. 나는 소문으로 그걸 들었고, 내 상식을 말했을 뿐이야. 그건 단지 의견일 뿐이야'라고 말하지 못하게 하기 위해서"였다.

지방검사는 "신사 숙녀 여러분, 이 사건은 오염된 자백의 요건에 해당하지 않습니다. 전혀 해당하지 않습니다"라며, 데스코빅이 어디선가 사건에 대해 들었을 가능성을 무시하라고 배심원들에게 말했다. 그는 제프리가 살인범이 아니라면 "어떻게 그가 이것을 알았을까요?"라고 배심원들에게 말하며 각각의 사실을 짚었다.[15] 결국 데스코빅이 자백했다는 형사의 말이 강력한 과학 증거인 DNA 증거를 뛰어넘었다. 배심원들은 데스코빅에게 강간살인 혐의로 유죄판결을 내렸다.

선고에서 데스코빅은 판사에게 "나는 아무것도 하지 않았으며, 내가 하지 않은 일 때문에 이미 인생의 1년을 빼앗겼습니다"라고 말했다. 판사는 곤혹스러워하며, "그가 무죄일지도 모르지만 배심원들은 이미 판단했습니다"[16]라고 말했다. 판사는 데스코빅에게 단기 15년 형을 선고했고, 이에 데스코빅이 항소했지만, 항소법원은 "피고인이 수차례 자백하는 등으로 유죄의 증거가 압도적으로 많다"고 지적하며 이를 기각했다.[17] 결국 데스코빅은 16년간 수감 생활을 해야 했다.

2006년, 새로운 DNA 검사는 데스코빅의 결백을 입증하는 것 외에도 더 많은 일을 해냈다. 검사 결과는 스티븐 커닝햄(Steven Cunningham)과 일치했던 것이다. 그 후 커닝햄은 자백을 하고 유죄를 인정했으나, 그때는 이미 데스코빅이 감옥에 있는 동안 그가 또 다른 살인을 저지른 뒤였다. 커닝햄은 나중에, "누구든 그가 하지 않은 일 때문에 감옥에 가서는 안 된다"고 말하며 누군가 누명을 쓴 사실을 알았더라면 자신은 자수했을 것이라고 말했다.[18]

이제 데스코빅의 결백이 밝혀진 상황에서, 그가 살인자에 관한 '상세한 세부 사항'을 알게 된 경위를 어떻게 설명할 수 있을까? 경찰이 모든 진술을 만들어냈을 수도 있지만, 데스코빅의 사례에서 이런 일이 일어났다는 증거는 없다. 대신, 경찰이 그에게 사실을 누설하거나 알려줌으로써 자백을 오염시켰을 수는 있다.

> 검사는 무죄가 입증된 이후 이루어진 조사에서, 데스코빅이 무죄임을 감안할 때 두 가지 시나리오가 가능하다고 결론지었다. 경찰이 고의적이었든 우연히든 이 정보들을 데스코빅에게 직접 전달했을 가능성과

더불어 그들이 고등학교 등의 장소에서 던진 질문을 통해 이 비밀들이 지역에 널리 알려지게 됐을 가능성이 있다는 것이었다.

겁먹은 무고한 청년이 그렇게 많은 세부 사항에 대해 상상해낼 가능성은 얼마나 될까? 데스코빅이 한 진술의 구체성을 감안할 때, 경찰관들이 그 내용을 그에게 이야기했을 가능성이 가장 크다. 의도적이었든 아니면 우연히든 간에 이제 우리는 경찰관들이 조사 중에 누가 무엇을 말했는지에 대해 부정확하게 설명했다는 것을 알게 되었다.

데스코빅은 이후 "형사사법제도 대한 믿음과 나 자신에 대한 두려움 때문에, 나는 그들에게 그들이 듣고 싶어 하는 말을 했습니다"라고 밝혔다. 심리학자들은 이러한 자백을 '강압에 따른 복종'에 의한 자백이라고 부른다."[19] 강압에 따른 복종에 의한 자백에서, 조사 중에 경찰이 가하는 압력은 불법이 아닐 수 있으며, 판사가 승인한 전술에 의해서 나올 수도 있다. 용의자는 수사기관의 압력에 순응하고 주로 "집에 가게 해준다거나, 긴 신문을 끝내준다거나, 신체적 위협을 피하는 것"과 같은 이득을 얻기 위해 자백한다.[20]

현재 데스코빅은 민권 침해에 대한 소송을 진행 중이고, 관련 소장에서 이러한 행위를 "완벽한 직권남용"이라고 칭했다. 소송에서 그는 경찰이 사실을 자신에게 공개했다고 주장한다.[21]

거짓 자백의 수수께끼

거짓 자백은 수수께끼를 던진다. 왜 무고한 사람이 자신이 저지르지도 않은 범죄에 대해 그렇게 자세히 자백을 할까? 수십 년간 연구자들은 용의자들이 거짓 자백을 할 가능성에 대해 회의적이었다. 예를 들면, 존 헨리 위그모어(John Henry Wigmore) 교수는 증거에 관한 1923년 논문에서 거짓 자백은 "상상하기 힘들"고 "발생할 가능성이 희박하다"고 적었다.[22]

거짓 자백에 대한 전통적인 생각은 최근 DNA 검사가 거짓으로 자백했던 사람들의 결백을 입증함에 따라 극적으로 변했다. 우리는 이제 거짓 자백이 "발생할 가능성이 희박"하지 않을 수도 있음을 알고 있다. 거짓 자백이 얼마나 자주 발생하는지는 알지 못하지만, 경찰 조사 중에 심리적 압박으로 인해 무고한 사람이 종종 거짓 자백을 할 수도 있다는 새로운 인식이 학자, 입법자, 판사, 검사, 경찰, 일반 대중에게 퍼지게 되었다.[23] 사람들에게 거짓 자백을 유발할 수도 있는 심리 기법들이 여러 연구를 통해 점차적으로 조사되고 있다.[24]

나는 거짓 자백의 심리학적 측면 대신 그 내용에 집중하는 다른 접근법을 취할 것이다. DNA 검사를 통해 결백을 입증한 250건의 사례 중 40건(16%)은 거짓 자백을 포함하고 있다. 나는 현재는 무죄로 밝혀진 사람들이 자백했을 당시에는 어떤 말을 했을지 궁금했고 공판기록을 통해 조사 과정에서 말해진 내용과 재판 과정에서 이들의 자백이 묘사되고 다루어진 방식을 알아낼 수 있었다. 이 과정을 시작할 때 나는 자백에 많은 정보가 담기지는 않았을 거라고 예상했다. 무고한 사람이 "내가 했습니다"라고 얘기할 수는 있겠지만 범죄 현장에 없었기 때문에 자신이 한 일을 정확히 말할 수는 없을 것이라 생각했기 때문이다. 자백이 오염되려면 경찰이 용의자에게 범죄가 어떻게 발생했는지 알려줘야만 하기 때문에, 나는 이런 일이 발생한 사례가 많지는 않을 거라고 생각했다. 학자들은 "때로는 경찰이 피의자에게 범죄의 세부 사항을 알려주는 것이 아닌지 의심된다"고 언급하면서 여러 유명한 예를 묘사했었다.[25] 그러나 무고한 용의자에게 어떤 사실이 확실히 공개되었는지를 분석하기 위해 알려진 거짓 자백들을 연구한 사람은 아무도 없었다.[26]

나는 이 사례들을 분석하며 오판 피해자들의 자백 중 일부가 아니라 거의 대부분이 오염되어 있음을 발견하고는 크게 놀랐다. 나는 거짓 자백을 한 40명의 오판 피해자들 모두에 대한 재판 자료와 기록을 찾아나섰고 그것들을 전부 입수할 수 있었다.[27] 또한 이들 모두의 진술 기록도 찾을 수 있었는데, 이러한 모든 기록은 풍부한 자료를 제공했다.[28] 연구한 40명의 오판 피해자들 중 2명을 제외한 모두가 "내가 했습니다"라는 수준을 훨씬 넘는 진술을 했다. 이에 대해 경찰은 이 무고한 사람들이 경찰이 '내부 정보'라고 부르는, 오직 진범만이 알 수 있는 범죄에 대한 풍부하고 상세하며 정확한 정보를 제공했다고 말했다.[29]

가장 유력하고 위험한 증거

재판에서 자백은 엄청나게 강력한 증거다. 대법원이 말했듯이 "자백은 다른 증거와 다르다. 실제로, 피고인의 자백은 피고인에 대한 불리한 증거 중 가장 유력하고 위험한 증거다. … 자백은 배심원들에게 매우 중대한 영향을 미치기 때문에, 자백 내용을 잊으라고 말한다 해도 배심원들이 과연 잊을 수 있는지 의심되는 것은 당연하다".[30] 이러한 자백들은 세부 사항 때문에 특히나 강력했다.

데스코빅의 사례를 통해 거짓 자백이 단숨에 나오거나 우연히 발생하는 것이 아니라는 점을 볼 수 있다. 법학 교수 새뮤얼 그로스(Samuel Gross)가 말했듯이 "거짓 자백은 저렴하지 않다".[31] 자백 진술은 신문 과정에서 조심스럽게 구축되고, 이어지는 형사재판에서 재구성된다. 그런 사정 때문에 헌법은 유죄 인정이 '자발적'일 것을 요구한다. 하지만 자백의 영향력은 "제가 그랬습니다"라는 텅 빈 진술이 아니라 무슨 일이 벌어졌는지를 묘사하는 긴 서술에서 나온다. 신문하는 동안 '자백 제작 단계'에서는 경찰이 용의자에게 범죄가 어떻게 발생했는지에 대한 세부 사항을 묻는다. 경찰은 오직 진범만이 알 수 있는 세부 사항에 대해 용의자가 얼마나 잘 아는지 평가함으로써 사건에 대한 용의자의 지식을 조심스레 테스트하도록 훈련받는다.[32]

경찰이 신문할 때, 각 오판 피해자들은 아마 유죄를 자인하는 진술을 하며 죄를 인정했을 것이지만, 데스코빅을 비롯한 일부 사람들은 모든 행위에 대해 자백하지는 않았다. 형사들은 38건의 사례에서 피고인들이 "제가 그랬습니다" 이상의 진술을 했다고 증언했다. 형사들에 따르면 피고인들은 '범인만이 알 수 있는' 정보나 '내부' 정보를 알고 있었다. 예를 들면 오판 피해자 로버트 밀러(Robert Miller) 사례에서, 검사는 다음과 같이 말했다. "그는 어떤 세부 사항을 진술한 후에 또 다른 세부 사항들을 연이어서 진술했습니다. 그리고 그 세부 사항들은 오직 살인자만이 알 수 있는 것이었습니다."[33]

오직 2명의 오판 피해자들만이 자백을 하며 특별한 정보를 아무것도 제공하지 않았다. 그중 트래비스 헤이스(Travis Hayes)는 사건에 대해 많은 것을 말하지 못했고, 배심원들은 살인자가 입었던 옷으로 실시한 DNA 검사 결과가 헤이스 그리고 그와 함께 재판을 받은 상피고인과 불일치한다는 이야기를 들었음에도 불구하고 헤이스에게 유죄판결을 내렸다. 두 번째로, 정신질환이 있었던 프레디 피콕(Fredie Peacock)은 누가 피해자인지를 포함해 사건의 세부 정보에 대해 형사에게 들은 뒤에도 담당 수사관에게 "제가 했어요, 제가 했어요"라는 말만 했을 뿐, 그가 한 것으로 여겨진 일들에 대해 아무런 세부 정보를 제공하지 못했다.

나머지 95%의 거짓 자백(총 40건 중 38건)에 관한 연구에서, 형사는 용의자가 자발적으로 사건 현장의 증거와 과학 증거, 피해자의 진술과 일치하는 주요 세부 사항에 대해 자백했다고 주장했다. 경찰관들은 더 나아가, 암시성 질문을 던지는 것을 피함으로써 자백이 오염되는 것을 방지했고, 도리어 용의자로 하여금 중요한 사실에 관해 자발적으로 진술하게끔 했다고 주장했다.

피고인의 변호인이 이러한 자백 중 거의 대부분에 대해 이의를 제기했지만, 판사는 자백이 자발적으로 이루어졌으며 배심원들이 청취하기에 적합하다고 판단했다. 자백에 포함된 비공개 사실들은 당시 검사의 주장입증절차에서 중점적으로 다루어졌고, 일반적으로 배심원에 대한 검사의 최종진술에서 핵심이 되었다. DNA 검사에서 불일치 판정이 내려진 후에도, 판사들은 때때로 자백이 외견상 신빙성 있어 보인다는 이유로 피고인의 구제를 거부하기도 했다. 이 거짓 자백들은 무척 설득력 있고, 자세했으며, 그럴듯해 보여서 판사들은 인신보호영장 심사와 항소 과정에서 유죄판결을 유지했다. 그렇게 몇 년이 지나면, 무고한 사람들에게는 자신의 자백이 거짓이었음을 입증할 수단이 DNA 검사밖에 없었다.

이 40개의 거짓 자백은 독특하고 특이하다. 그렇지만 얼마나 많은 용의자가 거짓 자백을 하는지를 이 40개의 사례로 알 수 있는 것은 아니다. 이 사건들은 다른 자백들을 대표하지 않으며, 하물며 다른 거짓 자백들을 대표하지도 않는다.[34] 자백을 하는 많은 사람은 짧은 신문 과정에서 그렇게 하는 데[35] 반해, 이 40개의 사례에서는 신문의 거의 대부분이 수 시간에서 수일 동안 이어진 장기조사였다. 이 오판 피해자들 중 14명은 정신지체자였고, 3명은 정신질환을 앓고 있었으며, 13명은 청소년이었다. 데스코빅의 경우와 마찬가지로 65%(40건 중 26건)의 거짓 자백 사례에서, DNA 검사는 오판 피해자를 용의선상에서 배제했을 뿐만 아니라 다른 사람—그들 중 일부는 이후 자백하고 유죄를 인정했다—의 혐의를 확정 지었다.[36]

40건의 거짓 자백은 또한 강간과 살인 사건에 집중되었는데, 강간살인 사건은 25건이었고, 살인 사건은 3건, 강간 사건은 12건이었다.[37] 거짓 자백을 한 사람 중 7명은 사형을 선고받았다. 반면, 대부분의 오판 피해자인 68%(250건 중 171건)는 살인이 아닌 강간 혐의로 유죄판결을 받았다. 이어지는 장에서 설명하겠지만, 대부분의 강간 사례는 가해자를 지목한 피해자와 관련되어 있다. 그러나 거짓 자백이 이루어진 사건은 일반적으로 목격자가 없는 살인 사건이었고, 단서가 거의 없는 상황에서 경찰에게는 자백을 받는 것이 무엇보다 중요했다.

이러한 모든 면 때문에 이 사례들은 매우 비전형적이지만, 한편으로는 매우 흥미롭기도 하다. 이 사례들의 진상은 자백에 대한 의심 때문이 아니라 DNA 기술의 독자적인 발전으로 인해 세상에 알려졌다. 또한 이러한 거짓 자백들은 무고한 사람들이 자신이 저지르지 않은 범죄의 세부 정보에 대해 스스로 알 수는 없다는 점을 확신하게 해주기 때문에, 자백 오염이라는 문제를 연구할 수 있게 해준다.

자백을 이끌어내는 복잡한 심리전술

경찰은 용의자를 신문하기 위해 어떤 훈련을 받으며, 이 사건들의 경우에는 무엇이 잘못되었던 걸까? 숙련된 경찰은 용의자의 자백을 이끌어내는 복잡한 심리전술을 배운다. 데스코빅 사건과 마찬가지로, 잠재적인 중요 정보의 출처로 지목된 용의자는 조사에 참여하도록 요청받고, 좁은 조사실에서 미란다 원칙을 고지받게 된다. 신문 초기 단계에서 형사는 정해진 답이 없는 질문을 던지며 용의자를 편하게 하려고 노력하고, 많은 용의자가 이 시점에서 쉽게 고백을 한다. 그렇지 않을 경우에는 용의자가 죄를 저질렀다는 믿음에 기반하여 경찰이 바로 그를 몰아세울 수도 있다. 만약 이것이 실패하면 경찰은 보다 정교한 압박 전략을 사용한다.

프레드 인바우(Fred Inbau)와 존 리드(John Reid)가 작성한 경찰 신문에 관한 주요 매뉴얼은 '리드 테크닉(Reid Techinique)'이라 불리는 일련의 절차를 제시한다. 리드 테크닉이 경찰들에게 알려주는 것은 용의자를 압박하는 동시에, 자백을 하면 그에게도 이익이 있다고 제안하는 것이다. 이러한 기술을 '최대화'와 '최소화'라고 부른다. 경찰은 이야기에 관여해 용의자에게 일련의 다른 가능성들을 제시한다. 그들은 위법성 조각사유에 해당하거나 좀 더 가벼운 죄에 해당하는 행위를 했음을 용의자가 처음으로 인정하게 하려고 노력한다. 예를 들어 경찰이 주로 사용하는 대안은 용의자에게 피해자를 공격한 사실에 대해 단지 정당방위로서 인정하게 하는 것이다.[38] 또한 경찰은 용의자가 자백을 하면 선처를 받을 수도 있지만 만약 자백하지 않으면 형이 중해질 수도 있다고 암시할 수 있다. '머트와 제프(Mutt and Jeff)' 또는 '좋은 경찰, 나쁜 경찰' 전략에서부터 사형을 받을 수도 있다는 위협에 이르기까지 이러한 전략은 오판 피해자들을 조사하는 과정에서 여러 번 사용되었다.

경찰은 또한 때때로 용의자에게 과학 증거가 그의 유죄를 입증했다거나 공범자가 자백하면서 그의 연루 사실에 대해 털어놓았다고 거짓말을 하는 방법을 사용할 수 있다.[39] 경찰은 여러 오판 피해자 사례에서 '거짓 증거 술책'을 사용했다.

데이비드 배스케즈(David Vasquez)는 자신의 지문이 사건 현장에서 발견됐다는 말을 듣고는 자백했다.[40] 비슷하게, 센트럴파크 조깅 사건에서 형사는 유세프 살람(Yusef Salaam)에게 "우리는 조깅하던 사람의 바지 또는 조깅쇼츠에서 지문을 발견했는데, 바지는 새틴이라는 아주 부드러운 재질이다. 우리는 거기서 지문을 채취할 수 있을 것이다"라고 말했다. 거짓말탐지기 검사가 실시된 경우 아마도 사실이 아님에도 용의자에게 검사에 통과하지 못했다고 말함으로써 8건의 거짓 자백을 이끌어낸 것으로 보인다.[41] 제프리 데스코빅의 사례와 마찬가지로, 판사는 이러한 심리전술을 허용한다고 결정했다.[42]

경찰은 심리적으로 강압적이고 기만적인 다양한 전술을 사용할 수는 있지만 중요한 사실을 알리거나 누설함으로써 자백을 오염시켜서는 안 된다고 오랫동안 훈련받는다. 리드 매뉴얼 또한 이 점을 강조한다.

신문 중 자백 단계에서, 경찰은 용의자의 이야기를 연결하는 과정에 관여할 수는 있지만 사건 내용을 전개하는 데 사용하는 서술 방식에는 제약이 굉장히 크다. 만약 어떻게 사건이 일어났는지를 듣고 나면, 경찰은 이에 대한 용의자의 실제 지식을 다시는 제대로 테스트해볼 수 없다. 경찰은 용의자가 정신질환, 관심을 끌려는 욕망, 사랑하는 이를 보호하려는 의도 등 다양한 이유 때문에 저지르지도 않은 범죄를 저질렀다고 인정할 수 있음을 오랫동안 알아왔다. 그렇기 때문에 경찰은 "그다음에 무슨 일이 일어났죠?"와 같은 열린 질문을 하도록 훈련받는다. 적어도 중요한 결정적 사항에 대해서만큼은 유도신문을 해서는 안 된다.

리드 매뉴얼은 "특별히 진범만이 알 수 있는 사실관계를 찾아야 한다"고 조언한다. 나아가 경찰은 사실을 누설하지 않도록 훈련받는데, 보도를 통제하여 언론과 대중이 수사 중인 주요 사실을 알 수 없도록 한다. 이처럼 자백이 오염되지 않게 함으로써 경찰관은 용의자에게 사실이 알려졌다는 어떠한 가능성에 대해서도 재판에서 "자신 있게 일축"할 수 있는 것이다.[43]

몰랐던 사실을 알게 되는 일

경찰이 주요 사실을 공개하는 것을 피하도록 훈련받았다면, 오판 피해자 사례의 경우에는 도대체 어떤 일이 벌어진 걸까? 2명을 제외한 모든 경우, 경찰은 피고인이 세부 사항에 대해 반복적으로 진술했다고 주장했는데, 지금 우리는 이 무고한 사람들이 세부 사항들을 알 수가 없었다는 것을 알고 있다. 재판에서 경찰은 경찰이 사실을 누설했다는 점에 대해 "자신 있게 일축"함으로써 자백을 둘러싼 논쟁의 여지를 없앴다. 경찰은 배심원들에게 피고인이 오직 진범만이 알 수 있는 정보에 대해 막힘없이 진술했다고 말했다. 만약 경찰이 배심원들에게 피고인이 일련의 유도신문에 마지못해 "네"라며 고개를 끄덕였다고 말했다면 아마도 자백이 특별히 신뢰받지는 못했을 것이다. 분명히 경찰이 이러한 사실관계를 제공했을 것이다.

데스코빅 사례처럼 특이하고, 구체적이고, 수많은 세부 사항이 포함된 경우에는 골치 아픈 문제가 생긴다. 그러한 경우, 한 사람이 그처럼 정교하고 상세하게 "불운한 추측"을 하기란 쉽지가 않기 때문이다.[44] 비슷한 사례로, 오판 피해자 데니스 브라운(Dennis Brown)을 신문한 경사는 다음과 같이 증언했다.

질문: 당신은 선서하에, 그날 밤 피해자가 무엇을 했는지 모른다고 증언했습니다. 맞죠? 당신은 소파의 색깔을 모른다?

답: 네, 모릅니다.

질문: 당신은 그녀가 어떤 팔을 붙잡혔는지 모른다?

답: 네, 그렇습니다. 모릅니다.

질문: 그리고 피고인이 피해자에 대한 강간사실을 인정했다, 맞죠?

답: 네.

질문: 그리고 그가 당신에게 강간 사건에 대해서 구체적으로 설명해줬다?

답: 네, 그렇습니다.

질문: 그리고 그가 당신에게 그 집에 대해 말해줬다?

답: 네, 그렇습니다.

질문: 그리고 그가 당신에게 소파 색깔을 말해줬다?

답: 네, 그렇습니다.

질문: 그리고 그가 당신에게 어떻게 강간을 저질렀는지 말해줬다?

답: 네, 그렇습니다.[45]

경사는 브라운이 사건에 관해 피해자의 소파 색깔에 이르기까지 상세하게 알고 있었다고 진술했을 뿐만 아니라, 경사 자신은 사건의 세부 사항에 대해 알지 못했다고 진술했다. 분명히 그가 이러한 사실을 브라운에게 알려주지 않았을 뿐만 아니라, 이를 알려주는 것이 불가능했다는 의미였다. 그러나 지금은 브라운이 결백하다는 DNA 검사 결과가 있는 이상, 경찰이 그러한 자세한 사실을 공개했을 가능성이 크다. 무고한 용의자가 상상으로 사건 전체에 대해 날조하기란 쉬운 일이 아니기 때문이다. 또한 경찰이 대중에게 주요 세부 사항에 대해 부적절하게 공개했고, 무고한 용의자가 그것을 듣고 신문 중에 정확하게 이를 기억해냈을 가능성도 높지는 않다.

더글러스 와니(Douglas Warney) 사건은 사건에 대해 공개되지 않은 사실을 용의자가 자세하고 상세하게 자백한 또 다른 예이다. 와니는 피해자가 잠옷을 입고 닭고기를 요리하고 있었으며, 지갑에서 돈을 잃어버렸다는 점, 살인 무기는 부엌에 있던 12인치 길이의 톱니 모양 칼이었으며, 피해자는 여러 차례 찔렸고, 분홍색 반지와 금장 십자가를 갖고 있었다는 점, 지혈을 위해 사용된 휴지는 피에 젖었으며, 피해자의 텔레비전에는 포르노 테이프가 있었다는 점을 포함해 수많은 사실을 경찰에게 말했다.[46] "당신은 그에게 어떤 특정한 대답을 제안했습니까?"라는 질문에 경사는 선서하에 그렇지 않다고 답했다. 검사는 최종진술에서 와니가 한 자백의 신빙성은 각각의 사실관계에 의해 뒷받침된다고 주장했다.

> 피고인은 그(피해자)가 저녁을 요리하고 있었다고 말합니다. 그리고 그는 막 닭고기를 요리하려던 참이었습니다. … 자, 만약 집 안에, 부엌

안에 있지 않았더라면 누가 이러한 사실에 대해 알 수 있겠습니까? 여러분들은 피고인이 돈을 가져갔다고 말한 것을 들었습니다. … 여러분들은 빈 지갑이 위층 옷장 근처에서 발견된 사실을 알고 있습니다. … 여러분들은 그 사진을 보게 될 것입니다 … 여러분은 피고인이 (피해자를) 부엌에서 가져온 칼로 찔렀다고 말하는 것을 들었습니다. … 그 칼은 그 집 안에서 보관하던 칼이었습니다. 집 주인은 칼을 어디에 보관했을까요? 그들은 닭고기를 요리하고 있던 냄비 밑 서랍에 그것을 보관했습니다. 이제, 닭고기가 요리되고 있는 사실을 누가 알죠? 칼을 꺼내서 (피해자에게) 사용한 사람, 바로 살인자입니다. 피고인은 칼이 날이 솟아 있었고 12인치 정도였다고 묘사했습니다. … 칼은 13인치였고 톱니 모양의 칼날이었습니다.[47]

배심원들이 "들었다는 피고인의 말"에 대해 검사가 어떻게 말했는지 주목해보자. 배심원들은 와니에게서 그런 말을 들은 적이 전혀 없었다. 그들은 와니가 서명한 타이핑된 진술조서를 경찰관이 읽는 것을 들었을 뿐이었다. 또한 그들은 경사가 신문 과정에 대해 설명하는 것을 들었다. 배심원들이 재판에서 "들었던" 와니의 진술은, 그가 수사 과정에서 했던 자백을 철회하고 결백을 주장하는 내용이었다.

와니는 몇 년 후에 DNA 검사 결과를 통해 결백을 입증받았다(그리고 검사 결과는 나중에 죄를 인정하게 되는 또 다른 사람의 유죄를 입증했다). 신문받을 당시 "그는 망상증 병력이 있었고, 중 1 수준의 학력이었으며, 에이즈가 상당히 진행된 상태였다".[48] 그 후로 와니는 그가 재판에서 묘사했던 세부 사항은 경사가 말해준 것이라고 지속적으로 주장했다.

한 개인의 자백이 오염되는 것뿐만 아니라, 오염된 자백은 "다양한"

영향을 미칠 수 있다. 또 다른 무고한 사람을 조사로 끌어들이고, 관련된 자백은 오염된다. 17명의 오판 피해자들은 자기 자신의 죄에 대해서 거짓 자백을 했을 뿐만 아니라, 자백하지 않은 다른 사람—이들 중 11명은 판결 후 DNA 검사를 통해 결백이 입증되었다—을 거짓으로 지목했다.[49]

그러한 예로 '비어트리스 식스' 사건을 들 수 있다. 네브래스카 비어트리스에 있는 한 작은 마을에서 벌어진 노년 여성에 대한 끔찍한 강간살인 사건은 미제인 채로 남겨져 있었다. 마침내 4명이 살인에 가담했다고 자백하고 4명 모두 유죄를 인정했는데, 다섯 번째 사람은 유죄를 인정하긴 했어도 자백은 하지 않았다.

그리고 여섯 번째인 조지프 화이트(Joseph White)는 유죄 인정을 거부한 유일한 사람이었다. 그는 신문 중에 변호사를 요청하며 자백을 하지 않았다. 더 가벼운 형을 받는 대가로 유죄를 인정한 사람들 중 3명[제임스 딘(James Dean), 데브라 셸든(Debra Shelden), 에이다 조앤 테일러(Ada JoAnn Taylor)]은 재판에서 화이트의 주장에 반하는 증언을 했다. 또한 그들은 경찰이 진술 전에 공공연히 그들에게 사실을 알려주었다는 것과 사건이 벌어진 밤에 무슨 일이 일어났는지에 대해 그들이 많은 것을 기억하지는 못했다는 것을 솔직히 인정하기도 했다. 자백에 대한 오염은 비밀이 아니었던 것이다. 증언 때 테일러가 진술한 내용은 공판기록에서 읽을 수 있다.

> 질문: 오늘 당신은 이 사건이 벌어졌던 밤에 대한 당신의 기억과 그날 밤 무슨 일이 벌어졌는지 당신이 기억해내는 것을 돕기 위해 제시받았던 것들을 분리할 수 있습니까?

답: 아니요. 분리가 거의 불가능합니다.

질문: 그렇다면 최근에 했던 진술이 기억에 있던 것이 아니라 당신이 기억할 수 있도록 돕기 위해 누군가 이야기한 내용에서 왔다는 말인가요?

답: 내 기억뿐만 아니라 들었던 것도 있습니다.

질문: 당신이 들은 내용이 아니라 실제로 기억하는 부분을 말해주시겠어요?

답: 맙소사.

질문: 기억하는 부분이 있나요?

답: 지금 바로 생각나는 것은 없습니다.…[50]

재판에서 테일러는 경찰이 제시한 "약간"의 사실이 자신이 많은 것을 떠올리는 데 도움이 되었지만, 그것이 "모든 정보"는 아니었다고 말했다. 그녀는 "나는 모든 경찰관을 믿는 경향이 있습니다"라고 설명했다. 그리고 테일러는 경찰이 자신에게 범죄 현장을 촬영한 비디오를 보여주었고 다른 피고인들의 진술을 읽어보라고 주었다는 점도 인정했다.[51] 그녀는 또한 자신이 "성격장애" 진단을 받은 사실이 있으며 기억력에 문제가 있다고 증언했다. 비록 자신이 약간의 텔레파시 능력을 갖고 있는 것을 자랑스러워하긴 했지만 말이다.[52]

테일러는 경찰이 자신에게 특징적인 사실을 말해주었다고 시인했는데, 예를 들면 5달러짜리 지폐 반쪽이 찢어진 채 사건 현장에서 발견되었다는 기이한 사실을 경찰이 알려주었다고 말했다. 그런데 테일러는 조지프 화이트가 5달러짜리 지폐를 반으로 찢는 마술을 했다고 증언했으며, 살해 후에 무엇을 찢었는지 당시 그에게 물었는데 5달러짜리 지폐를 의미하는 "5"라고 들었다고 기억했다. 마술에 대해 설명해달라고 요청받았을 때, 테일러는 이렇게 말했다. "저는 그것을 정말로 이해하지 못했어요. 전 그가 5달러짜리 지폐를 꺼내서 뭔가를 했더니 찢어진 5달러짜리가 있었던 것만 알아요. 그리고 그는 보통 그 일부분을 버리곤 하죠."

그러나 반대신문 결과 테일러는 처음 자신에게 5달러짜리 지폐에 대해 말한 사람은 부보안관이라는 사실을 인정했다. 부보안관이 지폐 마술에 대해 묻자, 테일러는 화이트가 돈으로 그림을 만든다고 말했고, 결국 부보안관은 테일러에게 화이트가 5달러짜리 지폐를 찢어버린 것 같다고 말해주었다.[53]

비록 자백이 오염되었다는 사실이 명백했지만, 이 사건에는 다른 증거가 거의 없었기 때문에 배심원들은 테일러, 셸든, 딘의 진술을 믿기로 했다. 게다가 잘못 제시된 과학 증거는 이 사건을 특별히 입증하지 못했다. 결국 조지프 화이트는 유죄 선고를 받아 2008년 DNA 검사로 결백을 입증받을 때까지 19년간 수감 생활을 했으며, 이후 다른 5명도 결백을 입증받았다.[54]

한편 전문가 증거가 거짓 자백에서 제시된 사실들을 뒷받침하기도 했다. 1장에서 다루었던 로널드 존스는 "수차례" 피해자를 찔렀다고 자백했는데, 이 사실은 피해자가 네 차례 찔렸다는 검시관의 진술로 뒷받침됐다.[55] 또 로널드 윌리엄슨(Ronald Williamson)은 줄로 피해자의 목을 감아 졸랐다고 묘사한 것으로 전해지는데,[56] 재판에서 검시관은 실제로 피해자가 교살되었다고 증언했다.[57]

진범이라고 믿었다

수많은 사례들을 통해 우리는 경찰이 용의자에게 사실을 공개하여 자백을 오염시켰음을 알게 되었다. 하지만 재판에서는 왜 이러한 사실들이 밝혀지지 않았을까? 정답은 경찰이 이러한 핵심 사실을 공개한 적이 결코 없다며 재판에서 부인했기 때문이다. 재판에 회부된 30건의 자백 사건 중 27건의 공판기록에서, 경찰은 그들이 용의자에게 사실을 알린 적이 없다고 증언하거나 신문 중에 용의자가 스스로 주요 사실에 대해 자백한 것처럼 묘사했다.

경찰관들이 자신들의 증언이 거짓임을 의식했는지는 모르겠지만, 그들 중 일부는 악의적이었을 수도 있다. 그러나 그들 중 대다수는 진범을 신문하고 있다고 믿었을 것이다. 경찰관은 용의자가 진범이고 공공에 위험을 끼친다는 믿음으로 의도치 않게(혹은 의도하에) 자백을 오염시킬 것이다. 나중에는 긴 신문 동안 제기되는 일련의 복잡한 질문들 속에서 자신들이 사실을 공개했음을 떠올리지 못했을 수도 있다.

워싱턴 D.C.의 형사 제임스 트레이넘(James Trainum)은 의도치 않게 거짓 자백을 확보했을 때 처음에는 어떤 일이 일어난 것인지 깨닫지 못했다고 묘사했다. 나중에 전체 신문 과정을 녹화한 비디오테이프를 신중하게 검토하고서야 자신이 용의자에게 주요 사실을 공개했음을 확인할 수 있었다.[58] 그러나 경찰이 이 오판 피해자들의 사례에서는 그 어느 것도 전체 신문 과정을 녹화하지 않았기 때문에, 이 오판 피해자들이 어떻게 그렇게 설득력 있는 방식으로 거짓 자백을 하기에 이르렀는지 우리는 결코 정확히 알 수 없을 것이다.

너새니얼 해칫(Nathaniel Hatchett) 사건에서 경찰은 그에게 사실을 공개했다는 점을 명백히 부인했다.

> 질문: 피고인이 이 사건들에 대해 알고 있는 것과 연루 사실에 대해 당신에게 진술하기로 결정했을 때, 그가 상세히 이야기할 수 있도록 범죄에 대한 세부 사항, 특정한 세부 사항에 대해 피고인에게 알려준 사실이 있습니까?
>
> 답: 알려주지 않았습니다.
>
> 질문: 당신은 알려주지 않았다고 말했습니다. 그래서 저는 다음 질문을 하겠습니다. 피고인은 결과적으로 사건에 대해 알고 있는 것과 연루 사실에 대한 세부 사항을 당신에게 말했는데, 당신은 그러한 내용을 다른 사람이 그에게 말해주는 것을 듣거나 본 적이 있나요?
>
> 답: 아니요, 사실은 당시 그러한 세부 사항에 접근할 수 있었던 것은 수석 수사관인 저뿐이었습니다.[59]

얼 워싱턴 주니어 사건은 사실 누설을 방지하는 것이 검사의 주장입증절차에서 중요하다는 것을 보여주는 또 다른 사례다. 워싱턴은 버지니아주 컬페퍼에서 벌어진 강간살인에 대해 거짓으로 자백했다. 그는 18년간의 수감 생활 끝에 사형집행을 9일 남겨놓은 상태에서 DNA 검사를 통해 결백을 입증받았다. 그러나 항소심과 연방법원은 긴 판결문을 통해 워싱턴의 항소와 재심 신청을 기각했고, 각각 그의 자백에 신빙성이 있다고 언급했다. 예를 들어 제4순회법원은 워싱턴이 경계성 정신지체를 앓고 있었는데도, 다음과 같이 강조했다. "아무도 설득하지 않았으나 워싱턴은 현장에서 발견된 증거, (피해자의) 아파트를 조사하는 과정에서 관찰된 사항과 부합하는 사건의 세부 사항에 대해 제시했다."[60]

두 경찰은 워싱턴이 아무도 설득하지 않았는데도 셔츠가 자신의 것이라고 밝혔다고 검찰에 말하고 법정에서 증언했다. 그 독특한 셔츠는 외부에 공개되지 않았으며, 살인 사건이 발생한 지 수개월 만에 피해자의 침실 쪽 서랍장에서 발견된 것이었다.

경찰관 1: 아파트에 당신의 옷을 두고 왔습니까?

워싱턴: 내 셔츠요.

경찰관 1: 지금 보여주는 셔츠, 이게 당신이 아파트에 두고 온 것 맞죠?

워싱턴: 네, 그렇습니다.

경찰관 1: 이게 당신 거라는 것을 어떻게 알죠?

워싱턴: 제가 입었던 셔츠입니다.

경찰관 1: 무엇 때문에 그렇게 생각하죠?

워싱턴: 주머니 위쪽에 있던 패치가 떨어졌습니다.

경찰관 1: 왜 아파트에 셔츠를 두고 왔죠?

워싱턴: 피가 묻었고 그걸 다시 입고 싶지 않았습니다.

경찰관 2: 떠날 때 그것을 어디에 뒀죠?

워싱턴: 침실 옷장 서랍 위에 놓았습니다.[61]

이 진술은 몇 가지 이유로 강력했다. 이 진술조서는 대부분 경찰이 유도성 질문을 하고 워싱턴—그가 정신지체 상태였음을 기억하자—이 짧게 답하는 형태로 구성되어 있었다. 그의 가장 빈번한 대답은 "네, 경찰관님"이었다. 그러나 결정적인 대목에서 워싱턴은 특이하게도 구체적인 대답을 했다. 그는 셔츠를 두고 왔다고 말한 것으로 알려졌지만, 경찰은 사건 현장에서 셔츠가 발견된 사실을 공개하지 않았었다. 더구나 워싱턴은 셔츠를 구별되게 하는 특징인 찢어진 패치에 대해 경찰에게 말했고, 셔츠가 침실 옷장 서랍 안에 있었다는 것을 정확하게 알았다. 또한 가장 주목할 만한 사실은, 피가 묻어서 셔츠를 거기다 버리고 왔다고 그가 말했다는 것이다. 그런데 경사들이 워싱턴에게 보여준 셔츠에는 더 이상 피가 묻어 있지 않았다. 핏자국은 법의학 분석을 위해 잘려 나갔기 때문이었다.[62]

검사는 최종진술에서 경찰이 "거짓말"을 하지 않았으며 범죄가 어떻게 저질러졌는지 "그에게 제시하지 않았"지만, 워싱턴은 범죄가 어떻게 저질러졌는지 정확히 알았다고 강조했다. 검사는 워싱턴이 "왼쪽 윗주머니에서 패치가 사라졌다"는 것을 알고 있었다고 말하면서 셔츠에 대한 논의를 마무리 지었다. 검사는 계속해서 말했다. "실제로 거기에 있으면서 실제로 그 일을 저지르지 않았다면, 어떻게 이 모든 것을 지어낼 수 있겠습니까? 나는 이 사건이 벌어졌다는 사실과 얼 워싱턴 주니어가 그 일을 저질렀다는 사실을 여러분이 의심할 수 없을 거라고 생각합니다."

이제 우리는 얼 워싱턴 주니어가 아니라, 후에 DNA 데이터베이스와의 대조를 통해 범인으로 지목되고 유죄를 인정한 다른 사람이 범죄를 저질렀다는 사실을 알게 되었다. 하지만 워싱턴이 어떻게 사건의 다른 세부 사항과 셔츠에 관해 입 밖에 낼 수 있었는지에 대해서는 제한적인 설명만 할 수 있을 뿐이다. 이것은 바로 재심에서 무죄를 선고받은 후 워싱턴이 제기한 민사소송의 논점이었다.

유죄판결 이후 약 10년 가까이 지난 뒤 버지니아 주지사가 DNA 검사 결과에 근거한 사면청원을 검토하고 있을 때, 워싱턴의 변호사들은 두 번째 경찰관이 신문에 대해 깊은 의구심을 표현했다는 사실을 소송

중에 밝혀냈다. 두 번째 경찰관은 버지니아주 법무장관에게 자신이나 자신의 동료가 "셔츠에 대해 워싱턴에게 언급했음이 틀림없다"고 말하는 한편, "녹화된 그의 진술은 셔츠를 처음 언급한 것이 경찰이라는 점이 제대로 반영되지 않았다"고 말하여 사실관계가 공개되었을 가능성을 인정했다.[63] 2006년 연방 배심원단은 두 번째 경찰관이 자백을 조작했으며 공개되지 않은 주요 사실에 대해 워싱턴이 자발적으로 진술했다고 무모하게 주장함으로써 워싱턴의 헌법상 권리를 침해했다고 결정하고, 225만 달러의 손해배상을 워싱턴에게 지급할 것을 명했다.[64]

세간의 이목을 끈 '센트럴 파크 조깅' 사건에서, 5명의 젊은이들은 센트럴파크에서 조깅하던 피해자를 폭행하고 강간했다고 거짓 자백을 했고 수년이 지나 실시된 DNA 검사에서 모두 결백을 입증받았는데, 이들 역시 셔츠의 두드러진 특징에 대해 말했었다. 검사는 최종진술에서 젊은이 중 하나인 앤트론 매크레이(Antron McCray)가 가해자만이 알 수 있는 정보를 알고 있었다고 강조했다.

> 여러분들은 비디오에서 앤트론 매크레이가 (피해자의) 옷에 대해 질문을 받고는 그녀가 하얀 셔츠를 입었었다고 설명하는 것을 들었습니다 … 여러분들은 셔츠가 어떻게 보이는지 사진에서 보았습니다. 그 셔츠를 피와 진흙으로 범벅이 되기 전에 보지 않았다면 그것이 하얗다는 것을 알 수 있는 방법은 없습니다. 저는 여러분께 앤트론 매크레이가 세부 사항에 대해 진술했고, 또한 그것을 여러분이 아시는 대로 묘사했음을 말씀드리는 바입니다. … 그가 현장에 있었고, 다른 사람이 그녀를 강간하고 때리는 것을 도왔으며, 그녀를 거기에 죽게 내버려두고 왔다는 점에 대해서는 합리적으로 의심할 여지가 없습니다.[65]

22건의 사례에서, 검사는 최종진술을 통해 관련 사항이 비공개였다거나 사건 현장에서 나온 증거에 의해 뒷받침된다고 강조했다. 예를 들면 브루스 고드샤크(Bruce Godschalk) 사건에서 검사는 "음, 만약 그가 추측을 한 것이라면, 그는 정말 우라지게 추측력이 좋은 겁니다"라고 입장을 밝혔다.[66] 그리고 검사는 의심스럽다는 어조로, 범죄가 어떻게 일어났는지에 관한 그 많은 비공개 사실에 대해 고드샤크가 정확하게 추측하는 것은 "수학적으로 불가능하다"고 배심원들에게 말했다.

로버트 밀러 사건에서 검사는 "(그는) 세부 사항에 대해 말했습니다. … 오직 살인자만이 알 수 있는 세부 사항을요"라고 강조했다.[67] 밀러가 그런 세부 사항을 상상해낸 것일 수도 있다는 피고인 측의 주장에 검사는 "농담하십니까? 농담하세요?"라고 반응하며, "그는 세부 사항을 말하고 또 말하고 또 말했습니다"라고 덧붙였다.

롤랜도 크루즈(Rolando Cruz)와 알레한드로 허낸데즈(Alejandro Hernandez) 사건에서, 검사는 크루즈가 경찰에게 피해자가 "항문 성폭행을 당한 사실을 말했습니다. 이를 알 방법은 없습니다. 그가 거기에 있었기 때문에 그걸 아는 겁니다"라고 배심원에게 말하며 최종진술을 마무리 지었다.[68]

기록되지 않은 진실

이러한 자백에 대한 오염에서 놀라운 점은 자백 중 많은 수가 녹취되었다는 것이다. 40건 중 23건(58%)에서 신문이 부분적으로 녹취되었는데, 14건은 음성이 녹음되었고 9건은 영상이 있었다. 추가적인 신문은 어떤 시점에서 속기사가 부분적으로 기록했다. 그러나 이 모든 경우에 오직 신문의 일부만, 대부분 마지막 자백 진술만 녹취되어 있을 뿐, 그 전 부분은 녹취되어 있지 않았다.

그런데 신문이 녹취되는 동안에 경찰이 용의자에게 사실을 공개한 경우도 있었다. 예를 들면 데이비드 앨런 존스(David Allen Jones)의 신문 녹취에서 그가 사건 장소를 떠올리지 못하자 경찰은 "어제 기억해봐요, 사진 보여줬잖아요", "분수 옆에", "우리가 어제 보여준 문이 거기에 있었던 거 기억하잖아요"라고 물으며 이전에 사건 현장 사진을 보여준 것을 상기시킨 끝에 "바로 여기입니다(이후 불분명함)"라고 기록된 존스의 답변만을 이끌어냈다.[69]

우리는 신문이 기록되지 않은 부분에서 무슨 일이 일어났는지는 알 수 없다. 스티븐 드리진(Steven Drizin) 법학 교수는 경찰이 "온갖 기술"을 동원해 첫 조사에서 자백을 받아내지만 이를 녹취하지 않는 경우가 흔하다는 사실에 주목한다. 오히려 경찰은 자백이 확보된 후 두 번째 조사만을 녹취한다.[70] 그래서 니컬러스 야리스(Nicholas Yarris) 사건에서 수사기관은 피해자가 강간당했다는 것과 피해자의 자동차 지붕이 갈색 소프트톱 재질이라는 중요한 두 가지 사실을 야리스가 자백했다고 강조하면서도, 이는 "진술 과정이 아닌 대화 과정에서" 나왔기 때문에 녹음되거나 녹화되지 않았다고 했다.[71]

무죄 입증 이후 크리스 오초아(Chris Ochoa)는 오스틴 경찰서의 수사관이 유도신문을 하며 녹음을 노골적으로 남용했다고 설명했다. 질문 중 어떤 것도 녹취되지 않았고, 오초아의 회상에 따르면 형사는 "좀 더 자세히"라고 말하거나 "틀렸잖아"라고 말할 때마다 녹음기를 정지시켰다. 경찰관은 "미친 듯 화를 내며" 사건 현장이나 부검 기록의 사진을 그에게 보여주거나 그에게 답변을 말해준 다음 "원하는 답을 들을 때까지 시작해, 멈춰, 하고 말했다. 조사는 아주 오랜 시간이 걸렸다".[72]

한편, 녹취하는 관행이 있음에도 불구하고 신문이 아예 녹취되지 않은 사건도 있다. 예를 들면 데니스 브라운 사건에서, 경찰은 신문 과정이 일반적으로 녹취된다고 증언하면서도, 이 사건에서는 피고인이 "방금 말하기 시작했"으므로 "그것을 켜지 않기로 했다"고 말했다.[73]

또한 자백을 오염시킬 수 있는 대화 중 일부는 범죄 현장에서 발생할 수도 있다. 13개의 사건에서 경찰은 오판 피해자를 범죄 현장으로 데려갔다. 공개되지 않았고 신문 과정에서도 알려지지 않았던 범죄 현장의 특징을 이 오판 피해자들은 직접 확인할 수 있었다고 한다. 그러한 방문은 기록되지 않아서, 사실은 경찰이 현장에서 어떻게 범죄가 발생했는지에 대해 오판 피해자들의 지식을 테스트하고자 한 것인지, 아니면 오판 피해자들을 범죄 현장에 익숙해지게 만들고자 한 것인지 우리는 알 길이 없다.

1장에서 소개한 로널드 존스는 형사가 자신을 범죄 현장으로 데려갔고 자신에게 범죄에 관한 일련의 세부 사항을 이야기했다고 증언했다.[74] 또, 얼 워싱턴 주니어는 어디서 피해자가 살해당했는지 전혀 알지 못했기에 버지니아주 컬페퍼 전역으로 경찰을 끌고 다녔는데,[75] 피해자의 건물에 여러 차례 다녀온 후조차 그는 그곳을 식별하지 못했다. 아파트 단지에서 피해자가 사는 건물을 가리켜보라고 요청받자 워싱턴은 단지의 "정반대 쪽"을 가리켰고, 경찰관이 피해자의 아파트를 가리키고는 저것이 맞냐고 물었을 때에야 워싱턴은 "네"라고 답했다.

경찰이 원하는 대답

우리는 이 무고한 사람들이 신문을 받는 동안에 반복했을 가능성이 있는 세부 내용에 대해 들었다. 그렇다면 경찰에 의해 유도되지 않았을 때는 무고한 용의자들이 뭐라고 말했을까? 자유롭게 아는 대로 말할 기회가 주어졌을 때, 이 오판 피해자들 대부분은 들은 것을 제외하고는 사건에 대해 아무것도 몰랐기에 완전히 틀린 사실을 말했다.[76] 적어도 이 사례들의 75%(40건 중 30건)에서 오판 피해자는 사건에 관해 알려진 사실과는 배치되는 사실을 신문을 받는 동안 말했다.[77] 이런 불일치는 자백이 틀렸을 수도 있음을 알리는 경고 사인이었다.

사실, 이 무고한 용의자들이 원하는 대답을 하지 않는 데 실망한 경찰은 제약을 두지 않는 적절한 질문을 하기보다는 사실을 알려주는 것에 의존했다. 얼 워싱턴 주니어 사건은 이런 전략의 한 예이다. 재판에서 경찰은 신문의 개별 단계에 대해 증언했는데, 신문 두 번째 단계에서는 피고인이 사건에 대해 정확한 세부 사항을 말한 것으로 추정되는 반면, 시작 단계에서는 유도성 질문을 받지 않을 때마다 틀린 답을 말하곤 했다. 예를 들면 피해자의 인종이 무엇이냐는 질문을 받았을 때, 워싱턴은 경찰에게 피해자가 흑인이라고 말했지만, 그것은 틀렸다. 피해자는 백인이었다.[78] 또, 워싱턴은 피해자를 두세 번 찔렀다고 말했지만 사실 피해자는 수십 차례 찔렸다. 그리고 피해자는 키가 큰데도 워싱턴은 작다고 묘사했으며, 아파트에서 아무도 "보지 못했다"고 말했지만 피해자의 두 아이가 현장에 있었다.[79]

이처럼 워싱턴이 사건에 대해 아무것도 모르는 것이 분명했지만, 고

분고분한 그는 결국 질문이 뭐든 간에 정중하게 "네, 그렇습니다"라고 대답했다. 사실 경찰은 자신들이 집요하게 굴면 워싱턴이 거짓 자백을 할 것임을 알고 있었다. 그는 이미 네 가지 다른 사건에 대해 거짓 자백을 한 적이 있었기 때문이다. 워싱턴은 질문받는 모든 범죄에 대해 자백했으나, 다른 사건에서는 피해자가 경찰에게 그가 가해자가 아니라고 말했거나 그의 자백이 실제 사건 내용과 전혀 일치하지 않는 것으로 판단되었다.[80]

검사는 배심원들에게 이러한 불일치를 설명해야만 했는데, 그것을 대수롭지 않은 것으로 치부하기도 했고, 자발적으로 말했다고 알려진 각각의 강력한 비공개 사실을 대신 강조하기도 했다. 예컨대, 바이런 홀지(Byron Halsey)는 정신장애인이었고 경찰 신문에 매우 협조적이었다. 홀지는 두 아이에 대한 끔찍한 강간살인이 발생한 방식을 수차례 잘못 추측했다. 피해자 중 한 명의 머리에 어떻게 못을 박았냐는 질문에 홀지가 답한 내용을 경찰은 이렇게 회상했다. "그의 첫 대답은 쇠지레였습니다. 그는 우리에게 이를 보이며 웃었습니다." "그런 다음 그는 다가와 '망치'라고 말했습니다. 그는 다시 이를 보이며 웃더라고요." "그런 다음 그는 의자를 언급했어요. 그는 다시 이를 보이며 웃었습니다." 가해자가 실제로 사용한 것은 벽돌이었다. 경찰관은 그 대화 이후의 상황을 이렇게 기억했다. "그는 마침내 (피해자의) 머리에 못을 박을 때 사용한 것을 우리에게 말했습니다." 검사가 "언제가 됐든 피고인에게 뭐라고 답해야 할지 알려진 적이 있습니까?"라고 묻자, 경찰관은 "아니요"라고 답했다. 최종진술에서 검사는 어떠한 사실도 공개된 적이 없다며 부정했을 뿐만 아니라, 홀지의 비일관적인 자백은 배심원들을 혼란시키려는 의도에서 나온 것이라고 주장했다. "신사 숙녀 여러분, 여러분들은 이유를 알고 있습니다. 그는 선서를 하고 진술한 것이 자신을 빠져나가게 해 줄 거라고 생각하기 때문입니다." 검사는 "그는 호도하려는 시도를 하고 있습니다. … 그는 그 자백을 통해 거짓말을 해서 빠져나가려고 하고 있습니다"라고 덧붙였다.[81]

몇몇 사례에서는 경찰이 범죄 현장에 대해 제대로 알지 못해 틀린 사실을 실수로 알렸을 수도 있는데, 그러한 정보는 잘못된 것으로 밝혀지게 된다. 예를 들면 녹취된 신문에서 브루스 고드샤크는 부엌 창문을 통해 피해자의 아파트로 들어갔다고 설명했다. 여기에는 문제가 있었는데, 그 아파트의 부엌에는 창문이 없었던 것이다. 재판에서 형사는 나중에 고드샤크가 손님용 침실을 통해 들어간 것으로 진술을 바꾸었다고 주장했다.[82]

한편, 경찰은 일단 자백을 받으면 수사를 중단했지만, 그런 다음에 자백과 다른 증거 사이의 중요한 불일치에 대해서는 조사하지 않았다. 얼 워싱턴 주니어 사건에서는 워싱턴이 자백한 사실과 증거가 불일치했을 뿐만 아니라, 경찰은 그의 유무죄를 밝혀줄 과학 증거에 대해 검사하는 것도 거부했다. 워싱턴이 자백한 내용 중 주머니가 찢어진 셔츠가 결정적이었음을 떠올려보자. 사건 초기에 그 셔츠 주머니에서는 머리카락이 발견되었고, 다른 용의자 5명의 머리카락과 비교한 뒤 그들은 용의선상에서 제외됐다. 그러나 워싱턴이 자백한 후, 경찰은 주 범죄연구소에 그의 머리카락과 셔츠 주머니에서 발견된 머리카락을 비교하지 말 것을 지시했다.[83]

자백에 대해 의문이 제기되는 것을 경찰이 원치 않아서 법과학 검사를 실시하지 않은 다른 사건도 있다. 라폰소 롤린스(Lafonso Rollins) 사건에서 범죄연구소의 연구원은 검사한 혈액형이 롤린스와 불일치하자 DNA 검사를 통해 좀 더 정교한 결과를 얻기 위해 FBI에 증거를 보낼 것을 상급자에게 요청했다. 그러나 연구원이 나중에 증언한 바에 따르면 "경찰이 롤린스가 자백했다고 말했기 때문에 그의 요청은 거절되었다".[84]

8건의 사례에서는, 용의자들이 자백을 했더라도 당시 이미 시행된 DNA 검사에서 불일치 판정을 받았고 이는 그들의 결백을 입증할 강력한 증거가 되었다. 그럼에도 불구하고 경찰과 검사는 피고인들이 범죄를 저질렀다고 계속해서 주장했다. 판사와 배심원단은 아마도 용의자들의 자백을 믿는 대신 DNA 증거는 무시했을 것이다. 추가 DNA 검사를 통해 이들 8명은 재심에서 무죄판결을 받았다. 또한 DNA 검사는 그들의 결백을 입증했을 뿐만 아니라 다른 사람의 죄를 입증하기도 했다.[85]

예를 들어 데스코빅 사건의 경우, 경찰은 자백을 받은 후에 명백히 조사를 중단했다. 단독으로 피해자를 강간살인했다는 것이 데스코빅에 대한 공소사실이었지만, 재판 당시 DNA 조사 결과가 그와 불일치했음을 떠올려보자. 검사는 피해자에게 아마도 남자친구가 있었을 것이고, 정액이 살인자가 아니라 남자친구의 것이기 때문에 이 같은 검사 결과가 나왔다고 추측했다. 그러나 피해자가 성적으로 활발했다는 주장을 검증해보려는 시도는 없었다. 피해자에게 아마도 남자친구가 없었을 가능성이 높았기 때문이다. 이에 대해 데스코빅이 재심에서 무죄판결을 받은 후 실시된 조사는 "예컨대 정액의 근원인 '남자친구'를 찾거나 사망하기 24시간 전의 (피해자의) 동선을 추적하기 위한 노력이 이루어졌다는 증거가 없다"라고 결론 내렸다.[86]

또 다른 예로, 너새니얼 해칫은 배심재판이 아닌 판사 한 명에게 재판을 받는 일반재판을 받았다. 피해자는 한 사람에게 강간을 당했다고 증언했고, 재판 당시 이루어진 DNA 검사 결과는 해칫과 불일치했다. 그럼에도 판사는 "압도적인 증거에 비추어볼 때 … 당 재판부는 법과학 분석만으로는 피고인에게 무죄를 선고할 수 없다"라고 판결 이유를 설명했다. 판사는 강력한 DNA 증거에도 불구하고 "이 사건의 경우 경찰에 체포된 후 해칫이 경찰에게 한 진술과 실제로 이 사건 도중 벌어진 일 사이에 많은 점이 일치한다"라고 강조했다.[87]

강요된 자백에 대한 사법심사

판사와 배심원이 이러한 거짓 자백을 기각하지 않은 이유는 무엇일까? 이 사례들에서 오판 피해자의 변호인 대부분이 재판 전에 자백에 대해 이의를 신청했으나 판사는 이를 기각했다. 우리가 아는 한 재판에서 자백에 대해 이의를 제기하지 않은 유일한 오판 피해자는 유죄를 인정하고 재판을 받지 않은 롤랜도 크루즈뿐이다. 크루즈의 변호인은 자백에는 이의를 제기하지 않았지만, 범죄에 대한 꿈 또는 상상에 관한 크루즈의 근거 없는 발언은 경찰이 완벽하게 지어낸 것이라고 주장했다.[88] 재판으로 가서 자백에 대해 이의제기를 했는지 여부를 확인할 수 있는 기록이 남아 있는 29명의 오판 피해자들 중 28명(97%)이 이의를 제기했지만, 결국 모두 실패했다.

자백에 대해 이의를 제기하려 한 피고인 측 변호사의 노력이 실패한 가장 분명한 이유는 자백이 무척 정확해 보였기 때문이다. 어쨌든 이 피고인들은 "오직 살인자만이 알 수 있는" 사실을 알고 있었다. 또한 그들은 불일치를 지적하고 판사에게 자백의 신빙성을 면밀히 조사해달라고 요청할 수도 없었는데, 미 연방 대법원은 자백의 신빙성은 자백이 재판에 허용될 수 있을 만큼 충분히 자발적이었는지 여부와 무관하다는 입장을 고수하고 있기 때문이다.[89] 판사들은 재판에서 자백을 들을 수 없다고 결정하는 것을 매우 꺼린다. 판사가 자백을 검토하는 데 사용하는 법적인 기준은 죄를 순수하게 시인하는 자발성에 초점을 두고 있으며, 판사들은 오직 경찰이 극악한 비행을 저지른 예외적인 상황에서만 자백을 배제할 것이다. 또한 미 헌법은 미란다 원칙과 자발성이라는 두 가지 방식으로 자백을 규제한다.

미 대법원은 잘 알려진 미란다 원칙을 개발해 신문 과정에서 용의자에게 어떤 권리가 있는지 고지해주는 방식을 통해 용의자를 강압으로부터 보호하는 동시에 자백의 자발성 문제를 해결하고자 했다.[90] 만약 미란다 원칙이 고지되지 않았다면, 이 오판 피해자들은 자신들의 자백에 대해 바로 이의를 제기할 수 있을 것이다. 하지만 대부분의 용의자들이 그렇듯이, 이 오판 피해자들은 모두 자신의 미란다 권리를 포기했다.[91] 22명의 오판 피해자들은 포기 양식에 서명했고, 8명은 자신의 권리를 포기한다고 영상으로 녹화했다. 우리는 조지프 화이트같이 변호사를 요청하면서 신문에 응하지 않은 오판 피해자들 중 얼마나 많은 수가 신문이 계속되자 거짓 자백을 하게 됐는지는 알 수가 없다.

미란다 원칙에 관해서 아마도 가장 주목할 만한 결정은 에디 조 로이드(Eddie Joe Lloyd)의 재판에서 이루어졌다. 로이드의 정신질환과 피암시성에 대한 가장 명백한 증거는 그가 양극성장애 예비진단을 받고 어쩔 수 없이 정신병원에 수용되어 있는 동안 인터뷰가 진행되었다는 데 있다. 판사는 "그가 자신의 권리를 고지받은 이후에는, 어떤 형태든 차

이가 없다"고 지적하면서 로이드의 진술이 자발적이라고 판단했다.[92]

한편, 대법원의 자백 자발성 기준은 신문을 더욱 광범위하게 규정한다. 즉, 자백의 강압 여부를 평가하기 위해 "상황의 총체성"을 검토하고 피의자의 성격과 신문의 세부 내용에 초점을 맞춘다.[93] 또한 검찰은 과도한 강압이 가해지지 않았음을 입증할 책임이 있으며,[94] 판사는 재판 전에 준비기일을 열어 그 자백이 자발적인지 여부를 조사하고 자백의 증거능력을 판단한다.

재판관들은 종종 중요한 반대증거가 있는데도 오판 피해자들의 자백이 자발적이었다고 판단했다. 예를 들면, 자발성을 판단할 때 법원이 오랫동안 고려해온 요인 중 하나는 '피고인의 어린 나이'이다. 하지만 자백한 오판 피해자들 중 33%는 미성년자였다(40명 중 13명이며, 그중 5명은 센트럴파크 조깅 사건에 대해 자백했다).

두 번째 요인은 피고인의 '낮은 지능'이다. 오랜 연구 결과에 따르면 정신적으로 장애가 있는 사람들에게는 권위가 있는 사람에게 복종하려는 성향과 그들을 기쁘게 하고 싶어 하는 성향이 있고 스트레스와 압력에 취약한 경향이 있다.[95] 그러나 거짓으로 자백한 사람들 중 적어도 43%(40명 중 17명)는 정신적으로 장애나 질환이 있었고, 그것이 한눈에 보일 정도였다.

세 번째 요인은 '헌법상 권리에 대해 피고인이 얻을 수 있는 자문의 부족'이다. 이 오판 피해자들은 자백에 앞서 모두 미란다 권리를 포기했다.

네 번째 요인은 '구금 기간'과 '조사의 반복성과 장기성'이다. 이 오판 피해자들 대부분은 상당히 긴 신문을 감내했다. 전형적인 사례로, 존 코것(John Kogut)은 "진실을 알게 되기 전까지 당신은 아무 데도 못 간다"라는 말을 들었다.[96] 관련 자료가 있는 오판 피해자들 중 오직 10%(40

명 중 4명)만이 3시간 이하의 조사를 받았고, 다른 오판 피해자들은 훨씬 긴 조사를 받았다. 일반적으로 며칠 동안 여러 번의 신문을 받거나 식사와 수면 시간을 제외하고 하루 이상 내내 신문을 받았다. 제리 타운젠드(Jerry Townsend)는 일주일 동안 30~40시간의 신문을 받았고,[97] 로버트 밀러의 경우 신문 중 녹취된 부분만 13~15시간이다.[98] 그러나 또다시 재판장은 이러한 자백이 자발적이라고 판단했다.

추가 요인으로는 "잠을 재우지 않거나 음식을 제공하지 않는 것과 같은 물리적 처벌의 사용"이 있다. 비교적 일반적이지는 않지만 몇몇 오판 피해자들은 신문 과정에서 경찰이 물리력을 사용했다고 주장했는데, 보통 사실 여부는 알 수 없다.

예를 들어 마셀리어스 브래드퍼드(Marcellius Bradford)는 경찰이 자신을 때렸다고 나중에야 주장했고, 데니스 브라운은 경찰이 총기 벨트를 풀고서는 "내 앞에 칼을 가져다 놓았다"고 주장했다.[99] 서론에서 다뤘던 로널드 존스는 형사가 수갑을 채워 자신을 벽에 밀어붙이고는 길고 검은 물체로 여러 차례 머리를 때렸다고 말했다.[100] 존스에 따르면, 두 번째 경찰관이 방에 들어와서는 "이렇게 다루는 것"에 "놀라며" "그러고는 그에게 '때리지 마, 멍들면 어쩌려고 그래'라고 말했"다. 그 경찰관은 존스가 자백하지 않자 "주먹으로 몸통을" 때렸다.

또, 폴라 그레이(Paula Gray)는 17세의 경계성 정신지체자였는데 2명에 대한 살인 사건 조사와 관련해 "목격자 보호"라는 명목으로 7명의 경찰관과 함께 이틀 동안 호텔 방에 갇혀 있었다.[101] 갇혀 있는 동안 그레이는 '포드 하이츠 포(Ford Heights Four)'로 알려진 사건에서 자신의 죄와 무고한 다른 4명의 죄를 인정하는 진술을 했다. "만약 당신이 이 이야기를 하지 않으면 어떤 일이 벌어질 거라 하던가요?"라는 질문에 그레이는 "그들은 저를 죽일 거라 말했습니다"라고 증언했다. 경찰은 그런 행위에 가담한 적이 없다며 부인했다.

판사들은 또한 자백이 자발적인지 여부를 밝히는 데에는 신문 중에 보인 피고인의 태도가 중요하다고 여긴다. 검찰은 데이비드 배스케즈의 진술을 "때로는" "거의 알아들을 수 없었다"고 인정했다.[102] 바이런 홀지는 형사 스스로도 인정하듯 "6학년 정도의 교육 수준과 심각한 학습장애"[103]를 앓고 있었는데 "한 음절로 된 말을 폭포수처럼 쏟아내는" 진술을 했고 때때로 "그저 멈춰서 허공을 바라보는" "무아지경" 상태에 빠지기도 했다.[104]

아마도 판사들은 표준 문구로 인쇄되어 있는 자발적으로 진술하겠다는 문서에 대부분의 오판 피해자들이 서명했다는 사실에 기초해서 이러한 자백을 자발적이라고 판단했을 것이다. 한 예로 라폰소 롤린스는 "그는 대접을 잘 받았습니다", "그는 경찰서에서 피자와 샌드위치를 먹었으며 커피와 콜라를 마셨습니다. 라폰소 롤린스는 어떠한 위협도 당하지 않았고 또한 자백의 대가로 그 어떤 약속도 받은 사실이 없음을 밝혀둡니다"라고 반복 기재된 문서에 서명했다.[105] 비슷한 예로 브루스 고드샤크도 수사관이 녹음 중에 "우리가 당신을 어떻게 대했나요?"라고 묻자 "매우 잘 대해줬습니다"라고 대답했다고 재판에서 인정했다.[106]

이토록 많은 오판 피해자 사례에서 나타나는 강요의 흔적들을 판사들은 어찌하여 지나치게 된 걸까? 판사들은 단순히 형사사건에서 핵심적인 자백을 배제하는 것을 꺼리는 것이 아니라, 특별히 구체적인 사실과 강력하게 일치하는 것처럼 보이는 자백을 배제하는 것을 꺼린다. 예를 들면 더글러스 와니는 자신이 강요당했다고 주장했으나, 판사는 그가 사건에 대해 말하기 위해 처음에 어떻게 경찰에게 접근했는지에 중

점을 두었다. "이것은 그가 자발적으로 출석했다는 정보입니다. 그리고 그는 끝까지 그렇게 했습니다."[107]

비록 미 연방 대법원이 자백의 증거능력을 판단할 때 그 신빙성은 관계가 없다고 판단했지만, 판사들은 자백의 증거능력을 인정하고 그 자백이 자발적이라고 판단할 때 자백의 신빙성에 중점을 두었다. 브루스 고드샤크 사건에서 재판장은 고드샤크가 "일반 대중에게 공개되지 않은 정보를 형사에게 제공했다"는 점을 강조했으나 그가 어떤 사실에서 확신을 갖게 됐는지는 밝히지 않았다.[108] 비슷한 예로, 17세의 경계성 정신지체자였던 폴라 그레이 사건에서, 재판장은 이렇게 언급했다. "덧붙이자면, 피고인은 지식을 갖고서 익숙하게 증언을 했고, 명쾌하고 매우 명확하게 그녀의 주장을 펼쳤습니다. 이 모든 것들은 그녀가 고등학교 3학년이든 그녀의 교육 수준이 어떻든 간에 그녀가 아주 똑똑한 사람임을 의미합니다. 이것이 재판부의 판결이고 판단이며 결정입니다."[109]

전문가 증언의 무능함

사람이 거짓으로 자백할 수도 있다고 상상하는 것이 배심원들에게는 쉽지 않은 일이다. 거짓 자백이 실제로 발생할 수 있으며 피고인이 경찰의 유혹이나 강요에 심리적으로 취약하다는 것을 피고인은 전문가를 통해 배심원들에게 설명할 수 있다. 그러나 가난한 피고인이 전문가를 고용하려 할 때 판사는 종종 이러한 전문가의 증언 자체를 허용하지 않거나 이에 대한 비용 지급을 거부하곤 한다. 오직 8%(40명 중 3명)의 오판 피해자들만이 정신과 의사나 심리학자 같은 전문가로부터 자백에 관한 증언을 들을 수 있었는데, 그 3명은 데이비드 앨런 존스, 제리 타운젠드, 데이비드 배스케즈였다.

먼저 배스케즈 사건의 경우, 준비기일의 속기록이 법원에 남아 있지 않았으며, 남아 있는 기록이라고는 "심리학자들이 상충되는 증거를 제시했다"라는 판사의 견해가 전부였다.[110] 그리고 존스의 경우에는 그에 대해 "경미한 정신지체"가 있다고 증언한 심리학자를 고용했었다.[111]

한편 제리 타운젠드의 증거 배제 심리에서는 전문가들의 일방적인 전투가 있었다. 보통은 피고인 측 전력이 부족하지만 놀랍게도 이 논쟁은 피고인 측에 유리하게 진행되었다. 제리 프랭크 타운젠드는 정신지체자였고 대부분 플로리다에서 발생한 20건의 살인 사건을 포함해서 질문받은 모든 미제 살인 사건에 대해 자백을 했었다. 나중에 그의 변호인은 타운젠드가 "그 어떤 사건에 대해서도 자백할 수 있었다"면서, 경찰은 "미제 사건 파일을 그에게 모조리 쏟아버리고 싶어 했다"고 말했다.[112]

이 사건에서 피고인 측은 7명의 임상심리사와 정신과 의사를 전문가 증인으로 신청했다. 이들은 모두 타운젠드가 미란다 원칙을 순조롭게 이해할 수 없었고, 재판을 받을 능력이 부족하며, 자발적으로 자백을 하지 않았다는 데 동의했다. 예를 들어 한 전문가는 타운젠드가 IQ는 59에서 61 사이이고 정신발달 정도가 6세에서 9세밖에 되지 않을 정도로 지체 상태에 있다고 설명했다.[113] 다른 전문가는 그가 "다른 사람의 말을 쉽게 믿고" "피암시성이 높다"고 증언했다. 타운젠드는 학습능력이 부족하고 정신연령이 7세에서 9세 사이였을 뿐만 아니라 "항상 이야기를 만들어내고" "치매에 걸린 것처럼" "누군가 모르는 것을 채워 넣기 위해 무의식적으로 소재를 꾸며냈다". 또한 그는 "미친 사람"처럼 말했으며, 의학 용어로 설명하자면 "지적능력에 문제가 있고 정신병 수준의 정신 기능을 가지고 있었다".

검사가 부른 단 한 명의 전문가 증인은 오직 심리학 석사학위만 소지하고 있었다(박사가 아니었다).[114] 그는 타운젠드가 IQ는 평균보다 "현저히 낮지만" "사회적 적응력"은 19세 수준이라고 측정했으며, 타운젠드가 미란다 권리에 대해 이해했을 것이라고 증언했다.[115] 검찰 측은 타운젠드를 신문했던 형사 중 한 명을 증인으로 불러냈고, 형사는 타운젠드가 "매우 심각한 언어 장애"를 가졌지만 "세상물정에 밝고" "그의 권리에 대해 이해했음이 분명하다"고 증언했다. 그다음으로 검사는 타운젠드가 범행 방법에 대해 알았을 것으로 추정되는 "특정 사실"에 대해 긴 증언을 이끌어냈고 "물론 그 사실을 뒷받침하는 증거가 있었다".

결국 재판장은 피고인 측 전문가의 수많은 증언을 "편리한 대로 꾸며낸 증언"이며, "그 자체로도 신빙성이 낮고 그 내용을 들어봐도 신빙성이 낮다"고 판단했다. 재판장은 "이런 표현을 써도 된다면, 타운젠드는 사회성을 충분히 지닌 사람이고 미란다 원칙을 알고 이에 대한 주장을 포기할 수 있을 만한 지적 능력이 있었다고 판단된다…"고 판결했다. 그는 타운젠드가 "은어를 많이 알고 있다"고 덧붙였다. 재판장은 타운젠드가 한 자백의 자발성에 대해 의구심을 가지기도 했지만 "알다시피 모든 자백이 완벽하면 좋을 것입니다"라고 말하며 해당 청구를 기각했다. 재판장은 "저는 아직까지 완벽한 자백을 본 적이 없습니다만, 형사재판을 그렇게 많이 경험한 건 아닙니다"라고 설명했다.[116]

타운젠드는 동일한 전문가를 불러내 재판에서 증언케 했으나, 검찰은 타운젠드의 이러한 행동이 전형적인 연쇄살인범의 행동이라고 주장했고, 결국 그는 유죄판결을 받았다. 타운젠드는 교도소에서 22년을 보냈는데, 포트로더데일 경찰이 재수사 과정에서 실시한 DNA 검사가 그의 결백과 연쇄살인범 에디 리 모슬리(Eddie Lee Mosley)의 혐의를 입증했다(또한 이 검사는 프랭크 리 스미스가 억울하게 유죄판결을 받은 살인 사건의 진범이 모슬리라는 것도 밝혀냈다).[117]

만약 다른 오판 피해자들이 전문가의 도움을 받았더라면, 배심원들에게 거짓 자백의 원인에 대한 연구 결과나 그들에게 진술 능력이 부족하다는 증거, 혹은 그들이 강압이나 유혹에 취약하다는 점을 제시할 수 있었을 것이다. 예를 들어 데스코빅 사건에서 지방검사는 이렇게 말했다. "피고인은 배심원들을 설득하기 위해, 그에게 사용된 경찰 전술에 그가 특별히 취약하고 그런 전술이 거짓 자백을 야기했음을 입증할 정신의학적 증거를 제시하려는 시도를 하지 않았습니다. 그런 증거가 없는 상황에서, 피고인 측이 자백에 대해 공격하는 것은 마구잡이식 주장일 뿐입니다."[118]

자백에 대한 오염은 막을 수 있다

재판장들이 매번 로널드 존스의 청구를 기각했지만, 유죄판결을 받은 이래로 그가 계속해온 자유를 위한 수년간의 투쟁이 이제는 주목을 받게 된다. 1장에서 설명했듯이, 존스의 재판은 짧았고 변호가 미온적이었을 뿐만 아니라 모든 단계에서 재판장은 존스가 자백했던 사실에 비추어 그가 무죄일 리 없다고 판단했다. 로널드 존스, 제프리 데스코빅, 얼 워싱턴 주니어, 그리고 이 장에서 다뤘던 다른 모든 사람들이 상세한 거짓 자백을 했고, 이는 거짓 자백이 강압뿐만 아니라 무고한 용의자가 범죄 사실을 묘사하도록 설득하는 능력과 관련될 수 있음을 분명하게 보여준다. DNA 검사가 없는 상황에서 주요 사실이 공개되어 진술이 오염되는 경우, 형사사법제도는 누설된 내용을 가려낼 수 없었다.

사회과학자들과 법학자들은 판사들이 단지 미란다 원칙이나 자발성에 초점을 맞추기보다는 오히려 신문의 전반적 신빙성을 평가해야 한다고 오랫동안 권유해왔다.[119] 그러나 엄밀한 신빙성 검토조차도 또 다른 문제에 직면해 있다. 사례들에서 나타나는 것처럼, 사실관계가 용의자에게 공개될 경우 자백이 대단히 신빙성 있게 보인다는 점이다.

이 책 전체에 걸쳐 알 수 있듯이 증거는 여러 경로를 통해 오염될 수 있다. 예를 들면 경찰이 물증을 노출된 상태로 내버려둬서 증거가치를 떨어뜨릴 수 있다. 또한 경찰은 목격자에게 범인을 식별하기 위해 마주한 사람들 중 한 명에게 전과가 있다고 말해서 범인 지목을 부추길 수도 있다.

한편 자백에 대한 오염은 찾거나 제거하기가 무척 힘들다. 경찰이 용의자에게 범죄의 세부 사항에 대해 말하고 나면, 그 이후로는 용의자가 이를 정말로 알았는지 아니면 경찰에게서 들어서 알게 되었는지 결코 구별할 수가 없다.

그러나 자백에 대한 오염은 막을 수 있다. 가장 쉬운 방법은 경찰에게 신문을 시작부터 끝까지 녹취하도록 하는 것이다. 9장에서 다루겠지만, 이러한 개혁안은 18개 주와 컬럼비아 특별구 그리고 수백 개의 경찰서에서 채택되었다. 수사의 중심인 길고도 복잡한 신문이 기록되지 않은 채로 불완전하고 편견에 사로잡힌 인간의 기억에 의존해 다시 진술되는 일은 막아야 한다. 오히려 경찰은 신문 녹취를 통해 판사에게 자백이 믿을 만하고 자발적이었다는 것을 보여줄 수도 있다.

신문 전체를 녹취하는 것은 중요한 시도지만 충분하지는 않다. 녹취록상으로 자백이 오염되었다고 판단되는데도 불구하고 검사가 기소를 한다면, 판사는 자백에 신빙성이 없다는 이유로 이를 배제할지 여부를 판단하기 위해 조치를 취해야 한다. 이에 대해 데이비드 배스케즈의 사례에서 교훈을 얻을 수 있는데, 배스케즈는 경계성 정신지체자였고 용의자가 된 후 경찰 신문을 받았다. 사건에 대해 경찰은 "(피해자의) 손을 묶는 데 사용한 끈은 일광욕실에 있는 베니션 블라인드에서 잘라낸 것이고, 그녀의 목을 조르는 데 사용한 올가미는 지하실에 있던 카펫을 감싸고 있던 긴 줄에서 잘라낸 것이다"라고 밝혔다.[120] 신문은 일부분만 녹취되어 있었는데, 기록을 살펴보면 피해자를 묶고 살해하는 데 무엇이 사용되었는지에 대해 배스케즈는 전혀 알지 못했음이 분명하다.

경찰 1: 그 여자가 손을 등 뒤로 묶어달라고 말했나요?

배스케즈: 아, 아마 그 여자가 그랬다면, 저는 그랬을 거예요.

경찰 2: 뭐 사용했어요?

배스케즈: 밧줄이요?

경찰 2: 아뇨, 밧줄 아니에요, 뭐 사용했죠?

배스케즈: 내 허리띠만.

경찰 2: 아니, 당신 허리띠 아니라니깐…. 집 뒤쪽에 있는 방, 일광욕실에 있던 걸 기억해봐요. … 거기서 뭘 잘랐죠?

배스케즈: 그, 어, 빨랫줄?

경찰 2: 아니, 빨랫줄이 아니었고, 빨랫줄 같은 거. 그게 뭐죠? 창문에 있는 거? 데이비드, 베니션 블라인드를 생각해봐요. 베니션 블라인드 줄을 자른 거 기억나요?

배스케즈: 아, 줄처럼 생긴 거요?

경찰 2: 옳지.

경찰 1: 좋아요, 이제 그게 어떻게 됐는지 말해봐요, 그걸 어떻게 했는지 말해줘요 데이비드.

배스케즈: 그 여자가 저에게 칼을 잡고 자기를 찔러달라고 했어요. 그게 다예요.

경찰 2: (목소리를 높이며) 데이비드, 아니에요 데이비드.

배스케즈: 그런 일이 있었다면 제가 한 거예요, 그리고 제 지문도 거기에 있고….

경찰 2: (테이블을 손바닥으로 내리치고 소리를 지르며) 그 여자를 매달았잖아!

배스케즈: 네?

경찰 2: 당신이 그 여자를 매달았다고!

배스케즈: 네, 그래서 저는 그 여자를 매달았어요.

경찰들이 데이비드 배스케즈에게 사실을 노골적으로 알려주는 것이 모두 녹취되었다. 그럼에도 불구하고 재판장은 자백에 대해 제한하는 조치를 거부했다. 사형선고를 앞두고, 배스케즈는 위험을 감수하는 대신 유죄를 인정하는 쪽을 택했고, 5년 후 실시된 DNA 검사를 통해 마침내 오판이 확인되어 무죄판결을 받았다.[121]

이러한 거짓 자백 사례는, 신문실에서 일어나는 일들을 문서화하고 규제하고 감독해야 하며, 결과적으로는 어둠 속에 묻히는 일이 없도록 해야 하는 이유를 생생하게 보여준다. 기록은 신문 관행을 양지로 끌어낼 수 있다. 비록 오염은 근절하기 힘든 은밀한 문제이지만, 녹취를 통해 전문적인 신문을 인증하고 판사의 검토가 훨씬 효과적으로 이루어지도록 할 수 있다. 신문의 신빙성을 보장하기 위한 형사사법절차 개혁은 거짓 자백과 진실을 잘 구분할 수 있게 해줄 것이다.

3장

목격자의 착각

1982년 5월, 뉴욕 버팔로에 있는 공원에서 한 여성이 남편과 함께 새들을 관찰하고 있었다. 해가 지자 추위를 느낀 그녀는 홀로 차로 돌아가기로 했는데, 조깅 코스를 따라 걷는 동안 한 남자가 다가왔다. 그는 갑자기 달려와 그녀를 뒤에서 덮치고는 "내가 무서워?"라고 말했다. 그가 그녀를 잡아 목을 조르고 두건으로 눈을 가리기 전에 그녀는 흘끗 그를 보았을 뿐이었다. 그는 그녀를 덤불로 끌고 가 강간한 후 도주했다.[1] 그녀는 그날 저녁 버팔로 경찰에 강간 사실을 신고했고 가해자에 대해 묘사했다. 눈이 가려졌지만 그녀는 "짧게 자른 턱수염과 콧수염, 꽤나 두꺼운 입술을 느낄 수 있었다". 그리고 "다소 붉은 빛이 도는 어두운 피부색"과 그의 "위쪽 앞니 사이가 벌어져 있는 것"을 본 게 다였다. 그 남자의 키는 172에서 178센티미터 사이였다.

그로부터 약 4개월 반이 지났지만 피해자는 경찰로부터 아무 소식도 듣지 못했다. 마침내 9월에 경찰은 피해자를 경찰서로 불러 "흑백사진, 라인업 사진"에서 "범인을 지목"할 수 있는지 질문했다. 피해자는 경찰관에게 "범인을 다시 알아볼 수 있을지" 확실치 않다고 말했다.[2]

피해자는 6장의 사진을 보았고, 그중 하나는 하비브 압달이라는 남자의 사진이었다. 피해자는 가해자를 지목할 수는 없었지만, 경찰관에게 가해자와 다소 비슷해 보이는 남자가 세 명 있다고 말했다. 재판에서 피해자는 잠정적으로 압달을 선택했다고 증언했으며, "그다음 저는 기억하고 있는 범인의 모습과 가장 가까운 한 남자를 선택했습니다"라고 말했다. 이는 즉시 심각한 문제로 간주되어야 했으나 그러지 않았다. 피해자는 압달을 지목할 수 없었고, 다만 그의 사진이 "가장 비슷해" 보인다고 말했을 뿐이며, 사실 경찰관에게 그가 범인과 달라 보인다고도 말했었다.

사회과학 연구에 따르면 목격자는 라인업 가운데 범죄자가 없을 수도 있다는 말을 들어야만 한다. 그렇지 않으면 목격자가 그중에서 비교하여 가장 범인으로 보이는 누군가를 선택할 수 있기 때문이다.[3]

경찰은 피해자에게 실물 라인업을 본다면 도움이 될지 물었다. 그런데 경찰은 하비브 압달과 닮은 다른 남성들을 세운 상태로 범인식별절차를 실시하는 대신, 피해자를 단지 두 사람—압달과 백인 남자—이 있는 방에 데려가 편면유리를 통해 그들을 보게 했다. 사실상 그들은 쇼업(showup), 즉 목격자 앞에 한 명의 용의자를 등장시키는 절차를 진행한 것이었다.

심지어 이런 절차로도 피해자를 확신시키기에는 부족해서, 15분 동안 경찰은 피해자에게 압달을 지목하도록 암시를 주었다. 경찰은 피해자에게 압달이 다른 범죄 혹은 다른 강간 사건에 연루되어 구금 중이라고 말했고, 그 후로도 피해자가 범인을 지목하도록 명백한 압박을 가했다. 피해자는 압력에 대해 기억했고 이를 재판에서 증언했다. "그들이 압력을 가하면 가할수록" "그들의 말을 듣고 싶지 않았고 범인을 지목하는 데 시간이 더 걸렸습니다. 왜냐하면 이건 사람의 인생이 달린 일이었고, 모두의 편의를 위해 적당히 범인을 지목하고 싶지는 않았기 때문입니다."[4]

피해자는 경찰이 "분명한 입장"을 갖고 있었고 압달을 지목해주기를

"원했다"고 증언했다. 또, 배심원단에게 자신이 저항하기 위해 의식적으로 노력했다고 말했다. 피해자는 경찰에게 "아직 두 가지 차이점이 있다"고 말했고, 여전히 압달을 범인으로 지목할 수 없었다. 그러자 경찰은 피해자가 가까이에서 압달을 보게 하기로 결정했다. 피해자는 말했다. "저는 그와 눈을 마주할 수 있었습니다." 그때조차도 압달을 범인으로 지목할 수 없었던 피해자는 압달이 말하는 것을 들었지만 마음을 바꾸는 데는 아무런 도움이 되지 않았다. "그는 목소리가 달랐어요"라고 피해자는 말했다.

마지막으로 한 경찰관이 "잠깐, 좀 더 옛날 사진이 있어요"라고 말하고는 피해자에게 압달의 흑백 얼굴 사진을 가져왔다. 피해자는 "즉시 사진 속 남자를 범인으로 지목했다". 그 사진은 사건 발생 5년 전인 1978년에 촬영된 것이었다. 그럼에도 불구하고 피해자는 그 사진을 보고는 "한 치의 주저함도 없이" "확실하다"고 말했다.[5]

피해자의 확신은 재판에서 더 커졌고 피해자가 한 설명에서 다른 부분들도 역시 변했다. 재판에서, 피해자는 가해자가 자신에게 말을 했고 자신은 그가 공격하기 전에 30초가량 그를 똑바로 쳐다보았다고 증언했다. 피해자는 원래 진술서에서는 그가 자신의 뒤에서 말을 했고 그가 자신의 눈을 가리기 전에 간신히 그를 봤었다고 말했었다. 또한 피해자의 원래 진술은 단지 얼굴에 체모가 있는 듯한 느낌을 받았다고만 했을 뿐 구체적으로 묘사하지는 못했다.

게다가 피해자는 하비브 압달과 가해자 간에 차이가 있다고 했던 점에 대해, 재판에서는 공통점이 있다고 말했다. "똑같이 튀어나온 눈이었어요, 하지만, 약간 튀어나와 있었어요. 똑같이 연한 노란색이었어요. 똑같이 졸린 듯한 눈꺼풀이었습니다. 똑같이 턱 부분이 갸름한 타원형 얼굴이었어요. 어깨 넓이도 같다고 느꼈고요. 피부색도 같았습니다…" 라고 피해자는 진술했다. 하지만 경찰에게 피해자는 "졸린 듯한 눈꺼풀"에 대해서는 한 번도 묘사한 적이 없었다. 그리고 피해자는 피고인의 검은 잇몸이나 이 사이가 벌어진 점이 공통점이라고 증언했으나, 원래 진술에서는 위쪽 앞니 사이에 틈이 하나 있다고 정확하게 특정했었다. 또 피해자는 경찰에게 가해자가 25세에서 40세 사이라고 말했으나 압달은 회색 턱수염을 가진 43세였다. 그리고 피해자는 가해자의 키가 172에서 178센티미터 사이로 자신보다 불과 몇 센티미터 크다고 묘사했지만 압달의 키는 그것보다 훨씬 큰 193센티미터였다.[6]

끝내 피해자는 재판에서 하비브 압달이 가해자임을 완벽하게 확신한다고 증언하며, "그때나 지금이나 내 마음속에는 똑같은 사진이 있다"고 주장했다.[7] 그 진술을 거짓이었지만 매우 강력했다. 압달과 강간 사건을 연결하는 다른 증거는 없었고, 과학 증거는 결론에 영향을 끼치지 못했다. 피해자에게서 발견된 체모는 압달과 일치하지 않았다. 범인을 지목하게 하려는 경찰의 지속적인 노력 끝에, 기억이 심하게 오염된 목격자의 말에 근거해 배심원들은 압달에게 유죄를 선고했다.

물론 성폭행을 당한 후 피해자의 마음속에는 사진이 있었고, 처음에는 그 기억이 정확했을 것이다. 그런데 피해자의 초기 묘사는 압달보다는 오히려 다른 남자와 닮아 있었다. 경찰이 암시를 하고 난 후, 피해자의 마음속 사진은 변했고 압달을 범인이라 여기는 피해자의 확신은 점점 커졌다.

앞 장에서 우리는 경찰이 유도신문이나 노골적인 사실 누설을 통해 어떻게 자백을 오염시키는지 살펴보았다. 여기서 우리는 다른 종류의 오염인 목격자 기억에 대한 오염을 확인할 수 있다. 압달 사건의 진범은 아직까지 잡히지 않았고, 압달은 1999년에 실시된 DNA 검사로 결백을 입증받기까지 16년을 감옥에서 보냈다. 우리는 재심을 받기 위해 압달이 겪어야 했던 시련에 대해 8장에서 좀 더 들어볼 것이다. 그 사례는 오판 피해자들이 DNA 검사를 받아 재심에서 무죄를 입증하기 위해 벌이는 투쟁을 보여준다.

'저자가 바로 그 사람'이라는 말의 위력

많은 재판과 마찬가지로, 하비브 압달 재판에서 가장 중요한 순간은 법정에서 목격자가 그를 지목하며 그가 가해자라는 것을 완전히 확신한다고 말했던 때였다. 윌리엄 브레넌(William Brennan) 판사는 다음과 같이 썼다. "살아 있는 사람이 증언대에 서서는 피고인을 손가락으로 가리키며 '저자가 바로 그 사람이야'라고 말하는 것보다 설득력 있는 것은 거의 없다."[8] 무고한 사람들의 재판에서 거의 대부분의 목격자들은 자신이 사람을 제대로 지목했다고 확신했다.

판사들은 이러한 목격자들이—또는 어떠한 목격자라도— 착각할 수도 있다며 불신을 드러냈는데, 제리 밀러(Jerry Miller) 사건에서 판사는 말했다. "나는 평생을 살면서 복면을 하지 않은 사람에게 강간을 당한 피해자가 자신은 범인을 지목할 수 없다고 말한 것을 들어본 적이 없습니다. 평생 동안 한 번도 없어요."[9] 배심원들은 목격자의 증언에 동요했다. 마커스 라이언스(Marcus Lyons) 사건에서 한 배심원은 피해자가 재판정에서 "사시나무처럼 떨면서" 라이언스를 지목한 것이 얼마나 강력한 영향을 미쳤는지 설명했다.[10]

목격자의 잘못된 범인 지목이 오판 사례에서 어떤 역할을 했는지는 이제 잘 알려져 있다. 목격자들은 오판 피해자 사례의 76%(250건 중 190건)에서 오인을 했다.[11] 그럼에도 이 사건들에 대한 연구를 시작했을 때는 목격자의 오인에 대해 많은 것을 말할 수 없을까 봐 걱정했다. 결국, 경찰이 보통은 범인식별절차 중에 발생한 일을 기록하지 않기 때문에 그에 대한 기록은 대체로 존재하지 않았고, 대개의 경우 재판기록이 전부였다. 그런데 놀랍게도 재판기록만으로도 골치 아픈 이야기에 대해 말할 수 있었다. 이 사건들은 대부분 겉보기에는 강력해 보이는 목격자 증언에 결함이 있었던 것이다.

목격자가 범인으로 오인했던 190명의 오판 피해자들 중에서 161명, 즉 85%에 해당하는 오판 피해자들에 대한 재판 자료를 입수했다. 이 사례들에서는 서로 관련된 두 가지 문제가 다시 발생했는데, 범인식별절차에서의 암시와 신빙성 없는 범인식별절차였다.[12] 이 장에서는 각 문제에 차례로 초점을 맞출 것이다.

첫째, 목격자의 기억은 단지 틀릴 수도 있는 것이 아니다. 더 중요한 점은 그것이 얼마든지 만들어질 수 있다는 점이다. 나는 경찰이 암시를 사용했다는 것이 이 재판들에서 드러날 거라고는 예상하지 못했다. 하지만 이 사건들의 78%(161건 중 125건)에는 경찰이 목격자의 기억을 오염시켰다는 증거가 있다. 이 목격자들의 상당수는 용의자를 골라낼 것을 암시적 방법으로 요청받았는데, 그러한 방법은 오류가 발생할 가능성을 높이는 것으로 오랫동안 알려져 있다. 경찰은 목격자에게 라인업 중 누가 선택되어야 하는지 암시하는 발언을 하거나, 한 사람만을 놓고 목격자에게 그 사람이 범인인지 묻는 쇼업 절차를 활용하거나, 해당 피고인을 유난히 눈에 띄게 해 목격자에게 선택해야 하는 사람을 드러내는 식으로 라인업을 활용했다.

암시는 두 번째 문제, 잘못된 확신과 연관이 있다. 목격자들은 재판에서 확신을 보였지만, 이런 잘못된 확신은 이전에 발생한 일에 의해 만들어진 것이었다.

사실상 목격자들은 무고한 사람을 범인으로 오인하는 잘못을 저질렀을 뿐만 아니라 재판에서 자신의 기억이 지닌 허점을 흔하게 드러냈다. 나는 자료에서 목격자들이 재판 때에는 자신이 범인을 정확히 지목했다는 확신을 갖고 있었다는 내용을 읽게 되리라 기대했고, 실제로 그들은 그랬다. 하지만 나는 목격자들이 이전에는 범인을 지목하는 데 어려움을 겪었다고 재판에서 인정한 증언 기록을 보게 될 거라고는 생각지 못했다. 설사 어려움을 겪었더라도, 목격자들은 처음 피고인을 지목할 때는 자신이 망설였다는 사실을 기억하지 못했을 것이다. 그럼에도 이들 재판기록의 57%(161건 중 92건)에서 목격자들은 이전 식별절차에서 자신이 확신을 갖지 못했다고 말했다. 목격자들은 범인의 얼굴을 보지 못했기 때문에 처음 피고인을 보고도 확신을 하지 못했거나, 다른 사람을 지목했거나, 지목을 하는 데 어려움을 겪었다고 말했다.

여기에서는 초점을 맞추지 않았지만, 대부분의 경우 피해자가 처음에 묘사한 사람과 피고인의 모습은 키, 몸무게, 머리 모양이 확연히 다르거나 문신이나 금이빨, 흉터 같은 신체적인 특징 면에서 크게 달랐다. 목격자들은 또한 어둠 때문에 혹은 가해자가 숨었거나 보지 말라고 명령했다는 등의 이유로 가해자를 제대로 보지 못했다는 점을 시인했다. 그리고 사건으로부터 몇 달이 지나 그들의 기억이 흐려져 있기도 했다.

그렇다고 경찰이 반드시 고의적으로 위법행위를 했다는 뜻은 아니다. 경찰은 진범을 잡았다고 믿고 있었을 가능성이 높다. 따라서 그들은 좋은 의도로 오판 피해자를 라인업에 넣었을 것이다. 그리고 목격자 기억의 특성에 대해 교육을 받지 않았다면 그들이 활용한 절차 중 일부는 좋은 아이디어로 보였을 수도 있다. 예를 들면 경찰은 범인을 제대로 잡은 것인지 확신을 갖고 실수를 범하지 않기 위해 라인업을 반복해서 수행했을 수도 있다. 또한 그들은 이미 용의자를 체포했다고 말해서 피해자를 위로하려고 노력했을 것이다. 그렇게 하면 이어지는 범인식별절차의 신빙성에 영향을 미친다는 것을 깨닫지 못했을 수도 있다.

더욱이 나중에 보게 되겠지만, 관대한 형사소송법은 경찰들에게 이 사건들 대다수에서 했던 것과 다르게 행동하도록 요구하지 않는다. 판사들은 손을 놓은 상황이며, 많은 형사사건에서 목격자의 범인식별절차가 중요함에도 불구하고 대부분의 경찰서에는 범인식별에 관한 절차가 없다시피 하고 정식 교육 또한 거의 하지 않는다.

그러나 수십 년간 사회과학자들은 목격자 기억의 취약성과 기억이 만들어질 수도 있다는 점, 그리고 경찰이 관행적으로 사용해온 방식이 비극적인 실수로 이어질 수 있다는 점을 경고했다. 목격자 증언 연구를 개척하는 데 도움을 준 심리학자 게리 웰스(Gary Wells) 교수는 "목격자 증언은 가장 신빙성 있는 증거 중 하나이며 배심원들에게는 설득력이 있다"고 덧붙였다.[13] 그러나 목격자의 오인은 자주 발생한다. 자료에 따르면 실제 경찰 라인업에서 목격자들은 무고한 것으로 밝혀진 "들러리"를 30%의 비율로 선택한다.[14] 미국에서는 매년 7만 5,000명의 용의자가 목격자들에게 식별 대상이 되는데,[15] 이 오판 피해자 사례들은 목격자가 과연 얼마나 정확할지에 대해 불안한 질문을 제기한다.

다른 목격자들의 같은 실수

무고한 사람을 잘못 지목한 목격자들은 과연 누구일까? 놀랍게도, 목격자가 있었던 사건의 오판 피해자들 중 36%(190명 중 68명)는 다수의 목격자에게 지목되었고, 그중에는 3~5명에게 지목된 경우도 있었다.[16] 목격자가 있었던 190명의 오판 피해자들 사건에서 적어도 290명의 목격자가 범인을 잘못 지목했는데, 그 목격자들 중 73%(290명 중 213명)가 피해자였으며, 주로 강간 피해자였다.

여러 명의 목격자가 있는 사건에서 검사들은 증거가 특별히 강력하다고 강조했다. 예를 들면 코디 데이비스(Cody Davis) 사건에서 검사는 배심원들에게 "이 사건에는 두 명의 목격자가 있는데, 각각 다른 장소에서 따로 범인식별절차를 진행했는데도 모두 피고인인 코디 데이비스를 범인으로 지목했습니다"라고 말했다.[17] 개별적인 개인들이 모두 같은 실수를 하는 게 대체 가능하긴 한 걸까?

몇몇 사건에서는 오판 피해자들이 범인과 닮았기 때문에 용의자가 되었을 수도 있다. 목격자들이 동일하지만 이해할 수 있는 실수를 범했을 수도 있는 것이다.[18] 하지만 형편없는 경찰의 수사절차가 모든 증인을 오염시켰을 수도 있다. 연구에 따르면 한 목격자는 다른 목격자에게 영향을 받을 수 있다고 한다.[19] 예를 들어 리처드 알렉산더(Richard Alexander) 사건에서는 다른 여러 사건과 마찬가지로, 목격자들이 같은 방에 모두 모여 함께 사진을 봤다.

목격자의 지목에 따라 유죄판결을 받은 오판 피해자들 중 대다수인 84%(190건 중 159건)가 강간죄로 유죄판결을 받았다.[20] 강간으로 유죄판결을 받은 오판 피해자 사례 중 93%(171건 중 159건)에서 피해자가 재판에서 목격자로서 증언을 했다. 대조적으로, 목격자가 있는 소수의 살인 사건에서는 대부분의 목격자는 피해자가 아니라 범죄 현장 근처에서 범인을 보았다고 말한 사람이었다.[21] 피해자가 피고인을 확인할 수 없었다면 강간 사건들은 진행될 수가 없었을 것이고, 보통 피해자의 확인은 사건을 종결시키는 결정적인 요인이었다.

이 장의 많은 부분은 강간 피해자의 증언에 초점을 맞추고 있다. 오판 피해자 강간 사건 중 오직 15건에서만 지인에게 범인으로 지목되었다(반면 보고된 대부분의 강간 사건은 지인에 의해 발생한다).[22] 이 강간 사건의 피해자들은 완전히 낯선 사람을 확인하기 위해 소환되었다. 더욱이 피해자들은 그들 인생에서 가장 공포스러운 때인 강간 피해 도중에 낯선 사람을 본 것이었으며, 높은 수준의 스트레스는 사람을 식별하는 능력에 큰 영향을 준다. 이 피해자들의 대부분이 여성이었지만, 여성이 목격자로서 사람을 식별하는 데 더 불리하지는 않다. 오히려 증거는 그 반대이다.[23]

또한 대부분의 강간 사건이 동일 인종 간에 벌어지는 것과 달리, 이러한 범인식별절차의 대부분은 백인 피해자와 흑인 피고인이라는 다른 인종 간에 이루어졌다. 이 장의 뒷부분에서 설명하겠지만, 이것은 많은 목격자가 범인을 잘못 지목한 이유 중 하나일 것이다.

피해자가 자신의 사건에 대해 널리 발언한 몇몇 사례를 제외하고는, 피해자의 개인정보를 보호하기 위해 이름을 사용하지 않았다. 폭력적인 사건을 다시 마주쳐야만 하는 피해자와 그 가족에게 수사와 재판은 매우 힘든 일이 될 수 있으며, 잘못된 판결은 피해자와 그 가족에게 새로운 방식으로 심각한 영향을 준다. 그들은 진범이 유죄판결을 받지 않은 채 여전히 거리를 확보하고 있다는 사실을 알게 되는 것이다. 때로는 피해자가 대체로 의도치 않게 이러한 오심에서 중요한 역할을 하기도 한다. 하지만 앞으로도 설명하겠지만 경찰이 피해자의 기억을 조심스럽게 보존했다면 몇몇 실수들은 막을 수도 있었다.

목격자의 기억을 시험하는 법

경찰은 목격자가 범인을 식별할 수 있을지 여부를 어떻게 알까? 경찰은 목격자의 기억을 검증하기 위해 다양한 기술을 사용한다. 만약 범행 직후에 용의자가 검거된다면 경찰은 용의자를 직접 목격자에게 대면시킬 것이다. '쇼업'이라 불리는 이러한 일대일 절차는 본질적으로 암시적이기 때문에, 경찰은 신속하게 범인을 지목하거나 용의자를 배제하고 수사를 계속하기 위해 사고 발생 후 수 시간 안에만 이러한 절차를 사용할 수 있다.[24]

만약 경찰이 용의자를 빨리 찾지 못한다면, 목격자에게 책자나 컴퓨터상으로 전과자 사진을 보여줄 수 있다. 이 또한 실패하면 목격자에게 경찰 스케치 전문가나 컴퓨터 몽타주 프로그램을 통해 범인의 얼굴을 묘사해줄 것을 요청하고, 완성된 몽타주는 수배 벽보에 사용될 수 있다.

적어도 46건의 오판 피해자 사례에서, 목격자들은 가해자의 얼굴을 합성해내기 위해 처음에 '몽타주합성장치(Identikit)'나 컴퓨터 프로그램을 사용하는 스케치 전문가나 경찰관과 함께 작업했다. 연구에 따르면 몽타주에는 큰 문제가 있는데, 사람들은 얼굴 전체를 인식하는 것보다 개별적인 얼굴 특징에 대해 구두로 정확하게 묘사하는 데 훨씬 큰 어려움을 겪는다는 점이다.[25] 앨런 코코(Allen Coco) 재판에서 피해자는 "몽타주를 만든 이후에" "내가 그 사람 얼굴에 대해 기억하고 있는 조각들을 스스로 모으기" 시작했다고 말했다.[26] 몽타주를 만드는 과정에서 그녀의 기억이 왜곡되었을 수도 있는 것이다.

마침내 경찰이 용의자를 찾으면 목격자의 기억을 검증하기 위해 범인식별절차를 수행한다. 실제로 사람들을 세워놓고 하는 식별절차에서 용의자는 "들러리" 줄에 서 있고 목격자는 편면유리를 통해 이들을 지켜본다. 용의자와 비슷한 사람들을 찾는 데 시간이 많이 걸린다는 이유로 지난 수십 년 동안 대부분의 경찰은 이러한 실물 라인업을 중단했다. 대신 그들은 6장의 사진으로 구성된 사진세트('식스팩')를 일반적으로 사용한다.

조사된 161명의 오판 피해자들 중 118명은 사진대조를 통해, 61명은 실물 라인업을 통해, 53명은 쇼업을 통해, 46명은 목격자에 의해 만들어진 몽타주를 통해 범인으로 지목되었다. 대부분의 목격자들은 두 종류 이상의 절차를 거쳤고 그 점이 잘못된 범인 지목을 강화했을 수도 있다.[27]

이러한 범죄와 경찰 수사는 대부분 1980년대에 일어났지만, 일부는 좀 더 최근에 일어났다. 어쨌든 대부분의 경찰서에서 경찰 관행은 크게 변하지 않았다. 경찰서는 교통단속에서 무력 사용에 이르는 다양한 문제에 대한 상세한 절차, 매뉴얼, 교육을 규정하고 있다.

그러나 라인업이나 사진대조를 어떻게 수행해야 하는지에 대해 아직도 많은 사람이 서면화된 절차나 정식 교육을 받지 못하고 있다. 예를 들면, 제임스 오초아(James Ochoa) 사건에서 경찰관은 사건 발생 6시간 후라 사진대조 대신 쇼업을 하는 데 아무런 문제가 없다고 보았다.

재판 전 준비기일에서, 경찰관은 사진대조에서 어떻게 사진을 배열해야 하는지 한 번도 훈련받은 적이 없다고 인정했다. 오초아의 변호인은 냉소적으로 물었다. "지금부터 배심원 재판 사이에 언제든 제대로 된 라인업 절차와 관련해 다시 한번 확인할 기회가 있을 것이라고 생각하세요?"[28]

'믿을 만하다'는 판단

아직도 경찰이 오류가 발생하기 쉬운 쇼업 같은 기법을 사용하는 이유는 무엇일까? 미 대법원은 맨슨 대 브래스웨이트(Manson v. Brathwaite) 사건(유명한 연쇄살인범 맨슨이 아니라 교도소를 관리하는 맨슨과 관련된 사건)에서 범인식별절차 과정에 발생하는 암시의 위험성을 지적했다.[29] 법원은 오랫동안 "형법 기록이 잘못된 범인식별 사례로 가득"하다며 "범인식별절차에서 목격자가 보이는 예상 밖의 태도 변화"를 잘 알고 있었다.[30] 맨슨 사건에서 결국 법원은 목격자에게 용의자의 사진 하나만을 보여준다든지 라인업에 있는 사람 중 지목해야 할 사람을 말해준다든지 하는 식으로 부당하게 암시적인 범인식별절차로부터 자유로울 수 있는 권리가 헌법상 적법절차 원칙에 포함된다고 확인했다.

하지만 맨슨 사건에서 법원은 판결의 힘을 약화시키는 단서 사항을 추가했다. 설사 경찰이 적법절차를 위반할 소지가 있는 암시적 절차를 사용했다 하더라도, 그로 인한 범인 지목이 "믿을 만하다면" 재판에서 이를 증거로 사용하는 것이 허용된다는 것이다. 무엇이 "믿을 만한" 것인지에 대한 법원의 복잡하고 유연한 기준은 경찰이나 판사들에게 어떠한 지침도 제공하지 않는다. 목격자가 재판 당시 확신을 갖는 것으로 보여 판사가 이러한 범인 지목을 "믿을 만하다"고 판단한 이상, 하비브 압달 사건처럼 경찰은 적극적으로 암시를 했어도 면책될 수 있다.

실제로 이러한 요건은 피고인 측 변호인에게 목격자에 대한 반대신문을 통해 범인식별절차의 약점을 도출하도록 떠넘기는 동시에, 목격자가 믿을 만한지를 결정하도록 배심원단에게 맡겨놓은 것이다. 오판 피해자들 사건에서 피고인 측 변호인들은 일반적으로 목격자에 대한 반대신문을 실시했는데, 이는 종종 공격적이었다. 그럼에도 불구하고 목격자들의 명백한 확신은, 암시가 이루어졌거나 목격자의 기억에 오류가 있음을 나타내는 다른 증거들을 넘어섰던 것 같다. 배심원들은 목격자가 보이는 확신을 굉장히 중요하게 여기는데, 이후에 다시 논의하겠지만 재판에서의 확신은 사람들을 현혹한다.[31]

암시적인 절차의 위험과 부조리

경찰은 자신들이 범인이라 의심하는 사람을 지목하도록 목격자들을 부추길 수 있는 광범위한 권한이 있고, 때로는 의도치 않게, 때로는 공공연하게 목격자가 어떤 사람을 선택해야 하는지 암시할 수 있는 위치에 있다는 사실을 우리는 알고 있다. 그렇다면 오판 피해자들 사건에서도 그런 일이 벌어졌을까?

나중에 재판에서 목격자가 증언한 내용을 제외하고는, 우리는 범인식별절차에서 어떤 일이 벌어졌고 어떤 말이 오갔는지 알지 못한다. 일반적으로 경찰은 사진 묶음 사본이나 목격자의 서명이 포함된 서류를 보관하는 것 외에는 범인식별절차를 문서화하지 않으며, 오판 피해자 사례 중 단 4건에서만 범인식별절차의 전체 과정이 기록되어 있었다. 전문가들은 목격자가 말한 내용과 목격자가 얼마나 확신했는지에 관한 자세한 기록을 남겨두기 위해 목격자의 진술과 범인식별절차를 녹취해 둘 것을 오랫동안 경찰에 권고해왔다.[32]

피고인 측 변호인은 이러한 식별절차 중 16건에만 배석했다. 피고인들은 기소 후에 이루어지는 라인업에 변호인을 참여시킬 권리가 있지만, 이 사건들에서는 대부분 기소 전에 실물 라인업이 아닌 사진대조가 실시되었다. 범인식별절차에서 실제로 무슨 일이 벌어졌는지 변호인들이 알아내려면 절차를 수행한 목격자와 경찰에게 재판에서 질문을 하는 수밖에 없었다.

통상적으로 범인식별절차에 대한 기록은 빈약하지만, 재판정에서 목격자와 경찰이 말한 내용만으로도 이러한 라인업 과정이 부조리와 절차적인 문제로 가득하다는 것을 분명히 알 수 있었다. 오판 피해자 재판에는 암시의 위험이 높다고 오랫동안 알려진 여러 절차들이 포함되어 있었는데, 재판 중 33%(161건 중 53건)에는 쇼업이, 34%에는 편향된 라인업(55건)이, 27%에는 암시적인 발언(44건)이, 3%에는 최면(5건)이 포함되었다. 일부 경우에는 두 가지 이상이 사용되기도 했지만, 78%(125건)는 이러한 암시 유형 중 한 가지만 해당했다. 다음 절에서는 차례로 이러한 암시적 절차를 설명하겠다.

단 한 명의 용의자, 쇼업

가장 명백히 암시적인 절차 중 하나는 목격자에게 단 한 장의 사진이나 단 한 명의 용의자를 보여주는 '쇼업'이라는 절차다. 쇼업은 목격자에게 용의자가 누구인지 노골적으로 알려준다는 이유로 "광범위하게 비난받아왔다".[33] 목격자의 오인이 있었던 재판의 33%(161건 중 53건)에서 사진 한 장만을 보여주거나 직접 한 명만을 보여주는 등의 쇼업이 있었다.[34]

쇼업은 사건이 발생한 직후 용의자가 범행 현장 근처에서 발견된 경우에만 허용되고 정당화된다. 이러한 특수 상황에서는 잠재적으로 위험한 사람을 즉시 구금해야만 하는 중요한 공공 안전상 이유가 경찰에게 있지만, 그렇지 않다면 경찰은 라인업 절차를 준비하는 동안 그를 석방해야만 한다. 또 경찰은 무고한 사람을 체포하지 않고 신속하게 용의선상에서 배제할 수도 있다.

그러나 11명의 오판 피해자만이 사건 현장에서 실시된 쇼업을 통해 범인으로 지목되었다. 예를 들어 진 비빈스(Gene Bibbins)는 사건이 발생한 후 5분에서 15분 사이에 실시된 쇼업을 통해 범인으로 지목되었으며, 마찬가지로 앤서니 로빈슨(Anthony Robinson)은 사건 발생 30분 후에 범인으로 지목되었다.

이러한 사례에서 눈길을 끄는 것은 피해자들이 아직 기억이 생생했던 때인 사건 직후에 피고인을 오인했다는 점인데, 이는 아마도 쇼업이 본질적으로 암시적이기 때문일 것이다. 무고한 용의자가 오인되는 일이 없도록 다른 사람들을 포함시키는 라인업과 달리, 쇼업은 피해자가 선택할 수 있는 대안을 제시하지 않는다.[35] 이처럼 쇼업은 본질적으로 암시적일 뿐만 아니라, 더욱더 암시적으로 실시될 수도 있는데, 예를 들어 오판 피해자 진 비빈스의 사례에서 경찰은 피해자에게 진 비빈스의 아파트를 보여줬다. 피해자는 거기에 있는 라디오가 사건이 발생했을 때 자신이 잃어버린 물건이라고 알아보았다. 그 후에 경찰은 피해자가 볼 수 있도록 진 비비스를 수사 차량에 태우고 쇼업을 진행했는데 이는 더욱 암시적이었다.[36]

또한 42명의 오판 피해자들은 사건 직후의 현장에서 실시되지 않은 쇼업을 통해 범인으로 지목되었고, 이 쇼업들 역시 암시적이었다. 그것들은 사건 발생 후 한참 만에 실시되었는데, 그때는 경찰이 쉽게 라인업을 준비할 수 있고, 또 그렇게 해야만 했던 때라 쇼업을 실시할 명분도 없었다. 6명의 오판 피해자들은 공판 전 단계 혹은 재판 중에 법원에서 처음으로 범인으로 지목되었는데, 경찰은 사건 발생 후 수개월이 지나는 동안, 목격자의 기억을 검증하기 위해 라인업이나 사진대조를 활용하려는 노력을 전혀 하지 않았다. 아마도 경찰은 목격자에게 선택의 여지를 주면 가해자를 지목할 수 없을 거라고 생각했던 것 같다.

이러한 쇼업의 대부분은 노골적으로 암시적이었고 불필요했지만, 그럼에도 불구하고 재판에서 그 증거능력을 손쉽게 인정받았다. 윌리 데이비드슨(Willie Davidson)은 경찰이 일종의 퍼포먼스를 벌인 쇼업 과정에서 범인으로 지목되었는데, 피해자는 어둠 속에서 스타킹을 얼굴에 뒤집어쓴 채로 있는 가해자를 보았을 뿐이었다. 경찰은 피해자의 면전에서 반복하여 데이비드슨의 머리 위로 스타킹을 당겨서 벗겼고, 피해자에게 그에 대한 범인식별을 요청할 때마다 "이게 맞습니까, 저게 맞습니까"라고 물었다. 비록 피해자는 가해자의 얼굴을 본 적이 없었지만,

그 후 데이비드슨을 범인으로 지목했다.[37]

마찬가지로 앨런 크로츠거(Alan Crotzger) 사건에서도 그렇게 하지 않으면 목격자가 크로츠거를 범인으로 지목할 수 없다는 이유 때문에 쇼업이 사용되었다. 목격자가 사진대조에서 그를 알아보지 못하자, 그 후 경찰은 사진 묶음에서 그의 사진만을 빼내 홀로 제시했다. 그러자 피해자는 사진을 알아봤고 재판에서 "의심할 여지 없이" 가해자의 사진이었다고 말했다. 피고인이 재판에서 이의를 제기했을 때 판사는 "어쨌든 (범인식별절차가) 오염되었다고 믿지 않는다"라고 결정했다.[38]

닐 밀러(Neil Miller) 사건에서는 판례를 직접적으로 위반한 쇼업이 실시되었다. 닐 밀러의 변호인은 초기에 실시된 사진대조가 암시적인 방식으로 진행되었다고 우려했다. 피해자는 사진 묶음에서 두 장을 선택했지만, 둘 중 어느 하나를 골라야 할지 확신하지 못했다. 두 장 중 첫 번째로 고른 것은 닐 밀러가 16세 되던 해인 6년 전에 찍은 사진이었고, 두 번째로 고른 것은 다른 사람의 사진이었다. 사진을 보여준 형사는 피해자에게 "첫인상이 있었다면, 가장 좋은 방법은 첫인상을 밀고 나가는 겁니다"라고 지시해서 교묘하게 상황을 조작했다. 닐 밀러의 사진을 처음으로 집어 들었던 피해자는 그 후 그의 사진을 지목했다.[39]

그러자 피고인의 변호인은 사진대조가 새로 실시되어야 한다고 주장하기 위해 기일을 요청했다. 법원에서 기일이 열리기 전에, 검사는 법정 밖 복도에서 피해자가 닐 밀러 옆을 지나서 걷게 했다. 그러나 가해자가 복도에 있었을 수도 있다는 말을 듣고 나서도 피해자는 여전히 확신을 갖지 못했고 그저 그가 가해자일지도 모른다고 생각했을 뿐이었다. 피해자는 닐 밀러를 따라 법정으로 입장할 때(그가 누군지는 이제 분명해졌다)까지도 자신이 없다가, 그를 다시 한번 쳐다보고는 "이 사람이 그 남자예요"라고 말했다. 이제 라인업 절차를 새로 요구하는 것은 쓸데없는 일이 되어버렸다. 설사 판사가 사진대조를 새로 실시할 것을 명한다 하더라도 이전 두 번의 암시적인 절차로 인해 피해자는 닐 밀러를 다시 골라낼 가능성이 높을 것이고, 배심원 앞에서 확신에 차서 그가 자신을 공격한 사람이라고 증언할 것이기 때문이었다.

쇼업 때 외에 목격자가 오인하는 다른 경우는 목격자가 오판 피해자의 사진에만 노출된 후에 발생했다. 또한 몇몇 목격자들은 용의자의 몽타주를 보여주는 수배 벽보나 매체의 표지를 보았다. 마이클 블레어(Michael Blair) 사건을 예로 들자면, 세 목격자 모두 라인업에서 블레어의 사진을 골라내기 전에 이미 지방신문이나 텔레비전에서 그의 사진을 보았었다.[40]

불공정한 검증, 라인업

쇼업이 매우 암시적이지만, 라인업 역시 공평하게 실시되지 않을 경우 암시적일 수 있다. 목격자의 증언이 있는 사례 중 적어도 34%(161건 중 55건)는 불공평했거나 혹은 용의자에게 눈에 띄는 모종의 표시가 있었다. 들러리 중 일부가 범인이나 용의자와 닮지 않았다면 이런 라인업은 목격자의 기억에 대한 정당한 검증이 아니다.[41] 적어도 34%라고 말한 이유는 사진대조나 라인업에서의 문제가 재판에서 거론되지 않았을 가능성이 높기 때문이다. 그런데도 범인식별 문제가 재판에서 얼마나 자주 제기되는지는 새삼 놀라웠다.

1982년에 잔인한 강간 혐의로 유죄판결을 받은 마빈 앤더슨(Marvin

Anderson) 사건은 명백한 예를 보여준다. 피해자는 백인 여성이었는데 범행을 당한 직후 병원에서 경찰에게 평생 가해자의 얼굴을 잊을 수 없을 것 같다고 말했다. 가해자는 머리가 짧고, 키는 중간 정도이며, 얇은 콧수염에, 피부 톤이 밝은 흑인 남성이었다. 그는 피해자에게 '백인 소녀'와 데이트를 했다고 말했었다.

조사관은 동네에서 백인과 함께 사는 흑인을 단 한 명 알고 있었는데 그가 바로 마빈 앤더슨이었다. 앤더슨에게는 전과가 없었기 때문에 경찰관은 그의 사진을 가지고 있지 않았고, 그의 고용주로부터 사진이 첨부된 신분증을 입수했다. 피해자는 검토할 사진 묶음을 제공받았는데, "그 사진들 중에는 눈에 띄는 것을 발견하지 못했다"고 재판에서 말했다. 그런데 피해자에게 제공된 다른 사진들은 모두 흑백사진이었지만 앤더슨의 사진만은 컬러사진이었고, 또한 다른 사진들과 달리 그의 사원번호가 거기에 적혀 있었다. 피해자는 앤더슨의 사진을 집어 들었다.[42]

그 사진을 보여준 지 한 시간 만에 경찰은 피해자에게 실물 라인업을 보여주면서 "용의자를 골라낼 수 있을지" 물었다. 앤더슨은 사진대조에서 실물 라인업에 이르기까지 반복해서 등장한 유일한 사람이었고, 라인업에 섰던 사람들은 앤더슨과 닮아서 선택된 사람들이었다. 피해자는 두 차례의 라인업에서 두 번 다 앤더슨을 골라냈다.[43]

앤더슨의 변호인은 범인식별절차가 노골적으로 암시적이었다고 주장하며 이에 대한 배제 의견을 제출했다. 변호인은 앤더슨이 밝은 톤이 아닌(재판에 이르러 피해자는 가해자의 피부 톤이 중간 정도라 기억하고 있었다) "어두운 톤의 피부를 가진 사람"이라 지적하고, 앤더슨이 사진대조와 라인업에서 반복해서 등장한 유일한 사람이라고 주장했다. 하지만 변호인은 앤더슨의 사진이 유일하게 컬러사진이었다는 명백한 사실은 지적하지 않았다. 판사는 "사진이 불균일했거나 혹은 불균일한 방식으로 정렬됐거나, 음, 특정한 사람을 지목하게 하기 위한 방식으로, 음, 제시된 것으로 보이지 않는다"라고 판시했다.[44]

그러나 사진대조 때는 포함되었지만 라인업 때는 포함되지 않았던 존 오티스 링컨(John Otis Lincoln)이라는 다른 남성이[45] 결국 진범으로 밝혀졌다. 피해자는 사진대조에서 진짜 가해자를 알아보는 데 실패했던 것이다. 앤더슨은 감옥에서 15년을 복역했고, 그 후 2001년에 실시된 DNA 검사는 앤더슨의 결백을 입증했을 뿐만 아니라 링컨의 혐의를 입증하여 링컨은 이후 유죄판결을 받았다. 이는 앤더슨에게 놀라운 일이 아니었는데, 그는 많은 사람에게서 링컨이 범행을 저질렀다는 얘기를 들어왔다. 링컨은 강간 사건 30분 전에 폭행범이 사용한 자전거를 훔쳤고, 심지어 1988년 청문 절차에서 자백을 했지만, 판사는 링컨이 거짓말을 한다며 새로운 재판 청구를 기각했다.[46]

이러한 라인업에서 가장 일반적인 불법 유형은 오판 피해자가 두드러지도록 구성하는 것이었다. 로니 불럭(Ronnie Bullock) 사건에서, 피해자가 묘사한 것처럼 얼굴에 눈에 띄는 혹이 있는 사람은 라인업에 포함된 6명 중 불럭이 유일했으며,[47] 로니 어비(Lonnie Erby) 사건에서는 어비가 수염이 나 있는 유일한 사람이었다.[48] 이러한 명단은 계속 이어진다. 다른 라인업에서는 용의자를 나타내는 표시가 있었는데, 토머스 도스웰(Thomas Doswell)의 사진에는 그가 이전에 강간죄로 기소된 사실이 있음을 의미하는 "R"이라는 글자가 써 있었다.[49]

최소한 14건에서, 오판 피해자는 반복해서 보여진 유일한 사람이었다. 연구에 따르면 그러한 반복은 틀린 사람을 좀 더 익숙하게 보이게 해서 착각을 더 공고하게 만들 수 있다.[50] 예를 들어 래리 풀러(Larry Fuller)의 경우, 피해자가 두 차례의 사진대조를 거쳤는데, 풀러의 사진은 유일하게 반복된 사진이었다. 첫 번째 사진대조 후 피해자는 풀러가 "그놈과 아주 닮았다"고 말했지만 그를 범인으로 지목할 수는 없었다. 그러나 두 번째 때 피해자는, 가해자 얼굴에는 털이 없었고 풀러는 턱수염이 수북했음에도, "그 얼굴이 맞습니다"라고 설명하고는 "사진을 다시 보고 그 부분과 머리카락에 손을 짚어보니 그가 범인임을 알아보겠습니다"라고 말했다. 피해자는 "무고한 사람을 범인으로 지목하고 싶지 않기 때문에 그를 지목하는 것이 매우 늦어졌다"고 분명히 말했다.[51] 만약 경찰이 풀러의 사진 말고 다른 사진들을 반복해서 보여줬더라면 아마 피해자는 그렇게 하지 않았을 것이다.

'전문증인 범인식별절차'라는 별명이 붙은 음성 라인업은 일반 범인식별절차보다 신빙성이 떨어질 수 있다. 44명의 목격자는 단지 눈으로만 보고 피고인을 지목한 것이 아니라, 경찰이 사람들에게 가해자가 말했던 내용을 말하게 하는 '음성 라인업'을 통해 목소리를 듣고 피고인을 범인으로 지목했다. 연구 결과에 따르면 이러한 음성 라인업은 암시의 영향을 받기 쉬울 수 있다.[52] 하비브 압달 사건처럼, 다른 목격자들은 오직 한 용의자의 목소리만을 듣는 쇼업 상황에서 그 목소리를 범인의 것으로 지목했다.

경찰의 암시적인 발언

어떤 종류의 절차가 사용되든, 경찰은 목격자에게 라인업에서 누구를 고르라고 말하거나 지목을 부추기는 말을 해서 범인식별절차를 오염시킬 수 있다. 목격자 증언과 관련된 27%(161건 중 44건)의 재판 과정에서, 경찰이 암시적인 발언을 했던 사실이 밝혀졌다. 재판 과정에서 밝혀지지 않은 암시적 발언이 얼마나 더 있는지는 알 수가 없지만, 놀라운 것은 목격자와 경찰관이 암시가 있었다는 사실을 종종 거리낌 없이 재판 과정에서 밝혔다는 점이다.

암시는 라인업이 시작되기 전부터 발생할 수 있다. 미국법심리학회(The American Psychology-Law Society)는 경찰이 목격자에게 용의자가 라인업이나 사진대조에 있을 수도 있고 없을 수도 있다고 말할 것을 권고한다. 그렇지 않으면 목격자는 범인이 포함되어 있다고 생각해 범인과 가장 닮은 사람을 골라낼지도 모르기 때문이다. 그러므로 이러한 권고를 하지 않으면 오판의 위험성이 상당히 높아진다.[53] 9장에서 논의되듯, 일부 주와 경찰서가 오판 피해자 사례에 대응해 라인업 절차를 개혁했지만, 대부분의 경찰서에는 여전히 서면절차와 표준지침이 존재하지 않는다.

오판 피해자들에게 유죄가 선고될 당시에 경찰은 아무 생각 없이 목격자에게 사진들을 보여주면서 용의자가 거기에 있는지 물었을 것이다. 단지 14건의 재판에서만 목격자에게 용의자가 라인업에 없을 수도 있다고 분명히 전달한 증거가 있었다.[54] 목격자는 경찰이 범인을 체포했기 때문에 경찰서로 데리고 왔을 것이라고 필연적으로 가정할 위험이 있고, 사실 이러한 목격자들의 상당수가 범인을 보기 위해 경찰서로 출두하라는 요청을 받았었다고 말하기도 했다.

몇몇 사례에서는 경찰이 사전에 목격자에게 용의자를 체포해 라인업에 배치했다고 말하여 목격자를 더욱 한쪽으로 치우치게 만들었다.[55]

예를 들어 로버트 클라크(Robert Clark) 사건에서 경찰은 피해자에게 단지 용의자를 잡았다고 말했을 뿐만 아니라 용의자가 피해자의 자동차를 운전하다가 체포됐다고 말했다. 리처드 존슨(Richard Johnson) 사건에서는 경찰이 피해자에게 전화를 해 "라인업을 위해 와주셔야겠습니다. 아무래도 그를 잡은 것 같습니다"라고 말했다.[56] 로버트 매클렌던(Robert McClendon) 사건의 피해자는 재판에서 "그들은 저에게 그 짓을 한 사람을 골라내라고 말했을 뿐입니다"라고 회상했다.[57]

많은 재판에서 이 문제는 거론되지 않았으며 이러한 라인업 절차는 대부분 기록되지 않았기 때문에, 경찰이 목격자에게 얼마나 더 편파적인 지시를 했는지는 알 수가 없다. 다시 말하지만, 놀라운 사실은 얼마나 많은 경찰과 피해자가 편향된 지시를 재판에서 기억해내고 설명했는가이다. 경찰은 피해자들을 위로하고 그들이 보기를 두려워하는 라인업을 보도록 격려하기 위해 이러한 언급을 했을 것이다.

그러나 일부 사례에서는 경찰이 아마도 이런 선의에서 발언을 하지는 않았던 것 같다. 몇몇 목격자들은 심지어 경찰이 노골적으로 특정한 사람을 지목하라고 말했다고(요구했다고) 회상했고, 목격자들은(심지어 경찰조차도) 재판에서 이러한 경찰의 부정행위를 아무렇지도 않게 증언했다. 하비브 압달 사건은 경찰이 암시를 한 심각한 예이다. 경찰이 용의자를 지목하도록 지속해서 압력을 가했다고 피해자가 말한 사실을 떠올려보자. 또 다른 사례도 있다. 알레한드로 도밍게스(Alejandro Dominguez) 사건에서 경찰은 피해자에게 "저기 앉아 있는 사람 좀 보세요. 만약에 저 사람이 맞으면 저에게 말해주세요"라고 말했다.[58]

리처드 존슨의 경우 피해자는 약 5분간 사진 묶음에 있는 존슨의 사진을 보았지만 확신을 가지지 못했다. "저는 그를 보고 싶다고 말했고,

사진으로는 알기가 어렵다고 생각했습니다." 피해자는 재판에서 증언했다. "내가 아무 말도 하지 않으니 얼마 지나지 않아 그들은 말했어요. '당신은 알고 있습니다. 당신은 그 사진을 오랫동안 쳐다보았어요'라고요. 그래서 저는 이 사람이 범인이라고 말했어요."[59] 또한 길버트 알레한드로(Gilbert Alejandro) 사건의 피해자는 라인업이 시작되기 전에 용의자가 길버트 알레한드로라고 불리는 것을 들었다. 피해자는 알레한드로의 가족을 알고 있었고, 그가 어떻게 생겼는지도 알고 있었다. 라인업은 명백히 알레한드로가 눈에 띄도록 설계됐으며, 피해자는 라인업에 있는 다른 사람들이 "그보다 더 뚱뚱했다"고 증언했다.[60]

한편 래리 메이스(Larry Mayes) 사건에서 경찰은 피해자가 실물 라인업을 보고는 "'5번이요'라고 말했다"고 증언했다. 그런데 여기에는 문제가 있었으니, 5번은 들러리였던 것이다. 경찰은 다음과 같이 회상했다. "그래서 저는 그녀를 붙잡고 말했습니다. '방에 들어가 문을 닫고 모든 사람을 보고 그 사람이 여기 있는지 확인해보세요'". 피해자는 그 후 "5명을 자세히 살펴보고는 말했습니다. '4번이 그 사람이에요. 그 사람이랑 닮았어요. 맞아요! 그 사람이네요.' 저는 그녀에게 '자신 있습니까?…'라 물었고 그녀는 '확실해요'라고 말했어요".[61] 래리 메이스는 4번이었다. 경찰은 처음에 잘못 지목한 것을 무시하도록 피해자에게 압력을 넣는 데 그치지 않았다. 수년이 지나 피해자는 경찰이 피해자의 기억을 강화하기 위해 최면술을 사용했다고 폭로했다.

5명의 오판 피해자들의 사건에서, 목격자는 범인식별절차 전에 최면조사를 받았다.[62] 레슬리 진(Lesly Jean) 사건에서는 메이스 사건과 마찬가지로 최면술이 행해진 사실을 피고인 측에 알리지 않았다는 이유로 유죄판결이 파기되었다. 사실 피해자는 최면 상태에서 처음 레슬리 진을 범인으로 지목했을지도 모른다.[63] 최면술은 처음에 치료법으로 개발되었지만, 1970년대까지 수사기관에서는 이를 트라우마로 인해 잊혀진 사건에 대한 기억들을 '복구'하고 '회복'하기 위해 사용했다. 그러나 연구에 따르면 최면술은 목격자 증언의 정확도를 높이지 못하며 실제로는 목격자를 암시에 훨씬 더 취약하게 만들 수 있다.[64]

또한 경찰은 피해자의 확신을 강화할 수 있는 발언을 범인식별절차 후에 하기도 했다. 피해자가 래리 풀러를 범인으로 지목한 후, 경찰은 피해자에게 풀러가 이전에 무장 강도 혐의로 교도소에 있었다고 말했다.[65] 앤서니 그린(Anthony Green) 사건에서는 가해자가 피해자에게 자신의 이름이 토니라고 말했는데, 피해자가 그린의 사진을 지목한 후 경찰은 "이놈 이름은 앤서니, 토니예요"라고 말했다.[66] 로널드 코튼(Ronald Cotton) 사건에서 피해자는 "내가 그를 실물 라인업에서 선택하고 방밖으로 나왔을 때, 그 사람들은 저를 보고 '동일한 사람입니다'라고 말했습니다. 다시 말해 '네가 사진에서 골랐던 그 사람이야'라는 뜻이었어요. 저에게 큰 위안이 됐습니다"라고 회상했다.[67]

숙련되지 않은 경찰이 어떻게 의도치 않게 잘못된 범인 지목을 공고히 하는지를 잘 보여주는 여러 사례도 있다. 토머스 맥고원(Thomas McGowan) 사건의 피해자는 사진 묶음에서 맥고원의 사진을 지목했다. 피해자는 사진 하나하나를 "아주 오랜 시간" 보면서 천천히 검토했다고 설명했다. 한 장의 사진을 두 번째로 살펴본 피해자는 경찰관에게 "이게 그 사람 같아요"라고 말했다. 피해자는 경찰관이 "내게 확신이 있어야 한다고 말했고, 내가 두 번째로 그 사진을 집어 골랐을 때, 나는 '이게 그 사람인 걸 알고 있다'고 말했습니다"라고 회상했다.[68] 경찰관은 신중을 기하려는 노력의 일환으로 피해자에게 "확신을 가져야 한다"고 말했겠지만 그 말은 확신을 짜내도록 피해자를 부추겼다. 그렇게 하는 대신 경찰관이 피해자에게 얼마나 확실한지를 물었다면, 좀 더 객관적인 정보를 얻을 수 있었을 것이다. 마찬가지로 래리 존슨(Larry Johnson) 사건에서 피해자는 존슨을 범인으로 지목한 후 확실하냐는 질문을 받았다. 피해자는 "네"라고 말했고 경찰관은 피해자에게 "100% 확실해야만 한다"고 말했다.[69]

이 사건들에서 누구도 경찰이 목격자에게 비언어적인 신호를 주었다고 주장하지는 않았다. 어떤 사람이 용의자인지 알고 있는 라인업 담당자는 고개를 흔들거나, 끄덕이거나, 지적하거나, 절차를 느리게 혹은 빠르게 진행할 수 있고, 이러한 신호는 무의식적이고 비의도적일 수도 있다. 하지만 재판기록만 읽어서는 다른 형태의 암시가 발생했는지 알 수 있는 방법이 없다.

신빙성 판단의 기준

이처럼 많은 사례에서 경찰은 대법원이 허용하지 않은 방식으로 암시를 사용했다. 그럼에도 불구하고 범인식별절차가 '신빙성 있다'고 볼 만한 충분한 증거가 있다면 이러한 하자는 용납될 수 있었다. 재판 자료를 면밀히 살펴보면 재판 당시에 판사들이 왜 이런 범인식별절차의 증거능력을 인정하기로 결정했는지를 짐작할 수 있다. 판사는 목격자의 범인식별절차가 암시에 의해 오염된 동시에 신빙성이 없다고 판단되면 이를 배심원에게 제시하지 말아야 한다고 결정할 수 있다. 하지만 신빙성 평가에 사용하는 검증 방법에는 심각한 오류가 있어 사회과학자들로부터 많은 비판을 받아왔다.

맨슨 사건에서 미 대법원은 신빙성을 평가하기 위해서 5가지 요소를 살펴볼 것을 판사에게 요구했다. (1) 목격자의 확신 정도 (2) 가해자를 볼 기회 (3) 집중도 (4) 목격자가 했던 묘사의 구체성 (5) 사건과 범인식별절차 사이에 경과된 시간. 이 기준은 이빨 빠진 호랑이나 다름없는데다, 판사들이 범인식별절차의 신빙성을 판단하는 데에 별 쓸모가 없는 몇몇 요건도 포함하고 있다. 일단 목격자의 '확신 정도'부터 살펴보겠다. 왜냐하면 여러 사례에서 이 요소의 역할이 가장 문제가 되었기 때문이다.[70]

목격자의 잘못된 확신

목격자의 확신 정도에 초점을 맞추는 것의 문제는 재판 때의 목격자의 확신이 그들의 기억을 가장 신뢰할 수 있는 때—처음 피고인을 지목했을 때—와는 완전히 다를 수도 있다는 점이다. 오판 피해자 사례들은 이러한 문제를 생생히 보여준다. 이들의 재판에서 거의 모든 목격자들은 자신이 가해자를 지목했다고 완벽하게 확신을 표했다.

스티븐 에이버리(Steven Avery) 사건의 목격자는 "내 마음에는 추호의 의심도 없습니다"라고 증언했다.[71] 또, 토머스 도스웰 사건의 피해자는 "이 사람이 그 사람이에요. 그게 아니라면 이 사람은 그의 쌍둥이예요", "결코 잊지 못할 얼굴이에요"라고 증언했다.[72] 피해자는 1에서 10 중 자신의 확신은 10이라고 평가했다. 그러나 피해자는 가해자를 수염이 덥수룩했다고 묘사했지만, 사건 3시간 후에 연행된 도스웰에게는 수염이 없었다. 딘 케이지(Dean Cage)의 경우 역시 피해자는 "100% 확실하다"고 말했는데,[73] 100%는 겸손한 수치였다. 왜냐하면 윌리 오티스 "피트" 윌리엄스(Willie Otis "Pete" Williams) 사건에서 피해자는 "120"% 확실하다고 말했기 때문이다.[74] 도널드 웨인 굿(Donald Wayne Good) 재판에서 피해자는 라인업에서 그를 본 기분이 어땠는지에 대해 으스스한 묘사를 했다. 피해자는 "즉시 저는 그인 줄 알았어요. 즉시. 그러고는 내 온몸이 반응했어요. 저는 바로 쓰러져 주저앉았어요. 남편을 붙들고. 남편이 거기 없었으면 바닥에 그대로 자빠졌을 거예요"라고 말했다. 피해자는 "하느님, 이 사람입니다"라고도 말했다.[75]

이 목격자들은 언제부터 그렇게 확신을 갖게 된 걸까? 나는 목격자들이 자신이 범인을 지목한 일에 대해 항상 확신하며 떠올렸을 거라고 생각했다. 상당수 목격자가 재판이 열리기 오래전에 처음 피고인을 알아봤을 때는 사실상 그렇게 확신하지 못했다는 사실을 나는 몰랐던 것이다. 경찰은 범인식별절차 당시에 보인 목격자의 확신 정도에 대해 문서화하지 않지만, 그것은 범인식별절차의 정확도를 나타내는 가장 중요한 지표이다.[76] 목격자의 증언이 있었던 57%의 재판(161건 중 91건)에서 목격자는 초기에 전혀 확신을 갖지 못했었고, 이는 범인식별절차에 신빙성이 없다는 명백한 징표였다. 목격자의 증언이 있었던 재판 중 40%(64건)에서는 목격자가 처음에 피고인을 지목하지 않았고, 들러리로 세워졌던 다른 사람이나 다른 용의자를 지목하거나 아예 아무도 지목하지 않았다는 점이 공판기록에 잘 드러난다. 목격자의 증언이 있었던 재판의 21%(34건)에서 목격자는 처음에는 범인 지목에 대해 확신을 갖지 못했음을 자인했다. 목격자의 증언이 있었던 재판의 9%(15건)에서는 목격자가 범인의 얼굴을 전혀 보지 못했다고 진술했다. 또한 몇몇 사례에서는 이러한 유형이 한 개 이상 겹쳐서 나타났다.

법정에서 저 사람이 바로 그 사람이고, 사진처럼 기억이 생생하다고 말하면서 피고인을 가리키는 사람을 보는 것은 강력한 영향을 미친다. 하지만 사람의 기억은 사진 같지 않으며, 역동적인 동시에 연약하다. 특히 배심원들은 자신감 있는 목격자에게 강한 영향을 받지만, 확신은 인간 기억에서 가장 잘 변하는 것 중 하나이다. 사회과학 연구는 암시나 부실한 절차가 어떻게 잘못되고 부풀려진 자신감을 만들어내는지를 수십 년 동안 보여주었다.

암시와 확신은 서로 연관되어 있다. 검토된 사건 중 12%(161건 중 20건)만이 경찰이 암시를 했다는 증거나 이전의 불확실성과 관련해 명백히 의심스러운 증거가 없었다. 나머지 88%(161건 중 141건)는 절차에서 암시가 있었다거나 명백히 신빙성이 없다거나 혹은 둘 다에 해당하는 증거가 재판에서 제시되었다. 그리고 훨씬 더 많은 사건에서 재판기록상으로는 밝혀지지 않은 암시와 신빙성이 떨어지는 범인식별절차가 있었을 것이다.

경찰이 한 가지가 아닌 여러 범인식별절차를 수행한 경우, 목격자들의 확신 정도는 각 절차를 거칠 때마다 증가했던 것 같다. 또한 범인식별절차뿐만 아니라 일상적인 재판 준비 또한 목격자의 확신 정도를 증가시켰다. 검사는 발생한 모든 일, 목격자가 보았던 모든 것, 경찰에게 목격자가 말한 모든 것을 목격자와 함께 되짚어가면서 재판에서 할 질문에 대해 리허설을 할 것이다. 목격자는 법정에서 변호인과 함께 앉아 있는 피고인을 다시 만나게 될 텐데, 아마도 처음은 공판준비절차에서, 마지막은 재판에서일 것이다. 재판에서 검사는 같은 시나리오를 전형적으로 반복한다. 발생한 모든 일을 시간순으로 묻고, 자리에 있는 피고인을 가리키며 목격자의 법정드라마에 막을 내리는 것이다. 그리고 질문 마지막 부분에서는 목격자에게 확신하는지 묻는다.

"방금 당신이 가리킨 사람이 그 사람이 맞는지 얼마나 확신하십니까" 라는 질문이 나오기 전까지 거쳐온 형사절차의 모든 단계가 목격자의 확신을 키운다. 맨슨 테스트의 초점은 잘못된 것이다. 그 대신, 목격자의 마음속에 있었던 초기의 가장 믿을 만한 인상이 오염되는 것을 방지하는 방법은 범인식별절차 직후 목격자의 진술을 그대로 기록하여 당시 목격자가 얼마나 확신했는지를 알아내는 것이다. 경찰이 범죄 현장에서 현장 증거를 훼손되지 않도록 조심스레 보존하는 것처럼, 이 방법은 사회과학자들이 오랜 기간 추천해온 방법이다.

가장 중요하고 정확한 정보는 첫 번째 범인식별절차에서 목격자가 얼마나 확신을 가졌는지이지만, 이때는 대부분의 목격자가 확신을 갖지 못한다.[77] 예를 들어 캘빈 존슨(Calvin Johnson)은 조지아의 칼리지파크에서 1983년에 발생한 2건의 강간 사건으로 체포되었다. 두 피해자는 모두 백인이었던 반면 존슨은 흑인이었다. 첫 번째 강간 피해자는 사진대조에서는 존슨의 사진을 골라냈지만, 실물 라인업을 보았을 때는 들러리를 선택했다. 두 번째 피해자는 사진대조에서는 "확실치 않다"며 존슨을 지목하지 않았지만, 실물 라인업에서는 그를 범인으로 지목했다. 대조에 사용된 사진에서는 존슨이 깨끗하게 면도를 한 상태였지만, 사건 무렵 그는 턱수염과 콧수염을 덥수룩하게 기르고 있었다고 그의 직장 상사와 다른 사람들이 증언했다. 한편 두 피해자는 가해자가 깨끗하게 면도를 하고 있었고, 기껏해야 면도를 한 지 얼마 안 돼 까끌까끌한 상태였다고 묘사했다.[78] 이러한 불일치로 인해 피해자들은 자신이 없었고, 실제로 범인식별절차 초기에 그들은 확신을 하지 못했다.

그럼에도 두 피해자는 재판에서 존슨을 범인으로 지목했다. 첫 번째 피해자는 라인업을 볼 때 존슨을 지목하지 않은 이유에 대해 "더 이상 그 사람을 보지 않으려고 다른 사람을 선택했을 뿐"이라고 설명했다. 그녀는 "나는 틀린 사람을 골랐고, 그 사실을 알고 있었어요"라고 말했으며, 무고한 사람에게 거짓으로 죄를 뒤집어씌운 사실도 인정했다.[79] 하지만 재판에서 그녀는 확신한다고 말했다. "제가 맞는다고 생각해요. 나는 그 사람인 걸 알고 있어요."

또한 존슨의 변호인이 이의를 제기했지만 두 번째 피해자는 예비 청문 절차에서 첫 번째 피해자의 증언을 들을 수 있었고, 두 번째 피해자는 청문 절차 이후에 가해자가 입고 있던 골지 스웨터 등 더 많은 세부 사항을 기억했다고 인정했다. 그녀는 재판에서 "바로 저기 있는 수염 난 남자라고요", "넌 이제 끝장이야"라고 말하며 존슨이 가해자가 확실하다고 증언했다. 증언대를 떠나며 그녀는 존슨에게 달려들어서는 "이 병신새끼"라고 외쳤다.[80]

우리는 이제 이 오판 피해자 사건들에서 라인업을 봤을 때의 정확한 반응은 "이 중에는 없다"라는 것을 알고 있다. 그런데 여기에는 3건의 놀라운 예외가 있다. 존 제롬 화이트(John Jerome White) 사건에서 피해자는 사진대조에서 화이트를 골랐다. 그 후 피해자는 형사에게서 "누군가를 잡았다"는 말을 듣고 실물 라인업을 보러 가야만 했고, 거기서 다시 화이트를 지목했다. 비록 사건 당시에는 어두컴컴했고 피해자가 안경을 쓰고 있지 않았지만, 74세의 피해자는 그가 가해자임이 "거의 확실하다"고 말했다. 화이트의 변호인은 "일단 그녀가 사진을 본 이상, 즉 독성 씨앗이 심어진 이상, 그것은 자라기 시작하고, 그녀는 진술을 반복할 때마다 더욱더 확신하게 되었습니다. … 법정에 들어올 때에 그녀는 그가 범인임을 절대적으로 확신했습니다"라고 설명하며, 처음에는 피해자가 불확실하다고 했으나, 경찰이 피해자에게 화이트의 사진을 보여줄 때마다 더욱더 확신하게 되었다고 지적했다.[81]

DNA 검사 결과는 화이트와 불일치했고, 감옥에서 22년 반을 지낸 그를 해방시켰을 뿐 아니라 다른 사람의 죄를 입증했다. 그 남자, 제임스 에드워드 파럼(James Edward Parham)은 1979년 피해자가 화이트를 지목할 때 우연히도 같은 라인업에 서 있었다. 그는 용의자가 아니었지만 같은 시기에 우연히 카운티 감옥에 있었고 라인업에 들어갔던 것이다. 그로부터 6년 후 파럼은 메리웨더카운티에서 다른 여성을 강간했고, 결국엔 화이트가 유죄판결을 받은 그 사건에 대해 유죄를 인정했다.[82]

그런데 파럼은 화이트와 아주 다르게 생겼다. 피해자가 처음 묘사했던 것처럼, 파럼은 더 나이가 들었고 더 땅딸했으며 둥그런 얼굴이었다. 그러나 피해자는 이미 화이트의 사진을 지목한 후 형사로부터 "누군가를 잡았다"는 말을 듣고는 라인업에서 화이트를 보았을 것이고, 바로 앞에 서 있던 실제 가해자를 주의 깊게 쳐다보지 않았던 것이다.

우리는 마빈 앤더슨 사건의 피해자가 실제 가해자를 어떻게 식별하지 못했는지 알고 있고, 또한 그와 유사한 세 번째 사건이 있었다. 제니퍼 톰슨(Jennifer Thompson)은 "나는 확신했지만 틀렸다"고 말하며 자신이 어떻게 로널드 코튼을 범인으로 잘못 지목했는지 설명했다. 톰슨은 이후 재심 과정에서, DNA 검사를 통해 유죄가 확정된 보비 풀(Bobby Poole)을 봤을 때조차도 코튼이 가해자임을 확신했다. 톰슨은 이전에 풀을 본 적이 있느냐는 질문에 "내 평생 한 번도 그 사람을 본 적이 없어요. 그가 누군지 전혀 모릅니다"라고 말했다.[83]

목격자가 재판에서 오인을 인정하는 경우를 제외하고는, 목격자가 이전에 잘못된 사람을 골라냈는지 아니면 확신이 없었는지를 알 방법은 없다. 처음 범인을 지목했을 때 목격자가 얼마나 확신을 가졌는지에 관해 경찰이 보통 기록을 하지 않기 때문이다. 이들 사례의 21%(161건 중 34건)에서 목격자가 초기에 보였던 불확실성이 재판에서 충분히 나타났다. 브루스 고드샤크 사건에서 피해자 중 한 명은 자신이 매우 확신하고 있다고 재판에서 증언했다. "범인을 지목한 것에 대해 확신하십니까"라는 질문에 피해자는 "틀림없어요"라고 답했다. 하지만 라인업에서 피해자는 확신할 수 없었고 범인을 지목하기 전에 세 차례나 봐야만 했다. 경찰서에서는 보통 이런 반복이 있었어도 그에 대한 기록을 남겨두지 않지만, 자료에 따르면 범인식별절차에서 목격자들은 한 번 더 보여달라고 할 때마다 더 많은 실수를 저지른다.[84]

앤서니 카포지(Anthony Capozzi) 사건의 피해자는 라인업에서 들러리를 범인으로 지목했지만, 재판에서는 이제는 카포지가 가해자임을 확신한다고 증언했다. 피해자는 "다급하다"고 느꼈고 그래서 들러리를 지목하게 된 것 같다고 설명했다.[85] 목격자가 증언한 재판 중 40%(161건 중 64건)에서 목격자는 처음에 피고인을 지목하는 대신 들러리나 다른 용의자를 지목하거나 아무도 지목하지 않았다.

마찬가지로 커크 블러즈워스(Kirk Bloodsworth) 사건의 목격자 중 한 명은 처음에는 경찰관에게 살인 피해자와 함께 있던 사람을 제대로 보지 못했다고 말했지만, 재판에서는 자신이 했던 범인 지목을 반복하며, 그를 45초간 보았다고 말했다. 그 목격자는 "나는 열심히 노력하고 있고 이 사건에 할 수 있는 한 집중하려고 노력하고 있어요. 당신은 내가 이 사건을 잊어보려고 얼마나 많은 의사를 만났는지 모를 거예요"라고 말하며 자신을 의심하는 것은 자신을 "정말 화나게" 한다고 말했다.[86]

또한 테리 차머스(Terry Chalmers) 사건에서 경찰은 라인업을 몇 차례나 실시했다. 경찰이 이들 각각을 문서화해놓은 덕택에 우리는 피해자의 자신감이 시시각각마다 변하는 것을 볼 수 있다. 첫 번째 사진대조에서 피해자는 사진대조 외에도 증명사진 한 묶음을 보았고, 이들 중 2명에 대해 가해자"일 수도 있다"고 말했다. 두 번째 사진대조에서 피해자는 차머스가 강간범과 "매우 닮았다"고 말했다. 피해자는 첫 번째 사진대조에서 보았던 사람과 그가 동일한지 물었고, 경찰은 "동일합니다"라고 말했다. 이런 식으로 확신이 강화되면서 피해자는 라인업에서 그를 다시 실제로 볼 수 있는지 물었다. 변호인이 배석한 가운데 녹음된 마지막 라인업(변호인은 라인업에 있는 사람들 중 많은 수가 차머스와 닮지 않았다며 이의를 제기했다)에서 피해자는 "본 지 27초" 만에 차머스를 골라냈고 그는 체포되었다.[87]

비록 목격자 중 많은 사람들이 처음에는 확신을 하지 못했지만, 재판 당시에는 거의 대부분이 자신이 정확하게 지목했다고 확신했다. 오직 4건의 재판에서만 목격자가 자신의 지목이 맞는지에 대해 확신하지 못했다.[88] 제리 밀러 사건의 목격자는 확신할 수는 없지만 "그와 닮았다"고 말할 의향은 있다고 증언했다.[89] 지미 레이 브롬가드(Jimmy Ray Bromgard) 사건에서 피해자는 라인업 당시에 "처음 그를 봤을 때 그렇게 확신한 건 아니었다"고 증언했고, 재판에서 "그렇게 확신하지는 않았다"고 증언했다.[90] 그러나 라인업을 실시한 경찰관은 배심원들에게 다른 설명을 했다. "제가 받은 인상으로는 그녀는 정말로 확신했습니다, 확실해요."[91]

범인과 얼마나 닮았을까

맨슨의 '신빙성' 테스트의 두 번째 요소는 사실 신빙성을 판단하는 데에 그다지 쓸모 있는 정보를 제공하지는 않는데, 바로 목격자가 처음 묘사한 범인의 모습과 피고인의 외모가 일치하는 정도이다. 언뜻 보기에 이 요소는 다른 요소에 비해 객관적으로 보이지만, 경찰이 이러한 묘사와 닮았다고 느끼면 무고한 사람을 라인업에 세울 수도 있게 된다. 게다가 더 중요한 것은 사람들이 두드러진 얼굴 특징을 정확하게 묘사하는 것보다 얼굴 전반을 인지하는 데 훨씬 더 능하다는 점이다.[92]

경찰은 보통 가해자에 대한 초기 묘사를 꼼꼼하게 기록하지 않기 때문에, 시간이 지남에 따라 묘사가 점점 피고인과 닮아갔는지 여부를 알 수가 없다. 나는 오판 피해자가 범인에 대한 초기 묘사와 닮지 않았다는 점이 재판에서 얼마나 자주 쟁점으로 떠오르는지를 알고 놀랐다. 윌리 잭슨(Willie Jackson) 같은 특별한 경우에는 범인 지목이 잘못된 이유를 이해할 만하다. 진범은 그의 형제였고, 그와 닮았다. 그러나 62%(161건 중 100건)에서 오판 피해자들은 초기 묘사와 매우 달랐다. 목격자들은 머리카락, 얼굴의 체모, 키, 몸무게, 흉터, 문신, 피어싱, 치아, 눈 등에서 오판 피해자와 아주 큰 차이가 있는 범인을 묘사했다.[93]

이런 불일치에 관한 극단적인 예는 리카도 레이첼(Ricardo Rachell) 사건인데, 피해자와 다른 목격자 둘 다 레이첼을 범인으로 지목했지만 그들이 묘사한 가해자는 명확하게 말을 할 수 있는 사람이었다. 그런데 레이첼은 수년 전 총기사고로 얼굴에 심각한 부상을 당해 말하는 데 큰 어려움을 겪고 있었다. 재판에서 레이첼은 증언대에 나가 자신에게 심각한 언어장애가 있다는 것을 보여주었음에도 불구하고 40년의 징역형을 선고받았다.

사실 13건의 사건에서 목격자들은 확연한 흉터를 묘사하지 못했다. 딘 케이지의 얼굴에는 눈에 띄는 상처가 있었음에도 피해자가 이에 대해 전혀 언급하지 않았고, 앤서니 카포지는 이마에 두드러진 상처가 있고 얼굴이 여드름으로 덮여 있었지만 3명의 목격자는 이를 묘사하지 않았다.

또 8명의 오판 피해자들은 치아가 독특했다. 제임스 자일스(James Giles)의 변호사는 "이상하게도 그에게는 금니 두 개가 있습니다. 눈에 띄는 금니 두 개요. 그런데 여기에 대해 아무런 언급이 없습니다. 네, 저는 범인 지목이 잘못됐다고 봅니다"라고 주장했다.[94] 칼로스 레이버니아(Carlos Lavernia)에게는 별 모양이 있는 은색 앞니와 수많은 문신이 있었지만, 피해자는 이 중 아무것도 묘사하지 않았다.

47건에서는 목격자가 얼굴에 있는 분명한 체모(혹은 그 결핍)에 대해 부정확하게 묘사했다. 스티븐 에이버리 사건에서 피해자는 가해자의 눈이 갈색이었다고 말했지만, 에이버리의 눈은 푸른색이었다. 피해자는 "저는 처음에 갈색 눈이라 말했어요. … 입원실에서 그의 사진을 골라 보안관에게 줄 때 '그 사람 눈은 파랬어요, 제가 실수했었네요'라고 말했어요"라고 인정했다.[95] 67건에서 목격자는 오판 피해자의 머리색이나 헤어스타일에 대해 완전히 틀리는 등 오판 피해자의 머리에 대해 정확하게 묘사하지 못했다. 더 많은 사례에서 목격자들은 키나 몸무게에 대해 정확하게 묘사하지 못했고, 8건에서는 가해자의 피부색을 정확하게 설명하지 못했다.

판사들이 맨슨 테스트를 중요하게 받아들였다면, 이러한 범인 지목

중 일부에 대해서는 불일치를 이유로 그 증거능력을 배제했을 것이다. 하지만 재판에서는 변호인이 불일치 문제를 제기해서 성공한 적이 없다. 판사들이나 배심원들은 이 요소가 신빙성 판단에 유용한 척도가 아니라는 것을 직관적으로 알아챘던 것 같다.

사람들은 비록 얼굴의 세부적인 부분에 대해 정확하게 묘사하는 것은 힘들어하지만, 얼굴을 정확하게 인식할 수는 있다. 사회과학자들은 사람을 정확하게 묘사할 수 있는 능력과 범인 지목의 정확도 사이에서 아무런 연관관계를 찾아내지 못했다. 묘사의 불일치는 이 사건들 상당수에서 암시적인 절차가 사용되었다는 징후일 수도 있다. 오판 피해자들은 범인이 아니었기 때문에 범인에 대한 초기 묘사와 닮지 않았지만, 외모의 차이에도 불구하고 그들은 어쨌든 뽑혔던 것이다.

가해자를 볼 기회

나머지 맨슨 요소는 목격자가 얼마나 제대로 보았는지에 초점을 맞추고 있다. 앞서 살펴봤던 다른 요소와 달리, 이 요소는 판사들이 신빙성을 판단하는 데에 유용한 정보를 제공한다. 하지만 사례 중 상당수에서는 목격자들이 범인을 제대로 보지 못했음에도 판사들은 여전히 범인 지목을 인정했다.[96] 다음 맨슨 요소는 목격자가 가해자를 볼 기회가 얼마나 있었는지를 묻는다. 경찰은 보통 목격자가 얼마나 제대로 보았는지에 대해 기록하지 않지만, 재판이 진행되면서 목격자의 이야기는 암시에 영향을 받을 수 있다. 또한 놀랍게도, 범인을 볼 기회조차 제대로 없었던 사건도 매우 많았다.

이러한 사례 대부분에서 가해자는 피해자에게 자신을 보지 말라고 명령하거나 눈을 가려버렸으며, 피해자가 자신의 얼굴을 봤을 때 살해하겠다고 위협하기까지 했다. 그리고 범인은 보통 얼굴을 숨기거나 마스크를 착용했다. 일반적으로 강간 사건의 대부분은 야간에 집에서 발생하는데,[97] 오판 피해자 사례 중 21건에서만 목격자들이 사건 당시 충분히 밝았다고 했을 뿐 대다수의 경우에는 어두웠다. 또, 이들 사건의 절반을 약간 넘는 정도에서만 목격자가 가해자의 전신을 보았다고 말했다.

데니스 브라운(Dennis Brown) 사건의 피해자는 "그의 얼굴, 그의 눈, 그의 팔을 외우고 있었다"고 증언했다. 하지만 "그의 얼굴을 볼 수 있었나요?"라는 질문에 "마스크가 내려와서 그가 마스크를 올리는 동안 충분히 길게 딱 두 번 온전한 얼굴을 보았다"고 시인했다.[98] 길버트 알레한드로 사건의 피해자는 범인의 눈과 코만을 볼 수 있었고, 프레드릭 새커(Fredric Saecker) 사건의 피해자는 가해자의 체격과 윤곽만을 볼 수 있었다.[99] 또한 클라크 맥밀런(Clark McMillan) 사건의 피해자는 법정에서 맥밀런을 범인으로 지목했지만, 피해를 당한 숲이 너무 어두워서 손가락에 난 상처의 피도 볼 수 없을 정도였다는 것을 인정했다. 피해자들은 보통 어둡거나 어두침침한 곳에서, 살해될까 봐 두려워하는 상태로 가해자를 보았다.

분명 경찰의 수사절차가 더 발전한다 해도 대부분의 범죄는 목격자가 가해자를 오랫동안 볼 수 없고, 제대로 볼 수 없으며, 가해자 손에 들린 무기에 신경이 곤두서 있고, 극심한 스트레스를 받는 상황에서 발생한다는 현실을 바꿀 수는 없다. 그리고 이러한 모든 상황은 범인식별절차의 정확도를 떨어뜨릴 수 있다.[100] 사회과학자들은 이러한 요소를 경

찰의 절차를 개선함으로써 바꿀 수 있는 '시스템 변수'에 대비하여 '판단자 변수'라고 부른다.[101]

목격자의 집중도

집중도에 관한 맨슨 요소는 목격자에게 가해자를 볼 기회가 얼마나 있었는지와 밀접한 연관이 있다. 재판에서 피해자들이 가장 자주 하는 말은 범인을 볼 기회가 몇 초밖에 없었다는 것이다. 가해자의 상당수가 자신의 얼굴을 가리거나, 피해자의 얼굴을 덮어놓거나, 어둠 속에 머물거나, 피해자에게 자신을 보지 말라고 명령했기 때문에, 이들 사례의 일부에서만 몇 분 동안 길게 가해자를 볼 수 있었다.[102] 게다가 이 목격자들의 실제 집중도는 그들이 기억하는 짧은 대면 기회보다도 훨씬 더 낮을 것이고, 여러 달이 지나 열리는 재판에서의 진술은 신뢰받기 어렵다.

연구에 따르면 목격자들은 자신이 사건, 특히 스트레스를 많이 받았던 사건을 목격한 시간을 과대평가하며, 또한 사람의 얼굴을 얼마나 오래 관찰할 수 있었는지에 대해서도 과대평가한다.[103] 윌리 잭슨 사건에서 피해자는 다음과 같이 증언했다. "그것은 몇 분이었을 수도 있고, 몇 시간이었을 수도 있습니다. 왜냐하면 그 일은 내게 영원과도 같았기 때문입니다. 그리고 나는 과장하고 싶지 않습니다.…"[104]

암시는 목격자가 기억하는 다른 모든 것뿐만 아니라 목격의 지속 시간에도 영향을 미친다. 예를 들면 목격자들은 경찰이 "잘했어요. 당신이 지목한 사람이 용의자예요"와 같이 말해 목격자들이 한 범인 지목을 추인하는 발언을 하면, 자신이 범인을 충분히 혹은 확실히 보았다고 말하는 경향이 있다.[105] 하비브 압달 사건의 피해자가 처음에는 경찰에게, 가해자가 자신에게 말을 걸었을 때 자신은 가해자를 전혀 보지 못했다고 말했으나, 이후 경찰이 피해자에게 압달을 범인으로 지목하라고 압력을 넣자 가해자의 얼굴을 30초에서 45초 정도 보았다고 말했던 것을 기억해보자.

이 목격자들의 대부분은 무기를 든 가해자로부터 잔인한 성폭력을 당하는 이례적인 스트레스 상황에 놓여 있었던 피해자들이었다. 당연히 피해자들의 관심은 가해자의 얼굴이 아닌 무기에 쏠려 있었다. 한 피해자는 "나는 그가 물리적으로 나를 깔아뭉갤 때까지 총에만 집중하고 있었어요"라고 회상했다.[106] 연구 결과 적정한 스트레스는 집중력을 향상시키는 반면, "높은 스트레스 상황에 있는 목격자는 신빙성 없는 증인일 확률이 높다"고 밝혀졌다.[107]

하지만 검사들은 반대로 스트레스로 인해 가해자의 얼굴에 더 잘 집중하게 된다고 주장했고, 배심원들은 이를 믿은 듯하다.

사건과 재판 사이의 시간

마지막으로, 맨슨 테스트는 사건과 첫 번째 범인식별절차 사이에 경과된 시간을 그 요소로 포함한다. 이는 유용한 요소이다. 왜냐하면 시간이 지남에 따라 정확도가 크게 감소하기 때문인데, 연구에 따르면 정확도 감소는 사건 발생 후 수 시간 이내에 시작된다.[108] 그런데 범인식별절차의 상당수는 사건이 발생하고 한참 후에 이루어졌다. 피해자가 사건 발생 네 달 반 만에 하비브 압달을 범인으로 잘못 지목했던 것을 떠올려보자. 범죄 현장에서 이루어진 10건의 쇼업을 포함해, 손에 꼽을 정도의 사건에서만 사건 당일에 범인식별이 이루어졌다. 그 외의 사건들에서는 목격자에 의한 범인 지목이 대부분 사건 발생 후 수주 혹은 수개월 후에 이루어졌다.[109]

게다가 재판은 그보다 더 늦게 열리는데, 일반적으로 사건 발생으로부터 1년 이상이 지난 후에야 열린다. 만약 판사들이 범인을 볼 기회와 집중도에 관한 요소만큼 이 요소를 심각하게 고려했다면, 범인식별절차 상당수의 증거능력을 배제했을 것이다. 맨슨 테스트의 문제는 너무 불명확한데다, 부적절한 요소를 포함한다는 점이다. 판사들은 재판 당시 다른 요소들을 제쳐둔 채, 오도하기 쉽고 정확성을 예측할 수 없는 목격자의 확신 정도에 주목했을 가능성이 높다.

다른 인종을 범인으로 지목할 때

판사들이 사용하는 5가지 요소에는 포함되지 않지만, 판사들이 목격자에 의한 범인 지목의 증거가치를 평가할 때 매우 중요시해야 할 다른 요소가 있다. 사회과학자들은 오래전에 다른 인종에 대한 범인식별절차에서 오판의 위험이 더 높아지는 '타 인종 효과'를 발견했다.[110] 판사들은 다른 인종에 대해 범인식별절차가 이루어진 경우 좀 더 까다롭게 이를 심사해야만 했으나, 과거에는 그러지 않았다. 하지만 9장에서 논의하듯이 이는 서서히 바뀌어가고 있다.

강간과 살인으로 유죄판결을 받은 사람 중에 소수 인종의 수가 과도하게 많다는 것을 감안하더라도, DNA로 무죄가 밝혀진 수많은 오판 피해자들이 소수 인종이었던 것은 사건들 대부분에 다른 인종에 대한 범인식별절차가 개입되었기 때문이다. 목격자에 의해 범인으로 지목된 오판 피해자의 49%(190건 중 93건) 이상이 다른 인종에 의해 범인으로 지목된 경우였다. 이러한 사건 중 71건에서 백인 여성이 흑인 남성을 범인으로 잘못 지목했다.[111]

오판 피해자들의 사건에서는 인종 간 격차가 확연하다. DNA로 무죄가 밝혀진 많은 오판 피해자들이 소수 인종이었고(70%) 이는 평균보다, 즉 이미 인종 편향적인 강간과 살인 유죄 건수보다 훨씬 많았다. 가장 두드러진 점은 강간죄로 유죄판결을 받은 오판 피해자의 75%가 흑인이나 라틴아메리카계였던 데 반해, 전체 강간 유죄 건수의 약 30~40%만이 소수집단으로 보고되고 있다는 점이다.[112] 왜 오판 피해자들 중 이토록 많은 수가 소수집단이었을까? 흑인인 것이 잘못된 유죄판결을 받는 위험 요인인 걸까?

이 문제에 대답하기는 쉽지 않은데, 왜냐하면 이러한 인종 간 격차는 다양하게 설명될 수 있기 때문이다. 한 가지 설명은 피고인의 인종뿐만 아니라 피해자의 인종과도 관련이 있을 수 있다는 것이다. 250건의 오판 피해자 사례에서 범죄 피해자 중 대다수인 72%(180건)가 백인이었다. 반면 범죄 피해자 중 24%는 소수집단(흑인 43명, 라틴아메리카계 15명, 아시아계 1명)이었고 나머지는 이에 대한 정보가 남아 있지 않다. 특히 성폭행 혐의로 유죄판결을 받은 오판 피해자 사례 중 49%(174건 중 84건)가 흑인이나 라틴아메리카계 가해자와 백인 피해자 간에 발생한 범죄가 발단이 되었다. 반면, 거의 90%에 달하는 대부분의 성범죄는 피해자와 같은 인종의 가해자에 의해 자행된다.[113]

백인 여성과 흑인 남성이 관련된 강간 사건에는 기소를 둘러싼 오랜 차별의 역사가 있다. 또한 백인 피해자와 흑인 남성이 관련된 사건에서 검사는 좀 더 중한 죄명을 부과하는 경향이 있다는 몇몇 증거도 있다. 거기다 백인 배심원들은 흑인 피고인들에 대해 덜 동정적이고, 백인 피해자가 연관된 범죄에서 흑인 피고인들에게 유죄판결을 할 가능성이 높다는 증거도 있다.

그리고 더 일반적으로는 이 오판 피해자 사건들이 형사사법제도에 존재하는 인종 간 격차를 반영하는 것일 수도 있다. 흑인 남성의 실형률은 백인 남성보다 몇 배나 높으며, 항상 교도소 수감자의 다수를 차지하는 것은 소수집단이다.[114]

마지막 설명은 사회과학자들이 보여주었듯 다른 인종에 대한 범인 식별절차에서는 목격자들이 실수할 가능성이 더 높다는 것이다. 일단 범인 지목이 이루어지면, 설사 목격자가 처음에 확신이 없었다고 하더라도 피고인은 유죄판결을 받을 가능성이 더 크다. 따라서 억울한 유죄 사례에서는 다른 인종에 대한 범인 지목을 많이 발견할 수 있을 것이다.[115]

토머스 맥고원 사건의 피해자는 다른 인종에 대한 범인식별절차에 관해 어려움을 토로했다. 라인업을 봤을 당시 "나는 아무도 고르지 않고 대신 경찰관님께 피고인과 비슷해 보이는 사람을 보여줬어요. 왜냐하면 흑인에 대해 설명할 방법이 마땅치 않았기 때문이에요"라고 그 피해자는 말했다.[116] 하지만 변호인은 그 진술에 대해 별다른 후속 조치를 취하지 않았다. 반대로 패트릭 월러(Patrick Waller) 재판에서 피해자는 라인업을 봤을 때 "저는 그저 아프리카계 미국인 남성이 처벌받는 것을 원하지 않았습니다. 저는 실제 범행을 저지른 사람이 처벌을 받기 원합니다."[117]라고 설명했다.

래리 존슨의 변호인은 타 인종 범인식별절차로 실수가 일어났을 수 있다고 주장했고, 이에 검사는 "여러분들 중에서도 확인하실 수 있듯이 흑인들은 모두 매우 다릅니다"라고 배심원들에게 말했다.[118] 한 오판 피해자는 타 인종 범인식별절차의 오류 위험성에 대해 증언하기 위해 전문가를 소개했다. 페리 미첼(Perry Mitchell) 사건에서 한 전문가가 타 인종 범인식별절차에 대해 연구한 것을 증언하기 시작했지만, 연구 결과를 언급하기도 전에 판사는 이의제기를 받아들였고, 사우스캐롤라이나 법에 따라 해당 증언을 인정할 수 없다고 간주했다.[119] 또한 앤서니 힉스(Anthony Hicks)가 같은 문제를 제기했을 때 판사는 이렇게 말했다. "흑인이 연루되어 있고, 기록이 있습니다. 미국에서 자백 후 수감된 흑인들에게 벌어진 실수, 범죄식별절차상 실수에 대한 기록이 일부 있습니다. 우리 지역사회에도 관련 기록이 하나 이상 있습니다. 당신의 이야기가 무엇인지 압니다." 하지만 판사는 "힉스 씨가 흑인이기 때문에 여기 있게 되었다는 것을 암시하는 어떤 기록도 없었다"고 판결을 내렸다.[120]

타 인종 범인식별절차에 더 많은 오류 위험이 있다고 주장하여 성공한 유일한 오판 피해자는 바로 매킨리 크로메디(McKinley Cromedy)이다. 9장에서 설명하겠지만 뉴저지 대법원은 나중에 크로메디의 자백을 기각하고 배심원들에게 타 인종 범인식별절차에서 오류가 더 쉽게 발생한다고 알려줄 것을 판사들에게 요구했다.[121]

어린이 목격자

맨슨 테스트가 명시적으로 요구하지 않은 두 번째 요소는 목격자의 나이이다. 목격자가 있는 사건의 12%(190건 중 22건)에서 목격자는 미성년자이거나 어린이였다. 모든 주에는 아동 증인의 증언능력에 대한 규정이 있으나, 증언능력을 평가하는 데에는 많은 법원이 상당히 신중하다. 사회과학자들의 연구에 따르면 어린이들은 보통 개방형 질문에는 정확히 대답하나, 유도 질문을 받을 때는 쉽게 거짓정보를 섞어 넣을 수 있고 암시에 무척 취약하다.[122]

레너드 맥셰리(Leonard McSherry) 사건에서 피해자는 6세였고 재판 당시에는 7세였다. 그 소녀는 집에 있다가 유괴되어 10시간 동안 잡혀 있었고 성폭행을 당했다. 다른 유일한 목격자는 5살 난 남동생이었는데, 누나가 낯선 사람과 거리를 두고 걷다가 그의 차에 타는 것을 보았다. 몇 분 후, 남동생은 엄마에게 누나가 낯선 사람과 함께 초록색 트럭에 탔다고 말했다.

재판에서 경찰관은 특히 어린이 목격자의 경우에 더욱 지양되어야 할 암시적 기법을 어떻게 사용했는지 증언했다. 예를 들면 경찰관은 피해자에게 유도신문을 했음을 은연중에 드러냈다. "우리는 노력을 했습니다. 그 아이가 스트레스를 많이 받는 상황이라 당신이 묻는 것처럼 직접적인 질문은 하지 않았습니다. 우리가 강조하려 했던 것에 그 아이가 잘 따라오도록 돕기 위한 노력의 일환이었습니다." 마찬가지로, 개방형 질문을 받은 재판과 증언대에서는 피해자가 묵묵부답이었으나, 질문이 유도신문으로 바뀌자 피해자는 예, 아니요로 답변을 할 수 있었다.[123]

사건 발생 2일 후 피해자는 면담을 했다. 재판에서 경찰관은 당시 피해자의 증언이 무척 신빙성이 없어 보였다고 인정했다. "우리는 피해자가 혼란스러워한다는 것을 알아서 피해자가 말하는 그 어떤 것에도 큰 신뢰를 두지 않았습니다." 몇 달 후 피해자는 납치되어 있던 집을 그려보라는 요청을 받았으나, 피해자가 그린 그림은 혼란스럽고 쓸모가 없었다.[124] 그러나 피고인이 체포된 다음 날, 경찰은 피해자가 집에 대해 아주 상세한 설명을 했고 또한 사진대조를 통해 그 집을 골라냈다고 주장했다. 경찰관은 피해자가 TV가 놓여 있는 큰 옷장, 가해자의 사진, 파란색 시트커버가 덮인 침대, 3개의 침실 문, 큰 원형 거울을 묘사했으며 이러한 내용은 경찰이 그 집에 들어가기 전에 진술되었다고 증언했다.

판사는 그 증언에 큰 비중을 두어서, 새로운 재판 청구를 기각할 때 이렇게 언급했다. "저는 어린 소녀의 증언을 기억하고 있고 침대보가 아직도 마음속에 생생합니다. 범인식별절차에 문제가 있는 사건이 아니라고 생각합니다. 피해자의 증언은 배심원 평결의 정당성을 판단하는 데에 중요하게 고려되었습니다."[125] 그러나 그 증언은 일관적이지 않았다. 라인업에서 피해자는 들러리를 골랐는데, 나와서는 자신이 6번이라고 썼지만 3번, 즉 맥쉐리를 의도했다고 경찰에게 말했던 듯하다. 변호인은 "신사 숙녀 여러분, 결론적으로 만약 라인업에서 두 명을 골라냈다면, 그 자체로 범인 지목이 잘못된 것입니다"라고 반박하고는, "피해자는 다른 남자를 보았습니다. 피해자는 녹색 트럭 남자를 본 것입니다"라고 덧붙였다.[126]

밝혀진 바에 따르면 변호인이 옳았다. 경찰관과 피해자의 어머니는 피해자가 처음에는 녹색 트럭을 묘사했지만 나중에는 차가 스테이션왜건이라 주장했다고 증언했다. 재판에서 경찰은 피해자가 사진대조에서 피고인의 차인 노란 스테이션왜건을 골랐다고 주장했다. 하지만 재판에서 차의 색깔이 무엇이었냐는 질문에 피해자는 "녹색"이라고 답했다. 마찬가지로 그녀의 남동생은 녹색 트럭을 보았다고 말했다. 그리고 앞서 말한 집에 대한 묘사가 있기 전, 납치 사건이 발생한 지 겨우 이틀이 지났을 때, 피해자는 경찰을 아파트 단지로 데리고 가 위층에 있는 한 문으로 인도했다. 피해자는 가해자가 자신을 문에 숫자 0과 1이 써 있는 장소로 데리고 갔다고 말했다. 그러나 경찰은 맥셰리에 초점을 맞추기 시작하면서 피해자의 초기 묘사를 평가절하했다.

또한 경찰관들이 피해자에게 맥셰리의 집 내부에 대해 자세히 알려줬을 가능성도 있다. 이제 우리는 피해자가 맥셰리의 집을 절대 보지 못했다는 사실을 잘 알고 있기 때문이다. 또는 경찰이 의도치 않게 유도성 질문을 해서 피해자가 그러한 설명을 하도록 유도했을 수도 있다. 경찰관은 좀 더 상세한 사항을 파악하기 위해 그 집을 수색한 후 피해자와 다시 면담을 한 사실을 인정했다.[127] 나중에 맥셰리가 제기한 민사소송에서, 경찰이 그를 체포한 후 그가 살던 집의 세부 사항에 대해 신문했던 것이 밝혀졌다. 그들이 피해자와 면담한 것은 그 후였다. 2002년 피해자는 경찰이 재판에서 허위 진술을 했다고 증언했다. 경찰과 면담할 때 피해자는 불안 상태였고, 피해자는 사실 노란 차나 맥셰리의 집을 지목한 적이 없었으며, 경찰에게 맥셰리 집의 내부에 대해 설명한 적조차 없었다.[128]

그렇다면 "녹색 트럭 남자"는 누구였을까? 맥셰리가 재심에서 무죄판결을 받았을 때, DNA 검사 결과는 조지 발데스피노(George Valdespino)와 일치했는데, 맥셰리가 석방될 당시에는 캘리포니아주 교도소에서 종신형으로 복역 중이었다. 발데스피노는 납치 사건 일주일 후에 코스타메이사에서 체포됐고, 당시에 4세 소녀를 납치해 성추행한 혐의로 기소되었다. 2001년 12월, 발데스피노는 1988년에 녹색 포드 랜체로 차량을 운전하던 중 롱비치 지역에서 한 소녀를 납치하여 모텔 방(문에 숫자가 있음)으로 데려간 사실을 녹취를 통해 자백했다.

목격자에 대한 판사의 믿음

경찰의 암시와 범인식별절차의 신빙성이 떨어진다는 증거를 검토해보면 한 가지 질문이 떠오른다. 왜 판사들은 재판에서 이를 인정한 것일까? 판사들은 목격자에 의한 범인식별절차를 배제하는 것을 무척 꺼린다. 어쨌든 이 많은 사례에서 피해자들은 강간 피해자였고, 이들의 증언이 없었다면 재판 자체가 존재하지 않았을 것이다. 58건에서는 판사가 맨슨 테스트를 어떻게 적용했는지에 관한 약간의 정보가 있다. 왜냐하면 범인식별절차 배제 신청에 대한 결정이 재판기록에 포함되어 있었기 때문이다.

앞서 논의한 바와 같이, 맨슨 테스트가 너무나도 관대한 나머지 모든 오염되고 신빙성 없는 범인 지목이 인정되고 있다. 범인식별절차에 대해 자세히 논의했던 판사들은 대개 재판에서 목격자의 확신을 강조하는데, 이는 가장 오해의 소지가 큰 요소이다. 더 나쁜 건, 몇몇 사례에서 판사들이 재판 당시 목격자의 확신 정도보다 더 큰 관심을 가져야 했던 증거, 즉 목격자가 초기에 보였던 불확실성을 과소평가했다는 점이다.

율리시스 찰스(Ulysses Charles) 사건에서 한 피해자는 검사에게 "나는 4번이었다고 생각해요, 아뇨 4번인 걸 알아요. 하지만 시간이 너무 오래 지나서 그렇게 말하기가 두렵네요"라고 말하며 라인업에 있는 그 누구도 지목하지 않았다. 그 라인업은 사건이 있은 지 3년 후에 실시된 것이었다. 그러나 재판에서 피해자는 이전에는 "겁이 났었다"고 말하며 찰스를 지목했다. 판사는 "목격자에게 라인업을 하는 짧은 시간 내에 의견을 정해야만 한다고 요구하는 것은 인간의 특성과 약점을 고려하지

않은 것"이라고 판시했다.[129]

래리 홀드런(Larry Holdren)에게는 일란성 쌍둥이 형제가 있었는데 이는 특별한 문제를 야기했다. 공판 전 절차에서 피고인은 사진대조 라인업에 있던 5명의 사람들 중 3명이 틀린 머리색(금발이 아닌 흑발)이었으며, 다른 2명은 피고인과 그의 일란성 쌍둥이 형제—쌍둥이 형제의 사진은 구겨지고 씻겨 나간 상태였다—였다고 말하며 사진대조를 문제 삼았다. 래리 홀드런의 사진은 라인업에 있던 것 중 피해자의 묘사와 닮은 유일한 것이었다. 더욱이 범행 당시 피해자는 안경을 쓰고 있지 않았고 주위는 어두침침했다. 판사는 "이는 아주 정당한 사진대조는 아닙니다. … 사진대조 절차에 암시적인 측면이 있습니다"라고 했지만 "피해자는 망설임 없이 두 사람 중 한 사람을 선택했고, 그 두 사람은 어쨌든 놀랍도록 외모가 비슷합니다. … 그리고 이는 암시를 상쇄하지 않나 생각합니다"라고 강조했다.[130]

DNA 검사 결과로 무죄를 입증받은 최초의 사형수인 커크 블러즈워스는 목격자 5명의 증언을 토대로 유죄판결을 받았었다. 그는 범인식별 절차에 대한 사회과학적 연구 결과를 증언해줄 전문가를 소환하려 했으나, 판사는 "해당 증거가 배심원들을 혼란스럽게 하거나 오도할 수 있다"며 거절했다. 메릴랜드 대법원은 메릴랜드에서는 그것이 여전히 법이라는 결정에 동의했다.[131] 로널드 코튼도 역시 목격자 전문가를 신청했으나 기각당했다.

우리는 다음 장에서 판사들이 어떻게 일상적으로 검찰 측 전문가가 비과학적인 과학수사 결과에 대해 증언하도록 허용했는지 살펴볼 것이다. 반대로 판사들은 목격자 오류에 관한 사회과학적 증거를 제시하려한 변호인 측의 요청은 거절했다. 그리하여 단 3명의 오판 피해자만이

목격자 전문가들의 증언을 들을 수 있었다.[132]

범인식별절차를 규정하는 법규는 지금껏 설명했던 것보다 훨씬 관대하다. 설사 피고인 측이 '승리', 즉 범인식별절차를 배제했다 하더라도 보통은 기껏해야 부분적이거나 일시적일 뿐이다. 수사 과정에서 이루어진 범인식별절차 결과가 배제되었다 하더라도, 재판정에서 배심원단 앞에서 하는 범인식별절차는 여전히 허용될 수 있다.

닐 밀러 사건은 범인식별절차가 위헌적이고 암시적인 방법으로 수행되었으며 그 결과를 신뢰할 수 없다는 이유로 판사가 이를 배제한 희귀한 예이다. 이 사건에서 실시된 범인식별절차를 검토하기 위해 열린 기일 아침에 경찰이 어떻게 불법적으로 쇼업을 수행했는지 떠올려보자. 하지만 판사들은 목격자가 범인을 최초로 본 것을 기반으로 법정에서 범인을 지목하는 것을 "독립된 증거원"이라 판결하며 오히려 재판에서 목격자들에게 피고인을 여전히 범인으로 지목하게 했다.[133] 그래서 닐 밀러 사건의 배심원들은 불법적인 쇼업 전에 피해자가 밀러를 범인으로 지목했다는 사실을 여전히 들을 수 있었다. 배심원들은 또한 피해자가 법정에서 밀러를 지목하고 그가 가해자임을 확신한다고 말하는 것을 보았다.

비슷한 사례로, 칼로스 레이버니아 사건에서 피해자는 라인업의 그 누구도 자신이 묘사한 것과 조금도 닮지 않았다고 인정했고, 따라서 판사는 피해자가 이전에 했던 범인식별절차 결과를 배제했다. 하지만 피해자는 재판정에서 레이버니아를 지목했고 그가 가해자임을 "절대적으로 확신한다"고 말했다.[134] 맨슨 접근법의 결함과 판사들이 이러한 물렁한 테스트를 건성으로 적용한다는 점을 감안하면, 경찰이 암시적인 범인식별절차를 자주 사용한다는 것은 결코 놀랍지 않다. 판사들은 그저 이를 방치하고 있는 것이다.

배심원들에게 주어진 최종 지침

판사들이 이러한 범인식별절차를 인정한 이상, 일반적으로 이것들은 재판의 핵심 증거가 된다. 검사와 피고인 측 모두 범인식별절차에 화력을 집중하는데, 누구나 예상하듯 피고인 측은 범인식별절차의 불법성과 그 결과를 신뢰하지 않을 만한 증거를 강조한다. 예를 들면, 윌리엄 해리스(William Harris) 사건에서 피고인 측은 처음에는 확신을 하지 못했던 목격자가 이제 와서 이렇게 확신을 갖게 된 것을 암시 말고는 설명할 방법이 없다고 반박하며 다음과 같이 주장했다. "이전에 제대로 이루어졌다는 범인식별절차에는 너무나 많은 모순과 문제가 있었지만,경찰관들 모두가 이를 나중에는 확실한 범인식별절차, 즉 '가장 설득력 있는 범인식별절차'로 바꿔버렸습니다."[135]

이와 대조적으로 검사들은 목격자들의 확신을 강조하곤 한다. 예를 들어 칼로스 레이버니아 사건의 검사는 최종진술에서 "이런 상황에 처한 여성이 이보다 더 확신을 가질 수 있다고 생각하십니까? 그 사람이 누군지에 대해 이보다 더 확신하는 사람을 본 적 있습니까?"라고 말했다.[136] 검사들은 또한 피해자의 묘사의 비일관성을 경시했다. 앤서니 힉스 재판에서 검사는 피고인 측을 다음과 같이 조롱했다.

> (피해자는) 그와 일치하는 모든 점을 여러분께 제시했습니다. 그리고 그녀가 처음에 그의 턱에 있는 틈을 보지 못했다는 이유로 (변호인은)

여러분들을, 여러분들이 잘 알고 있듯 "그는 매디슨 경찰국의 무고한 피해자입니다! 우리는 엉뚱한 녀석을 붙들고 있는 거예요!"라고 믿게 만들려 합니다.[137]

변호인이 범인식별절차에 배석하는 경우가 드물고 절차가 문서화되는 경우도 드물기 때문에 피고인 측은 비일관성을 지적하는 것 외에 할 수 있는 일이 거의 없다. 반면 검사들은 목격자가 확신하고 있다는 것을 근거로 대응할 수 있다.

또는 검사들은 범죄의 심각성을 역설할 수도 있다. 페리 미첼 사건에서 검사는 다음과 같이 주장했다. "몇몇 대법관들은 범인식별절차를 신뢰할 수 없다고 말합니다. 좋습니다. 저는 이 대법관들이 면전에서 칼이 나오는 것을 본 적도 없고 숲에서 마약에 취해본 적도 없다고 장담합니다. 만약 그런 일을 겪고 나면 이분들도 마음을 바꾸게 될 거라 생각합니다."[138]

몇몇 오판 피해자들의 재판에서 판사가 배심원들에게 준 지침이 녹음되어 있는데, 판사들은 때때로 자세한 지침을 줬다. 예를 들면, 앨런 뉴턴(Alan Newton)의 재판에서 판사는 배심원들에게 "범인 지목에 대한 증언은 증인의 믿음이나 인상에 관한 표현입니다. 그 가치는 목격자에게 사건 당시 가해자를 관찰한 기회가 있었는지와 이후 그 범인 지목이 신빙성이 있었는지에 달려 있습니다"라고 말했다.[139] 그리고 판사는 이러한 증언의 중요성을 평가할 때 고려해야 하는 요소들에 대해서도 설명했다. 이 사건은 또한 배심원들이 목격자의 증언에 대한 질문을 되돌려보냈다는 점에서도 드문 경우였다. 그들은 피해자가 가해자를 얼마나 제대로 보았는지에 관한 피해자의 증언을 다시 읽고 싶다고 요청했다.

니컬러스 야리스(Nicholas Yarris) 사건의 두 목격자들은 처음에는 자신들이 한 범인 지목에 대해 확신하지 못했지만 재판에서는 자신감을 보였다. 판사는 배심원들에게 "어떤 개인이 진실을 말하려 해도, 범인 지목과 같은 절차에서 실수를 할 수도 있습니다"라는 지침을 주며, 범인 지목의 신빙성을 평가할 것을 요청했다.[140] 그러나 목격자의 신빙성에 대해 평가하라고 배심원들에게 지침을 주는 것 외에 판사는 아무것도 하지 않았다. 예를 들어 범인식별절차 또는 경찰이 주는 암시의 영향에 관한 적절한 사회과학 연구 같은 것들은 전혀 배심원들에게 설명되지 않았다.

범인식별절차가 달라지고 있다

목격자들이 범인을 잘못 식별하는 것이 오늘날까지 계속되는 더 심각한 문제의 일부일 수도 있다고 생각하는 것은 당연하다. 관찰자들은 목격자의 오인을 잘못된 유죄판결의 "주된 원인"으로 여겨왔다.[141] DNA로 무죄가 밝혀진 오판 피해자들 중 목격자들에 의한 오인 사례가 많았던 데에는 한 가지 이유가 있다. DNA 검사는 특히 강간 사건에서 유용한데, 이는 피해자에게서 채취한 생물학적 물질을 검사할 수 있기 때문이다. 결국 많은 강간 사건에는 목격자들이 있고, 강간 사건에서 피해자가 범인을 지목하지 못하면 사건은 쉽게 진척되지 않을 것이다. 그러나 극소수의 용의자들만이 강간 또는 살인 혐의로 기소되고, 유죄판결을 받는 사람은 이보다 더 적다.[142] 강도와 같이 매년 더 많은 사람들이 유죄판결을 받는 다른 범죄 역시 보통 범인식별절차를 실시하지만, 보통은 DNA 검사를 할 수 있는 증거가 없다. 우리는 단순히 다른 유형의 범죄에서는 목격자의 오인이 얼마나 흔하게 일어나는지 모를 뿐이다.

더 걱정스러운 점은 오판 피해자들 사례에서 사용된 암시적이고 신빙성 없는 범인식별절차가 오랫동안 널리 사용되었다는 것이다. 경찰은 최근까지도 신빙성 없는 범인식별절차와 교육을 활용할 뿐, 관련 절차를 문서화하는 작업을 시작하지도 않았다. 경찰의 범인식별절차에 관한 기록 연구에 따르면 쇼업과 같은 암시적 절차가 빈번히 사용되었고 목격자의 판단을 한쪽으로 치우지게 한 것으로 드러났다.[143] 판사들이나 검사들도 범인식별절차를 개선하기 위해 노력하지 않았지만, 9장에서 설명하는 것처럼 이제는 변하고 있다.[144]

1970년대 엘리자베스 로프터스(Elizabeth Loftus) 교수와 게리 웰스 교수의 선구적인 작업에서 시작해 30년이 넘는 세월 동안 사회과학자들은 목격자의 기억을 연구하기 위해 연구실과 현장에서 수백 회의 실험을 실시했다. 이러한 방대한 작업을 통해 학자들은 범인식별절차와 대법원의 맨슨 접근법에서 오류들을 찾아냈다.[145] 그러나 법원은 암시의 산물일 가능성이 높은 확신의 정도와 같이 신빙성과 별 관련이 없는 요인들에 기초해, 매우 암시적인 절차가 있었음에도 범인식별절차를 승인한다. 또한 경찰은 의도적으로 목격자에게 용의자를 암시하는 것일 수도 있지만, 또한 목격자의 기억을 오염시킬 수 있는 단서를 부주의하게 주는 것일 수도 있다.

경찰이 이처럼 라인업 과정에서 암시적인 방법으로 개입하지 않도록 할 수 있는 직접적인 방안이 한 가지 있다. 이중맹검법을 사용하는 것이다. 이 방법을 쓰면 담당자는 라인업이나 사진 묶음에 있는 사람 중 누가 용의자인지 모르기 때문에, 의도적이든 아니든 목격자에게 영향을 줄 수가 없다. 또한 목격자는 경찰도 라인업에 있는 사람 중 어떤 사람이 용의자인지 모른다는 말을 반드시 들어야 한다. 그래야 목격자는 맞든 틀리든, 경찰관의 어떠한 행동도 단서로 받아들이지 않는다. 목격자에 대한 연구자들은 오랫동안 이중맹검법에 의한 라인업 절차가 가장 중요한 개혁이라고 추천해왔다.

오판 피해자 사례들에서 이중맹검법에 의한 절차가 사용되지 않았다는 사실은 전혀 놀랍지 않다. 데니스 브라운 사건의 목격자 한 명만이 이중맹검법에 의한 절차에서 피고인을 잘못 지목했는데, 그에 대한 라인업 절차에는 또 다른 문제가 있었다. 피해자는 용의자가 없을 수도 있다는 말을 듣지 못했던 것이다. 가난했던 브라운은 17세였고, '자원봉사자'로 라인업에 서는 대가로 경찰로부터 30달러를 받았다. 그는 운이 없어서 잘못된 때 잘못된 라인업에 서게 된 것이다. 피해자는 그를 지목했고, 아마 경찰들도 놀랐을 것이다.[146]

이중맹검법에 의한 라인업을 도입하는 것은 비용이 많이 들지 않기 때문에 많은 경찰서에서 현재 이러한 개혁안을 채택했다.[147] 경찰이 해야 할 일은 다른 경찰관을 불러들여 라인업 절차를 담당하게 하는 것뿐이다. 갈수록 경찰은 자동적으로 목격자들에게 설명을 제공하는, 컴퓨터를 이용한 사진대조에 의존한다. 그런데 몇몇 주에서 추천하는 이중맹검절차를 만드는 똑똑하고도 간단한 방법이 있다. 단순히 각 사진들을 서류철에 넣고 서류철 더미를 섞기만 하면 된다. 그러면 목격자들은 사진을 보기 위해 서류철을 열어볼 수 있지만 경찰관은 목격자가 어떤 사진을 보고 있는지 볼 수가 없다.[148]

다른 개혁안도 또한 경제적이면서 중요하다. 라인업은 그 자체로 용의자가 눈에 띄지 않도록 구성되어야 한다. 사진 형태로든 사람의 실물 형태로든 용의자가 한꺼번에 제시되는 형태의 라인업은 '골라잡이'의 위험이 있을 수 있다.[149] 목격자는 반드시 용의자가 라인업에 없을 수도 있다는 말을 들어야 하며, 경찰관들은 반드시 목격자들의 묘사 내용과 확신 정도를 문서화해야 한다.[150] 앞서 설명했던 목격자에 의한 범인식별절차 대부분에서는 이러한 모범 사례를 사용하지 않았다.

하비브 압달 재판의 판사는 배심원들에게 "유죄냐 무죄냐가 오로지 여러분들 손에 달려 있습니다"라고 말했다. 그는 다른 판사들이 하는 것보다 더 많은 말을 했는데, 배심원들에게 "고도의 주의를 기울여" 피해자의 범인 지목이 정확했는지, "어떠한 암시나 설득의 덕택인지" 평가할 것을 지시했다.[151] 경찰의 지속적인 압력으로 신빙성 없는 범인 지목이 이루어졌다는 강력한 증거에도 불구하고, 배심원들은 약 5시간 동안 평의를 거친 끝에 압달에 대해 유죄판결을 내렸다.

오판 피해자 사례들은, 목격자의 기억을 오염시킬 수 있는 결함이 있으며 암시적인 경찰 수사 과정이 얼마나 일반적인지에 대한 일련의 강력한 예시이다. 경찰뿐만 아니라 판사들도 오류 위험성에 대해 주의를 기울여야만 한다. 이들은 배심원들을 위한 특정 지침 또는 오염된 범인식별절차의 배제와 같이, 맨슨 테스트보다 더 면밀한 심리를 진행하여 경찰이 신빙성 있는 절차를 활용하든지 그렇지 않으면 결과에 책임을 지도록 하는 것이 좋다. 9장에서 논의하겠지만 개선된 범인식별절차가 마침내 채택되기 시작했다는 사실은 중요하다. 증언하는 목격자들이 무고한 사람을 지목할 때조차 배심원들은 "직접 본 것은 믿을 수밖에 없다"고 납득할 수도 있다는 것을 DNA를 통한 무죄 입증을 통해 알 수 있다.[152]

4장

결함 있는 과학수사

1977년 7월 일리노이주 홈우드에서 경찰이 산발을 한 채 도로 옆을 걷고 있던 한 여성과 우연히 마주쳤다. 그녀는 경찰에게 자신이 강간을 당했다고 말했다. 절차에 따라 경찰은 검사를 하기 위해 그녀를 병원으로 데려갔다. 의사는 유류 체모를 찾기 위해 그녀의 치골 부위를 꼼꼼히 살펴보았고, 그녀의 음부에서 액체를 채취하기 위해 면봉을 사용했으며, 그녀의 얼룩진 속옷을 보존했다. 의사는 레이프 키트(rape kit)라 불리는 표준 상자에 이 증거를 넣어 분석을 하기 위해 실험실로 보냈다.

한편 경찰은 피해자와 함께 가해자—머리가 긴 백인 남자—에 대한 몽타주를 준비했다. 용의자가 전혀 없었기에 경찰은 그녀에게 머그 숏 묶음을 보여주었다. 그녀는 그중 한 장을 골랐는데, 나중에 라인업에서 그녀가 범인으로 지목하는 게리 닷슨(Gary Dotson)의 머그 숏이었다. 닷슨의 모습은 머그 숏 때와 명백한 차이—그에게는 커다란 콧수염이 있었다—가 있었지만, 이 사례는 앞 장에서 논의된 잘못된 범인식별로 이어질 수 있는 암시적이고 신빙성 없는 범인식별절차와는 전혀 상관이 없었다. 이 사건의 피해자는 나중에 자신이 스스로 상처를 만들었고 남자친구와의 성관계를 부모님에게 숨기기 위해 정교한 계략의 일환으로 닷슨을 고소했다고 인정했다.[1]

1979년 열린 닷슨에 대한 재판에서, 예상대로 피해자는 그를 가리키며 가해자로 지목했다. 검사 측을 위해 증언한 다른 증인은 오직 한 명,

법과학자였다.[2] 법과학이라는 용어는 법률 문제의 해결을 돕기 위해 과학을 사용하는 것을 의미하는데, 형사사건에서 법과학은 현장 증거를 분석하는 데 자주 사용된다. 미국에서 대부분의 법과학자들은 범죄연구소에서 경찰을 위해 일하며, 이 법과학자는 일리노이주 경찰에서 일했다. 닷슨 사건에서 증언할 때, 그는 캘리포니아대학교 버클리캠퍼스에서 "대학원 과정"을 마쳤다고 허위로 말했는데, 사실 그는 "2일간의 공개강좌에 참석했을 뿐"이었다.[3] 불행히도 그의 증언의 정확성은 나아지지 않았다.

그다음에 그는 레이프 키트에 보관된 체모에 대한 분석 결과를 말했다. DNA 검사가 발명되기 전인 1977년에는, 법과학자들이 하는 일은 대부분 머리카락, 섬유, 지문, 물린 자국, 도구 자국 또는 총알 탄피와 같은 범죄 현장의 물체들을 비교하는 것이었다. 그들은 현미경을 사용해 물체들을 나란히 놓고 관찰했다. 그다음에 분석가들은 물체들이 비슷해 보이는지 아닌지에 대한 주관적 결론에 도달했다. 물체가 분명히 다른 경우에는 해당 물체가 다른 비슷한 물체의 일부분이 아닌 것으로 밝혀지므로 결론을 '배제'라 한다. 배제는 최종적인 결론일 수 있다.

만약 피고인의 머리카락이 금발인 데 반해 범죄 현장에서 발견된 머리카락이 갈색이라면, 분석관은 피고인이 '배제'되었다—갈색 머리카락이 피고인에게서 나왔을 리는 없다—고 말한다. 분석관은 또한 해당 물체가 어떤 물건의 일부이거나 그 그룹의 일부에 속할 경우 '포함'한다고 결론짓는다. 피고인의 머리 색깔이 갈색이고 범죄 현장에서 발견된 머리카락 또한 갈색인 경우, 피고인은 현장에 그러한 머리카락을 남겼을 수도 있는 사람 그룹에 포함된다. 하지만 이것이 많은 것을 말해주지는 않는데, 갈색 머리카락을 가진 사람들의 집단은 무척이나 크기 때문이다. 마지막으로, 분석관은 모든 증거에 대해 판독 불가 판정을 할 수도 있다. 예를 들면 범죄 현장에서 발견한 체모가 분석하기에 부적절한 상태일 수도 있다.

이 사건에서 법과학자는 배심원들에게 자신이 "여러 개의 음모"를 발견했고 이는 피해자의 것과는 비슷하지 않지만 닷슨의 것과는 "미시적으로 일관성이 있고" "출처가 동일할 수 있다"고 말했다. 이게 도대체 무슨 뜻일까? 체모가 닷슨의 것과 "비슷해" 보인다는 걸까? 닷슨이 포함되었지만, 얼마나 많은 사람이 동일한 그룹에 포함되어 있다는 걸까? 100명 정도만 이 같은 체모를 가질 수 있다는 걸까? 100만 명 정도가 이 같은 체모를 가질 수 있다는 걸까? 아니면 이런 미시적 특징이 너무나 특별한 나머지 닷슨만이 범인일 수 있다는 걸까?

피고인 측 변호사가 물어보려고 했더라도 법과학자는 이러한 질문들에 대해 답할 수 없었다. 법과학자가 말한 과학적으로 들리는 용어는 배심원들에게 큰 감명을 주었을지도 모르지만, 체모가 서로 "일관성이 있다"고 결론 내리는 것에 대한 과학적 정의가 없다는 것을 만약 알았다면 아마 배심원들도 다르게 생각했을 것이다. 그것이 의미하는 바는 과학자가 체모를 봤고 그게 서로 닮아 보인다고 생각했다는 것이 전부였다. 오늘날까지 어느 누구도 전체 인구 중 몇 퍼센트가 체모상에서 특정한 미시적 특성을 공유하는지에 대해 연구하지 않았다. 어떤 종류의 체모를 공유하는 사람은 수천 명일 수도 수백만 명일 수도 있는 것이다.

체모 비교 기술은 신빙성 없는 기법이다. 어떤 기법이 신빙성 없다는 것은 무슨 의미일까? 어떤 기법이 일관되거나 정확한 결과를 산출할 수 없다면 이는 신빙성이 없다. 체모 비교는 분석관의 개인 의견으로 구성되며, 체모들이 '일관성 있어' 보이는지 '비슷해' 보이는지에 관해서는 분석관 2명의 의견이 갈릴 수도 있다. 게다가 이 용어들의 의미에 대한 정의도 없다. 연구 결과 체모 비교 기술에서는 오류율이 무척 높았고, 학자들은 이러한 신빙성 없는 기법의 사용을 제한할 것을 법원에 요청해왔다.[4] 그럼에도 닷슨 사건 같은 심각한 형사사건에서도 판사들은 배심원들에게 이러한 신빙성 없는 증거에 대해 청취하는 것을 허용해왔다.

동일한 법과학자는 또한 두 번째 기법도 사용했는데, 그것은 신빙성 있는 것이었다. 혈청학이라 불리는 ABO 혈액형 분류법은 1970년대와 1980년대 성폭력 사건에서 폭넓게 사용되었다. 사람의 혈액형(A, B, AB, O)은 평생 동안 바뀌지 않으며, 이러한 혈액형 통계는 과학적으로 타당한 통계로부터 도출되었다. 대부분의 사람들은 '분비형'이라 불리는데, 이는 혈액뿐만 아니라 정액을 포함한 다른 체액에서도 혈액형을 검출할 수 있기 때문에 붙여진 이름이다. 체모 비교와 달리 혈청학은 신빙성 있는 기법이다. 분석관은 혈청학을 사용해 누군가를 용의선상에서 배제할 수 있고, 이는 주관적인 견해가 아니라 검사한 물질과 그 사람의 혈액형 간의 불일치에 근거한 것이다. 또한 분석관은 어떤 사람이 포함되었다는 사실을 발견할 수 있고, 인구 중 동일한 혈액형을 보유한 사람의 비율이 얼마나 되는지를 배심원에게 말해줌으로써 그 의미를 설명할 수도 있다. 하지만 혈액형이 같은 사람은 수백만 명이나 된다.

게리 닷슨의 재판에서 분석관은 병원에서 채취한 질 면봉을 분석했다고 증언했다. 그는 닷슨이 B형이고 채취된 정액 역시 같은 혈액형을 나타냈다고 증언했다. 참고로 백인 중 11%만이 B형이다. 이는 설득력 있어 보이기는 하지만, 닷슨이 유죄임을 입증하는 결정적 증거는 아니었다. 이는 용의자 대상의 수를 인구 중 11%로 좁힐 뿐이었다.

게다가 불행히도 분석관의 결론은 타당하지 않았다. 분석관은 배심원들에게 피해자의 혈액형이 B이고 그녀의 체액이 시료에 섞여 들어간 사실을 결코 말하지 않았다. 관찰된 B형 물질은 강간범에게서 나온 것이 아니었을 가능성이 있었다. B형 물질은 전적으로 피해자의 것일 수도 있었던 것이다. 사실 피해자에게서 나온 물질이 정액에서 나온 물질을 압도하거나 '덮어'버리는 경우가 일반적이고, 이 사건의 경우에도 그랬을 가능성이 높았다. 당시 기술로는 어쩔 수가 없는 문제였다. 그러므로 정액 주인의 혈액형은 그 어떤 것도 될 수 있었고, 정액은 전 세계 남자 중 누구의 것도 될 수 있었다. 배심원들에게 (게리 닷슨을 포함한) 인구의 11%만이 정액의 주인일 수 있다고 말해 인구 중 89%가 용의선상에서 배제됐다는 암시를 준 것은 잘못된 것이었고 명백히 사실을 오도한 것이었다.

혈청학은 신빙성 있는 기법이었지만, 분석관이 증거에서 도출한 결론은 거짓이었다. 타당성이라는 용어는 어떠한 주장이나 추론이 근거에 의해 뒷받침되는지에 관한 것이기에, 나는 이러한 증언을 '타당성이 없다'고 한다. 게리 닷슨 사건에서, 분석관은 배심원에게 혈액 증거에 대한 두 번째 잘못된 결론을 제시했다. 그는 닷슨이 정액의 주인일 수 있는 B형 혈액형을 가진 사람들 중 하나라고 잘못 말함으로써, 닷슨이 용의선상에 포함된다고 주장했을 뿐만 아니라 닷슨을 용의선상에서 배제하는 데도 실패했다.

분석관은 피해자의 속옷에 대한 분석 결과에 의지했는데, 여기서 한 가지 문제에 봉착했다. 피해자 속옷에서 발견된 얼룩들에서 A형 물질이 발견된 것이다. 피해자와 닷슨 모두 B형이었으므로 A형 물질은 그 둘 중 누구의 것도 아니었다. 분석관은 "유감스럽게도 먼지, 목재, 가죽, 특정 종류의 옷들, 다른 천들, 시료 속의 세제 등 여러 가지 물질들이 있었고" 이는 A형 물질이 왜 검출됐는지를 설명한다고 증언했다.[5] 그는 오염으로 인해 A형 물질이 생성되었다고 추측한 것이다.

그러나 이 증언은 말도 안 되는 소리였다. 분석관은 A형 물질이 피해자나 닷슨에게서 나올 수가 없으며 따라서 닷슨은 용의선상에서 배제된다고 말해야 했다. 증언을 한 분석관은 무죄의 증거를 인정하기를 거부했다. 명백한 무죄의 증거를 무시하려는 노력의 일환으로, 분석관은 혈액형의 기초에 대해 허위 진술을 하려고도 했다. 선구적인 법과학자 에드워드 블레이크(Edward Blake)는 수년 후 이 사건에 대한 보고서에서, 분석관이 얼룩의 다른 부분을 검사했다면 오염이 실제로 발생했는지 여부를 확인할 수 있었다고 설명했다. 만약 오염을 없앨 수 없고, 일상적인 물질과의 접촉을 통해 혈액 물질이 자연스레 나타날 수 있다면, "ABO 시료"에 대한 분석은 항상 "본질적으로 신빙성이 없었을" 것이다.[6]

닷슨의 변호인은 터무니없이 틀린 이 증언에 대해 어떠한 질문이나 이의도 제기하지 않았다. 전문가의 도움이 없었기에, 닷슨의 국선변호인은 체모 비교가 신빙성이 없다거나 혈청학에 대한 분석관의 결론이 타당하지 않다는 점을 깨닫지 못했던 것으로 보인다.

최종진술에서 검사는 분석관이 피해자에게서 발견된 것과 닷슨의 체모에 대해 "일치" 판정을 했다고 주장하여 이러한 과학 증거를 더욱 과장했다. 분석관은 그렇게 멀리 나간 것이 아니라, 체모가 닷슨의 것과 "비슷"하고 닷슨의 것"일 수 있다"고 말했을 뿐이었다. 검사가 사용한 일치라는 용어는 닷슨의 체모가 피해자에게서 발견되었다는 것을 암시했다. 변호인은 이 진술에 대해 이의를 제기했지만 판사는 이를 기각했고, 배심원들에게 체모가 실제로 일치했다고 암시하는 것을 허용했다.

배심원단은 1979년 닷슨에 대해 강간죄로 유죄판결을 내렸다. 그는 단기 25년, 장기 50년의 징역형을 선고받았다. 그런데 피해자는 이후 자신의 주장을 철회했고, 당시 남자친구와 성관계한 사실을 부모에게 숨기기 위해 거짓으로 신고했다고 인정했다. 하지만 피해자의 진술 번복에도 불구하고, 제임스 톰슨(James Thompson) 일리노이주 주지사는 1985년 3일간 TV로 중계된 사면을 위한 심리가 끝난 후 닷슨에 대한 사면을 거부했다.[7]

이제 DNA 검사는 닷슨의 마지막 희망이었다. 에드워드 블레이크는 후에 많은 죄수의 무죄와 유죄를 입증하는 검사를 수행했는데, DNA 검사 결과 남성 유전자형이 닷슨과 일치하지 않으며 피해자의 남자친구와 일치함을 발견했다. 주지사는 여전히 닷슨에 대한 사면을 거부했지만 DNA 검사 결과에 근거해 법원은 닷슨에 대한 유죄판결을 무효화했고 그는 1989년 석방되었다.[8]

신빙성도 타당성도 없는 법과학

오판 피해자 사건에서 법과학은 흔하게 사용되지만 완벽하게 대조적인 모습을 보여준다. 과학에 관한 한 가지 이야기는 승리에 관한 것이다. 혁신적인 과학자들에 의한 DNA 기술의 발전은 무고한 사람들을 풀어주었고, 문자 그대로 그들의 생명을 구했다. 그럼에도 서론에서 나는 한 가지 질문을 던졌다. 왜 법과학은 재판에서 그들의 무고함을 밝혀내지 못했을까? 몇몇 법과학자들은 재판에서 무고함을 밝히려고 했지만 대부분의 법과학자들은 그러지 않았다. 사실 법과학은 대부분의 오판 피해자가 유죄판결을 받는 데 일조했다. 오판 피해자 로이 브라운(Roy

Brown)은 이렇게 말했다. "쓰레기 과학은 나를 감옥으로 보냈지만, 진짜 과학은 나의 결백을 입증했다."[9]

나는 재판을 받은 기록을 찾을 수 있는 오판 피해자들에게 초점을 맞출 것이다. 왜냐하면 재판기록을 읽으면 닷슨 사례와 같이 법과학자가 증언대에서 실제로 말한 내용을 알 수 있기 때문이다. 법과학 증거는 DNA로 무죄가 밝혀진 오판 피해자 사례들 중 74%인 185건에서 제시되었다. 이들 중 일부는 재판을 받지 않거나 검사가 과학 증거를 제시하지 않았지만, 대부분인 169명에 대한 재판에서 법과학자들은 검사 측 증인으로 증언을 했다. 그중 나는 법과학자들이 검사 측 증인으로 선 153건의 재판을 찾아내는 데 성공했다.[10] 법과학적 증언은 오판 피해자가 유죄판결을 받은 여러 범죄에 걸쳐 균등하게 등장했으며, 앞 장에서 언급한 목격자 증거에 이어 두 번째로 흔한 유형의 증거였다.[11]

법과학의 빈번한 등장은 놀랄 일이 아닌데, 결국 닷슨과 같은 대부분의 사례가 레이프 키트에서 잠재적으로 중요한 법과학 증거가 수집된 강간 사건이었기 때문이다. 나는 법과학자들이 할 수 있는 최선을 다했지만, 당시 기술의 한계에 부딪혔을 것이라 생각했다. 하지만 오판 피해자들에 대한 재판기록을 읽으면서, 나는 이들의 재판이 있었던 1980년대의 기준에 따르더라도 법과학자들은 자신들이 제시한 증거가 타당하지 않다는 사실을 잘 알고 있었을 것이라 판단했다. 법과학과 관련해서는 두 가지 반복적인 문제가 있다. 신빙성과 타당성이다.

첫째, 이 오판 피해자들 중 많은 사람은 신빙성 없는 법과학 기법에 근거해 유죄판결을 받았다. 당시 혈청학은 116건에서 사용되어 가장 많이 사용된 기술이었고, DNA 검사는 20건에서 실시되었다. 둘 다 신빙성 있는 기법인 반면, 당시 사용된 다른 기법들은 그렇지 않았다. 게리 닷슨은 재판에서 체모 현미경 비교가 등장했던 75명의 오판 피해자들 중 한 명일뿐이었다. 지문 비교(20건), 치흔 비교(7건), 족적 비교(6건), 목소리 비교(1건)와 같은 다른 기법들도 사용되었는데, 분석관은 이 방법들을 사용할 때 범죄 현장에서 수집한 물체와 피고인에게서 나온 것을 자세히, 하지만 주관적으로 비교한다. 미국과학아카데미(NAS: National Academy of Sciences)의 기념비적인 보고서에 의하면 각 기법은 "기본적인 전제와 기법의 … 타당성을 뒷받침할 만한 엄밀하고 체계적인 연구가 거의 되어 있지 않다".[12] 각 기법은 두 객체가 "비슷하다" 혹은 "일관성이 있다" 혹은 "일치한다"는 의견에 기반해 있다. 과학자들과 학자들이 오류, 신빙성의 결여, 결론에 쓰이는 용어의 모호함 등을 이유로 이 법과학 기법들 중 많은 수를 비판해왔지만,[13] 대부분은 오늘날까지도 널리 사용되고 있다.[14]

둘째, 증거로부터 도출된 과학적으로 타당하지 않은 결론이 많은 사례에 포함되어 있었다. 법과학자가 검사 측을 위해 증언한 재판의 61%에서 분석관은 과학적으로 타당하지 않은 증언을 했다. 분석관들은 광범위한 법과학 분야에서 오류를 범했다. 이는 58%의 증언이 과학적으로 타당하지 않았던 혈청학(116건 중 67건)부터, 39%의 증언이 과학적으로 타당하지 않았던 체모 비교(75건 중 29건), 71%가 타당하지 않았던 치흔 비교(7건 중 5건), 17%가 타당하지 않았던 족적 비교(6건 중 1건), 5%가 타당하지 않았던 지문 비교(20건 중 1건)에까지 이른다. 분석관이 ABO 혈액형의 의미에 대해 잘못 해석한 게리 닷슨 사건처럼, 분석 방법이 신빙성 있어도 분석관이 증거를 과장하면 배심원은 속을 수 있다. 일반적으로 분석관들은 신빙성 있는 기법인 혈청학에서 잘못된 결론에 도달했을 뿐만 아니라 DNA 검사의 17%(18건 중 3건)에서도 타당하지 않은 증언을 했다. 과학적으로 타당하지 않은 이 증언들에는 공통점이 있었는데, 그것들로 인해 법과학 증거가 실제보다 더 강한 유죄의 증거로 보였다는 것이다.

과학적으로 타당하지 않고 신빙성 없는 법과학이 이 사건들에서 너무나도 강력한 영향을 미쳤고 이는 '형사사건에서 법과학을 좀 더 널리 사용해도 되는가'라는 물음을 불러일으켰다. 어떻게 분석관들은 명백히 비과학적인 방식으로 어떤 책임도 지지 않고 증언할 수 있을까? 판사들이 오랫동안 인정해왔듯, 법과학 증거는 형사재판에서 중요한 역할을 할 수 있다. 배심원들은 법과학자들의 증언에 특별한 무게를 둘 가능성이 있다.

그러나 대법원은 "전문가 증거는 이에 대한 평가가 어렵기 때문에 강력한 동시에 사안을 오도할 가능성이 높다"고 경고했고, 판사들은 배심원들이 전문가 증거에 대해 부여하곤 하는 "신비한 중요성"에 대해 얘기한다.[15] 그렇기 때문에 판사들은 전문가들이 증언대에 서기 전에, 사용하는 기법이 신빙성 있고 과학적으로 타당한지에 관해 "게이트키핑(gatekeeping)" 질문을 해야만 한다. 도버트 대 메렐 도 제약회사(Daubert v. Merrell Dow Pharmaceuticals, Inc) 사건에 대한 대법원 판결은 판사들에게 전문가의 기법이 타당하고 신빙성 있는 과학적 근거를 갖고 있는지를 물어야 한다는 지침을 주었다.[16] 그리고 그것은 재산상 손해가 쟁점인 민사재판에서 판사들이 일반적으로 하는 일이기도 하다.

하지만 그토록 많은 전문가가 오판 피해자 사건들에서 신빙성 없는 기법을 사용하고 타당하지 않은 결론을 제출했을 뿐 아니라, 이러한 증언이 여전히 허용되는 데에는 한 가지 이유가 있다. 신빙성 없는 기법—심지어는 과학계에서 인정하지 않는 기법들까지—은 오랫동안 형사

법정에서 허용되어왔다. 오판 피해자들에 대한 재판의 대부분이 있었던 1980년대는 아직 도버트 판결이 있기 전이었고, 또한 그때 이후로 많은 것이 바뀐 것도 아니다. 도버트 판결은 생명이나 자유가 달린 형사재판에서 유의미하게 적용되고 있지 않기 때문이다. 판사들은 주의 깊게 보지 않은 채 이런 기법을 인정한 후에는 전문가들이 증인석에서 과장된 결론을 제공하더라도 아무것도 하지 않는다. 판사들은 법과학자들이 도달한 결론의 타당성에 대해서도 검토하지 않는다.[17] 왜 판사들은 전문가의 진술이 신빙성 있고 타당해야 한다는 기초적인 요구를 무시하는 걸까?[18] 판사들은 법과학자들이 과학적 표준을 준수했다는 것을 당연시했으며, 선을 넘은 희귀한 경우 정도가 되어야 변호인의 교차검증을 통해 정확도를 높여 배심원들에게 진실을 알게 하려는 태도를 보였다.[19] 범죄연구소의 한 연구원은 이렇게 인정했다. 판사들은 "우리에게 자유이용권을 주었다".[20]

법과학자들은 어떤 사람들인가

돈에 관한 분쟁을 다루는 민사재판에는 "전문가들의 전투"라는 말이 있는데, 과학적이거나 기술적인 문제를 놓고 양측을 위해 진술하는 전문가 증인들의 충돌을 가리키는 말이다. 형사사건에는 전문가들의 전투가 거의 없는 대신, 법과학 증거가 거의 일방적으로 제시된다. 대부분의 분석관들은 검사 측을 위해 증언하고, 그들 중 대부분은 주 경찰 또는 지방 경찰서 산하 범죄연구소에서 일한다.[21] 미국에는 350개가 넘는 범죄연구소가 있다. 몇몇 대도시의 경우 지방정부가 이를 운영하지만, 대부분의 주 혹은 지역 연구소는 경찰서가 운영하고 있다.

따라서 이들 분석관들은 경찰서에 보고를 하고 스스로를 경찰서에서 일한다고 여긴다. 극단적인 예는 여러 오판 피해자 사건에 관여했던 웨스트버지니아주의 프레드 제인(Fred Zain)이었는데, 제인은 자신의 임무가 범죄연구소를 감독하는 것이었음에도 불구하고 자신을 "경찰관"으로 불러주길 원했고, 경찰 제복과 총을 착용하고 다녔다. 연구에 따르면 법과학자들은 경찰과 검사들을 위해 일하는 자신의 임무에 영향을 받아 미묘하게, 때로는 미묘하지 않게 편향될 수도 있다고 한다.[22]

과학자들은 맹검법에 기초해 실험을 설계하는데, 이를 통해 관련자들 중 그 누구도 실험의 특정 사항에 대해 알지 못하도록 하여 (의식적이든 아니든) 선입견으로 인해 결과에 영향을 미치는 것을 방지한다. 반면 법과학자들은 맹검법을 쓰지 않는다. 그들은 용의자가 자백을 했다거나 용의자에게 전과가 있다는 것같이 과학수사와 관련이 없을 수 있는 사건에 관한 정보까지 받는다. 미국 연방 대법원이 언급했듯, 법과학자들은 "수사기관들의 질문에 답하는 과정에서 검사 측에 유리한 방식으로 진술할 압력을 느끼거나 그럴 유인이 있을 수도 있기" 때문에 중립적이지 않을 수가 있다.[23]

오클라호마주 경찰의 조이스 길크리스트(Joyce Gilchrist) 같은 일부 분석관들은 이후 감사와 조사의 대상이 되었지만 대부분은 그렇지 않았다.[24] 길크리스트는 4건의 오판 피해자 재판에서 증언했는데, 증거를 은폐했고 보고서를 수정했으며 증언대에서 체모가 독특하고 피고인의 것임이 확실하다는 결론을 내렸다. 미국 상원의원 오린 해치(Orrin Hatch)는 법과학을 위해 자원을 투여해야 할 필요성에 대해 논평하며, 길크리스트 스캔들을 언급해 이렇게 말했다. "오클라호마주에 있는 경찰 화학자의 실수가 무고한 사람들을 감옥에 보내는 데 일조했다는 혐의에 대해 우리 모두는 우려하고 있습니다. 이 단발적인 상황이 전문적으로, 그리고 책임감 있게 일하고 있는 수천 명의 법과학자들을 부당하게 비난하는 데 이용되어서는 안 됩니다."[25]

한 사람의 비행에 기초해 그룹 전체를 비난해서는 안 된다는 점에는 동의하지만, DNA로 무죄가 밝혀진 오판 피해자 사건에서 과학적으로 타당하지 않은 증언은 그저 몇몇 "썩은 사과"에 불과한 정도가 아니었다는 것이 슬픈 사실이다.[26] 근거 없는 증언을 했던 거의 모든 전문가들은 각각 재판에서 그렇게 했다. 이런 사건들에는 28개 주 54개의 연구소 또는 병원에서 고용한 81명의 법의학자들의 근거 없는 증언이 포함되어 있다.[27]

재판 자료를 통해서는 당시 분석관들이 무슨 생각을 했는지나 심리 상태가 어땠는지는 알 수 없다. 일부는 그저 경험이 없었거나 제대로 훈련받지 못했을 수도 있다. 또한 그들은 수사기관을 위해 일한다는 자신의 역할에 기반하거나 사건에 대해서 들은 다른 정보에 기반하는 인지 편향에 취약했을 수도 있다. 이 분석관들이 다른 사건에서는 어떻게 증언했는지 궁금할 수도 있다. 이들은 각각 매년 여러 건에 대해 증언할 수도 있었다. 예를 들면 다음 절에서는 오판 피해자 닐 밀러 사건에서 등장한 분석관의 타당하지 않은 증언을 제시할 텐데, 그는 "적어도 천 번" 증언했다고 말했다.

다른 분석관들은 그 자체로 감독관이었다. 실제로 길크리스트는 오클라호마시티 혈청학 부서의 관리자였고 새로운 DNA 실험실을 설립했다. 검사들은 길크리스트의 업무에 대해 칭찬했고 그녀에게 감사 편지를 썼다. 그러나 이후 감사 과정에서 실험실에서 증거가 분실되거나 잘못 다루어지는 문제가 발생했다고 밝혀졌으며, 사무실에는 "실험상, 절차상, 안정상 수칙이 없"었던 것으로 드러났다.[28] 그렇다면 과연 길크리스트가 어떤 훈련을 받았고 다른 사람들을 어떻게 감독했는지 의심스러울 것이다. 만약 분석관들이 적절한 훈련이나 감독을 받지 않았다면, 이들이 다른 사건들에서도 어떤 증언을 했는지 의심을 가질 수밖에 없다. 사람들은 밀접한 관계가 있었을 그들의 동료들의 증언까지 의심하게 된다. 대부분 범죄연구소는 분석관을 12인 이상 고용하지 않기 때문이다.

다음 절에서는 무고한 사람들을 유죄판결한, 신빙성 없고 타당하지 않은 법과학 기법에 대해 설명할 것이다. 오판 피해자 사건에서 가장 빈번하게 사용된 혈청학부터 시작해 상대적으로 덜 사용된 기법들 순서로 살펴보겠다.

혈액형의 말, 혈청학

ABO 혈액형을 사용하는 전통적인 혈청학은 오판 피해자들의 재판에서 가장 빈번하게 쓰인 법과학 기법으로, 116건의 재판에서 등장했다. 그리고 혈청학과 관련된 재판 중 58%(116건 중 67건)에서 타당하지 않은 증언이 있었다. 다른 분야와 달리 혈청학은 과학적이고 경험적으로 검증된 인구 데이터에 기반해 있다. 쉽게 말해 이는 신빙성 있는 기법인 것이다. 그래서 이 재판들에서 많은 분석관들이 그들이 내린 결론을 말할 때 명확한 과학적 경계에 대해 이해하지 않았거나 과장했다는 사실이 더욱 곤혹스럽다. 이러한 재판 과정에서 가장 빈번했던 과학적 오류는 닷슨 재판에서 발생했던 '마스킹' 문제였다. 51건의 재판에서 이러한 기초적 오류가 있었는데, 검출된 혈액형이 피해자의 것과 일치해서 사실은 판독 불가였지만, 분석관은 배심원에게 그렇게 말하지 않았다.

강간죄로 억울하게 유죄판결을 받은 닐 밀러 사건을 예로 들어보겠다. 피해자는 범죄 신고 후 병원에서 검사를 받았고 질을 닦은 면봉이 수집되었다. 이러한 면봉에는 피해자의 체액과 가해자의 정액이 섞여 있을 수 있는데, 혼합된 시료는 중대한 문제를 남긴다. 피해자의 유전형이 정액의 유전형을 압도하거나 '덮어'버릴 수 있는 것이다. 그렇게 되면 가해자의 혈액형을 감지하는 것은 불가능할 수도 있다.[29]

밀러에 대한 형사재판에서, 보스턴 경찰의 법과학자는 그가 찾아낸 물질이 "O형 그룹에 속한 사람의 것"이며 "전체 인구 중 약 45%가 O형에 속한다"고 증언했다. 하지만 피해자 역시 O형이었고, 검출된 모든 물질은 피해자에게서 나왔을 수도 있었다. 분석관은 강간범에 대한 정보를 하나도 찾지 못했으며, 따라서 전체 남성이 용의선상에 포함되고 아무도 배제되지 않은 것이었다.

우연의 일치(혹은 결코 우연이 아닐 수도 있다) 때문에 그 증언은 특히 주목할 만하다. 동일한 분석관은 DNA로 무죄가 밝혀진 또 다른 오판 피해자인 마빈 미첼(Marvin Mitchell) 사건에서도 증언을 했다. 미첼 사건의 증거 또한 마스킹 문제가 있었고, 같은 분석관이 이 문제에 대해 검사 측을 돕기 위해 배심원들에게 설명을 했다. 분석관은 피해자의 질을 닦은 면봉을 검사한 결과 피해자의 혈액형인 O형과 일치하는 것으로 나왔음에도 불구하고 왜 A형인 미첼이 용의선상에서 배제되지 않는지를 설명했다. 그는 다음과 같이 증언했다.

미첼 씨는 용의선상에서 배제될 수가 없었습니다. 미첼의 혈액형을 찾아내기에는 보관 과정에서 얼룩이 너무 희석되었거나 분해되었기 때문에, 어떤 분비형도 배제될 수 없습니다. 그래서 저는 그를 배제할 수 없습니다만, A형을 찾았다고 말할 수도 없습니다. 다시 말하자면 그 얼룩으로는 어떤 분비형도 완벽하게 배제되지 않습니다.

심지어 미첼 사건에서조차도 그는 증거에 대해 정확하게 설명하지 않았다. 그는 분비형—체액에서 혈액형을 검출할 수 있는 사람—인 미첼이 수집된 체액의 주인일 수도 있는 인구 집단에 포함된다고 사실과 다르게 암시했다. 그는 배심원에게 분비형인지 여부와 상관없이 어떤 사람도 배제될 수 없다고 말하지 않았던 것이다.

혈청학이 문제가 된 사건에서 추가적인 오류들도 발생했다. 예를 들어, 여러 오판 피해자 사례에서 분석관은 통계 수치를 반으로 나누는 잘못을 했다. 페리 미첼(Perry Mitchell) 사건에서 정액은 O형인 사람의 것이었는데 O형은 인구 중 35%를 차지한다. 혈청학자는 이러한 수치를 반으로 나눈 오직 17.5%의 남자만이 이러한 정자의 주인일 수 있고 그래서 관련 인구의 82.5%는 용의선상에서 배제된다고 증언했다. 그러나 혈액형에 대한 인구 통계는 남녀 모두 동일하다. 남성의 35%는 O형이고 여성의 35%는 O형이다. 수치를 반으로 나눠야 할 타당한 이유는 없었다.

현미경
체모 비교

게리 닷슨 사건에서 실시되었던 현미경 체모 비교는 오판 피해자 사건에서 두 번째로 빈번하게 사용된 분석법이었다. 75명의 오판 피해자들의 사건에서 이에 관한 증언이 있었고, 15건을 제외한 모든 사례에서 증언은 피고인의 유죄를 뒷받침하는 데 사용되었다. 그리고 29건에서는 증언이 과학적으로 타당하지 않았다. 현미경 체모 비교에서는 범죄현장에서 발견된 머리카락과 음모를 피해자와 용의자에게서 뽑거나 털어낸 머리카락과 음모에 나란히 놓고 현미경으로 비교한다. 체모 검사는 오랜 기간 경찰 수사에서 중요한 역할을 해왔는데, 이는 체모가 흔한데다 피부나 옷에 잘 붙기 때문이다.

하지만 체모 비교법은 신빙성 없는 기법이다. 인구 중 몇 퍼센트가 다른 체모 색을 가지고 있는지 우리가 대략적으로는 알 수 있다고 해도, 분석관들이 비교하는 현미경상 특징들을 육안으로는 관찰할 수 없다. 인구 중 A형이나 O형을 가진 사람이 얼마나 되는지 파악할 수 있는 혈청학과 달리 어떠한 과학자도 체모가 매끈한지 거친지, 색소과립의 크기가 큰지 작은지와 같은 현미경상 특징의 빈도에 대해 연구한 적이 없다. 미국과학아카데미 보고서에 따르면 "체모의 어떠한 특징이 인구 중에 얼마나 분포하는지에 대해 과학적으로 인정되는 통계는 존재하지 않는다".[30] 어떠한 사람이 A형이라는 검사 결과에 대해 두 사람의 분석관의 의견이 불일치할 수 없는 혈청학과 달리, 체모 분석관은 어떤 두 머리카락이 현미경상으로 일치하는지에 대해 의견이 다를 수 있다. 따라서 1970년대로 거슬러 올라가 체모 검사관의 숙련도를 살펴보면

28%에서 68%에 달하는 매우 높은 오류율이 나타난다.[31]

또한 분석관이 체모을 비교할 때 관찰하는 특성들에 대한 합의된 기준도 존재하지 않는다. 미국과학아카데미 보고서에서 설명했듯, "검사자가 '일치'를 선언하기 전에 머리카락의 몇 가지 특징이 일치해야 하는지에 대한 통일된 표준이 존재하지 않는 것으로 보인다". 그리고 사실상 분석관이 한 가닥이 아니라 많은 수의 체모를 보는 이유는 한 사람의 것이더라도 체모마다 특징의 차이가 크게 나타나기도 하기 때문이다. 미국과학아카데미 보고서는 격한 용어를 사용해, 피고인과 체모 증거를 연관시키려는 어떠한 시도도 "과학적 근거가 없다"고 밝혔다.[32]

이러한 신빙성 없는 분석에 끼어들어 문제를 제기했던 판사들 중 한 명은 로널드 윌리엄슨(Ronald Williamson)의 인신보호청원을 검토했던 연방판사였다. 1995년 당시에는 윌리엄슨의 결백이 알려지지 않았는데, 재판장은 잘못된 법과학 증거에 대해 반대하는 태도를 취하며, 체모들이 "일관성이 있다"고 한 증언은 오류이고, 체모 비교는 오류가 발생하기 쉽고 "과학적으로 신뢰하기 어려우며" 이를 받아들이기에는 지나치게 전문가의 "주관적 견해"에 바탕을 두고 있다고 판시했다.[33] 이 결정으로 인해 윌리엄슨의 사형집행이 연기됐고, 1999년에 그의 결백을 입증할 DNA 검사를 위한 길을 열었다. 그러나 다른 법원은 이 판단을 따르지 않았고 그러한 신빙성 없는 체모 비교의 사용을 제한하거나 금지하지 않았다.

또한 오판 피해자 사건들은 신빙성 없는 체모 비교가 실제로 어떻게 이루어지고 있는지 잘 보여준다. 이제 우리는 이러한 범죄 현장의 체모들이 사실은 무고한 피고인들에게서 나온 것이 아니라는 것을 알고 있다. 상당수 재판에서는 분석관들이 한 올의 체모가 아닌 체모 전체가 무고한 사람에게서 나왔다고 잘못 결론 내리는 바람에 오류가 특별히 고약했다.

지미 레이 브롬가드를 예로 들자면 그는 몬태나에서 15년의 수감 생활을 한 끝에 DNA 검사를 통해 방면되었다. 그의 재판에서 제시된 증거 중 하나는 피해자에 의한 범인 지목이었는데, 피해자는 자신의 범인 지목에 대해 확신하지 못한다고 증언했던 몇 명의 목격자들 중 한 사람이었다. 다른 증거로는 체모 비교 결과가 제시되었는데, 나중에 몬태나 주립 범죄연구소의 책임자가 되는 아널드 멜니코프(Arnold Melnikoff)는 30여 개의 체모를 비교한 후 이것들 모두 브롬가드의 체모와 "일치"한다고 결론 내렸다.[34]

그런데 체모 비교는 신빙성 없는 방법일 뿐만 아니라, 분석관 역시 그들의 결론이 좀 더 강력해 보이게 하려는 노력의 일환으로 과학적으로 타당하지 않은 결론에 이르곤 했다. 29건의 오판 피해자 사례에서 체모 비교와 관련해 과학적으로 타당하지 않은 증언이 있었다. 예컨대 멜니코프의 증언은 심각한 오류가 있었을 뿐만 아니라, 과학적으로 타당하지도 않았다. 그는 브롬가드의 음모와 머리카락이 모두 범죄 현장에서 발견된 것들과 일치했다며 다음과 같이 증언했다.

> 그것들이 몸의 다른 부분에서 나왔고, 그것들의 특징이 반드시 동일하지만은 않기 때문에 사실 둘은 각각 독립된 사건입니다. 만약 당신이 머리카락과 음모를 현장에서 발견했다면 머리카락이 어떤 특정한 개인과 일치할 확률이 100분의 1이고 음모가 일치할 확률은 100분의 1입니다. 만약 둘 다 일치한다면, 그 확률은 10,000분의 1일 겁니다.

그는 오판 피해자 체스터 바워(Chester Bauer) 사건 같은 다른 사례에서도 마찬가지로 증언했다.

> 둘 다 일치하려면 이들 두 요인을 곱한 것이 될 텐데 대략 100분의 1 확률이라면 10,000분의 1 같은 숫자가 도출됩니다. 100 곱하기 100. 가능성이 매우 희박한 상황입니다.…[35]

인구의 몇 퍼센트가 체모의 미세한 특징을 공유하는지에 대한 과학적 연구는 없다. 분석관은 자신의 개인적 추산치에 근거해 확률을 계산했다. 게다가 마치 체모 유형이 각각 독립된 사건을 의미하는 것처럼 이렇게 날조된 확률을 "일치된" 체모 유형만큼 곱했다. 사건이 통계적으로 독립적이고 한 사건의 결과가 다른 사건의 결과에 영향을 미치지 않는 경우에만 두 사건의 확률을 곱할 수 있지만, 머리카락과 음모 간의 통계적 독립성에 대해서는 연구된 바가 없다. 오히려 한 사람의 머리카락과 음모는 동일한 미세 특성을 공유할 가능성이 있다.

분석관이 체모 비교를 정상적인 과학으로 위장시키려 했던 비과학적 증언의 또 다른 예는 티머시 더럼(Timothy Durham)의 사건이다. 그 사건에서 분석관은 더럼의 체모와 범죄 현장에서 수집된 체모의 불그스레한 색조는 "인구 중 5%"에서만 발견된다고 증언했다. 그러나 분석관은 그 통계에 대한 과학적 근거를 제시하지 않았고, 또 그리할 수도 없었다.[36]

또한 윌리엄 그레고리(William Gregory)의 재판에서는 켄터키주 경찰의 한 분석관이 체모가 그레고리의 것임이 "당연하다"고 증언했다. 부분적으로 이는 그 분석관이 "타원형 몸체"라고 부른 발견에 기반한 것이었는데, 그녀는 이를 "일종의 독특한 특징"이라고 말했다. 분석관은 다음과 같이 설명했다.

> 답: 제가 말씀드렸듯, 이와 관련한 통계는 없습니다. 저는 이번에 수질이 없는 흑인 체모를 처음 보았다고 말할 수 있을 뿐입니다.
>
> 질문: 타원형 몸체의 체모를 가진 사람은 인구 중 몇 퍼센트입니까?
>
> 답: 아마도 사람의 체모에서 타원형 몸체를 본 것은 이번이 최초일 것입니다. 저는 이전에 가축의 털에서 이를 보았습니다.

그 분석관은 "형제자매의 체모"는 몇 가지 특징을 공유할 수 있지만, "거리에서 무작위로 골라낸 두 사람에게서는 이러한 공통점을 발견할 수 없을 것"이라고 덧붙였다. 마지막으로 분석관은 체모에는 "독특한" 특징이 있다고 증언했지만, "여기에 대한 통계는 없다"고 인정했다.[37]

2명의 오판 피해자 사건에서 분석관들은 한 걸음 더 나아가 피고인의 체모가 범죄 현장에서 발견됐다고 결론을 내려버렸다. 먼저 커티스 매카티(Curtis McCarty) 사건에서 조이스 길크리스트는 폭탄 발언과 함께 증언을 끝마쳤다. 매카티의 체모와 범죄 현장에서 발견된 체모를 분석한 결과에 기초해 "그는 실제로 거기 있었다"고 결론 내린 것이다.[38] 마찬가지로 래리 피터슨(Larry Peterson) 사건의 분석관은 문제가 된 체모가 모두 피해자 또는 피터슨의 "것"임이 밝혀졌다고 결론 내렸다.[39] 그러나 체모 증거에 근거한 이런 강력한 결론을 조금이라도 뒷받침하는 연구 결과는 하나도 없다.

오판 피해자 사례들에서 몇몇 분석관들은 잘못된 결론에 도달하지 않았다. 그들은 얼마나 많은 사람이 피고인과 동일한 체모 특성을 공유하는지에 대해서는 연구된 바가 없다고 인정했다. 그러나 31개 사례에서 증언은 과학적으로 타당했지만, 분석관은 모호하고 오해의 소지가 있는 용어를 사용했다. 그들은 체모들이 "일관성이 있다"거나 "비슷하다"거나 "일치한다"고 말했는데, 이러한 용어가 무엇을 의미하는지는 설명할 수 없었다.

1985년 FBI가 개최한 심포지엄에서 체모 분석가 학회는 몇 가지 표준을 채택했고, 대부분은 당시 이러한 표준 관행을 따르고 있었다. 학회는 일치라는 용어의 사용을 반대했는데, 이는 지문 '일치' 판정만큼이나 비교가 구체적이었다는 걸 암시할 수도 있기 때문이었다. 대신 사용할 수 있는 가장 강력한 진술은 체모가 피고인과 "일관성이 있다" 혹은 피고인으로부터 나왔을 "수 있다"라고 결정했다. 또한 검사관은 "특정 체모가 관련된 사람 외의 다른 누군가에게서 나왔을 수도 있다는 개연성에 대해 언급"을 하지 말아야 한다고 권고했다.[40]

체모 비교를 위한 기준을 제시하려는 이 같은 노력은 칭찬받을 만하지만 체모가 '일관성 있다'거나 '비슷하다'는 진술조차도 혼란스럽고 오인을 불러일으킬 수 있다. 결국 배심원들은 '일관성 있다'를 완벽하게 '일치한다'로 이해할 수 있기 때문이다. 배심원들은 체모를 '일관성 있게' 만드는 특징들이 드물다고 생각할 수 있는데, 센트럴파크 조깅 사건에서 증언한 분석관은 수천 명 혹은 수백만 명의 사람들이 동일한 특징을 공유할 수 있는지에 대해 질문을 받았다. 그는 "이 분야에 대해서는 어떠한 연구도 없었기에 구체적인 수치를 제공할 수가 없습니다"라고 정확하게 설명했다.[41] 분석관은 유사한 체모를 가질 수 있는 사람이 10명인지 1,000명인지 100만 명인지 말할 수 없기 때문에, 어떤 유사성이 얼마나 중요한지 설명할 수 없는 것이다.

법의학 분석가가 그렇게 모호하고 신빙성 없는 증언을 할 수 있게 판사가 일상적으로 허용한다는 사실은 이해하기 어렵다. 미국과학아카데미 보고서는 "'관련성이 있다'와 같이 명확히 정의되지 않고 개별화를 암시하는 것으로 오해될 수 있는 부정확한 용어 사용의 문제점"에 대해 강조했다.[42] 이는 체모 비교를 넘어서는 문제다(요즈음에는 체모 증거에 대해 DNA 검사가 종종 실시되어 체모 비교는 예전에 비해 줄어들었다). 섬유 비교, 도구 자국 비교, 총알 비교, 타이어 트레드 비교, 그리고 여전히 널리 사용되고 있는 다른 방법들에는 표준 용어가 부족하고 결론에 비슷하게 모호한 용어가 사용된다. 이러한 기법들은 신빙성이 없고 제대로 된 과학적 연구에 기반하지 않았기 때문에, 분석관은 두 물체가 '비슷하다'거나 '일관성 있다'는 결론에 도달했다 해도 이것이 무엇을 의미하는지 설명하기 어렵다.

DNA 검사

검사들은 배심원들이 〈CSI: Crime Scene Investigation〉 같은 TV 프로그램에 노출되어 법과학자들에게는 오류가 없고 과학기술을 사용해 어떤 범죄라도 해결할 수 있다고 생각한다며 불평한다. 검사들은 유죄를 입증할 강력한 과학 증거가 없으면 배심원들이 유죄판결을 하지 않으려 하는 "CSI 효과"가 있다고 말한다. 그러나 오판 피해자들 사건의 경우, 그 반대의 일이 자주 벌어졌고, 배심원들은 무죄를 뒷받침하는 강력한 과학 증거에도 불구하고 유죄판결을 했다.

유죄판결을 받을 당시 DNA 검사를 받았던 오판 피해자들은 20명이다. 그들 중 4명의 경우에는 DNA 검사 결과가 그들이 유죄임을 보여주는 것으로 보였으나, 나머지 16명의 경우에는 DNA 검사가 그들의 결백을 보여주었다. 그중 한 오판 피해자는 그를 용의선상에서 배제하는 DNA 검사 결과에도 불구하고 유죄를 인정했다. 다른 15명의 오판 피해자들은 DNA 검사 결과 용의선상에서 배제되었다는 증언이 재판에서 나왔으나, 그처럼 강력한 DNA 검사 결과에도 불구하고 배심원들이 혹은 일부 사례에서는 배심원 없이 판사들이 여전히 유죄를 선고했다.[43]

왜 그들은 무고한 사람들에게 유죄를 선고했을까? 유죄를 선고받은 이들 중 8명은 자백을 했는데, 배심원들이나 판사들이 이러한 자백을 DNA 검사보다 더 신뢰했을 수 있다. 또한 앞서 2장에서 다뤘던 제프리 데스코빅의 사례처럼 정액이 다른 사람으로부터 유래했을 가능성에 대한 얄팍한 설명을 그들이 믿었을 수도 있다. 한편 5건에서는 피고인 측 증인들이 피고인을 용의선상에서 배제하는 DNA 검사 결과를 제시했다. 그러나 일부 사건에서는 DNA 분석가들이 국가에서 운영하는 범죄 연구소 소속이었고 관례적으로 검찰 측에 서서 증언을 했음에도 불구하고 검사들은 이런 증언에 이의를 제기하여 배심원들이 무죄를 뒷받침하는 DNA 증거에 대해 듣지 못하도록 했다.

또한 DNA 검사 역시 부적절한 증언으로부터 자유롭지 않다. 3명의 오판 피해자 길버트 알레한드로(Gilbert Alejandro), 채드 하인스(Chad Heins), 조시아 서턴(Josiah Sutton)의 사건에서는 검사 측 증인이 DNA 검사 결과와 관련해 과학적으로 타당하지 않은 증언을 했다. 길버트 알레한드로 사건에서는 악명 높은 프레드 제인이 과학적으로 타당하지 않은 DNA 관련 증언을 했는데, 그는 텍사스 베어 카운티에서 증언을 하면서 DNA 검사 결과 알레한드로가 범인으로 지목됐다고 진술했다. 제인은 배심원들에게 "오직 그에게서만 유래할 수 있다"고 말했으나,[44] 그 증언은 과학적으로 타당하지 않았다. 비록 제인이 배심원들에게 "DNA 검사의 아름다움은 그것이 100% 확실하기 때문이다"라고 말했지만, 이 사건에서는 아니었다.

DNA 검사는 유전적 특징을 공유하는 인구 비율에 대한 통계를 기반으로 한다. 분석가는 인구 중 몇 퍼센트가 유전자 프로필의 각 특성(이 특성들은 '유전자자리'라고 불리는 DNA 가닥상의 특정 위치이며, 현재는 일반적으로 13개의 유전자자리에 대해 검사를 한다)이 우연히 일치할 수 있는지를 계산해야 한다. 이 수치는 매우 높을 수도 있는데, 왜냐하면 DNA 검사가 매우 다양한 유전적 특성에 초점을 맞추고 있기 때문이다. 분석가는 종종 수백만 또는 수십억 명 중 한 사람의 확률로 우연히 동일한 DNA 프로필을 가질 수 있다고 결론 내릴 수 있다. 그러나 관련 통계를 제시하는 대신 DNA가 피고인의 것이라고 결론 내리는 것은 과학적으로 타당하지 않다. 알레한드로 사건의 경우 내부 조사 결과 제인에게 이보다 더 심각한 문제가 있었던 것이 밝혀졌는데, 제인은 사실 사건 당시 DNA 검사를 끝마치지도 못했던 것이다. 이후의 검사를 통해 알레한드로의 결백은 입증되었다.

DNA 증거와 관련된 또 다른 오판 피해자 사건은 통계의 부정확한 사용을 잘 보여준다. 조시아 서턴 사건에서 피해자는 자신의 차 뒷좌석에서 2명의 남자에게 강간당했다. 질을 닦은 면봉과 사건이 일어난 차량 뒷좌석 시트의 얼룩에서 정액이 검출되었다. 그런데 휴스턴 경찰 범죄연구소의 분석관은 오해의 여지가 많은 DNA 검사 결과를 발표했다.[45] 그 분석관은 "일란성 쌍둥이가 아니고서야 어떤 두 사람이 같은 DNA를 갖는 것은 불가능합니다"라고 진술했는데, 알레한드로 사건에서 제인이 그랬듯 과학적으로 타당하지 않은 증언이었다. 배심원들은 인구 중 몇 퍼센트가 DNA 프로필이 우연히 일치할 수 있는지에 대해서는 듣지 못했다. 대신 배심원들에게는 DNA 증거가 특별히 서턴을 지목했다는 잘못된 인상이 남았다.

그 분석관은 증언과 보고서 외에 훨씬 중요한 무언가를 남겼다. 실험 노트는 얼룩 중 하나가 서턴에게서 유래하지 않았음을 보여주었다. 그는 배제되었던 것이다.[46] 마침내 5년 후 새로운 DNA 검사를 통해 서턴의 결백은 확정되었고, 그는 석방되었다.

다른 DNA 사건인 티머시 더럼 사건에서는 심각한 실험 오류와 DNA 검사 결과에 대한 해석 오류가 있었다.[47] 현재는 DNA 검사 수준이 최첨단에 이르렀음에도 불구하고 오류는 지속된다. 이 사건들은 DNA 증거 같은 신빙성 있는 증거라도 법정에서 과학적으로 타당하지 않은 방식으로 제시되거나 실험실에서 잘못 해석될 경우 잘못된 유죄판결을 유발할 수 있다는 점을 생생하게 환기시킨다.[48] 이에 대해 무죄 프로젝트의 공동 창립자 피터 뉴펠드는 DNA 검사는 "진실한 기계"일지 몰라도 "어떤 기계든 인간의 손에 들어간 이상 조작되거나 오용될 수 있다"고 언급했다.[49]

치흔 비교

치흔 비교는 아마도 오판 피해자 사건에서 사용된 모든 법과학 기법 중 가장 악명 높을 것이다. 7건에서 치흔 비교에 근거해 유죄판결이 내려졌으며, 이들 중 5건에서는 증언이 과학적으로 타당하지 않았다. 다른 2건에서는 "일관성 있는", "유사한" 같은 모호한 용어가 사용되었다. 이는 결코 놀라운 일이 아닌데, 법치학 또는 치흔 비교는 객관적인 기준이 전혀 없는 분야이기 때문이다. '법치학' 분야는 열상, 찰과상 및 부패한 피부에 있는 의문스러운 상처에 대한 분석을 포함한다. 물린 자국에 관한 작업은 "모든 사람의 치열이 각각 다르다는 가정에 근거"하지만 이러한 가정은 한 번도 검증된 적이 없다.[50] 그러나 그것이 사실이라 할지라도 그 특징은 치과 진료실에서 본을 뜬 치아 주형을 비교할 때 훨씬 쉽게 확인된다. 법치학은 피부가 치아 모양을 뜨기에는 "적당치 않고" 특히나 그들이 완곡하게 부르는 "동적으로" 물어뜯는 상황에서는 더욱 그러함을 인정한다. 몇몇 흔적에 대해 물어서 생긴 자국이지 부패 또는 치명적인 공격과 관련된 다른 종류의 찰과상에 의한 것이 아니라고 말하는 것은 어려울 수 있다. 전문가들은 치흔이 피고인에 의해 생긴 것인지는 물론 그것이 사람이 물어서 생긴 것인지조차 합의하지 못하는 경우가 많다.[51]

이런 이유들 때문에, 미국과학아카데미 보고서는 "치흔이 식별할 수 있을 정도로 충분히 자세할 수 있다"는 가정에 "과학적 근거가 없다"는 점을 설명하고 있다. 더욱 심각한 것은 보고서에서 "일부 연구는 법치학 기법이 증거를 제시하는 유용성이 있다는 사실을 확인하기 위해서 정당화된다"고 결론 내렸다는 점이다.[52] 어떤 식으로든 판사들은 물린 자국 분석에 대한 과학적 비판에 무관심한 것으로 보이고 "물린 자국 증거가 기각당한 사례는 보고된 바가 없다".[53]

케네디 브루어(Kennedy Brewer), 레이 크론(Ray Krone), 윌리 잭슨(Willie Jackson), 로버트 리 스틴슨(Robert Lee Stinson) 사건에서 법치학자들은 피고인이 치흔을 남겼다는 것을 확신한다고 증언했다.[54] 잘못된 데다 과학적 근거가 없었던 그런 증언은 레이 크론 사건에서 특히나 문제가 되었다. 왜냐하면 그가 사형선고를 받은 재판에서 제시된 핵심 증거가 잘못된 치흔 증거였기 때문이었다. 두 전문가는 피고인이 피해자에게 치흔을 남겼다고 결론 내렸다. 법치학자는 재판에서 치흔을 증거로 제시했고, 경찰서에서 막 치의학자로 근무하기 시작한 치과의사도 마찬가지였다. 법치학자는 사망한 피해자의 몸에 난 자국 옆에 크론의 치아 주형을 들이대고 있는 선동적이고 이상한 비디오를 제출했다. 그리고 법치학자는 재판에서 배심원들에게 다음과 같은 확률을 제시했다.

> 평균적으로 치아는 약 150개의 다른 위치에 있을 수 있다고 밝혀졌으며, 각각의 위치는 쉽게 알아볼 수 있습니다. 치아 하나를 이렇게 자세히 들여다보면 매우 빠르게 알아차릴 수 있습니다. 두 개의 치아를 골랐을 때, 두 치아가 같은 위치에 있을 확률은 150에 150을 곱한 정도가 됩니다. 아마도 1,200 정도 될 겁니다.[55]

실제로 150에 150을 곱하면 22,500이지만, 즉흥적으로 현장에서 만든 이런 수치들이 최종 결론을 이끌어냈다. 그리고 법치학자는 크론이 치흔을 남겼다고 배심원들에게 모호한 용어로 말했다.

> 답: 잘 일치하네요. 치흔이 있는 사건에서 그동안 확인했듯이 말이지요.
> 질문: "잘"이란 말이 무슨 의미입니까?
> 답: 네. 그것은 과학에서 쓰이는 용어는 아닙니다. 이것은 정확히 일치하며, 법치학자들은 이 점에 크게 주목할 것입니다. 이제 와이핑 작용으로 같은 것을 보여주는 거죠. 다시 말해 높은 상관관계가. 제 말은 즉, 그 치아가 상처를 유발했다는 것입니다.

반대신문에서 그는 "우리는 특정 개인에 대해 얘기하고 있으며, 이 치아는 독특합니다"라고 덧붙였다. 치과의사 역시 비슷하게 증언했다. "저는 일치한다고 말했습니다. 이해되세요? 저는 확실하게 일치한다고 말했습니다."

그 증언은 단지 잘못되고 근거가 없었을 뿐만 아니라 피고인이 알지 못했던 문제가 있었다. 치흔을 분석한 FBI 법치학자는 크론의 치아가 자국과 크게 다르다고 결론 내렸고 재판 전에 경찰은 그와 상담을 했었다. FBI 법치학자는 말했다. "이보다 더 명확할 수 없습니다 … 레이 크론은 그의 앞니보다 더 긴 치아를 2개 가지고 있고 그가 물 때 이것이 자국을 남겼어야만 했습니다. 그런 자국은 증거에 없었습니다."[56]

레이 크론 사건의 법치학자는 위스콘신주에서 벌어진 로버트 리 스틴슨 사건에서 다시 나타나, 그의 치아가 치흔과 "의심의 여지없이" "일치"하며 이러한 증거는 압도적이라고 증언했다. 그는 치흔이 "로버트 리 스틴슨에 의해 생겼다"고 증언한 자신의 동료의 "매우 훌륭한 연구 결과"에 동의했다. 2009년 스틴슨은 유죄판결 후 실시된 DNA 검사를 통해 무죄를 입증받았다. 이 사건의 치흔 분석에 대한 사후 검토 결과는 증언에 과학적 근거가 없다고 비판하면서 분석관들이 "로버트 리 스틴슨을 용의선상에서 배제해야만 했다"고 결론지었다.[57]

이러한 사례들은 "치흔 분석에 대한 충분한 근거가 없음"에도 불구하고 분석관들이 여전히 확신에 가까운 결론을 내리고 있음을 생생하게 보여준다.[58] 미국법치학위원회(ABFO: American Board of Forensic Odontology)의 가이드라인은 오랫동안 회원들에게 확신에 가까운 결론을 내릴 수 있게 해주었다. 그들은 치흔이 "합리적인 의학적 확실성"과 "높은 확실성"으로 피고인과 일치한다고 결론 내릴 수 있었고, 그러한 결론은 "사실상 확실함, 즉 다른 누군가가 했을 합리적이거나 실질적인 가능성이 없음"을 의도적으로 함축한다고 설명했다.[59] 이러한 결론을 내리기 위해 전문가가 어떠한 관찰과 분석에 기초해야 하는지 제시하는 과학적 기준은 존재하지 않는다.

미국법치학위원회의 가이드라인은 전문가들이 무조건 확실하다고 하지 않을지라도 "합리적인 의학적 확실성"이라고 표현할 수도 있다고 추가했고, "'내 생각에 확실하다' 또는 '내 생각엔 용의자가 문 사람이다'라고 증언에서 말하는 것은 허용된다"고 언급한다. 이 가이드라인은 전문가들에게 자신의 결론을 과장할 것을 추천한 것이다. 아마도 비판에 대응하기 위해 미국법치학위원회는 2009년에 다음과 같이 가이드라인을 개정했다. "범인에 대한 무조건적인 또는 확실한 식별을 보장하는 용어는 최종 결론으로 허용되지 않는다."[60] 하지만 바뀐 것은 거의 없다. 가이드라인은 여전히 어떤 사람이 자국을 만들었다는 점에 대해 "합리적인 의심의 여지가 없다"거나 어떤 사람이 문 게 "십중팔구 확실하다"와 같은 과학적으로 타당하지 않은 결론을 허용하고 있다. 그리고 가이드라인에 결함이 있을 뿐만 아니라 근본적인 방법 역시 여전히 신뢰할 수 없다.

족적 비교

오판 피해자 찰스 페인(Charles Fain) 재판에서는 족적에 관한 과학적으로 타당하지 않은 증언이 있었다. 족적 비교 기법은 신빙성이 없는 데다 주관적이다. 피고인의 신발이 사건 현장의 족적과 일치하지 않을 경우에는 쓸 만한 증거가 될 수 있는 반면, 피고인의 신발과 사건 현장의 족적이 비슷해 보이는 경우에는 그것이 의미하는 바가 분명치 않다. 아무튼 신발은 대량 생산되는 물건이므로 비슷한 족적을 남길 가능성이 높기 때문이다. 페인 재판에서 FBI 요원은 "이 신발이 이러한 자국을 만들었을 가능성이 있다"며 족적의 모양이 페인의 신발과 일치한다고 증언했다.[61] 그 요원은 비록 모호했지만 조심스러웠던 처음의 결론에 만족하지 못하고 보트슈즈 밑창의 일반적인 형태였지만 마모된 모양 때문에 족적이 개인마다 다르다고 덧붙였다.

> 질문: 지금 당신은 특정한 개인의 걷는 모양에 따라 마모 특성이 나타난다는 뜻이죠?
>
> 답: 이 신발의 주인과 똑같이 걸어야만 합니다.

신발 밑창에 걸음걸이가 특별한 영향을 미친다는 연구 결과는 없다. 그 요원은 심지어는 분석관들이 신발의 마모 패턴이 "정확히 일치"한다고 말하는 경우도 있다고 덧붙였다.

불행히도, 바로 이 사건이 그런 경우였다. 다른 분석관들은 족적 및 타이어 트레드 증거 연구 소위원회의 권고에 기초해 더 나아간 듯했다. 소위원회는 검사자가 "동일(동일성에 대한 명확한 결론)"하다는 판단을 내릴 수 있는 가이드라인을 제공한다.[62] 가이드라인에 따르면 "이 의견은 다른 신발 혹은 타이어에 의해 생겼을 가능성을 배제한 채 특정 신발이나 타이어에 의해 자국이 만들어진 것을 의미한다". 그러므로 이 분석관들이 사용한 가이드라인은 이들을 과학적으로 타당하지 않은 결론에 도달할 수 있도록 하는 것이다.

음성 비교

데이비드 숀 포프(David Shawn Pope) 사건에서는 수십 년 전에 법정에서 사라졌어야만 하는, 완전히 신뢰할 수 없는 법과학 기법인 음성 비교가 사용되었다. 분석관은 녹음된 소리를 묘사해 시각적 패턴을 생성하는 장치인 스펙트로그래프를 사용하는데, 묘사에 사용되는 선은 시간에 따른 음파의 주파수와 강도를 나타낸다. 미국과학아카데미는 1979년에 보고서를 발표하여 스펙트로그래프로 목소리를 분석해 특정 개인을 지목하는 것은 "과학적 데이터에 의해 적절하게 뒷받침되지 못한다"라고 했다. FBI는 그 후 요원들이 이러한 분석을 사용해 증언하는 것에 대해 허용을 중지했다. 하지만 몇몇 판사들은 여전히 이러한 증언을 허용하고 있다.[63]

포프 사건에서, 1985년 텍사스주 갈랜드에서 발생한 강간 사건의 피해자는 사건 직후 자동응답기에 여러 메시지를 받았다. 댈러스 카운티 경찰은 피해자가 라인업에서 포프를 지목한 후 그를 체포했다. 검찰 측이 고용한 전문가는 녹음된 포프의 목소리와 피해자의 자동응답기에 녹음된 목소리에서 "비슷한 패턴이 10~15군데"라 결론지었다고 증언했다. 또 전문가는 "이것들의 원생산자는 같은 사람이다"라고 결론지었다.[64] 피고인 측 또한 전문가가 있었고, 그는 미국과학아카데미 보고서를 인용해 연구 결과 스펙트로그래프는 "목소리를 식별하는 도구로는 완전히 부적합하다"고 증언했다. 그럼에도 포프는 유죄판결을 받았고 DNA 검사를 통해 결백을 입증하기까지 15년간을 감옥에서 보냈다. 만약 판사가 법과학 기술을 의심하는 과학적 연구를 단순히 무시했다면, 이런 잘못된 유죄판결이 놀라운 일은 아니다.

지문 비교

20명의 오판 피해자 사건에서 지문 비교에 관한 검찰 측 증언이 있었는데, 한 건을 제외한 모든 사건에서 분석관들은 지문 분석 결과 오판 피해자가 용의선상에서 배제된다고 증언했다. 다른 사람과 달리 스테펀 카원스(Stephan Cowans)만 지문 식별 과정의 오류 때문에 유죄판결을 받은 것이다. 그 사건에서는 보스턴 경찰을 총으로 쏜 민간인 가해자가 도주하는 과정에서 유리잔을 집어 들고는 그 안에 있는 것을 마셨는데, 경찰은 그 유리잔에서 지문 두 개를 채취했다. 카원스가 용의자가 된 후, 보스턴 경찰의 분석관은 채취한 지문 중 하나와 카원스의 기존 지문을 비교한 후 일치를 선언했다. 그러나 사건 현장에 떨어져 있던 범인의 야구모자와 유리잔에 있던 지문에 대한 DNA 검사로 카원스의 결백이 입증된 후, 지방검사는 매사추세츠주 경찰에 지문을 재검토할 것을 요청했다. 이에 대해 주 경찰은 카원스는 완벽히 용의선상에서 배제되었다고 선언했다. 그러자 보스턴 경찰은 외부 감사를 통해 독립적인 조사를 실시했고, 감사팀은 4명의 지문 전문가로 구성되었다. 감사팀은 만장일치로, 재판 이전에 분석관은 카원스가 용의선상에서 배제되었다는 사실을 깨달았지만 이러한 사실을 숨기고 대신 배심원들에게 지문이 카원스의 것과 일치했다고 말했다는 결론에 도달했다.[65]

우리는 얼마나 많은 오판 피해자 사건에서 체모 비교와 치흔 비교같이 신빙성 없는 법과학 기법과 관련한 증언이 있었는지 살펴보았다. 또한 오판 피해자 재판의 61%에서 검찰 측 분석관은 과학적으로 타당하지 않은 결론을 내리고는 실제보다 더 유죄의 증거처럼 보이게 증거를 과장했다. 혈청학 및 DNA처럼 신빙성 있는 기법을 사용하는 분석관도 체모 비교와 같이 신빙성 없는 기법을 사용하는 분석관과 마찬가지로 과학적으로 타당하지 않은 증언을 했다.

과학적으로 타당하지 않은 법과학 증언이 없었던 나머지 39%는 어떤가? 그 사건들은 어땠을까? 그 사건들의 절반 이상, 즉 60건 중 31건에서 제시된 법과학 증거는 모두 결론을 내릴 수 없는 상태였거나(17건) 결백을 입증하는 경향이 있었거나(17건) 혹은 둘 다였다. 그러나 이러한 증언들은 분명 유죄판결에 중요한 역할을 하지 못했다. 한편 12%의 사건(153건 중 19건)에서는 분석관들이 과학적으로 타당하지 않은 결론으로 증거를 과장하지 않는 대신, "일치"나 "유사" 또는 "일관성 있는"과 같은 모호하고 오해 가능성이 있는 용어를 사용했다.

다음으로는, 증거를 숨겼거나 실험상의 실수를 했거나 검사를 아예 하지 않은 경우와 같이 신빙성과 과학적 타당성을 넘어서는 추가적인 문제를 다루도록 하겠다.

법과학 증거 은폐하기

법정 증언대에서 제시되는 분석관들의 증언에 문제가 많은 것이 명백하다면, 그들이 실험실에서 수행한 작업 그 자체는 얼마나 적절했던 것일까? 우리는 분석관들이 결백을 밝혀줄 증거들을 은폐했는지 여부를 보통 알지 못한다. 22건의 사건에서 정부는 피고인 측의 무죄를 뒷받침하는 자료나 분석, 증거 조작에 대해 밝혀내는 데 실패했다.[66] 이것들이 유일하게 알려진 사건들이다. 우리는 무죄를 입증하는 다른 증거가 오늘날까지 숨겨져 있는 건지 아니면 오래전 파괴된 것인지 알지 못한다.

2장에서 다뤘던 얼 워싱턴 주니어 사건을 떠올려보자. 경계성 정신지체였던 그는 잔인한 살인 사건에 대해 거짓으로 자백했었다. 그의 변호인은 재판에서 법과학 증거에 대해 한 번도 문제 삼지 않았는데, 그 이유에는 최소한 한 개 이상의 법과학 증거가 은폐되어 있었다던 점도 있다.

버지니아 법과학국에서 일하는 분석관은 주요 증거인 살해된 피해자의 침대에서 발견된 파란색 담요의 얼룩을 분석해 트랜스페린 CD를 찾아냈는데, 이는 아주 드문 혈장 단백질로 아프리카계 미국인에게서 가장 빈번하게 나타나는 것이기도 했다. 분석관들은 결과를 재확인하기 위해 심지어 두 번째 실험을 실시하기도 했다. 그다음 해에 얼 워싱턴 주니어가 체포되었을 때, 그들은 워싱턴의 혈액을 검사했고 그가 트랜스페린 CD를 보유하지 않았음을 발견했다. 검찰 측은 이 특성 검사에서 워싱턴이 배제되었다는 사실이 기록된 보고서를 피고인 측에 제공하지 않았고, 대신 "수정된" 보고서를 제공했다. 새로운 검사를 수행하지 않은 채 수정된 보고서는 트랜스페린 CD 검사 결과를 "판독 불가"로 결론 내렸다.[67] 실험실 보고서 원본은 워싱턴이 결백을 입증한 후 제기한 민사소송 과정에서 수십 년 만에 빛을 보게 되었다.[68]

한편, 로이 브라운 사건에서 변호인은 치흔이 일치하지 않는다고 결론 내린 전문가를 출석시켰다. 명백한 차이 중에 하나는 치흔 중 하나의 윗니가 6개였다는 점이었다. 로이 브라운의 윗니는 6개가 아니었는데, 그는 윗니가 오직 4개뿐이었다. 그러나 검사는 치흔이 브라운의 치아와 명백히 일관성이 없다고 뉴욕주 경찰이 결론 내린 사실을 결코 공개하지 않았다. 대신 검사는 치흔이 "치의학적으로 합리적인 수준의 확실성"과 유사하다고 결론 내린 법치학자를 증인으로 불렀다. 법치학자는 치아 자국이 일관성이 없다는 점을 밝혔지만 이에 대해 "일관성이 없지만 제 의견으로는 그 이유에 대해서는 설명이 가능합니다"라고 말했다.[69]

또 다른 예로, 진 비빈스(Gene Bibbins) 사건에서 배턴루지시티 경찰 분석관은 사건 현장 창문에서 발견된 지문에 대해 "식별 불능. 불가능합니다. 거기에는 사용할 만한 지문이 없었습니다"라고 말하며, 비빈스의 지문과 비교할 수 없었다고 재판에서 증언했다. "주 범죄연구소를 통해 다시 한번 결론에 대해 검토했습니까?", "거기서도 같은 결론이 나왔나요?"라는 질문에 분석관은 "네, 그렇습니다"라고 답했다.[70] 그러나 이 증언은 거짓이었다. 주 범죄연구소의 조사와 보고는 비빈스를 용의선상에서 배제했었다.

다른 사건들에서는 체모 비교와 관련해 피고인 측에 유리한 자료를 은폐했다. 윌리엄 그레고리 사건에서 분석관은 그레고리의 체모의 독특한 특징에 대해 증언하면서 현장에서 발견된 적어도 한 개 이상의 체모가 그레고리의 체모와 일관성이 없었다는 사실에 대해서는 은폐했다.[71]

실수투성이 분석과 총체적인 오류

우리는 또한 오판 피해자 사례에서 얼마나 많은 분석관이 실험상의 실수를 저질렀는지도 알지 못한다. 일부 오판 피해자들만이 증거에 대해 재검사를 받을 수 있었다. 그리고 몇몇 저명한 범죄연구소의 잘못된 작업에 관한 스캔들은 조사, 감사 및 독립적인 감독을 위한 노력으로 이어졌다.[72] 이 사건들에서 밝혀진 몇몇 총체적 오류는 품질관리에 문제가 있었음을 시사한다. 대부분의 범죄연구소는 정기적으로 블라인드 숙련도 검사나 독립적인 감사를 실시하지 않고, 주로 사건에 대한 상호 검토에 의존하기 때문이다.

일부 오판 피해자 사례들에서만 실험 과정에서 오류가 있었는지를 검증하기 위한 노력과 감사가 있었고, 몇몇 사례에서는 DNA 검사 과정에서의 오류가 표면화되었다. 예를 들면 여러 오판 피해자 사건에서 분석관들은 검사할 샘플에 정액이 없었기 때문에 혈청 검사를 실시하지 않았다고 보고했다. 그러나 나중에 동일한 도구인 간단한 현미경을 사용해 증거를 재검토한 조사관들은 많은 정액을 발견했다. 래리 피터슨 사건에서 "뉴저지주 경찰연구소는 레이프 키트에 아무런 정액이 없었다고 발표했지만", 판결 후 DNA 검사를 실시하기 전에 혈청학연구소는 "피해자의 구강과 질, 항문 내에서 검출된 정액을 확인했다".[73]

다른 사건에서는 검사 결과가 틀리기도 했다. 포드 하이츠 포(Ford Heights Four) 사건에서 시카고 경찰청 분석관은 데니스 윌리엄스(Dennis Williams)가 A형의 분비형이라고 보고했지만, 에드워드 블레이크가 판결 후 재검사를 실시한 결과 데니스 윌리엄스는 비분비형으로 밝혀졌다.[74]

용의자 배제 실패

이 사건들 중 상당수에서 법과학 분석가의 잘못으로 인해 무고한 사람이 수감되었을 뿐 아니라 실제 범인은 자유로이 남아 있게 되었다. 때로는 진범이 추가 범죄를 저지른 경우도 있었다. 그리고 이 사건들 중 적어도 일부에서는 법과학 분석관이 나중에 DNA 검사를 통해 진범으로 밝혀지는 바로 그 사람을 검사하고도, 그 사람이 범인이 아니라고 결론 내리는 실수를 저질렀다.

예를 들어 로널드 윌리엄슨 사건에서 오클라호마주 연구소의 책임자는 자신이 검찰 측 증인 글렌 고어(Glen Gore)의 체모와 사건 현장에 있던 체모들을 비교했다고 똑똑히 증언했다. 연구소 책임자는 "저는 사건 현장의 체모들과 직접적으로 비교했습니다"라고 증언했고, 문제가 된 체모들과 고어의 체모 사이에 일관성이 있었냐는 질문에 "아니요"라고 답했다.[75] 나중에 윌리엄슨 사건의 항소 과정에서 제10순회법원은 연구소의 보고서를 재검토했는데, 이를 통해 문제의 분석관이 "고어의 샘플과 사건 현장의 체모를 비교하지 않았음"이 밝혀졌다.[76] 심지어 그 분석관은 머리카락과 음모를 포함해 17개의 체모가 "일치"한다고 증언했었다. 이후 어떠한 체모도 로널드 윌리엄슨은 물론 이 사건에서 함께 기소된 데니스 프리츠(Dennis Fritz)와도 일치하지 않는 것으로 판명되었다. 대신 판결 후 DNA 검사에서 글렌 고어가 진범으로 밝혀졌다.[77]

마찬가지로 로버트 밀러(Robert Miller) 사건에서는 조이스 길크리스트가 배제시켰던 용의자가 나중에 DNA 검사를 통해 범인으로 확인되어 기소되었다.[78] 또한 비어트리스 식스 사건에서 자백했던 4명의 용의자 모두 혈청학 검사에서 용의선상에서 배제되었으나, 분석관들은 아무런 과학적 근거도 없이 용의자들의 체액이 혼합된 경우 증거와 일치할 수 있다고 주장했다. 그러나 사건 초기에 경찰은 살인 사건이 일어났던 밤, 피해자의 아파트 근처에서 목격된 강간 전과자에 주목하고 있었다. 그는 오클라호마시티에 살았는데, 비어트리스 경찰은 오클라호마시티 범죄연구소에 그에게서 샘플을 얻어 검사를 해볼 것을 요청했다. 다시 한번 조이스 길크리스트가 검사를 망쳐버렸고, 용의자를 용의선상에서 배제하는 실수를 저질렀다. 그 후 6명은 잘못된 유죄판결을 받았고, 수년 후 DNA 검사를 통해 원래의 용의자가 진범으로 지목되었다.[79]

또한 문제는 일부 전문가들이 피고인의 유무죄를 밝힐 수 있는 모든 검사를 하기보다는 경찰이나 검찰이 요구한 특정한 검사만 했을 뿐이라는 점을 법정 증언 과정에서 분명히 밝혔다는 것이다. 몇몇 오판 피해자 사건에서는 DNA 검사가 가능했지만 하지 않았다. 예를 들면 말런 펜들턴(Marlon Pendleton) 사건에서는 변호사가 DNA 검사를 요청했지만 시카고 범죄연구소의 분석관은 DNA 검사를 하기에는 시료가 충분치 않다고 말했고, 재판장은 이의를 기각했다. 수년 후 전문가가 증거를 검사해 펜들턴의 결백을 입증했고, 그가 유죄판결을 받았던 1992년 기준으로도 검사를 하기에 충분한 시료가 있었음을 밝혔다.[80]

닐 밀러 사건에서 검사는 피해자의 침대 시트에 대한 혈청학 검사 결과가 피해자나 밀러의 혈액형과 일치하지 않는다고 말했지만, 피해자의 룸메이트에게 남자친구가 있었고 "때때로 밤새 머무른 적이 있다"고 설명했다.[81] 검찰은 재판 전에 쉽게 실시할 수 있는 것이었는데도 그 남자친구의 혈액형을 검사하지 않았다. 나중에 판결 후 DNA 검사 결과 정액 얼룩은 그 남자친구의 것이 아니라 강간범의 것으로 밝혀졌고, 그 강간범은 닐 밀러가 아니었다.[82]

변호사들과 판사들은 무엇을 했는가

신빙성 없고, 과학적으로 타당하지 않으며, 오류가 있었던 법과학 분석에 대해 듣고 나면, 자연히 이런 일이 벌어지도록 변호사는 무엇을 하고 있었는지 궁금해진다. 그리고 증언을 신청한 검사들은 법과학자들이 과학적으로 타당하지 않은 방법으로 증언하도록 재판 전에 개입한 것일까? 정확히 알 수는 없지만 검사들이 종종 모두 진술에서 분석관들이 어떤 증언을 할지 요약해놓은 것으로 볼 때, 그들은 분명 증언의 결론에 대해 알고 있었을 것이다.

또한 게리 닷슨 사건과 같은 18건의 오판 피해자 사례들에서 검사들은 최종진술에서 과학에 대해 과장했다. 최종진술에 관한 윤리규칙과 형사규칙은 "적절한 논증 방법에 대한 기준을 거의 포함하고 있지 않"다. 그리하여 검사들은 증거에서 도출되는 사실 자체를 왜곡하지는 않지만 사실로부터 도출되는 추론은 만들어낼 수 있다.[83] 제대로 된 추론과 사실 오도를 구분하는 것은 아주 가느다란 선일 것이다. 그리고 일반적으로 판사들은 재판이 "심하게 불공정하여 유죄판결 결과가 정당한 절차에 대한 부정이 될 만큼 심각한" 사건에서만 재심을 명령한다.[84]

검사들이 과장한 내용들 중 많은 부분이 배심원들에게 실제로 과학이 보여준 것과는 다른 잘못된 인상을 남겼을 수 있다. 일리노이주 법원은 법과학 증거와 관련한 최종진술 과정에서 검찰 측의 중대한 잘못을 발견하고는 스티븐 린스콧(Steven Linscott) 사건에 대해 새로운 재판을 허용했다. 항소법원은 검사가 분석관이 말한 것과는 반대로 주장을 "만들어냈고" 혈청학 증거를 좀 더 강력해 보이게 만들 의도가 있었다는 입장이었다. 일리노이주 대법원은 "검사는 그의 주장을 증거와 그로부터 도출된 '합리적 추론'에 국한시켜야 한다. … 우리는 이 사건에서 검사가 근본적인 규칙을 위반했다고 본다"라고 밝혔다.[85] 날카로운 비판에도 불구하고 법원은 해당 검사에 대해 어떤 징계조치도 취하지 않을 것을 권고했다.

다른 모든 사건에서 판사들은 아무런 구제 방법을 제공하지 않았다. 드루 휘틀리(Drew Whitley) 사건에서 앨러게니 카운티 범죄연구소의 관리자인 분석관은 가해자가 얼굴에 뒤집어썼던 스타킹에서 발견된 짧게 면도되었거나 잘린 체모 조각을 검사했다. 분석관은 유사성을 발견하긴 했지만, 체모 조각들이 비교하기에는 적절치 않았다는 사실에 대해 인정했다. "체모 조각들이 너무 작아서 현미경상으로 일관성이 있다고 말할 수 없었습니다…."[86] 그러나 최종진술에서 검사는 분석관이 "체모가 드루 휘틀리의 것이라는 점에 대해서는 의심의 여지가 없다"고 말했었다고 주장했다. 사실 분석관은 분명 그러한 결론을 배척했었다. 검사가 분석관에게 "당신은 그것이 피고인의 것이라 말할 수 없습니까?"라는 질문하자 분석관은 "맞습니다"라고 대답했다. 배심원에게 분석관의 실제 증언과 반대로 말한 데 그치지 않고, 검사는 한 발 더 나아갔다.

> 하지만 분석관들은 와서, 우리에게는 기준이 있고, 이 체모가 드루 휘틀리의 것이라는 사실을 안다고 말했습니다. 그리고 그들은 그것을 모두 현미경으로 비교했습니다. 정확합니다. 의심의 여지가 없습니다. (지목하면서) 저자입니다.

변호인은 이의를 제기했다. "절대 확실히 증거가 아닙니다. 그리고 이

부분이 이번 전체 사건에서 가장 핵심적인 부분입니다. 검사의 직권남용입니다. … 존경하는 재판장님, 분석관은 그 체모가 제 의뢰인의 것이라고 말한 적이 없습니다." 재판장은 "저는 분석관이 제 질문에 답하며 이 체모들이 누구 것인지 명확히 말할 수 없다고 했던 것 같기도 하고 … 그녀가 뭐라 했는지 기억이 안 나네요. 기억이 안 납니다"라고 말하며 모호한 태도를 취했다. 검사는 분석관이 그렇게 말한 것을 들었다고 주장하며 "이것을 기억하는 건 배심원들의 책임"이라 말했고, 재판장은 배심원들에게 그저 스스로 불일치를 해소하라고 말했을 뿐이었다.[87]

검사들이 이러한 증언을 부추겼는지 여부만큼이나 중요한 점은 왜 변호인이 여기에 대해 효과적으로 이의를 제기하지 못했는가이다. 변호인은 이의제기를 거의 하지 않았고 과학적으로 타당하지 않은 증언을 한 법과학자들을 상대로 효과적인 반대신문을 거의 하지 못했다. 사실, 과학적으로 타당하지 않은 법과학 증언이 있었던 93건의 절반에 해당하는 47건에서 변호인들은 분석관이 잘못 증언한 분야에 대해 전혀 질문하지 않았다. 적어도 12건에서 변호인은 의뢰인의 결백을 입증할 수 있었던 DNA 검사도 요청하지 않았다.

오판 피해자 사건에서 피고인 측 전문가들이 증언을 했던 경우는 오직 21건뿐이었다. 아마도 변호인들은 전문가의 도움 없이는 증거를 이해할 수 없었을 테지만, 판사들은 법과학이 사건의 핵심인 경우조차도 피고인 측 전문가를 위해 비용을 지출하는 것을 자주 거부하곤 한다.[88]

전문가를 찾기도 쉽지는 않은데, 대부분의 법과학자들이 수사기관이 운영하는 범죄연구소에서 일하고 있고 보통 피고인 측을 위한 증언은 하지 않으려 하기 때문이다. 커티스 매카티는 캔자스시티 범죄연구소의 분석관을 피고인 측 전문가로 두었는데, 그 분석관은 검사 측을 위해 실험한 오클라호마 연구소 분석관에게 동의하지 않았다. 오클라호마 연구소는 그 후 캔자스시티 연구소 측에 항의를 했고, 캔자스시티 측은 이후 소속 분석관들이 피고인 측 전문가로 실험하는 것을 금지했다.[89] 이런 이유로 형사소송에서 법과학 증언 제시는 거의 대부분 일방적이다.

법과학 개혁으로 가는 길

굴지의 유전학자인 에릭 랜더(Eric Lander) 교수는 1989년에 "법과학은 사실상 규제가 되고 있지 않다. 법과학 연구실에서 피의자에게 사형 선고를 내릴 때보다 임상 실험실에서 패혈증 인두염 진단을 내릴 때에 더 높은 기준에 부합해야 한다. 법과학은 이런 역설적인 결과를 초래한다"고 지적했다. 20년이 지났지만 변한 것은 거의 없다. 신빙성 없는 기법과 과학적으로 타당하지 않은 결론을 내포한 법과학 증언은 여전히 법정에서 일상적으로 허용되고 있다. DNA 기술 역시 이 문제들을 해결하지 못했다. 성폭력 사건에서는 DNA 검사를 광범위하게 이용할 수 있는데도 불구하고, 거의 대부분의 형사사건에서 연구실들은 여전히 오판 피해자들의 재판에서 사용되었던 것과 같은 기법을 사용하고 있다.[90]

250명의 오판 피해자들 중 절반 이상인 128명이 이 장에서 논의되었던 문제들을 하나 이상 겪었는데, 과학적으로 타당하지 않거나, 신빙성이 없거나, 은폐되었거나, 분석 과정에서 오류가 발생했다는 등의 문제였다.[91] 이 오판 피해자들의 재판에서 분석을 담당한 검사 측 법과학자들 중 61%는 과학적으로 타당하지 않은 증언을 했다. 하지만 더 많은 수의 오판 피해자들이 신빙성 없는 방법을 쓰는 분석관들을 만났고,

때론 분석관들이 법과학 증거를 은폐하거나 연구실에서 실수를 저질러 그 사실이 알려진 경우도 있었다. 심각한 형사재판에서 드러나는 법과학의 암울한 면이다.

오판 피해자 사건들은 신빙성 없고 과학적으로 타당하지 않은 법과학 분석이 당시에 일반적이었는지는 말해주지 않지만, 당시에 그러했고 그것이 지금까지 이어진다고 생각할 충분한 이유가 있다. 신빙성 없고 과학적으로 타당하지 않은 법과학이 등장하는 사례는 쉽게 찾을 수 있기 때문이다.[92] DNA로 무죄가 밝혀진 오판 피해자들의 재판에서 등장했던 것과 같은 타당하지 않은 증언에 대해 판사들은 기고문을 게재하기도 한다.[93] 하지만 학계에서 지난 수십 년간 많은 법과학 분야의 신빙성에 대해 의문을 표해왔음에도 불구하고, 판사들은 신빙성 없는 기법과 과학적으로 타당하지 않은 결론을 제시하는 증언을 일상적으로 허용한다.

또한 이런 오판 피해자 사건들은 법과학 문제를 바로잡기 위해서는 당사자주의에 의존할 수 없다는 것을 보여준다. 과학적으로 타당하지 않은 증언을 한 분석관들에 대해 교차검증을 한 변호사는 거의 없었다. 일반적으로 판사들이 피고인 측 전문가를 위한 비용 지급을 거부하기 때문에 피고인 측은 전문가를 거의 얻지 못했다. 게다가 검사들은 종종 배심원들에게 법과학 증거에 대해 거짓 정보를 제공했다. 신빙성 없고 과학적으로 타당하지 않은 법과학에 대해 피고인 측이 이의를 제기한 드문 경우에도, 판사들은 이들의 이의제기를 기각했다.

형사사법제도의 이러한 구조적 결함 때문에, 건전한 과학적 관행을 채택할 책임은 오롯이 법과학자들 스스로에게 맡겨져 있다. 그러나 이러한 잘못된 유죄판결이 감사나 개혁으로 이어지지는 않았다.

예를 들어 게리 닷슨 사건에서 나온 과학적으로 타당하지 않은 증언에 대해 공식적인 대책은 존재하지 않으며, 일리노이 범죄연구소에 대한 감사 역시 없었다. 일련의 다른 일리노이 오판 피해자 사건에서도 또한 과학적으로 타당하지 않거나 결함이 있는 법과학 증언이 있었다. 10년 후 일리노이 주지사 산하 위원회는 수사기관과 절연된, 독립적인 범죄연구소의 창설을 권고했지만, 2003년 주 의회는 이러한 개혁안을 채택하는 데 실패했다. 이런 연구소는 동종 연구소들 사이에서는 인정을 받지만 여전히 독립된 관리 감독을 받고 있지는 않다.

잘못된 유죄판결 센터(Center for Wrongful Convictions)의 롭 워든(Rob Warden)과 로크 보먼(Locke Bowman)이 지적한 것처럼, 포드 하이츠 포는 과학적으로 타당하지 않은 법과학 증언이 하나의 근거가 되어 유죄판결을 받은 후 DNA 검사를 통해 방면되었는데, 그들이 제기한 소송을 해결하기 위해 시카고시는 3,600만 달러를 지불했다. 이처럼 범죄연구소가 부주의한 경우 시는 많은 돈을 써야 하고, 이러한 비용 자체만으로도 개혁안을 채택하는 데 드는 비용을 정당화할 수 있다.[94]

오판 피해자로 인해 실시된 극히 일부의 감사를 통해서는 구조적인 문제가 밝혀졌다. 마이클 브로미치(Michael Bromwich)는 2건의 오판 피해자 사건들로 인해 촉발된 휴스턴 범죄연구소에 대한 조사를 주도했고, 그의 팀은 과학적으로 타당하지 않은 분석과 관련된 수백 건의 사례를 밝혀냈다.[95] 미국과학아카데미 보고서는 한 FBI 분석관이 수십 년간 아무런 실증적 증거도 없이 총알이 "같은 상자에서 나온 것"이라고 증언한 사실을 밝혀냈다.[96] 법과학 분석관들의 기법과 결론을 분석하기 위해서는 더 많은 노력이 필요하다. 왜냐하면 오판 피해자 재판에서의 비과학적 증언은 이미 알려진 잘못된 유죄판결을 훨씬 넘어서는 문제의 일부일 수 있기 때문이다.

낙관적인 측면도 분명 있긴 하다. 법과학의 신빙성과 타당성에 대한 이슈가 마침내 주목을 받기 시작했다는 것이다. 미국변호사협회(American Bar Association)는 개혁안을 발표했고,[97] 판사들은 과학 증거를 점점 더 면밀히 조사하게 되었다.[98] 한편 의회는 미국과학아카데미에 법과학의 질을 향상시키기 위한 방법을 검토해줄 것을 요청했다.[99] 사실 나는 미국과학아카데미에서 요청을 받은 후 오판 피해자 재판에서의 법과학에 대해 연구하기 시작했다.

2009년에 미국과학아카데미는 역사적인 보고서를 통해 획기적인 개혁을 권고했다. 보고서는 DNA 검사를 제외한 그 어떤 법과학 분야도 "일관성, 높은 수준의 확실성, 특정 개인 혹은 출처와 증거 사이의 연관성을 엄격하게 보여주지 못했다"고 결론 내렸다.[100] 즉, DNA 검사를 제외한 그 어떤 기법도 신뢰할 수 없다는 의미다. 미국과학아카데미는 체모 비교 및 치흔 비교와 같은 기술에 대해 신뢰할 수 있는 과학적 토대를 제공하기 위해 어떤 연구가 수행되어야 하는지 설명했다. 그러한 연구는 그전에는 수행된 적이 없었다. 미국과학아카데미는 이렇게 결론 내렸다. "핵심은 간단하다. 수많은 법과학 분야 및 법과학 전문가들은 아직 그들의 접근법의 타당성이나 결론의 정확성에 대해 입증을 하지 못했다는 것이다." 미국과학아카데미는 의회에 기본 연구에 대한 자금 지원을 요청했다. 미국과학아카데미는 또한 보고와 증언을 규율하는 국가 법과학 표준을 수립하는 단체를 창설할 것을 주장했다. 미국과학아카데미는 잘못된 유죄판결들을 개혁의 이유로 내세우며 "DNA 분석을 통해 결백을 입증받은 사람들의 숫자가 늘어남에 따라(이에 수반하여 진범이 거리를 활보했다는 깨달음으로 인해) 몇몇 법과학 분야에 대한 의구심이 점차 커지고 있다"고 역설했다.[101] 우리는 강력한 입법이 이어질지 지켜볼 것이다.

그때까지 판사들은 신빙성 없고 과학적으로 타당하지 않은 증언을 법정에서 허용해서는 안 된다. 최근 미국 대법원은 멜렌데스 디아스 대 매사추세츠 (Melendez–Diaz v. Massachusetts) 사건과 관련한 앤터닌 스캘리아(Antonin Scalia) 대법관의 글과 함께 이런 문제를 강조한 바 있다. 부분적으로 법과학 기법의 신빙성과 법과학 증언의 타당성에 문제가 제기되고 있기 때문에 수정헌법 제6조에 규정된 상대편 법과학 전문가들에게 맞설 권리는 중요하다.[102] 그러나 미 대법원이 지적했듯 증인에 대해 반대신문을 할 권리만으로는 충분치 않다.[103] 판사들은 전문가들이 신빙성 없고 과학적으로 타당하지 않은 기법에 대해 증언하는 것과 결론을 과장하는 것을 허용해서는 안 된다.

과학자들, 판사들, 변호사들은 오판 피해자 사례들에서 밝혀진 두 가지 문제에 대해 숙고해야만 한다. 많은 법과학 기법에 신빙성이 결여되었다는 문제와 분석관들이 부적절한 결론을 도출했다는 문제이다.[104] 과학자들은 법정에서 제시되는 증언을 위해 탄탄한 기초를 다짐으로써 법과학에 대한 우리의 신뢰를 회복할 기회를 마련할 수 있다. 또한 범죄 연구소들은 건전한 품질관리 방안과 독립적인 감독 및 감사를 확립해야 한다. 그리고 판사들은 신뢰할 수 없는 기법에 기반한 증언을 허용해서는 안 된다. 마지막으로 변호사들은 그러한 증언을 면밀히 조사하고 독립적인 전문가를 적극적으로 요구해야 하며 증언대에 선 분석관이 선을 넘을 때에는 이의를 제기해야 한다. 모두가 법과학 관행에 대해 철저히 점검하지 않는다면, 이전과 같은 신빙성 없는 기법과 적절치 않은 증언들이 잘못된 판결이 내려지는 데 계속해서 기여할 것이다.

5장

거짓 제보자에 의한 재판

상황은 데이비드 그레이(David Gray)에게 유리한 듯 보였다. 그는 일리노이에서 강간 혐의로 체포되어 재판을 받고 있었다. 그러나 1977년 그레이의 재판이 끝날 때 배심원들은 결국 평결에 이르지 못했고, 재판은 배심원단 의견 불일치로 마무리되었다. 왜 그렇게 되었을까?

검찰 측 증거 조사는 거칠게 시작되었다. 피해자는 그레이를 범인으로 지목했고 그가 자신을 공격했다는 점에 대해 "절대적으로 확실"하다고 증언했다. 범인은 전에 한 번 피해자의 아들이 팔고 있던 오토바이를 보러 왔었다. 며칠 후 오토바이를 보러 다시 온 남자는 이번에는 오토바이에 앉아 백미러를 만져보고는 안에 들어가 전화기를 쓸 수 있냐고 물었다. 그 안에서 범인은 피해자를 잔인하게 강간하고는 부엌에 있던 칼로 33번 찔렀다. 피해자는 가해자가 매우 화려한 디스코 시대의 신발을 신고 있었다고 말했다. 피해자는 신발에 대해 "반짝이는 비닐 느낌의 와인색 하이힐"이라고 묘사했다. 또한 범인은 전화기를 잡고는 벽을 향해 던졌다.[1]

하지만 그레이에게는 결백을 입증할 증거가 있었다. 지문을 찾아내기 위해 오토바이 백미러에 가루를 뿌린 경찰은 마침내 지문 두 개를 찾아냈으나, 그 지문은 데이비드 그레이를 비롯해 다른 누구와도 일치하지 않았다. 경찰은 지문을 찾기 위해 전화기에도 가루를 뿌렸으나 그렇게 찾아낸 지문 역시 그레이와 일치하지 않았다.[2] 법과학 분석관은 혈청학 증거에 대해서 판독 불가라고 결론 내렸으나, 사건 현장에서 발견된 체모는 그레이는 물론 피해자와도 일치하지 않았다.[3] 피해자의 이웃은 사건 며칠 전에 대화를 나눈 누군가와 데이비드 그레이가 닮았다고 말했다. 하지만 사진대조에서는 그레이가 비슷해 보이긴 하지만 확신할 수 없다고 말하며, 그레이를 지목하지 않았다.[4]

그레이는 또한 강력한 알리바이도 갖고 있었다. 그레이의 고용주는 범인이 처음 오토바이를 보러 온 날에 그레이는 하루 종일 구세군에서 경비원으로 일했다고 증언했고, 이는 그날 근무 기록지와도 일치했다. 사건 당일에 그레이는 하루 종일 친지들—여자친구, 여자친구의 어머니, 그의 부모님—과 함께 있었다.[5] 여자친구는 그레이가 신발을 단 두 켤레—검정색 작업 부츠와 스웨이드 슈즈—만 갖고 있다고 주장하며 그가 하이힐이 달린 화려한 신발을 신은 적은 한 번도 없다고 언급했다.[6] 아마도 이러한 알리바이 증거와 다른 증거들이 배심원들이 교착상태에 빠진 이유일 것이다.

배심원들이 결론을 내리지 못한 경우, 검찰은 새로운 배심원단에 의한 새로운 재판을 요청할 수 있다. 이중위험금지원칙에 의하면 같은 범죄를 이유로 누군가를 두 번 기소하는 것이 금지되지만, 이처럼 배심원들이 결론을 내리지 못한 경우에는 첫 번째 기소는 불완전한 것으로 간주되기 때문이다. 일리노이주 매디슨 카운티 검사보이자 해당 카운티의 저명한 검사 중 하나인 담당 검사는 두 번째 재판을 진행하기로 했다. 그는 즉시 계획을 세웠으며, 새로운 주요 증인이 필요했다.

그래서 검사는 감옥을 방문했다.[7] 그는 나중에 "데이비드 그레이와 함께 수감되어 있던 다른 죄수들과 대화를 나누면서, 그들이 무언가 알고 있는지를 확인했다"고 회고했다. 검사는 "그레이가 강간 협의를 인정하는 발언을 한 적이 있는지" 알아내고 싶었다.[8] 검사는 주거침입 혐의로 그레이와 같은 방에 수감된 22세의 남자를 찾아냈고,[9] 그 동료 수감자는 그레이의 두 번째 재판에서 결정적인 증인이 될 것이었다.

1989년 10월, 데이비드 그레이는 새로운 재판을 받았다. 새로운 주요 증인뿐만 아니라 새로운 검사도 있었는데, 그 검사는 "지역 검사장으로 널리 알려져" 있었다.[10] 첫 재판을 담당했던 검사는 그레이에 대해 불리한 증언을 해줄 그레이의 동료 수감자를 찾는 것을 도왔다. 그 검사는 교도소 제보자가 된 동료 수감자와의 면담을 바탕으로 이제는 목격자가 되어 더 이상 이번 사건을 담당할 수 없었다.

그레이의 동료 수감자는 재판에 참석했다. 그는 감옥에서 데이비드 그레이와 대화한 내용을 기록한 여러 장의 노트를 검사에게 제출했다. 재판에서 그 제보자는 그레이가 이 잔혹한 범죄 전반에 대해 자세히 묘사했다고 증언했다. "집 안에서 한 번, 그의 친구가 그 여자분을 강간했어요. 그리고 그 후에 자기가 그 여자를 강간했다고 말했어요. 그는 부엌으로 가서 서랍에서 칼을 꺼냈대요. 그러고는 그 여자분을 여러 번 찔렀다고 했어요." 그리고 그들은 "지갑을 뒤져 수표를 찾아냈어요". 그리고 그 후에 그들은 자리를 떴다는 것이다.[11] 두 번째 가해자가 존재한다는 것은 피해자의 진술과 상반되었다. 또한 피해자는 범인에게 자신의 돈을 전부 주었고, 지갑에 있던 백지수표까지 꺼내주었지만 범인은 그것은 받지 않았다.[12] 그러나 피해자는 자신의 집에서 강간당했고 부엌칼로 여러 차례 찔렸다.

교도소의 제보자는 세 가지 핵심 사실에 대해서는 아주 짧게 이야기했다.

질문: 좋습니다. 그가 전화기에 대해서 말하지 않던가요?

답: 오, 네. 그들 중 한 명이 벽에서 전화기를 확 잡아당겼어요.

질문: 좋습니다. 그가 당시 무슨 색 신발을 신었는지 말해주던가요?

답: 와인색이요.

이 사실들은 결정적이었다. 첫째, 그가 말한 사실은 가해자에 대한 피해자의 묘사 중 가장 특이한 부분과 일치했다. 즉, 그가 와인색 신발을 신었다는 것이다. 둘째, 가해자는 벽에서 전화기를 거칠게 떼어냈다. 셋째, 제보자는 새로운 세부 사실을 추가했다. 그는 그레이가 "장갑을 끼고 있었거나 손에 무언가를 하고 있었다"는 점에 대해 인정했다고 진술했다. 이는 전화기에서 그레이와 일치하는 지문이 발견되지 않은 이유를 설명할 수 있었다.[13]

다음으로 제보자는 피해자의 이웃이 한 진술을 좀 더 명확히 했다. 이웃은 그저 그레이가 닮은 듯하다고 말했을 뿐이었다. 제보자는 그레이가 사건 며칠 전 피해자의 집을 털려고 했으나 "옆집에서 한 남자를 봤고, 그와 대화를 나눴다"라고 말했다고 주장했다.[14]

교도소 제보자는 온갖 방법을 동원해 그레이의 알리바이를 밝혔다. 그레이의 고용주와 부모가 사건 당일 그레이의 행방에 대해 증언했지만, 제보자는 그레이가 "한 시간 만에 모든 것을 처리할 수 있었고, 지인들이 자신을 위해 알아서 처리해줄 것"이라 떠벌렸다고 말했다.[15] 제보자는 그레이가 자신의 부모에게 거짓 증언을 하도록 시켰고 알리바이를 꾸며낸 사실을 인정했다고 말했다.

이처럼 구체적인 사실은 검사나 경찰에게서 나왔을 수도 있었지만, 제보자와 검사는 어떠한 사실도 유출된 적이 없다며 이를 부인했다. 첫 번째 재판의 담당 검사는 증인으로 출석해 "그가 내게 무언가 말하기 전에 내가 한 말은 이 사건이 강간 사건이라는 것뿐이었습니다"라고 진술했다. 그는 제보자가 알고 있는 정보가 그레이로부터 왔을 것이라는 점에 동의했다.[16] 마찬가지로, 검사가 "사건의 특징이라든지 그 어떤 것에 대해" 말해줬냐고 질문하자 제보자는 "아니요. 그는 아무것도 말하지 않았습니다"라고 답했다. 이어서 "그가 적갈색 신발에 대해 말하지 않았나요?"라는 질문에 제보자는 "아니요. 그런 적 없습니다"라고 답했다.

우리는 제보자가 검사나 경찰로부터 "사실에 대해 들었는지" 여부는 알지 못한다. 감옥에 수감되어 있는 다른 수감자들이 그레이의 첫 번째 재판에서 나온 증거들에 대해 듣고 이를 입에서 입으로 옮겼을 수도 있다. 그레이의 변호인은 공판 전 준비절차가 지난 지 몇 개월 만에 제보가 이루어졌고, 당시 공판 전 절차는 오랫동안 진행되었다고 말하며, 거기서는 "셔츠, 신발, 전화기에 대한 증언이 있었고, 이는 이 동네에서 잘 알려진 이야기였습니다. 맞죠?"라고 반박했다. 제보자는 이 사건에 대해 어떠한 것도 들은 적이 없다고 부인했지만, 일반적으로는 수감자들이 법원에서 진행되는 일들에 대해 잘 알고 있다고 인정했다. 또한 그에게는 이 같은 정보를 찾아내려 노력할 만한 이유가 있었다. 검사를 도우면 상당한 감형을 받을 수 있기 때문에, 제보자들은 다른 수감자들을 공격하기 위해 적극적인 노력을 기울일 수 있었던 것이다.[17]

이 사건의 제보자는 검사에게 이토록 많은 도움을 준 대가로 무엇을 받았을까? 그는 아무것도 받지 못했다고 말하며, "선량한 시민"의 의무감에서 증언을 했다고 밝혔다.[18] 하지만 그는 이전에도 여러 차례 교도소 제보자 역할을 했고, 징역 3년의 실형을 선고받은 상황이었기에 주정부를 도우면 얻을 것이 많았다.

최종진술에서 검사는 대뜸 제보자를 "부랑자"라고 말했지만, "이전에도 그는 증언을 한 적이 있고 당시 그가 제공한 정보는 신빙성이 높았습니다. 수사기관에서 이런 일은 드물지 않습니다…"라고 덧붙였다.[19] 검사는 제보자가 거짓말을 할 충분한 이유가 있음을 지적했다. "만약 그가 거짓말을 하는 것이 자신에게 유리하다고 생각했다면 그는 거짓말을 했을 겁니다. … 그는 도둑이고, 강도이며, 거짓말쟁이입니다. 그뿐만 아니라 제보하기 며칠 전에 그는 징역 3년의 실형을 선고받았습니다. 그는 감옥에 가는 것을 두려워했습니다."[20]

교도소의 제보자를 찾아냈던 첫 번째 재판의 담당 검사는 적어도 처음 이야기를 나누었을 때는 제보자와 어떠한 거래도 하지 않았다고 부인했다. 제보자는 자신의 입장에서, 검사에게 처음 말할 때 그레이가 이미 자신의 죄를 인정했다고 들었다고 말했다.[21] 검사는 제보자와 합의한 부분 중에 모호한 면이 있었을 수는 있지만 거래는 없었다고 밝혔다. 검사는 "나는 확실히 얘기가 오고 간 것이나 제공된 것이 없다고 알고 있지만, 내가 '당신에게 아무 피해가 없을 거다'라거나 이와 비슷한 말을 했는지 어쨌는지는 잘 모르겠습니다. 잘 기억이 나지 않습니다"라고 증언했다.[22] 미 대법원의 브레이디 대 메릴랜드(Brady v. Maryland) 판결에 따르면 검사는 증인과의 약속이나 거래를 포함해 증인의 신빙성에 관한 증거를 피고인 측에 제공할 의무가 있다. 하지만 이 사건에서 검사는 제보자와의 거래를 부인했으므로, 피고인 측에 공개할 것이 아무것도 없었다.

그러나 이러한 부인은 거짓인 듯하다. 제보자는 3년 형을 받았지만 단 7개월만 복역했다. 그는 그레이의 재판에서 "절도죄에 합당한 기간이 얼마나 된다고 느끼는지 모르겠지만 6~7개월 정도 복역하기만 하면 된다고 들었습니다"라고 증언했다.[23] 사실 그는 그레이의 재판에서 증언한 후 몇 주 안에 석방될 것이라는 이야기를 들었었다.[24] 이런 상당한 혜택은 그가 다른 사건에서 주었던 도움에 대한 대가로 제공되었을 수도 있고, 그레이 사건에서 한 그의 증언과는 아무런 상관이 없었을 수도 있다. 제보자는 "그분들은 나는 무조건 곧 석방된다고 말했습니다. 그분들은 내게 그레이 사건에서 반드시 증언을 할 필요는 없다고 말했습니다"라고 주장했다.[25] 제보자의 증언을 막기 위해 변호인이 이의제기를 했지만 판사는 이를 거부했다.[26]

검사는 제보자에게는 거짓말을 할 충분한 이유가 있다는 것을 인정했지만, 제보자의 증언이 가치가 없다는 점에 대해서는 동의하지 않았다. 반대로 검사는 제보자가 그레이의 사건에서 신빙성 있는 정보를 제공했다고 강조했다. 검사는 어떻게 그것을 알 수 있었던 걸까? 그는 제보자가 전달한 그레이의 자백 내용이 오직 진범만이 알 수 있었던 내용이라고 주장했다. 최종진술에서 검사는 다음과 같이 말했다.

> 가장 중요한 점은, 그가 데이비드 그레이로부터 이야기를 들었다는 겁니다. 데이비드 그레이는 감옥에서 이야기를 했습니다. 증인과 같이 수감되어 있을 때 자신이 범인이라고 떠벌렸던 겁니다. 그는 가장 중요한 점, 바로 자신이 벽에서 전화기를 떼어냈다는 사실을 언급했습니다. 이 사실은 그 누구에게도 알려지지 않았습니다. 오직 경찰관, 주 검사실, 변호인 그리고 그레이 씨만이 이 사실을 알고 있었습니다.… 그는 와인색 신발을 갖고 있었고, 범행이 일어났던 그때 범행 장소에 있었습니다.…[27]

검사는 또한 이들 사실이 몇몇 지점에서 불일치—피해자는 두 번째 가해자에 대해서 묘사하지 않았다—한다는 점을 강조했다. "만약 그가 사실에 대해 들었다면, 그의 이야기는 사실과 정확히 일치했을 겁니다. 하지만 그러지 않았습니다. 그는 데이비드 그레이의 버전을 들었고 정확한 사실관계에 대해서는 듣지 못했습니다."[28] 비록 검찰은 제보자가 "감옥에서 벗어나기 위해 그 어떤 말이라도 할 것"이라는 점을 인정했지만, 이러한 비공개 사실은 검찰 측 주장을 강화했다.

결국, 제보자의 증언은 피고인을 범인으로 지목한 피해자의 주장을 뒷받침하는 유일한 증거였다. 지문, 정액 얼룩, 체모와 같은 과학 증거들이 판독 불가였거나 데이비드 그레이와 일치하지 않았음을 떠올려보자. 하지만 제보자의 증언은 전화기에 지문이 남지 않은 이유를 설명할 수 있었다. 또한 그레이에게는 강력한 알리바이가 있었지만, 제보자의 증언은 이를 날려버릴 수 있었다.

신중하게 만들어진 교도소 제보자의 거짓말이 첫 번째 재판에서의 배심원단 의견 불일치와 두 번째 재판에서의 유죄라는 차이를 만들어냈을 수 있다. 두 번째 재판에서 데이비드 그레이는 60년 형을 선고받았고, 1999년 DNA 검사를 통해 결백을 입증받기까지 20년을 감옥에서 보냈다. 나중에 제보자에게 이 사건에 대해 묻자, 그는 데이비드 그레이가 죄를 인정했는지에 대해 더 이상 기억이 나지 않는다고 말했다.[29]

필요악으로서의 제보자

제보자는 신빙성 있는 정보 출처로 여겨지지 않았고, 관습법상 "악명 높은 사람"으로부터 얻어진 증거는 재판에서 허용되지 않았다. 그러나 나중에는 제보자가 필요악으로서 옹호되었는데, 미 대법원은 러니드 핸드(Learned Hand) 판사의 말을 인용하면서 "법원은 아주 오래전부터 제보자에 대해 우호적이었지만" 이는 "범죄 음모나 예비 단계에서는 범행이 비밀리에 진행되기 때문에, 보통 제보자나 공범자에게 의존할 수밖에 없었기" 때문이라고 밝혔다.[30]

조직범죄나 마약범죄에 대한 기소에서 제보자에게 의존하는 것은 널리 만연해 있고, 가끔은 조직원을 포섭해 협조하거나 "배신"하게 함으로써 폐쇄적인 범죄 조직에 침투할 필요도 있다. 하지만 오판 피해자들은 범죄 조직의 일이 아닌 강간과 살인 혐의로 유죄판결을 받았다. 또한 이러한 제보자들의 진술은 세밀한 조직범죄 수사에서처럼 녹음되거나 조심스럽게 기록되지도 않았다. 오판 피해자 재판에서 가장 일반적이었던 것은 다른 종류의 내부 고발자—동료 수감자—에 의한 증언이었다. 이미 수감되어 있는 상태에서 동료 수감자에 대해 불리한 증언을 하는 제보자는 오랜 기간 동안 신빙성 없는 악명 높은 정보 출처로 간주되어왔다.[31]

오판 피해자 사례들을 살펴보기 시작했을 때, 나는 제보자들이 기소되지 않는 대신 거짓말을 하겠다고 거래한다는 것을 알고 있었다. 오판 피해자 사건에서 이런 일은 흔하게 일어나기 때문이다. 오판 피해자 재판의 21%(250건 중 52건)에서 제보자의 증언이 있었다. 52건 중 28건은 교도소에서 제보를 했고, 심지어 23건은 함께 재판을 받는 공동피고인이 제보했으며, 15건은 비밀 제보자 혹은 내부 협력자에 의한 제보였다(몇몇은 두 가지 이상의 유형이었다). 대부분의 경우 제보자는 피고인의 혐의를 뒷받침하는 진술을 했다.

제보자들이 재판에서 실제로 말한 내용을 담은 기록을 읽으면서, 또 다른 심각한 문제를 알게 되었다. 제보자들은 오판 피해자들이 죄를 인정했다고 주장했을 뿐만 아니라 사건에 대한 상세 정보를 알고 있다고 주장했다. 오판 피해자들의 자백이 내부 정보의 노출을 통해 오염되었듯, 이 제보자들의 진술 역시 오염되었다. 이 제보자들은 조사가 진행된 후에 신문 장소가 아닌 곳에서 나타났고, 재판에 임박해서 등장하는 경우가 많았다. 그들이 항상 경찰로부터 정보를 입수한 것은 아닐 테고, 때로는 검사나 교도소를 통해 입수했을 수도 있다.

나는 가장 공격적인 정보원들이 국가의 소송 전략에 맞춰 깔끔하게 주조된 "주문 제작" 증언을 한 방식에 가장 놀랐다. 그들의 증언에는 피고인의 알리바이를 무너뜨리거나, 공소사실의 약점을 메꾸거나, 검찰 측 증거를 강화하는 세부 사항이 포함되어 있었다. 지문이 판독 불가였던 경우에 제보자는 피고인이 장갑을 끼고 있었음을 고백했다고 증언했다. 또, 목격자가 피고인을 알아보지 못한 경우에 제보자는 피고인이 의도적으로 얼굴을 숨겼다고 증언했다.

이러한 사례는 판사들에게 제보자들의 증언을 주의 깊게 검토해야 할 필요성을 제시한다. 그러나 이러한 증언에 대해 검사할 것을 요구하는 주는 거의 없고, 제보자와의 접촉 과정에 대해 면밀한 문서화를 요구하는 주 역시 없다. 특히 교도소 제보자의 증언이 허용되어야 하는지에 대해 의문이 있기도 하지만, 이런 증언은 확실히 철저한 조사 과정을 거쳐야 한다.

살인 사건과 수감자 제보자

검사들은 제보자를 자주 사용하는데, 이들이 필수적인 경우가 있다. 조직범죄나 마약 조직 같은 기업형 범죄를 조사할 때, 내부 정보를 얻는 유일한 방법은 내부자의 협력을 확보하는 것이기 때문이다. 제9순회항소법원이 지적했듯 "제보자가 없다면, 수사 당국은 범죄단체, 마약 카르텔, 금융 사기, 보이스피싱 사기, 부패범죄, 테러리스트, 돈세탁 조직, 스파이 조직 등에 침투하여 이를 파괴할 수 없을 것이다".[32] 경찰과 검사들은 이러한 증인들의 협력을 통해 '대어'를 찾아내 촘촘하게 짜인 범죄 조직을 무너뜨린다. 보다 광범위하게는, 경찰은 자신이 듣거나 본 범죄에 대해 신고하는 공동체의식을 가진 시민들의 양심적인 지원에 의존한다.

그러나 오판 피해자가 유죄판결을 받은 사례들 중에 범죄 조직에 침투한 협조자나 제보자가 활용된 적은 없었다. 이 사례들 중 특히 살인 사건의 경우에는 관련된 지역사회 시민들의 도움에 종종 의존하기도 했지만, 또한 더 이기적인 동기를 지닌 제보자가 활용되기도 했다. 제보자가 있었던 사건은 살인 사건에 집중되는데, 강간살인 사건이 32건, 살인 사건이 9건, 강간 사건이 11건이었다. 게다가 수감자 제보자가 관여한 사건은 훨씬 더 살인 사건에 치우쳐 있었다. 수감자 제보자들은 함께 수감되기 전에는 한 번도 만난 적이 없는 사이인 피고인에게서 범행을 자백하는 것을 우연히 전해 들었다고 주장했다. 수감자 제보자와 관련된 28건의 사건 중 18건은 강간살인 사건이었고 6건은 살인 사건이었다.

살인 사건의 경우, 강간 사건과 달리 범인을 지목할 피해자나 목격자가 없는 경우가 종종 있다. 사건을 해결하기 위해 자백이 더욱 중요해지는데, 수사 과정에서 피고인이 자백하지 않으면 경찰은 자백을 확보하기 위해 수감자 제보자에 의지할 수 있다. 제보자는 좀 더 중대한 범죄인 살인 사건을 해결하는 데 도움을 주는 대신 검사들로부터 좋은 처우를 받을 수 있다. 법학교수 새뮤얼 그로스(Samuel Gross)는 "목격자가 사건과 관련이 없는 특혜를 받을 목적으로 거짓말을 하고 있다면, 살인 또는 더 크게 가중일급살인과 같은 큰 사건의 경우 더더욱 그럴 것입니다"라고 설명했다.[33]

강간죄로 유죄판결을 받은 171명의 오판 피해자들 중 4명의 재판에서만 수감자 제보자가 등장했다. 4건의 강간 사건 모두, 범인을 지목하는 데 어려움을 겪던 피해자를 뒷받침하기 위해 수감자 제보자의 증언을 활용했다. 검찰은 데이비드 그레이의 사건이 배심원단 의견 불일치로 나왔었기 때문에 설득력이 약한 것을 잘 알고 있었다. 브루스 고드샤크 사건에서는 피해자 중 한 명이 피고인을 지목했지만 처음에는 확신하지 못하는 태도를 보였고 다른 피해자는 피고인을 아예 알아보지 못했다. 케네스 위니엠코(Kenneth Wyniemko) 사건에서는 가해자가 스타킹 복면을 착용했었고 과학 증거가 피고인을 용의선상에서 제외시켰다. 윌턴 데지(Wilton Dedge) 사건의 피해자는 처음에는 훨씬 키가 크고 덩치가 큰 사람을 묘사했었다.

비록 많은 오판 피해자 사례에서 제보자들이 거짓 정보를 제공했지만, 수감자들이 본인 사건에 대해 이야기할 때 때로는 진실을 이야기하지 않는다는 것을 말하려는 것이 아니다. 사실 클라크 맥밀런(Clark McMillan)은 자신의 결백을 밝혀줄 증거를 감옥에서 찾아냈다. 처음 체포되었을 때, 그는 옆방에 있는 데이비드 보이드(David Boyd)와 대화를 나눴다. 맥밀런은 보이드에게 자신이 무슨 혐의로 기소됐는지 말했고, 보이드는 자신이 "그 사건에 대해 잘 알고" 있으니 걱정하지 말라고 대답했다. 맥밀런은 인신보호절차에서 도움이 될 만한 그 수감자를 증인으로 세우려 노력했지만 운이 따라주지 않았다. 그리고 23년 후 실시된 DNA 검사의 결과는 맥밀런을 배제했고 보이드와 일치했다.[34]

그레이 사건이 보여주듯 수감자 제보자의 증언은 주로 두 가지 방식으로 규제된다. 첫째, 미 연방 대법원이 내린 브레이디 대 메릴랜드 판결에 따라 검찰은 제보자의 진실성에 대해 이의를 제기할 수 있게끔 약속이나 거래에 대해 피고인 측에 공개해야만 한다. 나푸 대 일리노이(Napue v. Illinois) 사건에서 연방 대법원은 이를 적법절차원칙의 일부로 판단했기에, 검찰은 협조적인 증인이 증언의 대가로 감형을 약속받은 사실을 부인할 경우 이를 방관할 수가 없다. 검찰은 제보자가 거래에 대해 거짓말을 할 경우 기록을 수정해야만 한다.[35]

둘째, 미 연방 대법원은 매시아 대 미국(Massiah v. United States) 판결에서 이미 경찰에 제보한 제보자가 심문을 하는 동안 피고인은 변호인을 참석시킬 권리가 있다고 판결했다. 즉, 검찰과 제보자 간에 형식적인 거래가 있었고 정보를 얻을 목적으로 제보자를 몰래 심어둔 상황이라면, 피고인은 변호인의 도움을 받을 권리가 있다는 의미이다.[36] 변호인과 함께할 경우 수감자는 제보자에게 이야기할 가능성이 적어질 것이다. 미 연방 대법원은 매시아 판결에 예외를 두어, 국가가 헌법을 위반해 수감자의 감방에 제보자를 심어두었더라도 제보자는 증언석에 서서 피고인 증언의 진실에 이의를 제기할 수 있다고 했다.[37] 결국 경찰과 검찰은 제보자와의 비공식적인 거래를 하기 위해 보상을 제시한다. 서면으로 거래가 이루어지는 경우는 드물고, 변호인이 참석한 경우에는 종종 거래를 하지 않으며, 거래가 바뀌기도 하고, 협조를 계속할 경우에 대개 거래는 유지된다.[38]

연방 대법원은 제보자 증언의 신빙성을 보장하기 위해 한 일이 없다시피 하다. "교차신문을 통해 증인의 신빙성을 검증"하는 것만이 가능할 뿐이다.[39] 하지만 오판 피해자 재판에서 자백의 오염과 목격자 기억에 대한 암시, 부적절한 과학 증거에 대해 밝혀내지 못한 것처럼, 교차신문은 제보자들의 진술이 오염된 사실 역시 밝혀내지 못했다.

이 장의 나머지 부분에서는 제보자들이 말한 것을 살펴보도록 하겠다. 먼저 수감자 제보자, 그다음으로 공동피고인의 증언, 마지막으로 비밀 정보원 혹은 협조자에 의한 증언에 대해 논의해보겠다.

수감자 제보자와의 위험한 거래

수감자 제보자는 오판 피해자 재판에서 가장 일반적인 유형이었다. 수감자 제보자들은 범행에 대한 정보를 듣기 전에는 수사기관과 어떠한 접촉도 한 적이 없다고 하나같이 증언했다. 28명의 수감자 제보자 중 2명만이 검찰과 거래가 있었다고 인정했다. 존 코것(John Kogut) 사건의 제보자는 경찰이 자신에게 "우리에게 말해준다면 당신도 알고 있겠지만, 우리는 당신이 감옥에 짧게 있을 수 있는 방법을 찾아볼 것이다"라고 약속했음을 인정했다.[40] 위니엠코 사건에서 제보자는 증언에 대한 대가로 15개월인 형기를 1년으로 줄이는 거래가 있었다고 인정했다.[41]

그 외의 다른 수감자 제보자들은 모두 증언에 대한 명시적인 혜택은 없다고 부인했지만, 그들의 사건에서 한 가지 이유 또는 다른 이유로 더 유리한 결과를 얻었다는 것을 많은 사람이 인정하기도 했다. 데니스 윌리엄스 재판의 제보자는 "아무런 약속이 없었습니다"라고 증언했다.[42] 드루 휘틀리(Drew Whitley) 재판에서는 "그 어떤 사람이든 당신의 증언에 대한 대가로 무언가를 약속한 적이 있습니까?"라는 질문에 수감자 제보자가 "없습니다"라고 답했다.[43]

몇몇 사건에서 제보자들은 거래 사실에 대해 부인했지만, 증언을 통해 혜택을 얻기를 희망한다고 인정했다. 월턴 데지 사건의 제보자는 어떠한 거래도 이루어진 적이 없다고 했지만, "현재 당신은 이 사건에 대한 증언에 대해 약간의 배려를 희망합니다. 그렇지 않습니까?"라는 질문에 "가석방위원회에 좋게 보이기를 희망합니다. 그렇습니다"라고 답했다.[44]

데이비드 그레이 사건 같은 몇몇 사건에서는 어떠한 혜택도 없었다는 검찰 측의 부인이 입에 발린 거짓말로 들린다. 캘빈 워싱턴(Calvin Washington) 재판에서 검찰은 2명의 수감자 제보자를 포함해 협조적인 증인들의 장황한 진술을 제시했다. 워싱턴의 변호인은 이들을 "거짓말쟁이의 행진"이라고 불렀다. 변호인은 과학 증거가 워싱턴을 용의선상에서 배제했다는 것을 상기시키며, 검찰 측 증거는 모두 "강간범, 강도, 절도범, 상습 범죄자, 탈주범"으로부터 얻은 것이고 "그리고 그들은 여러분에게 이것을 근거로 한 사람을 죽음의 가능성으로 몰아넣으라고 요구하고 있다"고 강조했다.[45]

이 행진의 한 멤버는 매클레넌 카운티 감옥에서 워싱턴을 만났다. 그 제보자는 절도와 불법 무기 소지 혐의를 받고 있었는데, 어떠한 종류의 거래도 없었다고 주장했다. 사실 그는 경찰이 자신에게 "당신과 잘해

볼 생각이라고 했었지만 실제로 잘해준 것은 없었다"고 말했다.[46] 제보자는 그 후 "그 누구도 내게 어떠한 제안을 한 적이 없다"고 증언했다. 하지만 교차신문 과정에서 그의 두 가지 중범죄가 "경범죄로 … 떨어졌다"는 사실이 밝혀졌다. 그는 종신형을 받을 수도 있었지만, 대신 감옥에서 이미 보낸 4개월 외에는 "아무런 형도" 받지 않았다. 그는 "증거가 없었기 때문에 아무 형도 받지 않은 것이다"라는 믿기 힘든 설명을 했다.[47]

마찬가지로 스티븐 반스(Steven Barnes) 사건의 제보자는 동료 수감자의 말을 전달한 후 여러 개의 중죄에 대해 8개월 형을 받았다. 반스의 변호인은 배심원들에게 비록 제보자가 거래가 없었다고 부인하고 있지만 도저히 믿을 수 없다는 듯이 "그런 전과를 가지고 주 교도소에 수감되지 않은 사람은 태어나 처음 들었습니다"라고 말했다.[48]

거래에 대한 부인 중 몇몇은 진실이었을 수도 있다. 검사들은 일반적으로 두 가지 이유 때문에 재판 전에는 확고한 약속을 하지 않는다. 첫째, 그러한 약속은 변호인에게 공개되어야 하고 이는 제보자의 신빙성을 약화시킬 수 있기 때문이다. 둘째, 검사들은 실제로 증언을 듣고 협조를 얻을 때까지는 확실한 약속을 하길 원치 않기 때문이다. 검사들은 재판이 끝날 때까지 거래를 모호한 상태로 두고 감형을 제공하지 않음으로써 피고인 측에 거래 사실을 공개해야 한다는 원칙을 지킬 수 있다.[49]

우리는 이 제보자들 중 얼마나 많은 수가 나중에 감형을 받았는지는 알지 못한다. 이런 거래에 대해서는 문서로 남겨진 기록이 없고, 오판 이후 무죄판결을 받은 뒤로는 해당 사건을 기자들이 조사하지 않았을 수도 있으며, 재판기록만으로는 보통 이런 거래에 대해 알 수 없다. 왜냐하면 담당 검사들이 비공식적으로 기소를 취하하거나 짧은 형량으로 기소하기 때문이다. 하지만 몇몇 사건에서는 오판 피해자의 변호인들이 수년이 지난 후 거래의 존재를 밝혀내는 데 성공했다. 예를 들어 롤랜도 크루즈의 두 번째 재판에서 검찰 측의 새로운 목격자 중 가장 중요한 사람은 수감자 제보자였다. 제보자는 크루즈가 끔찍한 살인 사건에 대해 상세하게 묘사했으며, 크루즈가 자신의 결백을 주장한《시카고 로이어(Chicago Lawyer)》잡지의 기사를 읽고 화가 나 검사에게 연락을 했다고 증언했다. 제보자는 검사로부터 어떠한 감형 약속도 받은 사실이 없다고 부인했지만, 크루즈의 재판에서 증언한 후 재선고를 받았다. 검사는 제보자의 재선고 심리에서 그를 위해 증언하면서 그가 "얼마나 자발적으로 롤랜도 크루즈 사건에서 증언을 했는지"를 묘사하는 한편, 그 제보자가 크루즈 재판에서 증언을 하기 전에 검사가 재선고 심리에서 그를 돕겠다는 것을 확인받기를 원했던 "계산적인 사람"인 점에 대해서도 인정했다. 일리노이주 대법원은 크루즈의 유죄판결을 파기하면서 검사들과 거래가 있었음에도 제보자가 이를 거짓으로 부인했다고 결론 내렸다.[50]

마찬가지로 로널드 윌리엄슨(Ronald Williamson) 사건의 수감자 제보자는 윌리엄슨이 잔인한 강간살인 사건에 대해 자세히 자백했다고 묘사한 중요한 목격자였다. 제보자는 또 다른 살인 사건에서도 제보를 했고, 두 사건에 대한 재판에서 모두 어떠한 감형이나 보상도 받지 않았다고 부인했다. 하지만 그녀는 유죄판결을 받은 3건의 중죄에 대해 형량 대부분이 집행유예를 받았고, 벌금도 내지 않았다. 연방지방법원 판사는 윌리엄슨의 변호인이 제보자의 증언 동기를 근거로 신빙성을 공격하는 데 실패하기는 어려웠을 것으로 보았다.[51]

몇몇 사건에서 검사는 감형을 약속하는 당근보다는 채찍을 사용했을 수도 있다. 즉, 제보자들은 협조하지 않으면 더 가혹한 처우를 받게 될지도 모른다고 두려워했을 수도 있다. 제보자가 범죄와 관련이 있을 경우 특히 그렇다. 캘빈 워싱턴 사건의 또 다른 제보자는 피고인 측 조사관에게 경찰이 "제가 가중 일급살인으로 기소될 수 있다고 말했어요. 저는 가중 일급살인 기소를 원하지 않았어요. 저는 심지어 그녀가 언제 죽었는지조차 알지 못해요"라고 말하며 검찰이 "압력을 가했다"고 설명했다.[52] 제보자는 "아시다시피 저는 가석방 중이어서" 걱정했다고 덧붙였다.[53]

수감자 제보자들은 또한 유죄를 뒷받침할 정보를 캐내기 위해 같은 방이나 주변에 자신들이 심어졌다는 것을 부인했다. 예를 들어 찰스 페인(Charles Fain) 사건에서는 한 남자가 캐니언 카운티 교도소의 같은 방에 "나흘 혹은 닷새" 동안 수감되었다.[54] 그는 "어린아이들과의 성행위"에 대한 페인의 얘기 때문에 "위장병에 걸렸다"며 교도관에게 다른 방으로 옮겨줄 것을 요청했다. 경찰이 페인에 대한 정보를 캐내기 위해 같은 방에 제보자를 심은 것이었는데 이는 페인의 변호사 선임권을 침해한 것이었다. 판사는 이 문제를 조사하면서 교도관에게 "그를 정보원으로 거기에 심으라"는 지시가 있었는지 물었으나, 교도관은 이를 부인했다.[55] 하지만 경찰관은 제보자가 정보를 수집하겠다고 제안해왔지만, 자신은 피고인에게 변호인이 있는 이상 이는 불법수집 증거로 기각당할 것이라고 말하며 거절했다고 증언했다.[56] 제보자가 감옥에서 수집해 온 증거가 그가 정보를 수집해오겠다고 제안한 후에 수집되었다는 증거가 있었음에도 불구하고, 판사는 결국 "국가가 이 방에 제보자를 심어 은폐하거나 속이려고 했다고 할 만한 증거가 없다"라고 결론 내렸다.[57]

구체적 사건 내용의 출처

수감자 제보자가 거래가 있었음을 증언하기를 거부한다 해도, 그들이 가장 믿을 만하거나 사심 없는 증인이 아니라는 점은 배심원들에게 분명했을 것이다. 그런데도 이 제보자들의 증언을 강력하게 만들어준 것은 진범이 아니고는 알 수 없는 구체적 사실에 대해 오판 피해자들이 어떻게 제보자들에게 말해주었는지를 묘사했기 때문이다. 28건의 수감자 제보자 진술 중 2건을 제외한 전부가 사건에 대한 구체적인 내용을 포함하고 있었다. 로이 브라운(Roy Brown)과 스티븐 반스 사건에서는 그저 그들이 살인을 저질렀다고 인정했다는 얘기뿐, 그 이상의 구체적 사실은 없었다. 예를 들어 반스 사건의 경우 제보자는 한 소녀를 언급하며 반스가 "내가 죽인 사람을 의미하는 거죠"라고 답했지만 그다음 "내가 살해한 것으로 혐의를 받고 있는 사람을 의미하는 거죠"라고 바꿔 말했다고 밝혔다.[58]

그 외의 다른 수감자 제보자들은 오판 피해자가 범죄와 관련된 구체적인 자백을 했다고 말했다. 브루스 고드샤크는 경찰에서 거짓 자백을 했는데, 그의 재판에서 검찰은 그가 또한 동료 수감자에게도 자백을 했다고 주장했다. 제보자는 이렇게 증언했다. "한번은 그 사람이 어떻게 그 일을 제대로 끝마치지 못했는지에 대해 말한 적이 있어요. 어, 조금 난처하네요. 그 여자분이 … '내 남자친구가 지금 집으로 오고 있다'라는 말을 했대요. 그래서 그 사람은 겁이 나서 자리를 떴다고 말했어요."[59] 피해자 중 한 명은 그와 비슷한 상황에 대해 묘사한 적이 있었다.

다른 사람들은 살인 무기에 대해 설명했다. 로널드 윌리엄슨 재판에서 수감자 제보자는 윌리엄슨이 피해자가 어떻게 살해됐는지 말한 것에 대해 묘사했다. "그 사람은 말했어요, 아마 피고인 대기실이었던 것으로 기억하는데 그 남자는 거기에 있었어요, 그는 자기가 그녀의 항문에 콜라병을 쑤셔 박고는 그녀의 팬티를 그녀의 목구멍에 쑤셔 박았다고 말했어요."

윌리엄슨은 끼어들었다. "거짓말하지 마. 내 평생 그런 말을 한 적은 한 번도 없어. 나는 그 소녀를 죽이지 않았어, 너는 거짓말쟁이야." 윌리엄슨의 변호인은 윌리엄슨에게 "가만히 좀 있어요"라고 말했다.

한편 지방검사는 기록을 수정해야만 했다. 범죄 현장에서 발견된 것은 콜라병이 아니라 케첩병이었다. 검사는 제보자게에게 물었다. "당신이 방금 말씀하신 부분에 대해 좀 더 세부적으로 여쭤보겠습니다. 당신이 기억하기로는, 도구에 대한 그의 진술이 확실합니까. 당신은 콜라병이라 말씀하셨습니다." 제보자는 "그가 콜라병이라고 말했던가, 케첩병이라고 말했던가… 여하간 병이라고 말했습니다"라고 답했다.[60] 윌리엄슨은 다시금 끼어들어서는 그녀를 향해 거짓말쟁이라 외쳤고, 결국 판사는 그를 진정시키기 위해 휴정을 선언했다.

수감자 제보자가 존 레스티보(John Restivo)의 재판에서 증언하는 내내, 레스티보는 "한숨을 쉬었고" "그 사람을 거짓말쟁이라고 부르며 머리를 절레절레 흔들었다".[61] 판사는 변호사에게 그러한 행동을 중단시키라고 말했다. 레스티보는 미안하다고 말했지만 "누군가 새빨간 거짓말을 하는 걸 들었을 때는…" 하고 말했다.[62] 제보자는 레스티보의 자백에 대해 설명했는데, 2명의 공범과 함께 피해자를 강간하고는, 공범자가 "스카프로 그녀를 목 졸라 죽이고" 그 후 그들은 "열차 선로에 그녀를 버렸다"는 것이었다.[63] 다른 사건과 마찬가지로 이 구체적 사항들은 범죄 현장의 증거와 일치했다.

몇몇 제보자들은 피고인이 아닌 다른 사람으로부터 이러한 사실을 알았을 가능성에 대해 분명히 부인했다. 드루 휘틀리 사건의 제보자는 "그는 그 소녀가 등 뒤에서 총을 맞았다고 말했습니다"라고 주장하며 "그는 총을 맥도날드 근처 언덕 위로 해서 켄우드 공원으로 던졌다고 말했습니다"라고 말했다. 제보자는 "그 이전에 맥도날드에서 벌어진 살인 사건에 관해 들은 적이 있습니까?"라는 질문에 "그가 제게 얘기해주기 전에는 들은 적이 없습니다"라고 답했다.[64]

찰스 페인 사건에서 검찰은 2명의 제보자를 증인으로 신청했다. 첫 번째 제보자는 자신은 페인이 무슨 혐의로 체포됐는지조차 모른다고 주장했다.[65] 그는 그 후 페인이 고백하길 피해자를 차에 태워 "그녀를 성추행"했고 "그녀가 도망가려다, 발을 헛디뎌 떨어져서 머리, 그러니깐 이마를 부딪쳤습니다. '혹이 났는데 크기가 골프공만 했다'고 페인이 말했습니다"라고 증언했다. 이러한 부상은 부검 결과와 일치했다. 그는 계속해서 말했다. "그는 자신이 하려던 짓을 끝내지 못해서, 돌아가서는 욕망을 채웠습니다. 그러고는 그녀를 들어 도랑에 버렸습니다. 그는 그녀를 도랑으로 옮겨서는 물에다 그녀의 머리를 넣고 눌렀습니다." 실제로 피해자는 도랑에서 익사체로 발견되었다. 그는 페인이 살인이 일어난 곳의 지도를 그리고는 이를 "뭉쳐서 화장실 변기에 내려 보내려" 했는데 자신이 "화장실에서 이를 꺼내서는 바지 속에 넣어서 그가 알지 못하게 했다"고 증언했다.[66] 두 번째 제보자도 비슷하게 페인이 "소녀를 잡아서는 물에다가 그녀를 두고는 … 떠났다…"고 증언했다.[67]

최종진술에서 검사는, 페인이 "피해자의 머리에 난 골프공 크기의 혹"과 그녀의 머리를 물속에 넣고 눌렀다는 것에 대해 말했다는 첫 번째 제보자의 증언을 강조하면서, "저는 여러분들이 그녀의 이마에 난 멍을 사진으로 보았다고 믿습니다. 그리고 저는 그가 그녀를 물속에 빠뜨렸다고 생각합니다"라고 말했다.[68] 검사는 배심원들이 2명의 제보자가 있다는 사실을 특별히 신뢰해야 한다고 덧붙였다. "한 사람이 아닌 두 사람의 진술이 있었습니다. 저는 두세 사람의 증언으로 모든 것이 확정된다는 옛 규정을 믿습니다. 이 피의자는 해당 범죄를 저질렀습니다."

채드 하인스(Chad Heins) 사건에서도 이와 유사하게 2명의 수감자 제보자가 검찰 측 증인으로 나섰다. 검사는 제보자가 전한 구체적이고 비공개된 사실들에 대해 강조했다. "증언에 대해 거래를 하거나 보상을 받지 않았다는 사실 이외에 … 무엇이 진실로 들리나요? 그가 사용했다고 그들이 주장하는 단어입니다. 기억하세요. 그들 중 누구도 이 피고인의 사건에 대한 사실을 전혀 알지 못합니다."[69]

어떻게 이런 일이 가능했을까? 어떻게 그토록 많은 수감자 제보자가 범행 현장에 대해 그렇게 자세히 진술할 수 있었을까? 실제로 어떤 일이 벌어졌는지 밝혀내는 것은 매우 어렵다. 분명한 것은, 현장 목격자 같은 다른 증인들과 달리 수감자 제보자는 피고인이 체포된 다음에야 나올 수 있다는 점이다. 그 결과 제보자들은 종종 조사가 잘 이루어진 이후에 경찰에 제보하기도 하고, 때로는 재판이 임박해서나 재판 중에 제보하기도 하며, 그레이의 경우처럼 첫 번째 재판이 끝난 후에 제보하기도 한다. 미겔 로먼(Miguel Roman)의 경우, 재판이 막 끝나려는 무렵 수감자 제보자가 나타났고, 검사는 제보자의 증언을 듣기 위해 공판을 재개해줄 것을 요청했다. 재판이 후반부로 갈수록, 사건에 관해 더 많은 사실들이 밝혀지고 그것이 더 많은 사람들에게 공개된다. 그리고 제보자에게도 이러한 정보를 접할 수 있는 자료가 더 많아진다.

경찰은 용의자에 대해 조사하는 중에도 범죄 현장이 어떻게 생겼는지와 초기 법과학 보고서, 아마도 목격자의 진술 등을 알고 있겠지만, 제보자와 대화를 나눌 때는 사건에 대해 더 많은 것을 알고 있을 것이다. 게다가 경찰뿐만 아니라 검사들도 제보자와 대화를 나눌 수 있다. 한 가지 우려스러운 가능성은 제보자들이 반복해서 말했던 구체적 사건 내용이 경찰이나 검사로부터 왔을 수도 있다는 것이다.

둘째로 오판 피해자들 스스로 의도치 않게 정보를 흘렸을 수 있다. 이 무고한 사람들이 수감자 제보자들에게 거짓으로 자신의 죄를 인정했을 것 같지는 않다. 다만 그들이 감옥에 수감되기까지 자신의 사건에 대해 많은 것을 알았을 수는 있다. 그들은 자신의 사건에 대해 동료들에게 얘기하면서 왜 자신이 재판에서 이길 것이라 생각하는지를 말했을 수 있다. 또한 그들은 왜 자신이 결백한지와 경찰이 자신을 의심하는 게 왜 잘못됐는지를 설명했을 수도 있다. 영리한 제보자는 피고인이 자신의 죄를 인정했다고 이야기를 조작하는 데 이러한 정보를 사용할 수 있었을 것이다.

세 번째 가능성은 제보자가 풍문이나 교도소 안의 인맥을 통해 사건에 대해 알게 됐을 수도 있다는 것이다. 데이비드 그레이 사건과 같이 이미 재판이 열렸던 경우, 재판정에서 어떤 증거가 제시됐는지에 대한 소문이 돌아다녔을 수 있다. 예를 들어 캘빈 워싱턴 사건에서 증인은 변호인에게 말했다. "교도소에 도는 소문은, 재판에서 증언한 어떤 검찰 조사관이 있는데 그가 수감자를 빨리 감옥에서 나오게 도울 수 있고 수감자는 '자기 변호사를 만나기 전에' 이 사람을 만나봐야 한다는 것이었어요."[70]

주 정부 사건을 뒷받침하다

가장 진취적인 수감자 제보자들은 심지어 사건에 대해 구체적으로 아는 것이 없었다. 하지만 그들은 검사들이 도저히 증명할 수 없었던 사실들을 알고 있었으며, 그들의 진술은 검찰의 재판 전략에 깔끔하게 맞춰져 있었다. 그들의 증언은 흔들리는 검찰 측 증인을 뒷받침해주었고, 피고인의 알리바이를 약화시키거나 과학 증거의 약점을 해명했다. 수감자 제보자는 팔방미인이었고, 공소사실에 뚫린 모든 구멍을 막을 수 있었다.

브루스 고드샤크 재판은 중요한 점을 시사한다. 그는 각각의 피해자 2명을 강간한 혐의로 재판을 받았다. 강간당하던 당시 피해자들은 안경을 착용하고 있지 않았다. 피해자 중 한 명은 가해자를 작은 거울을 통해 본 것이 전부였고, 사진대조 때는 고드샤크를 제대로 범인으로 지목하지 못했지만, 재판 과정에서는 그가 강간범인 것을 "절대적으로" 확신한다고 증언했다. 또한 피해자는 수염에 대해 묘사하지 않았지만, 고드샤크에게는 콧수염이 있었다.

두 번째 피해자는 고드샤크를 전혀 알아보지 못했다.[71] 제보자는 고드샤크가 자신에게 범행에 대해 자백했을 뿐만 아니라, "그 사람들은 그를 알아볼 수 없었어요, 왜냐하면 그들은 그를 제대로 볼 수 없었으니까요, 거울을 통해 본 게 전부죠. 맞죠?"라고 말하며 고드샤크가 피해자들이 자신을 알아보지 못할 것을 확신하며 자랑스러워했다고 증언했다.[72]

월턴 데지는 플로리다에서 강간죄로 유죄를 받았지만, 그 판결은 항소심에서 파기되어 그는 새로 재판을 받게 되었다. 월턴 데지에게는 강력한 알리바이가 있었는데, 차고에 있던 8명의 직장 동료들이 그가 하루 종일 자동차 변속기를 수리했다고 증언한 것이다. 그의 직장은 피해자가 강간당한 동네에서 차로도 한참을 가야 하는 곳에 있었다.

월턴 데지의 혐의를 뒷받침하는 증거도 그리 강력하지 않았다. 항소법원은 피해자가 그를 범인으로 지목한 것을 "신뢰하기 어렵다"고 지적했다. 피해자는 가해자를 키 183센티미터가량에 몸무게 80~90킬로그램에 달하는 거구의 근육질로 묘사했다. 이는 데지의 외모와 한참 거리가 멀었다. 그는 키가 152센티미터, 몸무게는 57킬로그램 정도였다. 검찰 측의 또 다른 증인은 "허래스 2세(Harass II)"라는 이름의 개였다. 그 경찰견은 '냄새 라인업'에서 범죄 현장에 있던 피해자의 시트에서 나는 냄새와 데지의 냄새가 동일하다고 판명한 듯하지만,[73] 개를 탓할 순 없다. 담당 경찰견 조련사는 그 후 국가의 명예를 실추시켰던 사건에도 관여했는데, 오판 피해자 윌리엄 딜런(William Dillon) 사건에서도 잘못된 식별 결과를 내놓았다.[74]

검사들은 두 번째 재판에서 새로운 증언을 제시했다. 수감자 제보자는 딱 한 번, 호송차에서 3시간 동안 데지를 만난 게 전부였지만, 그 짧은 시간 동안 데지가 사건에 대해 아주 자세히 자백했다고 주장했다. 그 주장에 따르면 데지는 피해자가 살았던 동네를 "국도 1호선에서 떨어진 비포장도로 밖"이라고 묘사하며 한 여자를 강간했다고 인정했다. 하지만 데지의 직장 동료들은 그가 하루 종일 일을 했다고 말했다. 데지는 대낮에 어떻게 그렇게 멀리 있는 작은 마을까지 갈 수 있었던 걸까?

제보자는 믿기지 않는 고속 모험을 묘사했다. 제보자는 데지에게서 이렇게 들었다고 주장했는데, 그가 계속 일하고 있다고 생각하도록 알리바이 증인들을 속이고는 몰래 빠져나왔다는 것이다. "그래서 그들이 그가 일하고 있었다고 증언했을 때 아무도 그가 돌아온 것을 보지 못했기 때문에 그들은 사실을 이야기하고 있다고 기억하고 있는 것이고, 사람들 주변으로 왔을 땐 아마 일이 거의 끝날 때쯤이었어요." 이는 데지가 어떻게 직장 동료들 몰래 멀리 떨어져 있는 동네까지 갔다가 다시 돌아올 수 있었는지는 설명하지 못했다. 하지만 제보자는 데지가 "15분 만에 그가 다녀올 수 있는 곳으로 완벽하게 다녀왔다"고 주장했다.

어떻게 이것이 가능할까? 데지에게는 가와사키(Kawasaki) 오토바이가 있었다. 제보자에 따르면 "그는 오토바이를 풀로 당겼고 얼마 가지 않아 케이블에 무리가 오더니 툭 하고 끊어졌다고 말했다. 그는 그때 오토바이의 속도가 시속 250킬로미터를 넘겼음을 깨달았다고 말했다".[75] 검사는 이러한 설명을 확실케 하기 위해 오토바이 레이싱 선수를 전문가 증인으로 불렀다. 그는 시속 200킬로미터 이상의 속도에서는 주행거리계가 부서질 수 있다고 설명했다.[76]

제보자의 주장에 따르면 데지는 알리바이를 만들기 위해 그날 저녁 의도적으로 싸움을 했다고 말했다. "그는 어떤 바이커의 노부인과 춤을 췄어요, 바이커는 엄청 화가 났고, 둘은 싸우기 시작했는데 큰 소란으로 번졌어요, 경찰이 출동해서는 보고서를 작성했고, 이것이 그의 알리바이가 됐습니다."[77]

제보자는 또한 피해자의 범인식별에 대해 문제를 제기하려는 피고인의 시도를 약화시켰다. 피해자는 처음에는 덩치가 큰 남자가 자신을 공격했다고 묘사했지만 데지는 크지 않았다. "그가 말하기를, 이걸 보면 그 여자가 얼마나 멍청한 년인지 알 수 있다고 했어요, 그 여자가 결코 구체적으로 진술을 할 수 없을 거라 했죠. 그는 자기를 보라고 하면서, 자기는 키 152센티미터에 몸무게 61킬로그램밖에 되지 않는다고 했어요."[78] 마지막으로 그는 데지가 "새 재판에서도 승리할 거라고 확신한다"며 자랑했다고 주장하면서 피고인이 자신의 다양한 계략이 성공할 거라 자신한 것처럼 묘사했다.[79]

검사는 모두진술에서 데지가 어떻게 "기본적으로 알리바이 증인을 속였는지" 제보자가 밝혀주었다고 강조했다. "그는 가와사키 900 모델을 갖고 있었고, 이를 이용해 시속 200킬로미터 이상으로 왕복할 수 있었으며, 그 과정에서 속도계를 망가뜨렸고, 너무 빨리 달린 끝에 오토바이는 고장이 나버렸습니다."[80] 실제로 검사가 한 주장의 대부분이 제보자의 놀라운 증언에 의해 뒷받침됐다.

물론 이 모든 것이 정교한 거짓말로 밝혀졌다. DNA 검사를 받기 위한 몇 년간 투쟁한 끝에, 그리고 그의 결백을 입증한 수차례의 DNA 검사 끝에, 2004년 월턴 데지는 석방되었다. 그가 감옥에서 22년을 보낸 후였다.

제보자에 대해 말하자면, 그는 살인 혐의를 받고 있었지만 함께 재판을 받던 공동피고인 2명의 사건과 자신과 관련이 없는 살인 사건 한 건에서 증언을 했었다. 그는 죄를 인정했고 데지와 다른 수감자들에게 불리한 증언을 하여 120년을 감형받았다.[81] 제보자는 자신이 데지의 재판에 나선 이유는 어떤 거래를 기대했기 때문이 아니라 여성에 대한 폭력에 크게 화가 났기 때문이라고 말했다. 하지만 데지가 석방된 후 제보자가 이러한 폭력이 낯설지 않은 사람일지도 모른다는 점이 밝혀졌다. 그는 데지에 대한 재판 전에 자신의 양녀를 강간한 혐의로 기소된 적이 있었던 것이다. 제보자가 이와 같은 혐의로 재판을 받고 있다는 사실은 데지의 변호사에게 한 번도 알려진 적이 없었다. 그리고 이 재판은 30년 동안 계류 상태에 있었는데, 데지가 석방되고 문제의 양녀가 다시 나타

난 직후 제보자는 기소되었다. 2004년, 제보자는 미성년자 강간죄로 종신형을 선고받았다.[82]

마찬가지로 니컬러스 야리스(Nicholas Yarris) 사건에서 수감자 제보자는 사건 전반에 대해 검찰 측에 유리한 구체적인 이야기를 들었다고 주장했다. 제보자는 야리스가 자신에게 "그때로 돌아간다면, 결코 그녀를 죽이지 않았을 것"이라 말했다고 주장했지만 살인 그 자체에 대해 상세히 말하지는 않았다. 하지만 제보자는 대신 피해자의 동료였던 목격자의 진술을 강력하게 뒷받침하는 구체적인 진술을 했다.[83]

피해자의 동료는 자신이 피해자와 함께 트라이스테이트몰(Tri–State Mall)에서 일했다고 증언했다. 목격자는 피해자가 사망하기 전 7~8번 정도 야리스를 본 적이 있는데, 야리스가 "더러운 청바지"를 입곤 했다고 증언했다.[84] 목격자는 살인 사건이 있던 날에는 야리스를 보지 못했고, 살인 사건이 있은 지 며칠 후 야리스가 자신을 보고는 "그녀가 강간당했다고 들었다"라며 말했다고 진술했다. 하지만 경찰은 이 부분에 대해서는 공개한 적이 없다고 말했다(야리스는 또한 경찰에서 거짓 자백을 하면서 같은 진술을 했었다. 2장 참조). 하지만 공판 전 절차에서 목격자는 자기가 봤던 남자가 야리스인지 확신하지 못했다.

제보자는 야리스가 자신에게 "그 몰에 몇 번 간적이 있고 거기에는 자기를 적어도 25번 이상 본 여자가 있는데 아마도 자신을 알아보지 못할 것이고, 자신은 사람들이 자신이 몰에 갔었던 사실을 알아채지 못할 것으로 본다"라고 말한 적이 있다고 증언했다.[85] 지방검사는 이러한 구체적인 내용은 야리스 말고는 그 누구도 알 수 없는 것이기 때문에, 야리스가 감옥에서 했다는 자백은 사실임에 틀림없다고 주장했다. 그는 "이게 다 어디서 나온 얘기겠습니까? 신문에 이런 내용이 나온 적이 있

나요?"라고 주장했다.[86]

야리스에게는 이웃의 식료품 가게 주인과 가족을 포함해 여러 명의 알리바이 증인이 있었다. 제보자는 또한 야리스가 그를 위해 위증하도록 알리바이 증인들을 교사한 듯한 뉘앙스를 풍겼다. "그는 제게 말했어요, 알리바이 증인의 거짓말이 들통나면 위증으로 처벌받을 수도 있다고요."[87]

제보자는 또한 과학 증거에 대해서도 해명했다. 혈청학 검사 결과는 야리스의 혐의를 입증하는 데 큰 도움이 되지 않았다. 야리스의 혈액형은 B형이었고, B형과 AB형을 가진 사람이라면 모두 결과에 해당이 되었는데, 이는 전체 남성 인구 중 약 13%에 해당하는 숫자였다. 제보자는 야리스가 B형 물질이 사실은 자신의 것임을 인정했다고 증언했다.[88]

다른 여러 사건에서 제보자들은 법과학 증거를 강화했다. 예를 들어 데이비드 그레이 사건에서 그레이가 당시 장갑을 끼고 있었음을 자백했다고 제보자가 주장함으로써 피해자의 전화기에서 지문이 검출되지 않은 점을 해명했던 사실을 떠올려보자. 케네스 위니엠코 사건에서 제보자는 위니엠코가 "모든 걸 없애버렸"고 고무장갑을 끼고 있었음을 인정했다고 설명함으로써 위니엠코와 일치하는 과학 증거가 없는 점에 대해 해명했다. 마찬가지로 찰스 페인 사건의 제보자는 "페인 씨는 형사가 자신의 사건을 제대로 수사하지 못하고 있다고 말하면서, 자신이 차를 여러 차례나 청소했고, 차를 깨끗이 치워버려서 거기서는 아무것도 찾아낼 수 없을 거라 했어요"라고 증언함으로써 과학 증거의 부재를 해결했다. 검사는 최종진술에서 페인이 자동차를 청소한 것에 대한 제보자의 진술을 강조하면서 "이것은 그가 한 얘기임에 틀림없습니다. 그가 자신의 차를 여러 차례 청소했기 때문에 형사는 그에게서 어떠한 증거

도 찾아낼 수 없었습니다"라고 말했다.[89]

상습 제보자의 증언 동기

제보자 중 몇몇은 상습 제보자였다. 검사들 사이에서 유명했던, 데이비드 그레이 사건의 제보자가 한 예다. 월턴 데지 사건의 제보자 역시 다른 사건에서 여러 차례 증언했었다. 항소심에서 데니스 홀스테드(Dennis Halstead)는 자신에게 불리한 증언을 한 제보자가 이미 경찰을 위해 일하고 있었고 이는 자신이 변호인의 조력을 받을 권리를 침해한 것이라 주장하며 새 재판을 요구했다. 재판부는 "이 사건의 제보자가 이전에 경찰 정보원으로 활동했다는 단순한 사실만으로 그가 현재 경찰의 대리인으로 활동하고 있다고 할 수 없다"라 판시하며 항소를 기각했다.[90]

제보자들은 자신이 모종의 이득을 기대해서 증언하고 있다고는 거의 인정하지 않았다. 대신 이 제보자들은 자신의 진짜 동기를 감추는 고상한 동기를 내세우곤 했다. 몇몇 제보자들은 공동체 의식을 가진 시민으로서 증언하는 것이라 주장했다. 야리스 사건의 제보자는 특히나 검사들을 괴롭혔던 자신의 범죄에 대해 선고를 받기 전에 야리스 사건을 검찰에 진술했기 때문에 증언의 혜택을 분명히 볼 수 있었다. 그 제보자의 혐의는 검사의 집에 침입한 것이었는데, 형 선고는 야리스 재판 이후로 연기되었다. 그럼에도 제보자는 "그것이 내 부인, 내 아이의 일일 수 있기 때문에 증언했습니다. 알겠어요?"라고 말했다.[91]

찰스 페인 사건의 제보자는 "제가 증언을 한 이유는 9살 된 두 딸 때문입니다"라고 말하며 감형 약속을 받은 적도 그 어떠한 혜택을 받은 적도 없다고 진술했다.[92] 캘빈 워싱턴 사건의 제보자는 "회개"와 "구원"에 대한 성경 공부 중에 워싱턴과 대화를 하고는 스스로 나섰다고 주장하면서,[93] "제게 부인이 있고, 엄마가 있고, 여동생이 있기 때문에 국가에 알렸습니다"라고 덧붙였다.[94] 존 레스티보 사건의 제보자는 자신은 "고자질쟁이"가 아니며, "자신이 옳다고 느끼는 것을 하고 있다"고 증언했다.[95]

몇몇 제보자는 감형이 아닌 개인적인 동기가 있었다고 설명했다. 데니스 윌리엄스 사건에서 제보자는 피고인이 자신의 아내에 대한 폭행 사건에 연루된 사실이 있음을 믿고 있다고 밝혔다.[96]

데니스 프리츠(Dennis Fritz) 사건의 제보자는 옳은 일을 했다는 이유로 자신이 어떤 개인적인 위험에 처했는지를 보여주기 위해 자신이 직면하고 있는 위험에 대해 강조했다. 그는 자신이 들은 말을 이야기했다. "너는 밀고자로 낙인찍힐 거야, 그리고 사람들은 너에게 힘든 시간을 선사할 거야. 사람들은 너를 두들겨 패려 할 거고 … 너를 동성애자로 만들려 할 거고 너를 강간하려 할 거야. 단지 네가 검찰을 위해 증언을 했다는 이유만으로." 그는 자는 동안 공격받을까 두려워 양말 속에 연필을 넣어둔다고 배심원들에게 말했다.[97]

이런 수감자 제보자들은 그들이 배심원 앞에 섰을 때만큼 불쾌하고, 그들의 증언 동기만큼 속이 뻔히 들여다보이지만, 그래도 꽤 효과적인 증언을 했다. 그들은 범죄 현장의 증거를 통해 설득력 있게 확증되는 것처럼 보이는, 그리고 일부 사건들의 경우 기소 사건의 모든 약점을 보강하는 시인을 할 수 있었기 때문이다. 이어서 공동피고인의 증언을, 그다음으로는 비밀 정보원과 내부 협조자들에 대해 살펴보겠다. 이들 또한 모두 자신들에게 오판 피해자가 혐의를 인정했다고 증언했다.

공동피고인의 증언

범죄를 저지르는 것을 도운 혐의로 기소된 공동피고인들은 검사 측에 협조하도록 거래를 제안받고, 자신의 공범자들에게 불리한 증언을 하는 대가로 보다 유리한 판결을 받는다. 제보자의 증언이 있었던 52명의 오판 피해자들 중 23명의 재판에서 공동피고인의 증언이 있었다.

3건의 재판에서는 공동피고인이 사건에 대해 아주 잘 알고 있었다. 왜냐하면 그들이 진범이었기 때문인데, 나중에야 DNA 검사를 통해 그들이 진범임이 밝혀졌다. 이 사건들에서는 실제로 죄를 저질렀던 공동피고인들이 무고한 사람에게 책임 일부를 성공적으로 전가했다.

브루스 넬슨(Bruce Nelson) 사건의 진범이었던 테런스 무어(Terrence Moore)는 자백을 하는 한편, 경찰에게 넬슨이 처음 강간을 시작했고 살인을 저질렀다고 말했다.[98] 데이나 홀랜드(Dana Holland) 사건의 범인은 홀랜드와 함께 재판을 받은 삼촌이었는데, 판사는 그 삼촌에 대해 무죄를 선고했다.[99] 아서 멈프리(Arthur Mumphrey) 사건의 공동피고인은 나중에 감형을 받는 조건으로 멈프리에 대해 불리한 증언을 했는데, 멈프리에 대한 재심 과정에서 이루어진 DNA 검사 결과 그 공동피고인과 멈프리의 형제 찰스(그는 당시 경찰에 자백을 했지만 그럼에도 뚜렷한 이유 없이 기소되지 않았다)가 진범임이 밝혀졌다.[100]

나머지 공동피고인 사례는 전부 공동피고인들도 무죄였던 사건이었다. 앞서 2장에서 언급했듯, 17명의 오판 피해자들은 자백을 했고 자신의 공동피고인에게 불리한 증언을 했다. 이 공동피고인들은 나중에 DNA 검사를 통해 결백이 입증됐다.[101] 세간의 이목을 끌었던 이 사건들 중 일부는 2장에서 논의했다. 예를 들어 센트럴파크 조깅 사건의 경우 5명의 청소년들이 긴 조사 끝에 얽히고설키며 서로를 범인으로 지목했었는데 이후 DNA 검사를 통해 결백을 입증받았다.

포드 하이츠 포(Ford Heights Four) 사건의 폴라 그레이(Paula Gray)는 자신이 다른 4명[케네스 애덤스(Kenneth Adams), 윌리 레인지(Willie Rainge), 버널 지머슨(Verneal Jimerson), 데니스 윌리엄스]와 함께 2건의 잔인한 살인을 저질렀다고 증언했다. 10년 후 지머슨의 변호인이 폴라 그레이가 검사로부터 어떠한 감형 약속도 받은 사실이 없다고 증언한 것이 거짓임을 밝혀내고 나서야 법원은 새로운 재판을 허용했다. 그녀는 거짓 증언을 한 겁먹은 정신지체 소녀였지만 검사는 재판에서 거짓을 바로잡아야 했다. 실제로 검찰은 거래의 존재를 은폐한 사실이 있다고 시인했다. "폴라가 윌리엄스 피고인과 레인지 피고인에 대해 불리한 증언을 하면, 폴라에 대한 공소 사실에서 살인 혐의를 빼주기로 약속한 사실이 있다는 것을 배심원들은 알지 못했다." 지머슨 사건에서, 그레이의 증언은 "혐의를 뒷받침하는 유일한 증거였다."[102] 버널 지머슨은 공동피고인의 증언에 대한 이의제기를 통해 유죄판결을 뒤집은 유일한 오판 피해자이다.

새로운 재판이 열린 후 DNA 검사를 통해 그레이, 지머슨과 포드 하이츠 포의 다른 구성원들의 결백이 입증되었다. DNA 검사는 또한 진짜 살인자를 찾아냈는데, 그들은 노스웨스턴대학교에서 언론학 교수 데이비드 프로테스(David Protess)와 함께 일하던 3명의 대학생들이었다. 진짜 살인자들이 누군지를 아는 신빙성 있는 목격자들이 있었고, 심지어 어떤 목격자는 사건 바로 며칠 후 경찰에게 살인 현장을 봤다고 제보하여 상세한 진술도 했지만, 경찰은 후속 조치를 취하지 않았다.[103]

협조자의 기대에 찬 증언

15건의 재판에서, 오판 피해자들이 범행을 인정하는 것을 들었다고 경찰에 제보한 협조자 증인의 증언이 있었다. 이 이야기는 지역사회에 존재하는 착한 사마리아인들의 관한 얘기가 아니다. 비록 이 증인들이 감옥에 있지는 않았지만, 이들 중 몇몇은 수감자 제보자들과 다르지 않게 수사기관으로부터의 혜택을 바랐다. 몇몇은 유력 용의자였기에 기소되는 것을 피하기 위해 협조했던 것으로 생각된다. 다른 몇몇은 보상금을 바라기도 했다. 그리고 이들 대부분은 오판 피해자들이 범죄에 대해 자세히 자백한 것처럼 묘사했다.

그런데 이들 중 한 명은 진범이었으며 나중에 DNA 검사를 통해 살인 혐의가 밝혀졌다. 오클라호마에서 발생한 잔인한 살인 사건으로 사형을 선고받은 데니스 프리츠와 로널드 윌리엄슨에 대한 공판 전 절차에서 진범인 글렌 고어(Glen Gore)는 증인으로 출석해, 피해자가 살해당하던 밤 마지막으로 목격된 바에서 윌리엄슨이 피해자와 함께 춤을 추는 것을 봤다고 진술했다. 윌리엄슨이 "그녀에게 춤을 추자고 졸라댔지만, 그녀는 그러고 싶지 않았"던 것으로 보였다고 고어는 설명했다. 고어는 피해자가 윌리엄슨과 춤을 추던 중 돌아다보곤 자신을 톡톡 치며 "구해주세요"라고 말하며 함께 춤을 추자고 말했다고 설명했다. 그날 저녁에 대한 고어의 이야기는 피해자—그가 살해한—와 춤을 췄다는

것으로 끝났다.[104]

다른 목격자들과 제보자들은 사건 현장에서 어떤 일이 일어났는지 알 방법이 없었지만, 그들의 진술 중 많은 부분에서 보인 정확도의 정도를 감안하면 경찰이 수사 과정을 오염시켰을 가능성이 있다.

예를 들어 케네스 워터스(Kenneth Waters)는 피해자가 무언가에 찔려서 살해당했고, 나이가 있는 독일인이었으며, 돈과 보석이 사라졌다는 것을 포함해 일련의 세부 사항을 2명의 전 여자친구에게 말한 것으로 추정된다. 전해진 바에 따르면 이 여자친구들 중 한 명은 만약 워터스의 죄에 대해 진술하지 않으면 종범으로 기소될 수 있고 그렇게 되면 아이들을 빼앗기게 될 수도 있다는 말을 들은 상태였다.[105]

윌리엄 딜런의 전 여자친구 역시 딜런에게 불리한 증언을 했지만, 25년 형을 받을 수 있다는 협박을 받아 위증을 했다고 말하며 재판 몇 주 후 이를 철회했다. 아울러 사건에 관해 처음 조사를 받던 날 밤 담당 경찰 수사관과 성관계를 가졌다고 폭로하기도 했다.[106]

로이 크리너(Roy Criner) 사건에서는 그가 히치하이커에게 구강성교를 강요하기 위해 드라이버를 사용했다고 자백한 것을 들었다며 세 사람이 경찰에 제보를 해왔다. 그런데 이들의 설명은 서로 일치하지도 않았고 구체적으로 들어가보면 실제 살인 사건과 전혀 일치하지 않았다. 이들 중 한 명은 크리너의 고용주였는데 이 히치하이커 이야기를 재판에서 증언했다. 하지만 몇 년 후 그는 기자들에게 자신과 자신의 아내는 사건 당시 크리너가 통나무를 쌓는 작업을 하고 있었다고 분명히 밝혔다고 말했다. 크리너가 범죄를 저지르는 것은 "물리적으로 불가능"했던 것이다. 크리너의 고용주는 재판에서 이에 관한 질문을 한 번도 받지 않았으며, 경찰이 "우리가 로이에 관해 나쁘게 말하는 것만 기록했다"고

회상했다.[107]

경찰이 사건을 해결할 수 있도록 지역사회의 협조자가 나서는 것은 무척 중요하지만, 경찰은 또한 그들에게 부당한 압력을 가할 수도 있고, 몇몇 사건에서는 경찰이 사건 현장에 관한 정보를 그들에게 공개했을 수도 있다.

수감자 제보자의 증언에 대한 개혁

오판 피해자들의 재판에서 볼 수 있듯이, 허위 제보를 밝혀내기 위해서는 형사재판 과정에 과도한 믿음을 가져서는 안 된다.[108] 허위 제보에 근거한 오판을 방지하기 위해 대법원은 "반대신문을 통해 증인의 진실성을 확인하고 올바른 교육을 받은 배심원이 증인이 한 증언의 신빙성을 결정하도록 하는 영미 법률 체계에 마련된 보호장치"에 의지해왔다.[109] 검사와의 거래 또는 수사기관과 인터뷰한 세부 내용이 공개된 사건은 극소수였다. 그렇지만 대부분의 사건에서 제보자는 자백에 대해 자세히 (하지만 거짓으로) 설명했다.

오판 피해자들의 변호인 중 몇몇은 판사에게 재판에서 제보자의 증언을 허용하지 말 것을 요청했다. 하지만 그 누구도 성공하지 못했다. 아마도 수감자 제보자의 증언을 허용한 법원의 결정 중 가장 말이 안 되는 일은 드루 휘틀리 사건에서 있었던 일일 것이다. 그 제보자는 사형선고를 받고는 집행을 기다리고 있는 처지였다. 하지만 판사는 변호인으로 하여금 그가 사형선고를 받았다거나 수감 중이라는 사실을 언급하지 말라고 했다. 판사는 제보자가 "법원의 통제하"에 있고 정신과 진료를 받고 있다고만 언급할 수 있도록 결정했고, 그들 사이의 대화는 감옥 안이 아닌 거리에서 있었던 것처럼 설명하도록 했다.[110] 또한 판사는 피고인 측 변호인에게 제보자가 자신의 재판에서 심한 기억 장애를 보였고 심지어는 자신이 경찰에게 자백한 것조차 기억하지 못했다는 사실을 꺼내지 못하도록 했다. 기억력 장애 문제는 무척이나 중요한 문제였는데, 왜냐하면 제보자가 사건 발생 5~6개월 만에 나타났기 때문이다. 제보자는 "신문에서 사건에 대해 읽기 전까지 이를 잊고 있었다"라고 설명했지만 나중에 검사에게는 "양심 때문에 나서게 됐다"라는 편지를 보냈다. 그는 기억력에 문제가 있다는 것을 시인했지만 "어제, 1주일 전, 2주일 전이 무엇인지는 기억한다"고 말했다.[111] 배심원들은 제보자의 신빙성을 의심케 할 만한 증거에 대해서는 전혀 듣지 못했다.

판사들은 검사들에게 제보자와 오고 간 대화 내용을 구체적으로 밝히도록 요구하고, 실제로 거래가 있었는지와 제보자가 어떻게 사건에 대해 구체적으로 알게 되었는지를 해명하도록 요구할 수 있었다. 하지만 판사들은 제보자들의 증언을 면밀히 검토하지 않았고 이는 결코 놀라운 일이 아니다. 전통적으로 판사들은 제보자의 증언에 대해 이와 같은 검증을 요구하지 않으며, 심지어는 이처럼 유죄판결이 잘못되었다는 것이 밝혀졌어도 이에 대해 개혁한 곳이 거의 없는 실정이다.

캘리포니아주는 수감자 제보자들의 증언의 잠재적 비신빙성을 배심원단에게 알리도록 요구하고 있고, 오클라호마주는 검사와 제보자 간에 존재하는 그 어떤 거래에 대해서도 "완전 공개"할 것을 요구하고 있다.[112] 일리노이주는 수감자 제보자와 관련된 사건에서 오판이 발생해 사형을 선고한 것에 대한 대책으로, 현재는 판사에게 "제보자의 증언이 신빙성 있는지를 판명하기 위한 별도의 청문 절차"를 밟도록 하고

있다.[113]

하지만 이러한 개혁을 실시한 주는 손으로 꼽을 정도이며, 이러한 개선으로는 충분치 않다. 그 어떤 주도, 제보자에게 사건 정보에 대한 암시가 없었다는 것을 확실히 하기 위해 대화 과정을 녹화하도록 요구하고 있지 않다. 또한 필요하거나 신빙성 있는 경우에만 사건에서 제보자를 활용할 수 있도록 제한한 법원은 거의 없었다.

수감자 제보자의 맞춤식 진술은 강력하지만 거짓된 유죄 증거를 제공했다. 제보자의 증언을 허용하려면 지금보다 훨씬 더 엄중한 검토를 거쳐야만 한다. 진술은 녹화될 수 있을 것이다. 그리고 검사들이 재판 밖에서 거래를 하거나 피고인에게 공개되지 않은 비공식적인 혜택을 약속하는 것을 금지해야 한다. 증거 제시 절차도 강화될 수 있다. 검찰에게 수감자 제보자로부터 이전에 어떤 도움을 받은 적이 있는지 공개하도록 할 수도 있다. 거래에 관한 모든 정보는 일정한 형식을 갖추게 하여 피고인 측에 제공되도록 할 수도 있을 것이다. 여러 사례들은 만약 제보자 증언이 의미 있는 정밀 조사나 예방 조치 없이 자유롭게 허용될 경우 어떻게 잘못된 유죄판결이 초래되는지를 잘 보여준다.

윌리엄 딜런은 27년간 수감된 후에야 결백을 입증받았다. 그가 석방된 후 플로리다주가 그에게 보상을 해야 할지, 그리고 만약 그렇다면 얼마나 보상을 해야 할지를 결정하는 청문회가 열렸다. 그곳에서 딜런은 재판 때 그에게 불리한 증언을 했었던 수감자 제보자를 다시 만났다. 그 제보자는 딜런이 교도소 대기실에서 살인을 재현하면서 피해자를 어떻게 묶었는지와 버려진 해변에서 어떻게 얼굴을 때렸는지를 보여주었다고 주장했었다.

27년 후 그 제보자는 눈물을 흘리며 사과했다. 그는 경찰관들이 자신의 양쪽에 앉아서 어떻게 코치를 했는지를 설명했다. 한 명이 질문을 하면 다른 한 명은 원하는 답을 말했다. 경찰관들은 자신들이 한 말을 제보자가 앵무새처럼 따라하게 한 후 이를 바탕으로 진술서를 적었다. 모든 진술이 날조된 것이다. 이러한 음모에 가담한 보답으로 제보자는 강간 혐의로 감옥에 가는 것을 피할 수 있었다. 27년 후, 마침내 그는 "정말 죄송합니다"라고 말하며 딜런에게 사과했다. 그들은 악수를 했다. 그 제보자는 경찰이 "모두를 괴롭게 만들었다"라고 설명했고, 딜런은 그에게 "이해합니다. 정말로요"라고 말했다.[114]

6장

농락당한 무죄 주장

1982년 6월, 버지니아주 컬페퍼의 작은 마을은 19세 여성에 대한 끔찍한 강간살인 사건으로 요동쳤다. 그녀가 강간당하고 38번 찔리는 동안 그녀의 어린아이 둘이 현장에 있었다. 그녀의 아파트 침실 벽과 바닥은 피가 튀어 얼룩이 졌다. 그녀는 집 바깥에 쓰러져 "도와주세요" 그리고 "공격당했어요"라고 소리쳤다. 구급차가 도착하기 전에 경찰과 그녀의 남편이 현장에 도착했지만, 그녀는 흑인 남자가 자신을 공격했다고 말할 수 있었을 뿐이었다. 결국 그녀는 곧 사망했다.

목격자들은 흑인 남자가 울타리를 기어오르는 것을 보았고, 신문들은 몽타주를 만들었다. 1년이 넘도록 경찰은 단서를 찾지 못했고, 이 사건은 지역 경찰과 주 경찰의 "최우선순위"였다. 하지만 그들은 "큰 좌절감"을 맛봤고 이 사건을 "거대한 수수께끼"라고 불렀다.[1]

얼 워싱턴 주니어는 경계성 정신지체가 있는 흑인 농장노동자였다. 1983년 5월, 친척들과 술을 마시고 말다툼을 하던 중 그는 이웃 노인의 집에 침입했다. 그는 의자로 노인을 때리고, 그녀의 총을 훔쳐 달아나서는 자신의 남동생의 발을 쏘았다. 워싱턴은 숲속에서 울고 있던 채로 발견된 후 체포되었다.

경찰은 처음에는 강간 시도가 있었던 것으로 추측하고(이웃 사람은 나중에 이러한 일에 대해 일체 부정했다) 몇 가지 미제 사건에 관해 워싱턴에게 질문하기 시작했다. 2장에서 설명했던 것처럼, 워싱턴은 질문받는 모든 사건에 대해 자백을 했지만, 다른 사건에서는 피해자들이 경찰에게 그가 가해자가 아니라고 말하거나 자백이 실제 사건과 전혀 일치하지 않는 것으로 간주되었다.

경찰은 또한 컬페퍼에서 있었던 사건에 대해서도 물었다. 두 시간에 걸친 조사 동안 그 사건에 정통한 경찰관이 신문을 이어갔고, 워싱턴은 다시 한번 그 잔인한 살인 사건에 대해 자백했다. 그는 경찰이 뭐라고 묻든 주로 "네, 그렇습니다"라고 답한 내용으로 구성되어 타이핑된 진술서에 서명했다.

이제 사건은 급격히 움직이기 시작했다. 검찰은 사형을 구형할 것이라고 발표했다. 사형이 구형된 경우 그 중대성 때문에 일반적인 중죄 재판보다 재판이 훨씬 길게 진행된다. 하지만 이 사건의 재판기록은 아주 짧았다. 얼 워싱턴 주니어는 5시간도 안 되는 재판 끝에 버지니아주에서 유죄판결을 받았고, 즉각 사형선고를 받았다. 그는 "얼 주니어 워싱턴"이라는 이름으로 재판을 받았는데, 그는 자신의 이름조차 제대로 쓸 수 없었고, 당국 역시 그의 이름을 정확하게 적지 않았다. 짧게 열린 공판 전 기일에서 국가에 소속된 심리학자가 증인으로 나서 워싱턴이 재판을 받을 능력이 있다고 판정했다. 배심원 선정일 후, 재판은 1984년 1월 19일 아침에 시작됐다.

모두진술은 매우 짧았다. 버지니아주 검사는 피해자에게 일어난 끔찍한 강간과 살인에 대해 설명했다. 그는 워싱턴이 자백을 했을 뿐만 아니라 경찰에게 "실제로 범죄를 저지른 사람만이 알 수 있는 여러 가지 사실"을 말했다고 강조했다.[2] 검사 측은 그 후 15명의 증인을 불렀다. 그들은 구체적인 자백 내용, 피해자가 입은 상해, 사건에 대한 조사 과정에 대해 설명했다.

피고인 측은 단 2명을 증인으로 신청했는데, 얼 워싱턴 주니어와 그의 여동생이었다. 버지니아주는 저소득층 피고인들을 위해 변호인에게 지불하는 비용에 법정 제한을 두고 있다.[3] 국선변호인에 만족하지 못한 워싱턴의 가족들은 사선변호인을 선임했다. 그러나 그 변호사는 사형사건을 한 번도 다뤄본 적이 없었고, 그 사실을 여실히 보여주었다. 전체 변호에는 오직 40분만 걸렸을 뿐이었다.

얼 워싱턴 주니어는 결백했고, 사형이 걸린 재판 중이었다. 그는 어떻게 자신의 결백을 배심원단에게 전달했을까? 증언대에서 워싱턴은 자신의 결백을 주장했다. 그는 자신의 진술서에 적혀 있었던 피해자의 침실 옷장 서랍에서 발견된 찢어진 셔츠 같은, 범죄 현장에 대한 구체적 사항(이 부분에 대해서는 2장에서 설명했다)이 포함된 내용 중 많은 부분을 이해하지 못했다고 말했다. 그는 자신이 조사 과정에서 어떤 말을 했는지에 대한 경찰의 증언을 부인했다. 하지만 그에게는 강력한 알리바이가 없었다. 그는 1982년 6월의 그 어떤 특정한 날도 기억할 수 없었다. 어쨌든 그는 경계성 정신지체자였고, 대부분의 사람들 역시 1년 반도 더 된 특정한 날을 기억하지는 못할 것이다. 워싱턴은 그 달에 직장을 잃었다고 기억했고 사건이 일어나던 날 아마도 "집에서 마당 청소"를 했을 거라고 말했다.[4]

최후진술에서 변호인에게는 워싱턴이 유죄를 선고받아서는 안 된다고 강력하게 설득할 마지막 기회가 있었다. 그러나 워싱턴의 변호인은 주장을 거의 하지 않았고 많은 사실에 대해서도 논하지 않았다. 그는 자백에서 등장하는, 사건과의 눈에 띄는 불일치에 대해서도 언급하지 않았다. 예를 들면 워싱턴은 피해자의 인종에 대해 정확히 설명하지 못했다. 경찰이 그에게 "이 여자는 백인이었나요, 흑인이었나요?"라고 묻자 그는 "흑인이요"라고 답했다. 하지만 그녀는 백인이었다. 워싱턴의 변호인은 배심원들에게 "여러분들이 결정해야 하는 가장 중요한 것은 이분, 이 사람, 얼 워싱턴이 이 일을 저질렀는지 아닌지입니다"라고 상기시키는 것 정도 외에는 한 일이 거의 없었다. 그는 워싱턴이 결백하다고 주장하지도 않았다.[5]

다음 날인 1984년 1월 20일 아침, 배심원단은 워싱턴이 유죄라고 결론짓기에 앞서 단 50분의 평의를 거쳤다. 다음은 양형 단계였는데, 워싱턴이 사형을 받을 조건에 해당하는지에 관해 양 측이 증거를 제시하는 재판의 별도 단계였다. 검사는 피해자의 "극심한 고통"과, 끔찍한 살인 사건 중에 "그녀의 두 아이들이 바로 거기에 있었다"는 점, 셋째 아이는 학교에서 돌아와 엄마가 "피바다" 위에 누워 있는 것을 보았다는 점에 대해 생생히 묘사했다. 변호인 측은 워싱턴의 여동생을 내세우고 워싱턴이 재판을 받을 능력이 있다고 판정했던 주 소속 심리학자의 의견을 문제 삼는 데 그쳤다. 최종진술에서 그는 배심원들에게 "그의 인생이 여러분 손에 달려 있습니다"라고 말했다. 그러나 배심원들은 신속하게 워싱턴에게 사형을 선고했다.[6]

검찰의 공소사실은 명백히 얼 워싱턴 주니어가 했던 자백에 의존하고 있었다. 분명한 방어책은 이 자백이 경계성 정신지체가 있는 사람에 의해 이루어졌고, 믿을 수 없으며, 거짓이고, 경찰이 한 암시의 산물이라고 주장하는 것이었다. 하지만 그의 변호인은 한 번도 이런 주장을 하지 않았고, 정신지체가 자백의 신빙성이나 자발성에 영향을 미쳤는지에 대한 전문가의 검토 역시 요청하지 않았다.[7]

또한 그 변호인은 과학 증거에 대해서도 이해하지 못했다. 피해자의 침대보에 묻어 있던 정액 자국에서 혈액형이 검출되었는데, 이 기본적인 기법은 워싱턴을 용의선상에서 배제했다. 변호인은 법과학 보고서를 보았을 때는 분석의 "중요성을 알지 못했다"고 나중에 말했다.

검찰 또한 부정을 저질렀을 수 있다. 4장에서 밝혔듯, 워싱턴이 민사소송을 제기하고 검찰 기록에 대한 접근 권한을 얻은 후, 검찰이 과학 증거를 포함해 무죄에 관한 중요한 증거를 은폐했음이 밝혀졌다.[8] 워싱턴은 결백했지만 배심원들은 결백을 입증할 증거를 거의 접하지 못했던 것이다. 대신 배심원들은 구체적인 자백을 들었다. 워싱턴은 사형집행 9일 전에 생환했다. 250명의 오판 피해자들이 어떻게 재심을 받았는지, 얼 워싱턴 주니어의 생명을 구한 일련의 기적적이고 우연한 개입에 대해서는 8장에서 자세히 살펴보겠다.

무고한 피고인의 주장

우리는 오판 피해자 재판에서 제출된 검찰 측 증거에 대해서는 꽤 많이 들었지만, 재판 기간이나 무고한 피고인 측 변호인이 맡았던 사건들 같은 재판의 일반적인 특성에 대해서는 그만큼 듣지 못했다. 처음 재판기록을 읽기 시작했을 때, 나는 무고한 피고인들이 재판에서 자신의 결백을 주장하려 노력한 내용을 찾게 될 것이라 예상했다. 그런데 대부분의 재판에서 무고한 피고인들이 어떤 역할을 하긴 했지만 그들의 주장은 대개 약했다는 점이 놀라웠다.

이 사건들은 대부분 강간죄에 대한 짧은 재판으로, 세간의 이목을 끄는 사건이 아니었다. 거의 대부분이 낯선 사람에 의한 강간 사건이었기 때문에, 주요 논점은 강간을 저지른 낯선 사람이 누군지를 밝혀내는 것이었다. 진실이 재판에 부쳐진 것이다. 배심원들은 처음에 공소사실을 들었고, 피고인 측 변호인은 피고인이 범인이라는 검찰 측 증거를 무력화하기 위해 여러 결과를 제시하고 기술을 시도했다.

그러나 공소사실에 맞선 피고인 측 주장은 보통 아주 짧았고, 배심원들에게 또 다른 가능성을 거의 제시하지 못했다. 피고인 측 주장이 약했던 데에는 세 가지 이유가 있다. 첫째, 피고인들은 무죄 증거를 찾는 능력이 거의 없었다. 사건에 대해 주로 조사하는 사람은 경찰이다. 이들은 검사 측에 서서 일을 하고, 이들의 업무는 피고인들이 용의자가 될 때까지 진행되거나 이때 마무리된다.

둘째, 범죄를 저지르지 않았다는 것을 설득력 있게 증명하는 것은 본질적으로 어렵다. 알리바이를 갖는 것도 쉽지 않은데, 몇 달 전의 평범한 저녁때 무엇을 했었는지 기억하기란 쉽지 않기 때문이다. 실제로 그날 밤에 대해 생생히 기억한다면 그게 더 수상한 일이다.

셋째, 피고인 측 변호인들은 종종 공소사실에 대해 효과적으로 이의를 제기하지 않았다. 피고인 측은 평균적으로 검사 측보다 절반 정도밖에 증인을 신청하지 않았다. 피고인 측 변호인은 검사 측에 비하면 전문가의 의견을 구하는 경우가 거의 없다. 이 무고한 사람들의 대부분은 변호인을 선임할 경제적 여력이 없었고, 전문가 증인을 부를 여력은 더더욱 없었으며, 국선변호인의 변호를 받았다. 변호인들은 이 사건들이 평범하지 않으며, 의뢰인들의 결백 주장이 실제로 사실이었음을 알지 못했을 수도 있다. 얼마나 자주 그런 일이 벌어졌는지는 알 수 없지만, 몇몇 오판 피해자 사건에서 경찰 혹은 검사들은 변호인에게 무죄의 증거를 숨겼다.

이번 장에서는 무고한 피고인들이 진심으로 자신의 결백을 선언할 수 있었다 할지라도 재판에서 중요한 변론을 하며 직면한 난제들에 대해 자세히 살펴보았다.

검찰은 재판에서 유리한 출발을 한다

앞 장들에서는 자백, 목격자, 과학 증거, 제보자 증언과 같은 검찰 측 증거에 대해서만 논의했다. 검찰은 재판에서 유리한 출발을 하는데, 왜냐하면 형사재판이 열리기 한참 전부터 경찰과 검사는 수사를 하기 때문이다. 반대로 사건이 수사되던 중에 변호사를 선임했던 오판 피해자는 극소수였고, 대부분은 체포된 후까지도 변호사를 선임하지 못했다.

일부는 사건 현장 근처에서 눈에 띄어 그 자리에서 바로 피해자에 의해 범인으로 지목되었지만, 대부분은 시간이 얼마간 흐른 후에 용의자가 되었다. 이 사람들이 어떻게 처음 경찰의 주목을 받게 됐는지는 정확히 모르지만, 우리는 이들 중 일부는 전과자라서 그들의 사진이 경찰서에 보관되어 있었기 때문에, 피해자에게 보여졌다는 것을 잘 알고 있다. 나머지는 행동이 수상쩍었다거나, 제보자가 그들의 이름을 말했다거나, 경찰에 사건에 대해 제보하려고 나섰다가 거짓 자백을 했다는 이유로 경찰의 주목을 받게 되었다.

변호사가 개입할 무렵에는 증인을 찾기가 더 어려워졌을 수도 있고 경찰이 수사를 거의 종결시켰을 수도 있다. 실제로 이들의 재판은 평균적으로 사건 발생 후 1년 3개월 만에 열렸다. 이러한 지연은 증거의 신빙성에 영향을 미쳤을 수 있고, 특히 시간이 지남에 따라 희미해질 수 있는 목격자의 기억에 영향을 미쳤을 것이다.

언론 매체도 이 재판들에 일조했다. 목격자들은 때때로 사건에 관한 보도나 다른 목격자의 진술에 기초한 몽타주를 접했고, 이러한 것들은 그들의 기억을 오염시키거나 그들의 확신을 증가시켰을 수 있다. 재판 전에 널리 알려진 사건의 경우 배심원들이 유죄평결을 할 가능성이 더 높다는 비슷한 연구 결과도 있다.[9] 자극적인 보도는 사건의 끔찍한 측면을 부각할 수 있고, 이는 배심원들을 한쪽으로 치우치게 할 수 있다. 대중의 분노를 자극하는 대대적인 보도는 경찰에게는 사건을 빨리 마무리 짓도록, 검사에게는 재판에 이기도록 압력을 가할 수 있고, 재선을 앞둔 경우 유권자들의 분노를 일으킬 수 있다. 대대적으로 보도된 사건은 다른 지역 관할 법원으로 옮기는 것이 도움이 될 수 있었지만, 판사들은 무고한 사람들의 이송 신청을 모두 기각했다.

유죄협상과 유죄답변

몇몇 오판 피해자들은 재판을 아예 받지 않았다. 6%의 오판 피해자들(250명 중 16명)이 유죄답변*을 하고 재판을 받지 않는 데 동의했다(19명이 유죄 인정을 했지만, 이들 중 3명은 다른 혐의에 관한 재판에서 유죄판결을 받았다).[10] 우리는 이들이 유죄를 인정한 이유는 알 수 없지만 알려진 바에 비춰볼 때 이들 역시 재판을 받았던 오판 피해자들과 비슷한 문제를 겪었을 가능성이 높다. 이들은 자신의 결백을 입증해줄 강력한 증거가 부

* 우리나라의 경우 수사 과정에서 혐의를 인정하든 그 후 법원에서 재판을 받는 과정에서 혐의를 인정하든 구분하지 않고 '자백'이라 부른다. 하지만 미국의 경우 유죄답변(plea of guilty)이라는 제도가 따로 있다. 재판 초기에 판사가 피고인에게 죄를 인정할 것인지를 묻는데, 이때 피고인이 유죄답변을 하게 되면 증거 조사를 생략한 채 곧바로 양형 절차를 거쳐 사건을 종결한다.

족했고, 반면 검찰은 이미 사건에 대한 조사를 마친 후 겉으로 볼 때 강력해 보이는 유죄의 증거를 갖고 있었다.

유죄를 인정한 16명 중 10명은 수사 과정에서 이미 자백을 했었다. 일부는 처음에는 재판을 요구했지만 판사가 자백의 증거능력을 인정한 후에는 유죄답변을 하고 재판을 받지 않기로 했다. 나머지는 이미 거짓으로 자백을 했고, 감형을 받는 조건으로 다른 무고한 사람들에 대해 불리한 증언을 하기로 약속했기 때문에 유죄답변을 했다. 이들의 경우는 5장에서 다루었다.

재판을 받았던 오판 피해자들의 경우와 마찬가지로, 변호인이 원인으로 작용했을 수도 있다. 예를 들어 크리스토퍼 오초아(Christopher Ochoa)의 변호인들은 강간살인 혐의에 대한 그의 구체적 자백이 굉장히 강력해서 그가 사형을 받을지도 모른다고 말하며, 유죄를 인정하라고 압박을 가했다. 그들은 오초아에게 "결백한 사람이라면 그렇게 자세한 진술을 할 수가 없다"고 말했다. 나중에 오초아는 자신의 변호인들이 아마도 "자신이 유죄라 믿었던 것" 같기도 하지만, 한편으로는 자신이 유죄답변을 하면 그들의 "일이 줄어드는" 듯한 인상을 받았다고 말했다. 오초아는 자신과 마찬가지로 무고했던 공동피고인 리처드 댄지거(Richard Danziger)에 대해 불리한 증언을 한 대가로 종신형을 선고받았다.[11]

존 딕슨(John Dixon)은 경찰 수사 과정에서는 무죄를 주장했었는데, 나중에는 유죄답변을 한 것을 후회했다. 그는 유죄답변을 철회할 것을 요청하면서, DNA 검사 결과가 자신의 결백을 입증할 수 있다고 주장하며 검사를 요청했다. 판사는 요청을 거절하면서 "유죄답변을 했던 사람이 마음을 바꾸는 것은 드문 일이 아니다"라고 말했다.[12]

앤서니 그레이(Anthony Gray)도 유죄답변을 철회하려 했다. 그는 정신장애가 있었고, 수사 과정에서 거짓으로 자백했었는데, 이후 상당히 불리한 협상안**을 받아들였다. 그레이는 가장 중대한 범죄 혐의에 대해 유죄를 인정했고, 부과될 수 있는 최대 형량인 종신형을 받는 데 동의했는데, 이는 그가 재판을 받았어도 받을 수 있는 형이었다. 그레이의 변호인은 이와 같은 협상안에 대해 그와 채 한 시간도 이야기를 나누지 않았다. 미국변호사협회(American Bar Association)는 빈곤한 피고인들이 "무조건 유죄답변(meet 'em and plea 'em)"이라는 별명이 붙은 변호를 받는 문제에 대해 상세히 기록했다.[13] 판사는 유죄답변을 철회하겠다는 그레이의 요청을 기각했고, DNA 검사는 7년 후에야 그의 무죄를 입증했다.[14]

DNA로 무죄가 밝혀진 오판 피해자들 중에서는 유죄답변을 한 비율이 무척 낮은데, 이 점은 유죄답변 비율이 압도적으로 높은 일반적인 형사 범죄자들의 경우와 크게 다른 점이다. 모든 형사사건 중 95% 이상이 유죄답변을 통해 종결된다. 그 수치는 중범죄인 강간(83%)과 살인(69%)의 경우 다소 낮지만 여전히 상당히 높은 수치이다.[15]

피고인이 사실은 무죄였다는 것을 알게 된 이 이례적인 사건들에서 유죄답변의 비율이 낮은 이유는 피고인들이 자신의 결백을 알고 있었기 때문이다. 이 중 많은 경우는 혐의의 심각성 때문에 검사들이 피고인들의 구미에 맞는 거래를 제시하지 않았을 수도 있다. 몇몇 오판 피해자는 이후 자신들이 저지르지 않은 범죄에 대해 도저히 유죄답변을 할 수

** 피고인의 유죄답변을 이끌어내기 위해 검사는 피고인(그들의 변호인)과 협상을 하곤 한다. 보통 피고인이 유죄답변을 하는 대신 원래 받을 형보다 가벼운 형을 받는 조건으로 협상이 이루어진다. 이를 일컬어 유죄협상(plea bargain)이라 한다.

가 없었다고 설명했다. 비교적 경미한 혐의로 1년 형을 받는 경우에 거짓으로 죄를 인정하는 것과, 종신형을 받고 평생을 살인자 혹은 강간범으로 낙인찍히는 것은 완전히 다른 문제이다.

예를 들면 27년 이상 복역한 제임스 리 우더드(James Lee Woodard)는 자신의 여자친구를 살해했다는 혐의를 받았는데, 유죄협상 과정에서 단 3년 형을 제안받았다. 그는 당시 자신의 변호인에게 "재판으로 갑시다"라고 말했으며, "언젠가 저는 죽을 겁니다. 그때 신 앞에서 제가 하지 않은 일을 했다고 말하고 싶지는 않았습니다"라고 설명했다.[16]

아마도 이 무고한 사람들은 유죄협상을 받아들였다면 감옥에서 보내는 시간이 훨씬 적었을 것이다. 실제로 우리가 이들을 기억하는 이유 중 일부는 이들이 유죄협상을 받아들이기를 거부하고 재판 끝에 훨씬 가혹한 형을 받았기 때문이다. 제임스 리 우더드가 3년 형을 선고받았다면 1984년에 석방되었을 것이고, 그로부터 10년 후에 도입된 DNA 검사를 받는 것을 귀찮아했을지도 모른다.

오판 피해자 사례들은 무고한 사람이 거짓 자백을 할 수도 있다는 것을 보여줄 뿐만 아니라 무고한 사람이 유죄답변을 할 수도 있다는 것을 보여준다. 유죄답변을 한 사람들은 법정에서 유죄 인정의 의미와 그 결과에 대해 이해하고 있다고 선서했지만, DNA 검사 결과는 무고한 사람들이 거짓 자백을 한 것과 같은 이유로 유죄답변을 할 수 있음을 보여주었다. 그들은 검사들 혹은 심지어 자신의 변호인으로부터도 압박을 받고, 유죄답변이 재판을 통해 받게 될 심한 형벌보다 더 나은 선택이라 믿는다. 그들은 이미 수사 과정에서 자백을 한 상태였거나, 심신이 지쳐 있었거나, 정신적인 문제가 있었을 수 있고, 유죄답변을 하는 것 말고는 선택지가 없는 듯한 느낌을 받았을 수도 있다.

그러나 이러한 오판 피해자 사건들로는 무고한 사람들이 얼마나 많이 유죄답변을 하는지는 알 수 없다. 소수의 오판 피해자들이 유죄답변을 했다고 해서 재판을 진행한 경우보다 유죄답변을 한 경우에 잘못된 유죄판결의 문제가 적다는 것을 의미하진 않는다. 다른 결백한 사람도 많겠지만 그들은 DNA 검사를 요청하지 않았다. 그들은 체계를 더 잘 이해하고 있었기 때문에 재판에서 위험을 무릅쓰고 결백을 주장한다는 원칙에 제대로 입각하지 않았고, 또는 능력이 뛰어난 변호인을 두어서 결과적으로 유리한 유죄협상을 통해 형량을 줄였다. 우리는 이러한 사건에 대해 거의 아는 바가 없고 판사들도 이러한 사건을 주의 깊게 보지 않는다. 결국 유죄답변을 한 사람은 일반적으로 항소할 권리나 인신보호 권리를 포기한다. 또한 많은 주에서는 유죄답변을 한 사람에게 판결 후 DNA 검사를 허용하지 않는다.[17]

미국의 형사사법절차는 유죄협상 시스템이다. 검사들은 유죄협상을 통해 사건 대부분을 해결하지만, 오판 피해자 사례들은 유죄답변을 했다고 해서 모두 유죄가 아니라는 것을 생생하게 보여준다. 유죄협상 시스템에 대해서는 훨씬 더 면밀한 검토가 필요하다.

재판에서 무죄를 주장하다

"배심원 재판에서는 증거가 중요하다"고 생각할 충분한 이유가 있다.[18] 배심원들은 목격자 증언, 경찰 증언, 자백 증언, 피해자 증언, 과학 증거 같은 일반적인 증거 유형에 큰 가치를 부여한다.[19] 앞 장에서 설명했듯, 지금에 와서는 결함이 있어 보이는 증거도 당시에는 강력해 보였을 수 있다. 자백과 제보자 증언은 진범이 아니고서는 알 수 없었던 사건에 대한 구체적 사실들을 포함하고 있는 것으로 보였다. 3장에서 논의했듯, 목격자들은 자신 있게 범인을 지목했고 이는 배심원들에게 깊은 인상을 남겼다. 4장에서 설명했듯, 법과학 분석관들은 증거를 과장했지만 배심원들은 그러한 결함에 대해 거의 듣지 못했다.

게다가 이 각각의 증거들은 사건이 좀 더 그럴듯해 보이도록 서로를 보강한다. 경찰은 종종 용의자들에게 과학 증거가 그들을 범죄와 결부시키고 있다고 말함으로써 자백을 확보했다. 센트럴파크 조깅 사건이 이 경우에 해당한다. 나중에 가서는 과학 증거가 설득력이 약한 것으로 밝혀졌고 대체로 피고인들을 배제시켰다. 하지만 이는 매우 강력해 보이는 자백을 얻는 데 사용되었다.

검시관이 살인 무기가 무엇인지 확실치 않다고 하더라도, 다친 부위에 칼이 사용된 것 같으면 이후 오판 피해자는 칼을 사용했다고 자백했다(로널드 존스 사건처럼). 또는 제보자가 나서서 오판 피해자가 칼 사용에 대해 자백했다고 주장하면 증거는 겉으로 보기에는 설득력 있게 들어맞을 것이다. 증거는 쉽게 알아낼 수 없는 방법을 통해 교차 오염될 수 있는 것이다. 관련 기록은 없지만 피해자는 라인업에서 범인을 식별하는 데 확신이 없었을 수 있다. 하지만 만약 경찰이 피해자에게 과학 증거가 모두 용의자와 일치했다고 말한다면 피해자의 확신은 아마도 확고해질 것이다.

마찬가지로 배심원들이 모든 증거를 평가할 때는 증거의 강도뿐만 아니라 그 일관성 역시 중요할 수 있다. 검사들은 자신들이 왜 피고인이 범인이라고 생각하는지를 설명함으로써 가능한 가장 그럴듯한 스토리를 제시한다. 검사들은 피해자가 스스로 그때 무슨 일이 벌어졌는지를 설명하고 진술 마지막에 피고인을 범인으로 지목하는 강간 사건에서 특히 이를 강렬하게 할 수 있었다. 또한 검사들은 어떤 일이 벌어졌으며 왜 피고인이 범인으로 지목됐는지를 전부 설명할 수 있는 여러 사람들—사건 현장을 조사했던 경찰, 법과학자, 피해자의 가족, 목격자, 제보자, 피해자를 치료한 의사, 피해자의 사망 원인 혹은 상처의 원인을 조사한 검시관—을 증인으로 세울 수도 있었다.

피고인이 무죄에 관해 제시한 스토리가 믿을 만하지 않거나 그들이 아무런 스토리도 제시하지 못할 때, 유죄에 대한 배심원들의 확신은 커질 것이다.[20] 무고한 사람들과 그들의 변호인이 당면한 문제는 일반적으로 그들의 결백을 믿을 만한 방식으로 전달할 방법이 없다는 것이다. 많은 오판 피해자에게는 단순히 무죄를 주장하는 것만이 할 수 있는 일의 전부였다. 많은 경우에는 무죄를 입증할 확실한 증거가 없었지만, 이는 그들이 아무런 시도를 하지 않았다는 뜻은 아니다. 재판기록을 입수할 수 있었던 오판 피해자 사례 중 90%가 넘는 경우(207건 중 190건)의 재판에서 오판 피해자들은 자신의 결백을 주장했다. 직접적으로 결백을 주장하지 않았던 일부 경우에는 검찰이 합리적인 의심을 넘어 유죄를 충분히 입증하지 못했다고 간단히 주장했다.

이러한 재판들은 변호인의 모두진술로 시작되었는데, 대부분의 변호인들은 모두진술에서 의뢰인의 무죄를 주장했다. 예를 들어 리처드 알렉산더(Richard Alexander)의 변호인은 "이 사건은 오인이 문제인 사건입니다"라고 배심원들에게 말하며, 무죄 주장으로 재판을 시작했다. 미겔 로먼(Miguel Roman)의 변호인은 "그 사람이 하지도 않은 일 때문에 유죄를 받는 것보다 더 큰 불의는 없습니다. 우리 사법제도에서 이보다 더 무서운 일은 없습니다"라고 말하며 재판을 마쳤다.[21] 아마도 증거가 약하다고 여겼던 나머지 사람들은 무죄를 강조하지 않았다. 얼 워싱턴 주니어의 변호인이 결백을 주장하지 않고 단지 배심원들의 자비를 청했던 것을 떠올려보자.

대부분의 오판 피해자들은 또한 단독 피고인으로 재판을 받았다. 대부분 형사재판의 피고인은 한 명이지만,[22] 2장에서 설명했듯 일부 오판 피해자들은 다른 피고인들과 함께 재판을 받았다. 그중 일부에서는 모든 피고인들이 결백을 주장하지는 않았는데, 몇몇은 유죄답변을 하고 거짓 자백을 통해 다른 무고한 사람들까지 범인으로 지목하기도 했다.

통상적으로 간단한 모두진술을 한 후 검찰 측 주장이 있고 잠시 후 피고인 측 주장이 이어진다. 피고인 측은 보통 아주 짧게 변론했고, 이는 재판을 짧게 만든 원인이었다. 2일도 안 되는 재판 기간에, 피고인 측 주장에 40분이 걸렸던 얼 워싱턴 주니어의 재판은 많은 면에서 아주 대표적인 사건이었다. 250명의 오판 피해자들 중에 17명만이 사형 선고를 받았지만, 사형이 걸린 이 사건은 대다수의 오판 피해자 재판들과 재판 기간이 비슷했고 피고 측의 변론도 마찬가지로 미온적이었다. 한 연구에 따르면 일반적으로 강간 사건 재판은 하루보다 조금 더 걸리지만, 살인 사건 재판은 평균적으로 33시간이 걸리며 모살 사건의 경우 이보다 더 오래 걸린다.[23]

오판 피해자들의 경우는 이러한 패턴과 일치한다. 이들 형사사건의 재판 기간은 대부분 일주일 미만이었고, 평균 5일이 걸렸다. 살인죄에 관한 재판, 특히 모살죄의 경우 더 길어지는 경향이 있었다. 피고인 측의 모두진술과 최종진술은 일반적으로 검찰 측보다 짧았고, 소환한 증인의 숫자 역시 더 적었다.

일부 오판 피해자 재판의 경우 피고인 측이 사실상 긍정적인 변론을 하지 않았다. 피고인 측 변호인들은 검사 측이 변론을 마치자마자 증인도 세우지 않고 변론을 마무리했다. 칼로스 레이버니아(Carlos Lavernia)와 토머스 맥고원(Thomas McGowan) 사건이 그 예이다.[24] 일반적으로 피고인들은 자신만의 알리바이를 주장했지만, 아마도 이를 뒷받침할 증인은 적었을 것이다. 평균적으로 피고인은 6명의 증인을 불렀는데, 검사 측이 평균적으로 14명의 증인을 부른 것과 비교할 때 두 배 이상 차이 나는 수치였다.

몇몇 변호인들은 의뢰인을 위해 조사하고 대변하는 데 열심히 노력하지 않았다. 물론 추후에 논의하겠지만 입수한 기록상으로는 변호인들이 무얼 했고 무얼 하지 않았으며 무얼 다르게 했어야 하는지는 정확히 알 수 없다. 일부는 준비할 시간이 거의 없었다. 예를 들어 케네스 위니엠코(Kenneth Wyniemko)의 변호인은 너무 늦게 선임되어 5일짜리 재판에 앞서 주말 동안 준비를 마쳐야만 했다.[25]

재판에서 무죄를 주장하는 데는 두 가지 방법이 있다. 알리바이를 주장하거나 다른 사람의 유죄를 입증할 증거를 제시하는 것이다. 재판을 진행한 오판 피해자들 중 68%(207건의 재판 중 140건)가 알리바이를 주장했는데 피고인이 범죄 현장에 없었다는 증언을 해줄 증인을 소환했다. 다른 사람이 유죄라고 주장한 경우는 14%(207건의 재판 중 30건)였고 다른 사람을 진범으로 지목하는 증거가 등장했다.

이 두 방법은 물적증거나 목격자의 증언, 피고인 자신의 증언(증언대에 서기를 원한 경우)을 통해 뒷받침될 수 있었다.[26] 자신의 결백을 주장하기 위해 53%(207건 중 110건)의 오판 피해자들이 증언대에 섰다. 14%(207건 중 30건)에는 오판 피해자의 결백을 뒷받침하는 과학 증거가 있었다. 이어지는 절에서는 두 방법에 대해 살펴보겠다.

빈약한 알리바이

무고한 사람들에게 자신의 알리바이를 뒷받침하는 강력한 증거가 있었을까? 약 3분의 2, 또는 68%의 오판 피해자들(207건 중 140건)은 알리바이 주장을 했다. 알리바이는 대체로 배심원들의 신뢰를 받지 못하는데, 왜냐하면 범죄자들 모두가 일종의 알라바이, 심지어는 매우 그럴싸한 것을 만들어낼 수 있기 때문이다. 또한 몇 주, 몇 달 이상 지난 후에 사람들이 특정한 시간에 있었던 일을 기억하기란 쉽지 않다. 그날 부적절한 행동을 하지 않았던 결백한 사람은 그날을 기억할 만한 특별한 이유가 없는 것이다.

이에 대해 브랜던 문(Brandon Moon)의 변호인은 재판에서 "죄를 지은 사람은 무슨 일이 벌어졌는지 압니다. 그는 잘 설명할 수 있습니다. 하지만 무고한 사람은 거기에 없었습니다. 그는 잘 설명할 수가 없습니다. 왜냐하면 무슨 일이 일어났는지 전혀 모르기 때문입니다"라고 주장했다.[27]

또한 대부분은 알리바이가 약하다. 연구에 따르면 극히 일부의 알리바이만이 신용카드 영수증이나 티켓과 같은 물적증거를 통해 뒷받침된다. 대신 대부분은 증인들에 의해 뒷받침되는데, 이들은 보통 피고인의 가족들이고 사랑하는 사람을 돕기 위해 거짓말을 할 이유가 있는 사람들이다. 그래서 배심원들은 이러한 증인들을 불신하는 경향이 있다.[28] 피고인이 처음 용의선상에 올랐을 때 알리바이를 조사하기 위해 경찰이 충실히 노력을 했는지 여부는 보통 알 수가 없다. 아마도 당시에는 좀 더 강력한 무죄의 증거가 있었겠지만 이는 조사되지 않았거나 유실

되었을 것이다.

재판 당시 대부분의 오판 피해자들은 알리바이가 약했고, 알리바이를 뒷받침할 물적증거가 없는 경우가 대부분이었다. 알리바이를 주장한 140명의 오판 피해자들 중 121명에게는 알리바이 증인이 있었다. 나머지는 사건 당시 자신이 무엇을 하고 있었는지를 설명하는 자신의 진술이 전부였다. 대부분의 오판 피해자들은 직업이 없어서 사건 당일 출근했다는 기록이나 일하는 것을 보았다고 말해줄 직장 동료도 없었다. 대부분은 사건 당시 가족들과 함께 집에 있었다고 증언해준 가족을 제시할 수 있을 뿐이었다. 게다가 범죄 중 많은 수가 야간에 일어난 강간 사건이어서 목격자가 거의 없었고, 가족들 역시 모두 잠에 들었을 때라 오판 피해자들이 집에 있었는지 여부를 알 수가 없었다.

이러한 알리바이는 검찰 측의 공격에 취약했고 심지어는 피고인들을 더 불리하게 만들기도 했다. 검찰은 알리바이가 날조된 것이라 주장하면서 이것이 피고인이 거짓말을 하고 있다는 증거라고 주장할 수 있었다. 몇몇 범죄, 특히 사망 시각을 정확히 알 수 없는 살인 사건의 경우에는 정확히 언제 사건이 일어났는지를 결정할 수가 없다. 만약 범죄가 발생한 시각을 알지 못하면 피고인은 긴 기간 동안의 알리바이를 입증해야만 한다.

몇몇 오판 피해자들은 아주 강력한 알리바이를 갖고 있었는데도 유죄판결을 받았다. 그중에서도 티머시 더럼(Timothy Durham)의 알리바이가 아마 가장 강력했을 것이다. 강간 사건이 발생했을 때 더럼은 오클라호마 털사에서 멀리 떨어져 있었는데도 유죄판결을 받았다. 사건 당일 그는 텍사스주 댈러스에서 열린 전미스키트사격대회에 가 있었다. 또한 그는 자신의 알라바이를 증언해준 11명의 증인이 있었다. 한 증인이 설명했듯 "전국에서 가장 큰 사격대회 중 하나"일 정도로 큰 사격 대회였고, 여러 명의 증인들이 대회 기간 이틀 동안 부모와 함께 있던 더럼을 만난 것에 대해 설명했다.[29] 그 후 피고인 측은 더럼의 가족들이 함께 먹은 저녁 식사, 더럼이 댈러스에 있는 동안 구입한 옷들, 주유비 등에 대한 신용카드 영수증을 제출했다.[30]

검찰은 이 증인들이 한통속이거나 혹은 착각했다고 주장했다. 또한 검찰은 훨씬 강력해 보이는 무언가를 갖고 있었는데, 단지 피해자가 그를 범인으로 지목한 것이 전부가 아니었다. DNA 검사 결과가 더럼을 지목했던 것이다. 4장에서 설명했듯 사실 그 DNA 검사 결과는 거짓이었고 실험실의 오류로 인해 만들어진 것이었다.

일부 오판 피해자들에게는 자신의 알리바이를 뒷받침해주는 것이 자기 자신의 진술밖에 없었다. 예를 들어 앤서니 마이클 그린(Anthony Michael Green)은 사건이 있던 밤에 집 앞 거리에서 친구들과 달리기 시합을 했다고 증언했다가 나중에는 자신의 여자친구와 함께 했다고 증언했다. 하지만 피고인 측은 이 주장을 뒷받침할 증인을 한 명도 신청하지 않았다.[31]

또 다른 예로 리키 존슨(Rickey Johnson)은 사건이 있던 밤 이에 고름이 차고 아파서 집에만 있었고 다음 날 치과에 갔다고 말했다. 하지만 치과의 관리자이기도 한 치과의사의 부인은 사건 전후로 존슨이 내원했던 기록이 없다고 말했다.[32]

한편 제임스 리처드슨(James Richardson)은 처음에는 자기가 좋아하는 특별한 종류의 닥터페퍼 음료수를 사기 위해 이른 아침에 두 시간 동안 운전을 하며 돌아다녔다고 말했다. 하지만 그는 자신의 집 바로 옆집인 사건 현장에 나타난 첫 번째 사람이었다(거기서 그는 진범이 지른 불길

속에서 피해자의 어린 딸을 구출해냈다).[33]

일부는 알리바이가 전혀 없었는데, 왜냐하면 사건 당시 범죄 현장에 있었다고 인정했기 때문이다. 헥터 곤잘레즈(Hector Gonzalez)는 한 남자가 살해당하던 현장에 있었다. 곤잘레즈는 나이트클럽 바깥에서 살인을 목격했던 인파 사이에 있었을 뿐 아무런 관여를 하지 않았다고 말했다. 안토니오 비버(Antonio Beaver)의 경우에는 선고 당시 판사에게 "도움이 됐을 것입니다. … 그 남자는 … 제 앞뒤에서 일했던 사람입니다"라고 말하며 알리바이 증인이 재판에 나와주었으면 하는 마음을 간절하게 비췄다.[34] 또한 아빈 맥기(Arvin McGee)는 판사에게 "나는 봉이었습니다"라고 말하며 알리바이 증인을 한 명도 불러주지 않은 자신의 변호인에 대해 불만을 표시했다.[35]

오판 피해자의 진범 지목

진범을 지목할 수 없다면 피고인이 무고하다고 주장하는 것 역시 쉽지가 않다. 단 14%(207건 중 30건)의 적은 오판 피해자들만이 사실은 다른 누군가가 범죄를 저지른 것이라고 주장했다. 몇몇 다른 오판 피해자들도 이 같은 증거를 제시하려 시도했지만, 판사가 이를 막았다. 대부분의 주에서 판사는 충분한 입증이 안 될 경우 다른 사람을 범인으로 지목하는 증거를 제외할 수 있다. 미 대법원은 홈스 대 사우스캐롤라니아(Holmes v. South Carolina) 재판에서 이러한 형태의 방어 방법이 적법절차원칙의 일부임을 확인했다. 하지만 법원은 이러한 증거가 너무 미약하다면 판사들이 이를 배제할 수 있다고 판시했다.[36]

제3자가 범인이라는 주장에는 사법부나 학계가 그다지 큰 관심을 두지 않았다. 아마 이러한 주장을 제시해서 성공한 경우가 거의 없기 때문일 것이다.[37] 결국 피고인에게는 수사 능력이 없고 다른 단서에 대한 정보 역시 없을 가능성이 높다.

그러나 매우 놀랍게도 몇몇 오판 피해자들은 재판 당시 진범이 누구인지 지목했고, 지목된 사람들은 이후 DNA 검사 결과 진범임이 실제로 확인되었다. 이러한 사례들은 진범으로 인도해줄 수 있는 타당한 증거를 사건을 수사했던 경찰이 무시했을 수도 있다는 것을 시사한다.

프레더릭 데이(Frederick Daye)의 변호인은 같은 사건으로 기소되었던 데이비드 프링글(David Pringle)의 어머니를 증언대로 불러냈다. 그녀는 두 번째 가해자에 대한 목격자의 설명과 일치하는 아들의 지인에 대해 증언했다.[38] 프링글의 사촌 역시 사건 직후 프링글의 지인이 의심스러운 행동을 했다고 증언했는데, 그 지인은 피해자가 도난당한 것과 비슷한 반지 두 개를 프링글의 사촌에게 팔겠다고 제안했다.[39] 이들의 증언 중 그 무엇도 프링글의 유죄에 관한 강력한 증거가 될 수 없었다. 하지만 판결 후 DNA 검사를 통해 사실은 프링글이 범인이었음이 확인되었다. 바이런 홀지 사건에서는 그의 변호인은 어떤 이웃이 범인일 가능성을 제시했는데, 판결 후 DNA 검사 결과 이 주장이 사실임이 입증되었다.[40]

로버트 클라크(Robert Clark)는 여성을 강간하고 그녀의 차인 적갈색 올즈모빌 커틀러스를 훔친 혐의로 기소되었다. 그는 피해자의 차를 몰고 다니다 잡혔지만 경찰에는 그의 친구인 토니 아널드(Tony Arnold)로부터 차를 받았다고 말했다. 클라크의 변호인은 피해자가 최초로 묘사한 가해자의 모습과 훨씬 더 잘 어울린 아널드가 진범이라고 주장했다.

사실 아널드는 법정에 출석했었고 증인은 아널드가 피해자의 차와 일치하는 적갈색 차량을 운전하는 것을 보았다고 지목했는데, 당시 아널드는 실직 상태로 차가 없었기 때문에 증인은 그를 보고 이상하다고 여겼었다. 판결 후 DNA 검사는 아널드가 진범임을 증명했지만, 그 사이에 클라크는 24년을 감옥에서 보냈고, 아널드는 조지아주에서 연쇄강간을 저질렀다.[41]

로널드 윌리엄슨(Ronald Williamson)의 변호인은 검찰 측 증인 글렌 고어(Glen Gore)가 피해자가 살아 있는 것을 "본 마지막 사람으로 알려져 있다"고 지적하면서 "그가 유력한 용의자라고 생각하지 않습니까?"라고 물었다.[42] 5장에서 고어가 했던 섬뜩한 설명에 대해 회상해보자. 그는 피해자가 손을 뻗쳐 그에게 함께 춤을 추자고 하면서, 윌리엄슨의 춤 신청으로부터 그녀를 "구해달라"고 했다고 말했다. 판결 후 DNA 검사를 통해 고어의 유죄가 확인되었다.

다른 가해자들은 모두 무고한 사람에게 책임을 전가하는 데 너무나도 적극적이었다. 브루스 넬슨(Bruce Nelson) 사건에서 진범인 테런스 무어(Terrence Moore)는 자백을 했지만 넬슨이 강간살인 사건을 주도했다고 지목했다. 아서 멈프리(Arthur Mumphrey) 사건에서 자백을 하고 감형의 대가로 멈프리에게 불리한 증언을 했던 공동피고인은 DNA 검사를 통해 유죄가 확정되었다.

이런 사건들에서 진범은 경찰 수사망 안에 있었지만 경찰은 잘못된 사람에게 집중했다. 일반적으로 경찰의 조사 파일은 절대 전부 공개되지 않기 때문에 우리는 경찰이 추적을 게을리한 단서가 무엇인지 모른다. 일부의 경우, 피고인이 비록 지금은 무고한 것이 밝혀졌지만 당시에는 유력한 용의자로 지목될 만한 이유가 있었는데, 왜냐하면 목격자가 범인으로 지목했기 때문이다. 우리는 얼마나 많은 사건에서 경찰이 무고한 사람에게 지나친 초점을 두어 진범을 밝혀낼 수 있는 단서들을 무시했는지 알 수 없다. 명백한 사실은, 경찰은 성급하게 결론을 내리는 것보다는 다른 용의자와 가능성에 대해서도 열려 있어야 한다는 것이다. 성급한 결론은 잘못된 유죄판결로 이어질 수 있고 그동안 진짜 범인은 거리를 활보한다.

저는 범인이 아닙니다

무고한 사람들은 알리바이와 제3자의 유죄 증거를 찾아내려 했을 뿐만 아니라 또 다른 무죄 증거에 의존할 수도 있었다. 바로 자기 자신이었다. 오판 피해자 재판의 절반 이상인 53%(207건 중 110건)에서 오판 피해자는 자신의 무죄를 주장하기 위해 증언대에 섰고, 아마도 알리바이 또한 주장했을 것이다. 그들은 한 가지 까다로운 문제에 봉착했는데, 그들은 자신의 결백함이 전달되기를 열망했지만, 피해자에 대한 동정심 역시 전달되기를 바랐던 것이다. 그러나 대다수가 달변이 아니거나 대중 연설에 익숙하지 못했다. 그들은 배심원들로부터 약간의 동정심을 얻기를 바랐지만 배심원들은 그들이 저지른 중죄 혐의에 대해서만 귀담아들었다.

대부분은 과도한 감정을 배제한 채 짧게 자신의 결백을 주장했다. 데니스 브라운(Dennis Brown)은 재판에서 "저는 그런 일은 하지 않습니다", "아닙니다. 저는 가정교육을 제대로 받았습니다"라고 말하며 강간 혐의를 부인했다. 그는 피해자에 대해서는 "다른 누군가 그녀에게 한 일은 정말 유감입니다. 왜냐하면 제가 한 일은 아니기 때문입니다"라고 언급했다.[43] 비슷하게 찰스 채트먼(Charles Chatman)은 "그녀가 말한 것처럼, 당신은 그날 밤 그녀의 집에서 그녀를 강간했습니까?"라는 질문에 "아닙니다. 저는 하지 않았고 정말로 사실입니다"라고 답했다.[44] 토머스 도스웰(Thomas Doswell)은 "내가 그 여자분을 강간하지 않은 것은 하늘이 압니다"라고 증언했다.[45] 클래런스 엘킨스(Clarence Elkins)는 간결하게 "네, 저는 결백합니다"라고 증언했다.[46] 데니스 프리츠(Dennis Fritz)는 자신의 결백을 주장하는 더 긴 진술을 했다. 그는 "데니스, 당신은 살인을 했습니까?"라는 질문을 받고 다음과 같이 답했다.

> 아니요. 저는 안 그랬습니다. 저는 피해자를 죽인 적 없고, 그 일에 대해서는 아는 것이 전혀 없습니다. 정황증거 때문에 저는 카운티 감옥에 11개월 넘게 갇혀 있었습니다. 하지만 저는 살인을 하는 그런 사람이 아닙니다. 저는 살인에 대해서는 한 번도 생각해본 적이 없습니다. 저는 한 번도 여성을 강간하길 원한 적이 없습니다. 저는 평생 이런 종류의 행동에 대해 생각해본 적이 없습니다.[47]

오판 피해자들은 자신의 결백을 주장했을 뿐만 아니라, 거짓으로 자백했던 많은 수가 자신의 자백을 철회했다. 거짓 자백을 했고 재판에서 유죄판결을 받았던 30명의 오판 피해자들 중 17명이 그렇게 했다. 예를 들어 브루스 고드샤크는 형사들이 "경찰서에서 신문하기 시작하는데 기분이 나빴습니다. 대부분 인정하지 않고 있었는데, 자백을 하면 가게 해줄 것 같았습니다"라고 말했다.[48] 1장에서 등장했던 로널드 존스는 형사에게 자백한 이유에 대해 "그가 나를 때리는 것을 멈추게 할 유일한 방법처럼 보였기 때문입니다"라고 증언했다.

선고공판—일부 재판에서만 이에 대한 기록을 남겨두었다—에서 최소한 57명의 오판 피해자들은 가슴 뭉클한 말로 법원의 자비를 구하며 자신의 결백을 다시 한번 주장했다. 로널드 존스는 말했다. "희생자 가족이 겪어야 했던 슬픔과 고통에 대해 정말 유감스럽게 생각한다고 말하고 싶습니다. 그리고 제 가족이 겪어야 했던 슬픔과 고통에 대해서도 정말 유감입니다. 이게 제가 하고 싶은 말의 전부입니다."[49]

대부분은 짧게 발언했다. 앤서니 카포지(Anthony Capozzi)는 "판사님. 저는 절대로 이런 범죄를 저지르지 않았고 저는 결백합니다"라고 말했다.[50] 래리 풀러(Larry Fuller)는 좀 더 길게 말했다. "저는 스스로가 받아들여야만 하며 제가 바꿀 수도 없는 그런 상황의 희생자라고만 여겨집니다… 저는 받아들이고 싶습니다. 정의의 말씀을 신뢰하고, 눈가림이 아닌 정의를 보는 눈이 있다는 것을 믿고 여기에 왔기 때문입니다."[51] 커크 블러즈워스(Kirk Bloodsworth)는 사형선고를 받은 사람들 중 첫 번째로 재심을 통해 무죄선고를 받은 사람인데, 다음과 같은 공식 성명을 발표했다.

> 저 커크 노블 블러즈워스는 그 사건의 범인이 아닙니다. … 저는 평생 한 번도 폭력적 행동을, 더군다나 아이에게는 해본 적이 없습니다. … 모든 과정에서 잘못된 정의를 서투른 방식으로 흉내 내고 있다는 생각이 들었습니다. 판사님을 곤경에 처하게 하거나 누군가를 이 법정에 서게 하기 위함이 아닙니다. 그들은 그들의 본분을 다해야만 합니다. 누군가 그들에게 할 일을 지시했고 그 이후 여기까지 왔습니다. 존경하는 판사님, 저는 1984년 7월 25일 그 범죄를 저지르지 않았다는 것만 말씀

드립니다. 제가 만약 그랬다면 처음부터 다시 시작했어야 합니다.[52]

억울하게 사형선고를 받은 사람으로서, 그는 사면을 구했을 뿐만 아니라 자신의 처지에 대한 분노를 눌러야만 했다. 다른 오판 피해자들도 돌이켜보면 놀랍게도 정중하게 판사에게 말을 건넸다. 더글러스 에컬스(Douglas Echols)는 이렇게 말했다. "저는 그 여자분을 강간하지 않았습니다. 저는 그 여자분을 납치하지도 않았습니다. 저는 그 여자분에게 강도짓을 하지 않았습니다. 저는 공소사실 중 그 어떤 일도 하지 않았습니다. 아실 겁니다. 저는 판사님께서 하신 그 어떠한 일에도 화가 나지 않습니다. 아실 겁니다. 신의 가호가 있길 빕니다."[53]

몇몇은 스스로를 구하기 위해 신에게 의탁했다. 캘빈 올린스(Calvin Ollins)는 판사에게 "저는 제가 하지 않은 일 때문에 유죄판결을 받았다고 말하고 싶습니다. 그리고 저는 항상 스스로에게 언젠가는 풀려날 거고 신이 저를 위해서 무언가를 해주실 거라 말하고 있습니다"라고 말했다.[54]

이와 대조적으로, 배심원단의 평결이 낭독된 후 제임스 오도널(James O'Donnell)은 이해할 수 없는 반응을 보였다. 그는 분노로 폭발했고 배심원들과 판사에게 욕설을 쏟아부었다. 그 후 그는 스스로 안정을 되찾은 후 말했다. "화를 내서 정말 죄송합니다. 저는 가능한 한 시민의식을 지키려 노력했습니다. 저는 결코 이런 범죄를 저지르지 않았습니다. 그리고 제 삶과 제 아이들의 삶, 제 부인의 삶은 이제 끝났습니다. 저는 배심원들이 어떻게 제게 이런 일을 할 수 있는지 이해할 수가 없습니다. 그들이 한 일은 정말 옳지 않습니다. 저는 집에서 침대에 누워 있었습니다. 저는 자고 있었습니다. 저는 결코 여자를 때리지 않았습니다. 제게는 부인이 있습니다. 저는 한 번도 저희 애들을 때린 적이 없습니다, 한 번도요. 저는 제 인생 통틀어 한 번도 여자에게 무언가를 하도록 강요해본 적이 없습니다. 하느님께 맹세컨대 진실입니다. 그저 단지 … 화를 내서 정말 죄송합니다. 제 목숨을 빼앗지 말아주세요, 제발."[55]

센트럴파크 조깅 사건에서 코리 와이즈(Korey Wise)는 검찰의 모두진술을 듣고서 "아니, 아니, 아니. 이건 용납할 수 없어. 하느님, 예수님, 아니야. … 틀렸다고, 틀렸어.… 아니, 아니야"라고 울부짖으며 법정에서 나가버렸다.[56]

스테펀 카원스(Stephan Cowans)는 경찰관을 쏘았다고 지목당했는데, 카원스는 자신을 지목한 피해 경찰관에게 "외람되지만, 선생님께 일어난 일이 뭐든 간에 정말 크게 낙담했습니다. 하지만 선생님도 알고 저도 알듯이 저는 선생님께 그런 짓을 한 사람이 아닙니다"라고 말했다. 카원스는 "제게는 또한 가족이 있습니다. 제게는 또한 저를 사랑하는 사람들이 있습니다. 선생님께서 보스턴 경찰관으로서 저에게 이렇게 하시는 거라면, 그저 잘되길 바랄 뿐입니다. … 정말 외람되지만, 이런 일이 돌고 돌아 다른 무고한 사람들에게 돌아간다고 생각합니다"라고 덧붙였다.[57]

마이클 에번스(Michael Evans)와 폴 테리(Paul Terry)에 대한 선고공판에서 판사는 두 사람이 반성의 기미를 보이지 않는다는 증거로 "두 피고인이 법정에서 거들먹거리며 걸었다"고 언급했다. 그들의 변호인은 "저는 이것이야말로 명백한 결백의 징표라고 생각합니다. 판사님도 판사님이 하지 않은 일에 대해서는 양심의 가책을 느끼지 않을 겁니다"라고 답변했다.[58]

그러나 증언대에 서는 것은 전과가 있는 사람들에게는 위험한 일이다. 증언을 하지 않은 사람들 중 대부분은 자신들을 불신하게 만들 수 있는 전과 때문에 이를 하지 않았던 것으로 보인다. 예를 들어 레너드 맥셰리(Leonard McSherry)는 7세 소녀를 강간한 혐의로 유죄판결을 받은 사건에서 증언하지 않았는데, 이는 놀라운 일이 아니었다. 그에게는 6세 소녀를 납치 강간한 전과가 있었기 때문이다.

법학교수 존 블룸(John Blume)은 "명백하게 결백한 피고인들 중 다수가 재판에서 증언을 하지 않았다. 왜냐하면 그렇게 했다가 전과 때문에 신빙성을 의심받을 수 있기 때문이었다"라고 결론 내렸다.[59] 증언한 사람들은 위험을 감수했고, 배심원들은 그들의 전과에 대해 들었다. 다른 무죄 증거가 없었기 때문에 그들은 증언을 하고 위험을 감수하는 것을 택했을 것이다. 그들에게는 다른 방법이 전혀 없었다.

불균형하게 이뤄지는 전문가의 도움

목격자 외에도 법과학자와 전문가는 종종 무고한 사람들에게 그들의 결백을 입증할 증거를 제공했다. 무고함을 입증하는 법과학 증거가 오판 피해자 사건 중 14%에서 중요한 역할을 했다(207건 중 30건). 일부 오판 피해자들은 재판 당시 DNA 검사를 받으려 했으나 그러지 못했다. 하지만 다른 오판 피해자 재판에서는 법과학 증거가 그들이 범인이 아님을 뒷받침했음에도 배심원들은 이를 폄하하거나 무시했다. 4장에서 논의된 바와 같이, 15명의 오판 피해자들은 재판 당시의 DNA 검사 결과상 범인일 가능성이 배제되었음에도 유죄를 받았다. 또 다른 15명의 오판 피해자들은 재판 당시에 DNA 검사가 아닌 혈청학, 체모 비교, 섬

유 비교, 지문과 같은 다른 법과학 증거를 통해 범인일 가능성이 배제되었다.[60]

대부분의 오판 피해자는 그 어떤 종류의 전문가의 도움도 받지 못했다. 대부분은 그저 알리바이 증인이나 피고인 스스로의 진술이 전부였다. 단 62명의 오판 피해자들만이 전문가의 도움을 받았지만, 이들이 전부 재판에서 증언하도록 허가받은 것은 아니었다. 전문가는 대부분 법과학자였는데, 몇몇은 목격자의 기억 또는 피고인이 법정에서 증언할 능력이나 자발적으로 자백할 능력이 있는지에 대한 검사 결과에 대해 증언했다.

반면 거의 모든 재판에서 검찰은 법과학자, 의사, 검시관 같은 전문가들의 의견을 제시했다. 검찰은 적어도 187건의 재판에서 전문가의 도움을 받았고, 종종 2~3명 이상의 전문가로부터 도움을 받았다. 단 7건의 재판에서만 검찰이 전문가의 도움을 받지 않았다.[61] 이런 놀라운 불균형의 이유는 무엇일까? 일단 검찰은 쉽게 전문가를 구할 수 있다. 검시관과 법과학자 같은 전문가 팀들은 검찰이나 수사기관에 전속되어 있다.

반면 피고인이 부자인 아주 희귀한 경우를 제외하고는 가난한 형사 피고인들은 전문가를 구하기 위한 자금을 확보하는 데 큰 어려움을 겪으며, 대부분은 재판에서 전문가의 도움을 받지 못한다. 그런데도 미 연방 대법원의 판결은 중요한 방어를 위해 피고인에게 긴요하게 전문가의 도움이 필요한 많은 상황에서조차 피고인에게 전문가를 선임할 권리를 인정하지 않는다.[62]

피고인 측의 변호는 증인의 숫자부터 전문성, 보통은 단순히 취약한 알리바이만을 반복하는 피고인 증언의 근본적 한계에 이르기까지 여러

가지 면에서 부족했다. 그 이유는 첫째로, 피고인 스스로 사건을 수사하기가 쉽지 않다는 것이다. 경찰은 사건이 보고된 때부터 이를 조사하지만, 피고인들은 용의자가 되거나 체포되기 전까지는 이 사건이 발생한 무렵에 대해 생각할 이유도 없고 하물며 변호사의 도움을 받을 생각조차 하지 않는다. 검찰에게는 경찰과 범죄연구소 분석관들을 포함한 상당한 수사 자원이 있다. 반면 형사 피고인들에게는 재판에서 변호인을 선임할 권리가 있지만, 그들은 대개 전문가나 조사팀의 도움은 받지 못한다.

둘째로, 없었던 일, 즉 피고인이 범죄를 저지르지 않았다는 것을 입증하기는 힘들다. 검찰은 중대한 범죄가 어떻게 발생했는지에 대한 설득력 있는 스토리와 피고인이 그 사건을 저지른 사람이라는 것에 대해 강력해 보이는 증거를 제시할 수 있는 반면, 피고인은 자신이 범죄를 저지르지 않았고 다른 누군가가 그랬다는 것을 증명하기 위해 힘겨운 싸움에 직면한다. 그 다른 누군가에 대한 증거가 없다면 피고인은 알리바이를 제시해야 하는데, 이 역시 어려운 일이다. 대부분의 범죄는 야간에 발생하고, 오래전에 무슨 일이 일어났는지 기억하는 것은 쉽지 않기 때문이다. 자신이 범죄를 저지르지 않았다는 피고인 본인의 말은 별로 설득력 있게 들리지 않을 것이다. 왜냐하면 죄를 지은 사람도 무죄를 주장할 수 있기 때문이다.

셋째로, 다음 절에서는 왜 피고인들이 강력한 변호를 펼치지 못했는지에 대한 마지막 이유—그들의 변호인—를 제시하겠다. 능력 있는 변호사는 좀 더 설득력 있는 무죄 변론을 할 수 있었을지도 모르지만, 이들 피고인들이 항상 좋은 변호사의 변호를 받은 것은 아니었다. 게다가 검사들의 비행은 종종 피고인 측 변호인을 더욱 어렵게 만들었다. 이 중 일부 사건에서는 무죄 증거가 피고인 측에 은폐되었다.

무능한 변호사

오판 피해자들의 변호인은 임무를 얼마나 잘 수행했을까? 그들은 잘못된 유죄판결에 일부 책임이 있을까? 이러한 질문들에 답하는 것은 쉽지 않지만, 이 변호인들 중 일부의 변호가 평균 이하였다는 증거는 결코 적지 않다. 말도 안 되는 예를 들자면, 지미 레이 브롬가드는 '교도소의 존 애덤스(John Adams)'라는 별명을 가진 몬태나주 옐로스톤 카운티의 계약직 변호사의 변호를 받았다. 이 변호인은 "이전 사건들에서 연방 법원으로부터 무능하다는 판결을 받은 바" 있고, "그의 의뢰인을 대리하여 법정에 있는 것으로 보이는 상황에서 카드놀이를 하는 것이 발견되었다".[63] 자신의 뚜렷한 족적과 일관되게도 그 변호인은 "재판 전에 피고인을 단 한 번 만났고, 조사관이나 법과학자를 고용하지 않았으며, 증거제출을 막기 위한 이의제기를 한 번도 하지 않았고, 모두진술도 하지 않았고, 브롬가드 씨에 대한 증인신문을 준비하지 않았고, 그가 항소할 뜻을 내비친 후에도 항소를 하지 않았다".[64] 애덤스는 심지어 배심원 후보자들에게 말하는 동안 브롬가드의 이름을 잘못 부르기도 했다. 애덤스는 "선생님 이름은 레이 브롬가드로 불리죠, 맞죠?"라고 말했다. 지미라 불리는 브롬가드는 말했다. "아니요."[65]

브롬가드 사건은 전적으로 목격자의 진술 및 법과학 증거에 달려 있었다. 브롬가드는 강력한 변론을 펼칠 수도 있었다. 피해자는 브롬가드가 자신을 강간한 사람인지 "확실치 않다"고 인정했고, FBI 과학자는 후

속 검사를 통해 법과학 증거가 거짓이고 비과학적이라고 결론 내렸다. 하지만 브롬가드의 변호인은 피해자가 피고인을 범인으로 지목한 것에 대해서 이의를 제기하지 않았고, 또한 법과학 증거 또는 그 어떤 것에 대해서도 아무런 사전 조사를 하지 않았다. 결국 브롬가드는 유죄 선고를 받아 40년 형을 받았고, DNA 검사 결과가 그의 결백을 증명할 때까지 15년을 교도소에서 보냈다. 유죄판결을 받은 후 몇 년 동안 브롬가드는 자신의 변호인의 조잡한 변론에 대해 문제를 제기하려고 노력했지만, 몬태나 법원은 변호인의 무능에 대한 그의 주장을 기각했다.[66] 어떻게 이럴 수가 있을까?

하나의 분수령이 되는 기디온 대 웨인라이트(Gideon v. Wainwright) 판결에서, 대법원은 중죄 재판의 피고인은 변호인의 조력을 받을 권리를 갖는다고 판결했다. 하지만 변호인의 조력을 받을 권리가 있다는 것이 좋은 변호인의 도움을 받을 권리를 의미하는 것은 아니다. 많은 주정부와 지방정부는 오랫동안 국선변호에 부실한 경제적 지원을 해왔고, 이는 결과적으로 부실한 변호로 이어졌다.[67] 다른 많은 카운티와 마찬가지로, 몬태나주 옐로스톤 카운티에는 국선 전담 변호사가 없었다. 대신 존 애덤스를 포함한 4명의 변호사들과 계약을 하고 그들이 사건에 어느 정도의 노력을 기울였는지와 무관하게 월정액을 지불했는데, 그들의 업무를 감독하지도 않았다. 브롬가드는 가난한 피고인들을 대변하기에 크게 부족한 제도를 유지했다는 죄목으로 카운티를 고소했지만 실패했다. 하지만 국가를 상대로 320만 달러에 합의를 했고 이는 국가가 그때까지 지급했던 합의금 중 최고액이었다. 2005년에 몬태나는 마침내 국선 전담 변호인 사무실을 열었다.[68]

이전부터 보고서들은 미국에서는 가난한 사람들을 위한 제도적인 차원의 자금 지원이 부족하여 조잡한 변호와 오심으로 이어진다고 주장해왔다. 부실한 변호는 오판 피해자 사건들에서 결정적인 역할을 했던 것으로 보이지만, 수준 이하의 변호가 문제가 된 정도를 연구하는 데는 많은 어려움이 따른다.

우선 오판 피해자의 변호인이 거의 조사나 준비를 하지 않았고 재판에서의 성과도 부실했던 브롬가드 사건 같은 경우를 보면, 바로 그 변호인의 무능함 때문에 유능한 변호인이라면 배심원에게 제시했을 강력한 주장과 증거를 재판기록에서 확인할 수 없다. 말할 수 있는 것은 변호인이 강력한 주장을 하지 못했다는 것이 전부다. 게다가 7장에서 논의하겠지만, 브롬가드 사건처럼 변호인이 무능했다는 이유로 재심을 받는 것은 무척이나 어려운 일이다. 변호인의 업무 수행이 말이 안 될 정도로 엄청나게 부실해서 재판의 결과를 바꿀 정도였다는 것을 보여주어야만 재심이 가능하기 때문이다.

한 오판 피해자가 자신에게는 재판에서 적절한 변호를 받을 권리가 있음을 주장했다. 로버트 스틴슨(Robert Stinson)이 법정에 서서 판사에게 새로운 변호인을 선임해줄 것을 요청한 것이다. 그는 다음과 같이 설명했다.

> 외람되지만 저는 다음과 같은 이유로 새로운 변호인을 요청합니다.
>
> 첫째 … 제 변호인은 제 사건을 제대로 변호하지 않았습니다. 정말 많은 사실관계가, 중요한 사실관계가 있는데, 그는 증인신문에서 한 번도 거론하지 않았습니다.
>
> 저는 그가 겨우 2주 전에 제 사건을 맡을 정도로 저를 제대로 변호하지 않는다고 느낍니다. 그에게는 최선의 변호를 펼치기 위해 준비할 시간

이 충분치 않았습니다.

셋째, 우리는 성격이 맞지 않고 그 어떤 점에 대해서 어떠한 합의에도 이를 수 없었습니다.

판사님, 저는 제가 저지르지도 않은 일 때문에 종신형 위기에 처해 있습니다.

판사는 스틴슨의 요청을 기각했고, 아니나 다를까 스틴슨은 자신이 저지르지 않은 범죄로 인해 종신형을 선고받았다.[69]

대부분의 오판 피해자는 가난했고 변호인을 선임할 경제적 여유가 없었다. 관련 정보가 남아 있는 사람들 중에서 78명이 법정에서 지명한 변호인을, 71명이 국선변호인을 선임했고, 53명이 변호인을 직접 선임했다.[70] 직접 변호인을 선임한 사람들도 보통 효과적인 법률 서비스를 받지 못했거나 선임 비용이 높은 변호인은 고용할 수 없었다. 얼 워싱턴 주니어의 변호인이 그 경우이다. 마찬가지로 니컬러스 야리스(Nicholas Yarris)는 자신의 모살 혐의를 변호하기 위해 단 1,500달러에 변호인을 선임했다.

나는 오판 피해자의 변호인이 강력한 알리바이를 제시하지 못한 것을 비롯해 제대로 변호를 하지 못한 부분에 대해 설명했다. 법과학 증거 부분은 변호인이 무능을 두드러지게 드러냈던 또 다른 분야이다. 4장에서 논의한 바와 같이 검찰 측 법과학자가 과학적이지 않거나 잘못된 증언을 했던 93건의 사건 중 절반 정도에서, 변호인들은 법과학자들이 배심원단을 호도한 분야에 대해 그 어떤 질문도 하지 않았다. 자백을 했었던 거의 모든 오판 피해자들은 변호인들에게 자신의 자백이 재판에 증거로 제출되는 것을 막을 수 있도록 이의를 제기해달라고 말했지만, 극히 일부만이 자백이 강요 혹은 암시에 의해 이루어졌음을 보여줄 전문가를 선임할 수 있었다. 결국 주 법원은 이러한 전문가에 대해 비용을 지불하는 것을 일상적으로 거부한다.

DNA로 무죄가 밝혀진 오판 피해자 중 단 한 명, 도널드 웨인 굿(Donald Wayne Good)만이 그의 세 번째이자 마지막 재판에서 혼자 재판받는 것을 택했다(그의 첫 번째 재판은 배심원단의 의견이 일치하지 않아 평의가 불성립되었고 두 번째 유죄판결은 파기되었다). 무능한 변호사라도 없는 것보다는 낫다. 굿은 증인신문을 하기 위해서는 자신에게 법적 조언을 해줄 사람의 도움이 필요하다고 몇 번이나 끼어들었다. 그 결과 판사는 그에게 재갈을 물리고 수갑을 채울 것을 명령했다.[71]

검사와 경찰의 부정행위

우리는 변호인들의 역할을 살펴보았다. 하지만 그들의 상대방인 검사들은 어땠을까? 검사들도 잘못된 판결에 기여했을까? 미 대법원은 검사가 제 실력을 발휘하는 방법에 대해 "강하게 공격할 수는 있지만 부정행위를 할 수는 없고", "부당한 판결을 끌어내기 위해 부적절한 수단을 사용할 수는 없다"고 설명했다.[72] 다수의 오판 피해자들은 피고인들이 의미 있는 변론을 펼치는 것을 방해한 검찰 측 부정행위의 피해자들이다. 그러나 검찰의 부정행위에 대해 정확하게 연구하는 것은커녕, 무엇을 부정행위로 봐야 할지 설명하는 것조차 상당히 어려운 일이다. 변호 행위와 마찬가지로 형사소송절차에서도 기준이 극도로 너그럽다.

검사들이 가장 흔하게 범하는 부정행위라고 오판 피해자들이 판결 후에 문제를 제기하는 것은 검사들이 피고인으로부터 증거를 은닉해 모두진술 또는 최후진술에서 배심원들을 호도한다는 것이다.[73]

본질적으로 증거 은폐와 관련된 부정행위는 밝혀지기가 쉽지 않다. 우리는 보통 검사들이 피고인에게 무엇을 보여주지 않았는지는 고사하고, 검사들이 그들의 서류철에 무엇을 갖고 있었는지조차 알지 못한다. 브레이디 대 메릴랜드 사건에서 연방 대법원은 검사들이 피고인 측에 "물적증거와 무죄 증거", 즉 피고인의 결백을 입증하는 증거나 목격자의 신빙성을 감쇄시키는 것과 같이 피고인 측 주장에 도움을 주는 증거를 공개하도록 하는 규칙을 확립했다. 그러나 우리가 이러한 규칙 위반에 대해 알기란 쉽지 않다. 또한 피고인 측은 검찰이 경찰로부터 입수한 증거를 제공하지 않는다면 이에 대해 알기가 쉽지 않다.

학자들과 언론인들은 검찰의 부정행위에 대해 알려진 정보들을 수년간 수집해왔고, 사형 및 살인 사건에서 파기로 이어진 위반 사례들을 문서화해왔다. 하지만 검찰의 부정행위가 밝혀지지 않는 또 다른 이유는 거의 조사되지 않는다는 것이다. 검사들이 부정행위로 인해 징계를 받거나 처벌받은 사례는 알려진 바가 거의 없다시피 하다.[74]

경찰의 부정행위 역시 대부분 숨겨져 있다. 실제로 부정에 연관된 것이 경찰인지 검사인지 구별하기는 어려울 수도 있다. 경찰이 검사들에게 증거를 제공하지 않으면 검사들은 피고인들에게 무죄 증거를 제공해야 하는 자신의 의무를 다할 수가 없다. 하지만 경찰의 부정행위 또한 정의하거나 연구하기가 무척 어렵다. 우리는 검사들이 그들의 서류철에 무엇을 갖고 있는지 모르는 것처럼, 경찰들이 그들의 서류철에 무엇을 갖고 있는지도 거의 아는 바가 없다. 실제로 몇몇 사건에서 오판 피해자들은 경찰이 오판 피해자에게 도움이 될 만한 증거를 파괴했다거나 불법 수색과 압수 같은 부정행위를 저질렀다고 주장했지만, 아무런 성과가 없었다.[75] 4장에서 논의했듯, 수사기관은 일반적으로 과학적으로 타당하지 않고 신빙성 없는 증언을 한 법과학자를 선임했고, 몇몇 사건에서는 증거를 나중에 다시 검사하자 법과학자들이 증거를 숨겼다는 것이 밝혀졌다.

비록 오늘날까지도 많은 것이 숨겨져 있지만, 이제 우리는 이 사례들 중 상당수에서 피고인들이 중요한 정보에 대해 듣지 못했다는 것을 알고 있다. 7장에서 설명하겠지만, 29명의 오판 피해자들은 재판 후 혹은 재심 과정에서 증거를 밝혀냈고, 피고인들에게 적절한 방어를 할 수 있도록 도와주는 무죄의 물적증거를 공개하지 않음으로써 검사들이 브레이디 원칙을 위반했으므로 자신들에 대한 유죄판결이 파기되어야 한다고 주장했다. 그들 중 4명은 DNA 검사를 받기 전인데도 판사가 그들의 주장을 인정해 재심이 개시되었지만, 다른 사람들의 주장은 기각되었다.

하지만 몇 년 후, 브레이디 원칙을 위반한 많은 의심 사례들이 추가로 발견되었다. 8장에서 논의하겠지만 다수의 오판 피해자들은 DNA 검사를 통해 오명을 벗은 후, 자신들이 겪은 고통에 대한 경제적 보상과 잘못된 유죄판결로 이어진 경찰 혹은 검찰의 관행을 바꿀 것을 요구하는 민사소송을 제기했다. 이들 중 대다수는 잘못된 유죄판결의 원인으로 경찰의 부정행위를 지적했다. 이런 소송은 언제나 경찰의 부정행위를 문제 삼는다. 왜냐하면 검사들은 직무행위에 대한 민사적 책임으로부터 면책권이 있기 때문이다. 이러한 소송에서 승소하기란 어렵지만 검찰과 경찰의 부정행위에 대해 적지 않은 관심을 모을 수 있다. 이러한 민사소송에서는 형사소송과는 달리 양 당사자가 문서뿐만 아니라 사람들의 진술 같은 증거에도 접근할 수 있다. 재판 전에 판사는 선서한 증인에게 질문을 하고 양 당사자 측에 선서하에 답변해야만 하는 서면 질문을 한다. 민사소송을 제기했던 극히 일부 오판 피해자들의 변호인들은 경찰과 검찰의 서류 전체에 대해 서면 요청을 해서 입수한 후 이를 조사했다. 적어도 17명의 오판 피해자들은 브레이디 원칙 위반을 주장했지만, 대부분은 이들 주장에 대한 사법적 판단을 받지 않고 합의로 재판을 종결지었다.

브레이디 원칙 위반에 대한 새로운 증거가 밝혀진 통로는 소송만이 아니었다. 또 다른 31건에서는 변호사, 언론인, 과학자, 주 조사관이 새로운 정보를 발견했다. 예를 들어 4건에서는 오판 피해자를 범인으로 잘못 지목한 목격자들에 대해서 경찰이 최면 조사를 실시했던 것이 나중에 밝혀졌다. 적어도 22건에서는 경찰이 피고인 측에 유리한 과학 증거를 공개하지 않았던 것으로 나타났다. 다른 사건에서는, 어떠한 거래도 없었다고 부인했던 제보자들이 실은 거래를 했음이 나중에 밝혀졌다. 또 다른 사건에서는, 검사와 경찰이 피고인의 알리바이를 뒷받침하는 증거 혹은 제3자의 유죄를 뒷받침하는 증거를 은폐했다.[76] 예를 들어 클래런스 엘킨스는 그의 재판으로부터 불과 몇 년 만에 살인 현장 바로 옆집에 살았던 남자가 사건에 대해 자백하는 취지로 말한 것을 경찰이 기록한 노트를 찾아냈다. 그리고 그 옆집 남자는 나중에 DNA 검사를 통해 피해자의 살인자로 밝혀졌다.[77]

토머스 도스웰이 재심을 통해 무죄를 선고받은 후, 목격자는 자신이 도스웰을 범인으로 지목한 것은 불법적인 강압에 의한 것이라는 내용의 진술서를 도스웰의 변호인에게 제출했다. 도스웰은 재판정에서 사진대조 절차는 암시적이었고, 특히나 자신의 사진에 "R"이라고 써 있었다고 주장했다. 수년 후, 목격자는 자신이 사실은 진범을 기억하지 못했다고 말했다. 그녀는 진범을 단 몇 초간만 보았을 뿐이었고, 사진대조 절차에서 "R"이라는 글씨가 적혀 있었음에도 불구하고 도스웰을 범인으로 지목할 수 없었다. 형사는 목격자에게 자신이 화났다고 말하며 그녀를 겁먹게 만들었고, 누구에게도 그녀가 범인을 알아보지 못했다는 얘기를 하지 말라고 말했다. 목격자는 자신이 재판에서 도스웰을 골랐던 이유가 형사가 자신을 법정으로 데려다 주면서 도스웰을 지목해야 한다고 강력히 요구했기 때문이라고 설명했다. 목격자는 "그가 두려워" 그의 압력에 굴복했다.[78]

우리는 또 다른 무죄의 증거 혹은 공식적인 부정행위가 은폐되어 있는지는 알지 못한다. 그러나 밝혀진 이 사례들은 검찰과 피고인 간의 공정한 경쟁이라는 재판의 이상에 분명 의문이 들게 한다.

검사의 불공정한 최종진술

피고인 측 주장이 있은 후 검사 측이 최종진술을 하고 피고인 측이 최종진술을 하는데, 이때 각각의 증거와 주장을 요약한다. 검사들은 거의 항상 최종진술에서 무죄 주장에 대해 아주 직접적으로 반박한다. 일부는 강력하게 그리고 격분하여 응수했다. 검사들은 피고인 측의 무죄 주장을 피고인이 유죄일 뿐만 아니라 거짓말쟁이라고 주장하는 데 사용했다.

토머스 맥고원 사건에서 검사는 "진술에 일관성이 없는 부분이 하나도 없습니다. 그녀는 진실을 말하고 있습니다. 우리 앞에 있는 사람은 틀린 사람이 아닙니다"라고 주장했다.[79] 앤서니 그린 사건에서 검사는 그린의 알리바이 주장에 대응하여 "피고인은 사기꾼, 거짓말쟁이입니다. 정말 간단합니다. 이보다 더 명확할 수 없습니다. 피고인은 강간범에 악질적인 강도입니다"라고 주장했다.[80] 채드 하인스(Chad Heins) 사건에서 검사는 "춤춰요, 처비 체커***, 바로 저기 있는 피고인이 이 법정에서 트위스트를 재창조했습니다. 그는 자신이 할 수 있는 모든 걸 했는데 이것이 바로 그의 유죄를 증명합니다. 그는 비틀고 돌리고 자신이 원하는 형태로 만들려 노력했습니다"라고 말하며 피고인을 놀려댔다.[81] 아서 리 휫필드(Arthur Lee Whitfield) 사건 담당 검사는 실수로 배심원들에게 "무고한 사람들(sic)이 석방되는 것을 원치 않습니다"라고 했지만 아마도 그렇게 말할 의도는 아니었기 때문에 친절한 법원 출입 기자가 글에 옮기며 원문의 오류를 그대로 썼다는 의미의 "sic"을 추가한 것이다. 그리고 담당 검사는 "하지만 아서 리 휫필드는 결백하지 않습니다"라고 덧붙였다.[82]

오판 피해자들은 검사들이 최종진술에서 배심원들의 분노를 불러일으킬 의도로 진술을 함으로써 선을 넘었다고 항소심을 통해 주장했다. 3명의 오판 피해자는 검사가 최종진술에서 재판을 불공정하게 만들었다는 주장을 관철하는 데 성공했다.

커티스 매카티(Curtis McCarty) 사건에서 검사는 말했다. "저는 그가 살인을 저지르던 밤, 소리를 내서 웃었는지 아니면 소리 없이 웃었는지 궁금합니다." 검사가 "저는 정의를 원합니다. 신사 숙녀 여러분들, 그리고 정의는 … (피고인이) 살인죄로 유죄를 받는 것입니다"라고 자신

*** Chubby Checker. 트위스트 춤을 유명하게 만든 미국의 가수.

의 의견을 말할 때 피고인 측 변호인이 이의를 제기하자, 검사는 오히려 "그는 그 소녀를 죽였습니다. 그는 대가를 치러야 합니다"라고 주장했다. 항소법원은 "검사가 피고인의 유죄 여부에 대해 개인적인 의견을 드러내는 것은 적절치 않다"며 그와 같은 검사의 행위를 위법하다고 판단했다.[83]

하지만 이러한 주장은 승소하기가 무척 힘들다. 변호인의 주장을 입증하기는 쉽지 않은데, 이러한 문제가 너무 심각해서 재판 전체를 불공정하게 만들었다는 것을 보여주어야만 한다. 예를 들어 로널드 테일러(Ronald Taylor) 사건에서 피고인 측은 여러 진술에 대해 이의를 제기했는데, 검사는 배심원들에게 이렇게 물었다. "오늘 피고인이 여러분과 함께 귀가해 같은 엘리베이터를 타고 내려가길 원하십니까? 이게 여러분들이 원하시는 겁니까? 왜냐하면 이것이 유죄평결이 나지 않았을 때의 결과입니다." 검사는 이렇게도 덧붙였다. "여러분들은 그가 밖으로 나가 오늘 밤 여러분 집 근처에서 자신의 76년 형 올즈모빌을 타고 드라이브를 하길 원합니까?" 항소법원은 이러한 진술을 "수사기관이 할 수 있는 적절한 주장"이라고 승인했다.[84]

판사와 배심원 사이의 줄다리기

검찰과 피고인 측이 각각 자신들의 주장을 하고 최종진술을 한 후 판사가 배심원들에게 법에 대해 안내하고 나면 배심원들의 회의가 열린다. 우리는 그 회의 과정에서 구체적으로 어떤 일이 일어났는지 결코 알 수 없다. 배심원실은 종종 '블랙박스'라 불린다. 배심원들이 들어가서 사건 해결 방법을 결정한 후 법정으로 나와 근거 제시도 없이 결과만을 낭독하기 때문이다. 하지만 배심원실은 때때로 작은 창문이 있는 블랙박스이다.

회의 중 배심원들은 판사에게 어떤 질문을 하기도 하고 혹은 좀 더 극적으로는 교착상태에 빠지거나 평결에 이르지 못하기도 한다. 배심원실의 비밀 엄수에도 불구하고, 우리는 종종 이런 일들을 통해 배심원들이 무엇에 중점을 두었는지에 관해 정보를 얻을 수 있다. 또한 우리는 무고한 사람들에게 유죄판결이 내려지지 않은 것을 보고 일부 배심원들이 미약한 증거로 인해 마음이 흔들렸음을 알 수 있다. 9명의 오판 피해자들은 첫 번째 재판에서 배심원들이 평결에 이르지 못해 재차 재판을 받았다.[85] 이 오판 피해자들 중 2명은 배심원단 의견 불일치와 무평결로 인해 세 번의 재판을 받았다. 또한 15명은 유죄 선고가 항소 또는 판결 후에 뒤집히는 등 다양한 이유로 재차 재판을 받았다. 총 23명의 오판 피해자들은 동일한 범죄에 대해 여러 번의 재판을 받았는데(한 오판 피해자는 배심원단 의견 불일치와 항소심에서의 파기를 모두 겪었다), 이 중 18명은 두 번, 나머지 5명은 세 번을 받았다.[86] 7장에서 설명하겠지만 이들 모두는 DNA 검사를 통해 최종적으로 결백을 입증받기 전에 다시 유죄 선고를 받았다.

배심원들의 질문을 항상 기록으로 남기지는 않는다. 그리고 가끔은 기록에서 그 부분이 빠져 있기도 하다. 하지만 이 사건들 중 39건에서 배심원들이 질문을 했는데, 법률의 내용이나 판사가 준 지침을 명확히 하기 위한 질문보다는 보통 사건의 증거에 대한 물음이었다. 그들은 32건에서 그런 질문을 했고, 반면 단 13건에서 법률과 배심원 지침에 대해 물었다. 배심원들은 보통 증거나 증언 기록을 요구했지만, 종종 중요한 문제에 초점을 맞추기도 했다.

예를· 들어 치흔 분석이 핵심이었던 로이 브라운(Roy Brown) 사건에서, 배심원은 치흔 분석 전문가의 증언에 대한 검토를 요청하는 한편, 잇자국 사진을 보여달라고 했다.[87] 앤서니 카포지 재판에서 배심원들은 피해자가 처음에 가해자에 대해 설명한 것을 다시 읽게 해달라고 요청했는데, 이 설명은 카포지와 현저히 달랐다.[88] 채드 하인스의 경우, 배심원들은 DNA 증거를 설명한 차트를 보여달라고 했으나, 판사는 그 차트가 증거로 인정되지 않았다는 이유로 요청을 거부했다. 배심원들은 혼란스러워 하는 게 당연했는데, 왜냐하면 분석관들이 이 사건에 관한 통계를 부정확하게 설명했기 때문이다.[89] 제리 왓킨스(Jerry Watkins) 재판의 배심원들은 수감자 제보자의 증언을 다시 한번 읽게 해달라고 요청했다.[90]

몇몇 사건의 배심원들은 재판이 끝난 후 사건에 대해 이야기했고, 일부 배심원들은 언론에 회의 과정을 밝히기도 했다. 예를 들어 롤랜도 크루즈 사건의 배심원 중 한 사람은 나중에 언론에 "재판이 시작되기도 전에 배심원 중 절반이 이미 마음의 결정은 내린 상태였다"고 밝혔고, 배심원 대표는 "(피고인이 여기에 있었기 때문에) 그들은 무언가를 해야만 했"고 평의는 "형식에 불과했으며, 그래서 우리는 빨리 해치웠다"고 말했다.[91]

아빈 맥기의 세 번째 재판은 배심원들이 재판 후에 밝힌 것을 통해 우리가 얼마나 놀라운 것에 대해 알게 되는지를 보여주는 예이다. 맥기의 첫 번째 재판은 무평결로 끝났고, 두 번째 재판은 배심원단 의견 불일치로 끝났다. 이러니저러니 해도 피해자는 처음에 다른 사진을 지목했었고, 맥기는 자신이 사건 발생 며칠 전에 탈장 수술을 받아 범죄를 저지르는 게 육체적으로 불가능했다고 주장했다.[92] 이제 그의 세 번째 재판이 열린 1988년 오클라호마주 털사에서 배심원들은 배심원실에서 몇 시간을 보낸 끝에 평결에 도달하는 데 어려움이 있음을 알려왔다. 판사는 그들에게 "공평무사에 입각해" 회의를 계속하도록 지시했다. 그러자 이번에는 배심원들이 유죄평결을 보내왔다.

하지만 한 배심원은 재판 직후이자 DNA 검사 훨씬 전에 자신은 유죄평결을 지지하지 않는다며 나섰다. 그녀는 다른 배심원들의 "많은 압력" 때문에 침묵을 지켰고, 무죄 쪽에 투표를 했던 다른 2명의 배심원은 이후 마음을 바꾸었다. 몇 시간 동안 다른 배심원들은 그녀에게 피고인이 자신들의 이름을 알고 있고 자신들의 가족을 강간할지도 모르며, 따라서 이러한 강간범이 거리를 자유롭게 배회하게 둘 수는 없다고 말했다. 그들은 그녀에게서 "무죄"평결서를 빼앗았다. 유죄평결에 반대한 배심원은 마침내 그들에게 "당신들이 원하는 게 뭐든 맘대로 하세요"라고 말했다. 그녀는 유죄평결서에 서명하지 않고 침묵을 지켰지만 그렇다고 반대하지도 않았다. 피고인 측은 이러한 폭로에 기초해 새로운 재판을 신청했지만, 판사는 신청을 기각했다.[93] 맥기는 약 14년이 지난 2002년까지도 결백을 입증받지 못했다.

맥기를 비롯한 다른 몇몇 오판 피해자들의 경우처럼 에릭 사즈필드(Eric Sarsfield)의 경우에도, 배심원들은 처음에 교착상태에 빠졌다. "여러 차례의 투표"와 하루 동안 "활발한 심의"를 한 끝에 배심원들은 좌절한 채 판사를 찾아가서는 "우리는 교착상태에 빠져 있습니다"라고 말했다. 판사는 교착상태 시 지침인, 검찰 측에서 합리적인 의심의 여지가 남지 않도록 입증해야 한다는 원칙을 알려준 후 평결에 도달할 수 있도록 노력해보라며 북돋았다. 배심원들은 몇 시간 동안 다시 심의한 끝에 유죄평결을 가지고 돌아왔다.[94] 우리는 그들이 어떻게 결국 유죄평결에 이르게 되었는지는 모르지만 적어도 몇몇 배심원들이 처음에는 반대했다는 것을 알 수 있다.

이러한 경우 배심원 선정을 어떻게 했느냐에 따라 결과가 달라질 수 있다. 배심원을 선정하는 절차는 아주 다양하다.**** 배심원이 뽑히는 배심원 후보자단의 크기는 다양하고, 양 측에서 배심원을 배제하기 위해 할 수 있는 기피 신청의 횟수 또한 다양하다. 법원들은 배심원 선정 과정에서 배심원 후보자들에게 던질 수 있는 질문에 대해 각각 다른 기준을 갖고 있다.

세 사람 모두 흑인인 케네스 애덤스, 윌리 레인지, 데니스 윌리엄스의 재판에서는 검사들이 배심원 선정 과정에서 흑인 배심원에 대해서는 모두 기피 신청을 했다. 배심원 후보자 중 한 명은 판사에게 "검사들은 백인 배심원만을 원하는 게 분명합니다", "그들은 제가 여기 있는 것을 원하지 않습니다"라고 말했고 방청객들은 이 사람에게 박수를 보냈다. 판사가 정숙을 요청하자, 또 다른 배심원 5명이 자신들 또한 검사가 흑인 배심원들을 겨냥하고 있다고 느낀다고 말했다. 하지만 불만을 제기한 이들은 모두 배심원 후보자에서 제외되었다. 배심원은 11명의 백인과 1명의 흑인 여성으로 구성되었고, 윌리엄스와 레인지에 대한 사형 여부를 결정한 배심원단은 모두 백인이었다.[95] 캘빈 존슨 사건의 경우, 오직 백인으로 구성된 배심원단은 45분 만에 그의 강간 혐의 중 하나를

**** 배심원 선정 과정을 개괄하면 이렇다. 일반 국민들 중에 무작위로 배심원 후보자단을 선정한다. 배심원 후보자단은 배심원 선정일에 법정에 출석해야 하는데, 추첨을 통해 배심원 후보자 중에 배심원을 선정한다. 선정된 배심원을 대상으로 검사와 변호인 양 측은 인터뷰를 진행하는데, 이 중 부적절하다고 판단되는 사람이 있으면 배제를 요청할 수 있다. 배제된 배심원만큼 다시 배심원 후보자들 중에서 추첨을 하고 다시 검찰과 변호인 측은 인터뷰를 진행하여 배제를 요청한다. 이와 같은 과정을 몇 차례 반복한 끝에 최종적으로 배심원단을 확정한다.

유죄로 인정했다. 그리고 1년 후 여러 인종이 섞인 배심원단은 그의 나머지 강간혐의에 대해 무죄를 선고했다, 이들 배심원들은 그가 1년 전에 강간 혐의로 유죄판결을 받았다는 얘기를 듣고서도 무죄판결을 한 것이었다. 마빈 앤더슨, 캘빈 존슨, 앤서니 힉스 사건과 같은 흑인 피고인들의 사건에서는 오직 백인으로만 구성된 배심원에 의해 재판이 이루어졌다고 알려져 있다. 이것이 사실인지 확인하기 위해 당시 배심원 구성에 관한 자료를 찾아보았지만, 배심원 선정 과정에 대한 대부분의 기록이 남아 있지 않았고, 설령 기록을 구한 경우라 하더라도 배심원 구성에 관한 내용은 적혀 있지 않았다. 21명의 오판 피해자는 항소심에서 배심원 선정에 과정에 대해 이의를 제기했지만, 7장에서 설명하듯 재판부가 이의를 받아들인 경우는 없었다.

재판 결과가 어떻게 만들어졌는지는 배심원 없이 판사가 유무죄를 결정한 사건에서 판사들이 판결 중에 한 말에 잘 나타나 있다. 이 재판들은 배심재판과는 달리 판사가 판결 이유를 공개적으로 설명한다는 점에서 대단히 흥미롭다. 2장에서 다뤘던 너새니얼 해칫의 경우, DNA 검사 결과는 그가 범인이 아니라고 나왔음에도 불구하고 판사는 그의 자백을 근거로 유죄판결을 했다. 윌리 데이비드슨의 경우, 재판장은 피해자 진술과 과학 증거를 유죄판결의 근거로 설명했다. 하지만 당시 재판장은 분석관의 잘못된 진술 때문에 과학 증거에 대해 제대로 이해하지 못하고 있었다. 재판장은 현장에서 발견된 증거가 혈청학상 "비분비형인데, 피고인 역시 비분비형이다. 인구 중 42%가 이런 특징을 보인다"고 판시했다. 하지만 42%라는 숫자는 틀린 것이었고 4장에서 설명했던 것과 같이 마스킹으로 인해 정액의 주인이 누군지 알 수가 없는 상황이었다.[96] 리처드 존슨 사건의 경우 피해자가 처음 존슨을 대면

했을 때 존슨이 범인인지 여부에 대해 확신을 갖지 못했었는데, 재판장은 이에 대해 "피해자가 존슨을 범인으로 지목했다"[97]라고 언급하고 지나갔을 뿐이었다. 그 밖의 사건에서 재판장이 유죄판결 이유에 대해 길게 설명한 경우는 없었다. 예를 들면 브루스 달라스 굿맨(Bruce Dallas Goodman) 사건에서 재판장은 검사 측 증거를 "신뢰할 만하"므로 "피고인은 유죄"라고 짧게 말했을 뿐이다.[98]

배심원이 아닌 판사들이 보통 자백한 사람의 형량을 결정하기 때문에 판결 과정을 다른 관점에서 살펴보려고 한다. 판사들은 형을 선고할 때 사건에 대해 언급하고 형량에 대한 이유를 제시한다. 페리 미첼 사건의 경우 배심원단이 단 1시간 고심한 후에 판결이 내려졌고, 그 뒤 판사는 최고 형량인 30년형을 선고할 것이라고 말하면서 "중범죄 폭력은 이를 무력화시키는 법이 나올 때까지 계속 일어날 것이라고 확신합니다."라고 밝혔다. 그는 또한 "72세에 이르기까지의 내 경험에 비추어볼 때 미첼과 같은 강간범들은 같은 범죄를 또 저지르기 때문에 남성 성기의 외과적 절단"을 당해야 한다고 밝혔다.[99]

그리고 배심원단과 판사들이 유죄를 결정하는 과정에서 겪은 과정에 대해서는 아는 바가 거의 없다. 하지만 중요한 점은 대부분의 사건이 재판 기록을 남기기 때문에 재판 중 배심원단에게 어떤 증거가 제시됐는지 알고 있다는 것이다. 무고한 사람들의 변호인들이 배심원들에게 어떤 이야기를 했는지 알고 있고, 보통 피고인이 짧고 굉장히 설득력이 없는 주장을 했던 과정으로써 배심원들과 판사들이 그렇게 많은 무고한 사람들이 유죄임을 믿게 된 이유를 이해할 수 있다.

기울어진 운동장과 법원의 편향성

이 모든 재판은 무죄인지에 대한 질문을 중심으로 다뤄졌으며, 무고한 사람들은 설득력 있는 주장을 하지 않았다. 그와 대조적으로 검찰 측은 엄청난 조사 자료를 확인할 수 있었고 재판에서 강력해 보이는 자백, 목격자, 법과학, 제보자 증언을 제시했다. 먼저 무고한 이들이 결백의 증거를 찾아낼 만한 능력이 거의 없었던 과정에 대해 설명한 바 있다. 둘째로, 특히 범행을 실제로 저지른 사람에 대한 증거가 전혀 없는 경우 그가 범죄를 저지르지 않았다는 사실을 입증하기 어렵다. 그는 당시 특별한 일이 없었던 과거 그날의 행적에 대해 모두 설명해야만 하기 때문이다. 셋째, 이런 사건에서 피고인의 변호인은 검찰 측 증거에 효과적으로 이의를 제기하지 않거나 더 강력한 알리바이를 제시하려는 노력을 하지 않았다. 더구나 결백의 증거는 때로 피고인에게 숨겨져 있다. 궁핍한 피고인이 자금을 지원받았더라면, 법원이 빈곤층을 위해 양질의 변호에 대해 강조를 했다면, 빈곤층의 변호인들이 조사관이나 전문가에게 더 많은 조언을 구할 수 있었다면, 경찰과 검사가 더 많은 증거를 공개하고 그들의 과오에 대한 제지조치를 받았더라면 아마 재판이 더 공정해졌을 것이다.[100] 9장에서 다루겠지만 오판 피해 사례에 대한 이런 변화는 다른 방식으로도 없었다. 이런 문제들은 그 뿌리가 깊고, 우리 사법 체계 전반적인 구조에 영향을 준다.

데니스 프리츠 재판에서 있었던 최후 진술은 오판 피해 사례에서 보이는 역학 관계를 집약적으로 보여준다. 데니스 프리츠는 사형을 받았지만 변호인을 고용할 여건이 되지 않았다. 그는 "도살장에 끌려가는 양처럼, 법원에서 지명한 파산 및 신체 상해 전문 민간 변호인을 받아들여야 했다"[101]라고 당시를 회상한다. 피고 측 주장 대부분이 프리츠 본인의 증언이었다. 반면 검찰 측은 법과학 전문가들을 포함하여 20여명의 증인을 불렀다.

선고 단계에서 이루어진 최후 진술은 3개의 문단으로 구성되었고 변호인은 "간단히 하겠습니다. 저는 지금까지 12명의 사람들 앞에 서서 한 남자를 잘 봐달라고 부탁해본 적이 없습니다… 합당한 평결을 부탁드립니다"라고만 말했다. 대조적으로, 검찰 측은 "데니스 리언 프리츠(Dennis Leon Fritz)는 이 법정에 다시 서서 그의 범행에 적합한 사형을 받기를 바랍니다."라고 강조했다. 프리츠는 검찰 측에서 최후 진술을 하는 동안 끼어들어 "나는 죽이지 않았습니다"[102]라고 말했다.

단 2시간의 고심 끝에 배심원단은 무기징역을 선고했다. 한 명의 배심원의 표가 있었기 때문에 프리츠는 사형을 면했다. 그 후 프리츠는 무기징역을 선고받고 고통스러운 수감 생활을 어떻게 보내는지 글로 남기며 "내가 인생에서 무슨 잘못을 했길래 이런 형을 받아야 하는 것인가?"라고 스스로에게 물었다. 그는 "내 결백을 입증하는 데 얼마나 걸리든 나는 포기하지 않을 것이다"[103]라고 스스로에게 말했다. 12년 후 DNA 검사 결과 그의 무죄가 입증되었다.

7장

오판을 바로잡는 여정

1992년, 케네디 브루어의 여자친구의 세 살 난 딸이 미시시피주 메이컨에 있는 집에서 납치되어, 강간당한 후 살해당했다. 경찰은 즉시 브루어를 용의선상에 올렸고, 심지어는 피해자의 시체가 발견되기도 전에 그를 체포했다. 브루어는 그날 밤 집에서 아기를 돌봐주고 있었고 집에는 강제 침입의 흔적이 없었으나 다만 피해자가 자고 있던 방의 창문은 열려 있었다.

1995년, 브루어는 살인 및 성폭행 혐의로 사형을 선고받았다. 당시 피해자의 시체에서 채취한 정액 시료의 양이 검사를 하기에는 부족하다고 판단됐기 때문에 재판에서는 DNA 검사가 이루어지지 않았다. 주요 유죄 증거는 피해자의 시체에 있던 흔적이었는데, 검시관은 이를 사람이 입으로 문 자국이라고 결론 내렸다. 법치학자 마이클 웨스트(Michael West)는 피해자의 시체에서 발견된 19개의 치흔이 브루어의 치아와 일치한다고 결론 내렸다. 웨스트는 그 결론을 확신한다고 말했고, 배심원들 앞에서 자신의 명함을 보이며 "정말 확실합니다"라고 덧붙였다. 그러나 당시 웨스트는 신뢰할 수 없는 방식과 판단 때문에 법치학자 협회 두 군데에서 제명 결정이 내려지기 전에 이미 해고되거나 사임한 상태였다.[1]

수년 후 분석관들은 브루어 사건의 해당 증거를 조사하여 그 흔적들이 사람이 문 자국일 가능성은 없다고 결론 내렸다. 그것은 벌레가 문

자국이었다. 이는 논리적이었는데, 왜냐하면 피해자의 시체는 미시시피의 더운 5월에 이틀 동안 개울에 있었기 때문이다.[2]

1998년, 미시시피주 대법원은 브루어의 항소를 기각했다.[3] 브루어는 새 재판을 요구하면서 많은 주장을 했는데, 재판에서 검사의 위법행위가 있었다는 주장, 배심원 지침에 대한 이의제기, 웨스트가 재판에 참여할 자격을 갖추지 못했다는 문제 제기, 물린 자국을 비교할 때 웨스트가 피해자의 피부를 조작하는 장면이 담긴 영상을 배심원들에게 보여주려 했으나 그것을 거부한 판사의 결정에 대한 문제 제기 등이었다. 브루어는 또한 자신이 결백하다고 주장했으며, 배심원의 평결을 법적으로 뒷받침하는 증거가 충분치 않다는 의견을 내세웠다. 그러나 법원은 이 모든 청구를 기각하면서 브루어의 유죄를 입증할 증거가 충분하다고 강조하며 이렇게 밝혔다. "그 어린이의 시체는 물린 자국으로 뒤덮여 있었고, 검찰 측 전문가는 이것이 브루어에 의한 것이라고 확인했다."[4] 또한 1999년, 미 연방 대법원 역시 이 사건에 대해 검토하는 것을 거부했다.[5]

4년 후, 브루어의 항소는 종결되었고, 그 후 그는 주 정부를 상대로 재심을 청구했다. 주 정부들은 일반적으로 유죄판결에 대한 두 번째 도전의 기회를 주는데, 때로는 항소 과정에서는 제기되지 않았거나 제기할 수 없었던 주장을 할 기회를 주기도 한다. 브루어는 1995년 재판 당시 그의 변호인이 DNA 검사를 차단했고, 이것이 반헌법적이라고 주장했다. 또한 브루어는 DNA 검사를 하기에는 시료가 충분치 않았다는 주 정부의 주장에 대해 반박했다.[6]

그러나 재판 당시 DNA 검사가 이루어지지 않은 이유에 대한 기록이 불분명했기 때문에, 2000년에 미시시피주 대법원은 소송법에 따라 그의 청구를 기각했다. 주 내에서의 모든 절차가 끝난 후에도 유죄판결을 받은 사람은 자신의 유죄판결에 대해 다투기 위해, 성공하는 경우가 매우 드물긴 하지만 연방 판사를 상대로 인신보호청원을 할 수도 있다. 하지만 브루어는 연방 인신보호청원을 하지 않았다.

대신 브루어는 DNA 검사를 받으려 애썼지만 검찰이 응하지 않았다. 2000년, 미시시피주 대법원은 DNA 검사를 위해 사건을 예심판사에게 환송했고, 2001년 실시된 검사 결과는 브루어와 일치하지 않은 대신 정체불명의 한 남성과 일치했다. 미시시피주 대법원은 사건에 대한 공판을 다시 열었고 DNA 검사 결과를 감안하여 증거 심리를 위해 사건을 1심으로 보냈다.[7] 이번에는 예심판사가 브루어의 유죄판결을 파기했고 브루어는 새로운 재판을 받게 되었다. 하지만 그는 완전히 혐의를 벗지는 못했는데, 검찰이 그를 다시 기소하기로 결정할 수 있었기 때문이다.

검찰은 브루어를 다시 기소하겠다는 의사를 밝혔지만 아무것도 하지 않았고, 브루어는 어정쩡한 상태로 5년간 감옥에 있어야만 했다. 2007년, 미시시피 검찰총장이 개입하고 나서야 DNA 검사가 추가로 실시되어 원래 용의자 중 한 명인 저스틴 앨버트 존슨(Justin Albert Johnson)의 유죄가 입증되었고, 존슨은 그 후 자백했다. 첫 재판으로부터 13년이 지난 2008년 2월, 마침내 브루어는 축적된 무죄 증거를 바탕으로 석방되었고 무죄판결을 받았다.

다른 사람들과 마찬가지로, 유죄판결이 잘못된 것임이 확실해졌음에도 브루어가 그 판결을 취소받기까지는 오랜 시간이 걸렸다. 브루어에 대한 DNA 검사가 허락된 2000년에 기술은 브루어의 유죄 여부를 확실히 답할 수 있을 정도로 발달했었다. 하지만 이런 강력한 수단이 존재함에도 불구하고 검사들은 DNA 검사에 반대했고, DNA 검사 결과가 브루어가 일치하지 않았음에도 그를 석방하는 데 반대했으며, 그 결과 브루어는 8년 더 수감 생활을 해야만 했다. 대부분의 오판 피해자 사례와 마찬가지로 DNA 검사 전까지 판사들은 브루어에게 아무런 도움이 되지 않았다.

재판부터 유죄판결을 취소받기까지 케네디 브루어는 14년간 수감 생활을 했는데, 이는 오판 피해자들의 평균 수감 기간에 해당하는 정도다. 그렇다면 전형적인 오판 피해 사례와는 차이가 있는 커티스 매카티(Curtis McCarty)의 사례를 브루어의 사례와 비교해보자.

커티스 매카티는 오판 피해자들의 평균치를 상회하는 21년 동안 수감 생활을 했다. 비록 매카티는 평균보다 훨씬 긴 수감 생활로 고통을 겪었지만, 그의 사건에서는 사법 시스템이 더 잘 작동된 측면이 있었다. 알다시피 브루어 사건에서는 DNA 검사 이전까지 판사들이 아무런 도움도 되지 않았다. 반면 매카티는 DNA 검사를 통해 최종적으로 결백을 입증받기 전 유죄판결을 취소하는 데 성공한 21명의 오판 피해자 중 한 명이다. 매카티의 유죄판결은 두 차례나 파기되었는데, 4장에 등장했던 오클라호마시티 경찰서 범죄연구소의 분석가 조이스 길크리스트의 증언에 대해 이의를 제기하여 이룬 결과였다.

첫 번째로, 매카티가 1986년 받은 유죄판결 및 사형선고는 1988년에 파기되었다. 체모 검사 결과에 대한 길크리스트의 증언에 오류가 있었기 때문이었다. 길크리스트는 사건 현장에서 발견된 체모에 대한 검사 결과에 근거해 "(매카티가) 사건 현장에 있었다(고 말할 수 있다)"고 증언했다. 법원은 유죄판결을 파기하며 다음과 같이 언급했다. "길크리스트가 왜 그런 부적절한 의견을 냈는지 이해할 수 없다. 그녀는 이와 같은 의견을 제출할 자격이 없고, 스스로 이를 인정했다."[8]

그러나 승리는 짧았다. 검찰은 매카티를 다시 기소하기로 결정했고,

1989년 그는 다시 유죄판결을 받았다. 두 번째 재판에서도 길크리스트는 증인으로 출석했는데, 매카티는 항소를 하면서 길크리스트의 증언 자체는 문제 삼지 않았다(영리하게도 두 번째 재판에서 길크리스트는 "그가 사건 현장에 있었다"고 주장하지 않았다).[9]

그러나 판사는 2005년 다시 한번 유죄판결을 취소했다. 두 번째 유죄판결 후 15년간 매카티의 변호인들은 길크리스트의 또 다른 부정행위를 찾아냈는데, 그녀가 실험 보고서를 변경하고 조작해왔던 것이다. 검사 결과가 매카티와 불일치했으나 길크리스트는 보고서를 일치하는 것으로 고쳤고, 검사에 사용된 체모를 제출할 것을 요청받자 이를 폐기했다고 답했다. 법원은 "길크리스트의 행동 그 자체만 놓고 봐도 재판을 다시 할 필요가 있다"고 강조했다.[10] 2002년에 실시된 첫 번째 DNA 검사 결과는 매카티와 불일치했다. 세 번째 재판 전에 무죄 프로젝트는 같은 결과가 나온 DNA 검사를 여럿 확보했다. 매카티는 21년간 수감 생활을 한 끝에 2007년 최종적으로 무죄판결을 받았다.[11]

오판 피해자 250명의 사례에서는 유죄판결이 취소되는 데까지 일반적으로 긴 시간이 소요되었다. 이들 중 대부분은 DNA 검사가 상용화되기 전에 유죄판결을 받았고, 초기 형태의 DNA 검사는 1989년부터 가능했지만, 그 후 몇 년 동안 오판에 대한 취소는 거의 이루어지지 않았다. 오판 피해자들에 대한 유죄판결이 취소되기까지 평균적으로 15년이 걸렸는데, 그림 7.1은 해마다 몇 명의 오판 피해자가 유죄판결을 받았고 또 그 판결을 취소받았는지 보여준다. 유죄판결은 1980년대에 집중되어 있었다. 1970년대와 1990년대에도 몇 건이 있었지만 2000년도에 들어서는 거의 사라졌다. 첫 오판 취소 사례는 1989년에 있었지만, 그 수는 1990년대 후반에야 극적으로 증가하기 시작했다. 처음으로 오판이 취소된 후 거의 10년 만의 일이었다.

형사항소와 재심절차에는 시간이 오래 걸릴 수 있다. 오판 피해자들이 유죄판결을 받은 후 항소심절차와 인신보호절차를 모두 마치기까지 평균 6년 반이 걸렸다. 매카티 사건 같은 몇몇 사건들은 수십 년간 진행되기도 했다. 이번 장에서는 유죄판결이 내려진 후 무죄판결을 받기까지의 수년 동안 가장 오래 지연되었던 항소심과 재심절차를 다루었다. 브루어처럼, 대부분의 오판 피해자들은 DNA 검사를 받기 전까지는 증거를 뒤집거나 결백을 입증할 기회가 없었다. 잘못된 판결을 뒤집기가 왜 이리 힘들었던 걸까?

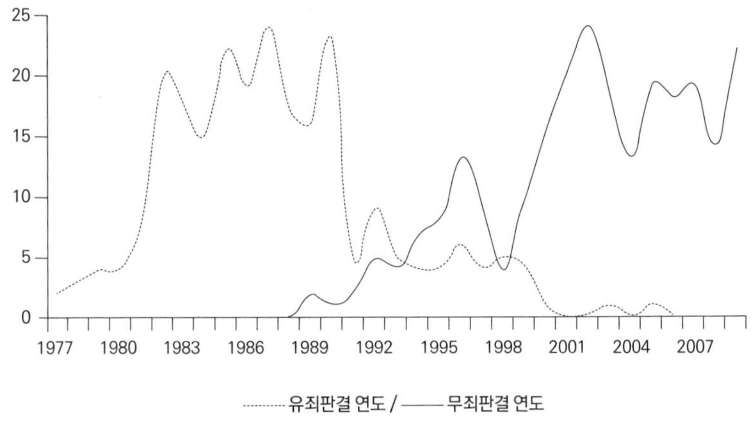

그림 7.1. 유죄판결 이후 무죄를 입증받은 사람(연 단위)

재판상 오류는 벌레들과 같다

많은 재판에서 실수가 발생한다. 판사들은 종종 증거법에 위반된 증거를 허용하거나, 배심원들에게 법에 대해 잘못 설명하곤 한다. 또한 검사나 변호인은 종종 최종진술에서 엉뚱한 소리를 하거나, 증언 내용을 잘못 인용하거나, 판사가 언급을 금지한 증거에 대해 언급하곤 한다. 판사의 임무 가운데 가장 어려운 것 중 하나가 바로 재판 중 발생한 이러한 잘못이 중대한 것인지 아니면 사소한 것인지 결정하는 일이다. 캘리포니아주 대법원장인 로저 트레이너(Roger Traynor)는 앞선 재판에 잘못이 있다고 말하는 수백만 건의 주장에 둘러싸인 상급심 판사의 처지에 대해 다음과 같이 묘사했다. "재판상 오류는 법의 세계에 존재하는 벌레들입니다. 떼 지어 다니지만 대부분 눈에 띄지 않습니다. 대부분은 아무런 해를 끼치지 않지만 일부는 무척 해롭습니다. 겉으로 보기에는 크게 눈에 띄지 않고 괜찮지만 재판의 공정성을 훼손하는 도미노 효과를 유발합니다."[12] 판사의 임무는 이러한 해로운 잘못을 집어내어 정의를 바로 세우는 데 있지만, 한편으로는 부당한 재판을 야기하지 않는 사소한 실수를 걸러내는 데에도 있다.

DNA를 통해 입증된 오판 사례는 판사들이 해로운 오류와 그렇지 않은 것을 얼마나 잘 구분하는지 알아볼 수 있는 좋은 기회다. 앞선 장에서는 오판 사례에서 일반적으로 나타났던 목격자 오류, 자백 오염, 과장된 과학 증거와 같은 심각한 잘못들에 대해 설명했었다. 지금부터는 오판 피해자들에게 잘못된 판결이 내려진 후 형사사법제도가 이러한 잘못을 얼마나 잘 처리했는지 살펴보겠다.

오판 피해자들에 대한 재판기록을 검토하면서 궁금했던 점은, 왜 항소심이나 인신보호절차에서 이 사건들을 담당했던 판사들이 DNA 검사가 본격화되기 전에는 잘못된 판결을 바로잡지 않았냐는 것이었다. 이는 오판 피해자들이 DNA 검사 결과 없이도 자신의 결백을 어느 정도는 보여줄 수 있음을 전제로 하지만, 좀 더 근본적으로는 상급법원은 재판기록을 재검토하고 실수를 찾아내서 오심이 일어나지 않도록 할 것이라는 점을 전제로 하고 있다.

그러나 두 번째 전제는 현실과는 조금 괴리가 있다. 판사 제롬 프랭크(Jerome Frank)와 바버라 프랭크(Barbara Frank)는 오판에 관한 1957년의 저서에서, 항소심이 오판을 바로잡아줄 것이라는 믿음을 "상급법원 신화(Upper Court Myth)"라고 불렀다. 그들은 "(항소법원이) 배심원단과 1심 판사에 비해 더 아는 것은 없으며" 제한된 역할만을 수행할 뿐이라고 지적했다. 항소심은 "배심원단의 평결을 받아들일 의무가 있고" 사건을 원점에서 재검토하기보다는 증인의 증언을 사실로 받아들여야만 한다.[13]

이 책이 쓰이고 수십 년이 지난 후, 형사절차의 대개혁으로 인해 항소심과 재심절차에서 유죄판결에 대해 다투는 것이 가능해졌지만, 항소심과 재심절차에서 원심이 파기되는 비율은 1~2%를 넘지 못한다.[14]

처음 오판 피해자들에 대한 판결을 분석했을 때는, 판사들이 이 사건들을 다른 사건에 비해 중대하게 받아들인 것이 아닐까란 생각이 들었다. 오판 피해자들에 대한 항소심과 재심절차에서는 원심 파기율(13%)이 상당히 높았는데, 이는 DNA 검사를 받기 전에 기록한 수치임을 기억할 필요가 있다. 보통 상급심에서 원심이 파기되는 비율이 1~2%임을 감안할 때 이는 상당히 높은 수치이므로, DNA 검사 전이라 해도 판사들이 이러한 일부 오판 사례에서 치명적 오류를 발견해낸 것으로 보였다.

하지만 13%라는 수치는 그리 특별한 것이 아니었다. 오판 피해자들 사건에서의 원심 파기율은 일반적인 강간, 살인 사건에서의 파기율과 차이가 없었던 것이다.[15] 암울하게도, 이 수치들을 통해 가능한 해석은 강간, 살인 사건에 대한 재판 전반에서 중대한 실수가 발생할 확률이 높다는 정도이다.

오판 사건에서 무엇이 잘못되었는지를 파악하기 위해 세밀한 연구가 필요했다. 미국에서는 형사재판이 진행됨에 따라 모든 기록을 한곳에 보관하지는 않는다.* 그래서 한 사건에 대한 정보를 처음부터 끝까지 수집하기란 무척 어려운 일이다. 이 책에서는 오판 사례에 대해 검토하면서, 오판 피해자들이 했던 모든 주장과 각각에 대한 법원의 판단을 포함해 가능한 한 많은 자료를 추적해 들어갔다.

오판 사례 중 3분의 2, 즉 66%(250건 중 165건)에서만 법원이 서면 결정문을 발표했기 때문에 사례 전부에 대해 설명하는 것은 불가능하지만, 일반적으로 법원이 어떤 판단을 내렸는지 정도는 알아볼 수가 있다. 이 책에서는 항소심과 재심절차에서 판사가 서면으로 자신의 판단에 대해 설명한 경우만을 연구 대상으로 삼았다.[16] 서면이 없는 경우는 판사들이 그렇게 결정한 이유에 대해 알 수 없을뿐더러 심지어는 어떤 주장이 있었는지조차 알기 어렵기 때문이다.

항소심과 재심절차에서 오판 피해자들이 했던 주장과 이들에 대한 법원의 판단을 자세히 살펴보면 한 가지 문제점을 발견할 수 있다. 많은 수의 오판 피해자들이 유죄판결을 뒷받침하는 핵심 증거에 대해 문제 삼지 않았던 것이다. 설사 문제 삼았다 해도, 판사들은 이에 대해 서면 결정문에서 언급할 가치가 없다고 생각했다. 항소심과 재심절차에서 서면 결정문이 존재했던 오판 사례 중 3분의 1(165건 중 55건)은 핵

* 하급심과 상급심을 각각 따로 보관해둔다.

심 유죄 증거에 대해 전혀 문제 삼지 않았다.

또한 오판 피해자들이 핵심 유죄 증거를 문제 삼은 경우에도 이러한 주장이 받아들여진 경우는 매우 적었다. 이러한 사실은 유형별로 분석해보면 분명해진다.

목격자의 오인 때문에 유죄판결을 받은 오판 피해자가 상급심에서 이를 문제 삼은 경우가 몇 건이나 될까? 서면 결정문이 존재하는 사건의 오판 피해자 중 124명이 목격자의 오인 때문에 유죄판결을 받았는데, 이 중에서 56%(124건 중 70건)가 이를 문제 삼았고, 그중 단 7%(70건 중 5건)에서만 이러한 주장이 받아들여졌다. 마찬가지로, 과학 증거가 오판의 원인이었던 경우의 32%(112건 중 36건)가 이를 문제 삼았고 그중 17%(36건 중 6건)에서만 이러한 주장이 받아들여졌다. 제보자 증인의 경우 36%(45건 중 16건)가 이를 문제 삼았고 그중 25%(16건 중 4건)에서만 이러한 주장이 받아들여졌다. 거짓 자백의 경우 가장 많은 59%(22건 중 13건)가 이를 문제 삼았지만, 그중 단 8%(13건 중 1건)에서만 주장이 받아들여졌다.

이처럼 증거에는 결함이 있었고 그러한 결함의 상당수가 트레이너 대법원장이 말했듯 "무척 해로운" 것이었다. 하지만 판사들은 상급심에서 오판 피해자들의 주장을 검토하며 대개 이런 결함을 "해롭지 않다"고 판단하면서 심지어 검찰 측 주장의 강점과 신청인들의 유죄 가능성을 언급했다. 또한 오판 피해자들이 자신의 결백을 입증할 증거가 있다고 주장한 경우도 이보다 나을 것이 없었다. 이런 유의 주장은 모두 기각당했기 때문이다.

이 무고한 사람들은 재판 과정에서 일어난 일들에 대해 어떤 식으로 이의를 제기했을까? 이들 중 대다수가 사실을 기반으로 이의를 제기하는 데 실패한 이유는 무엇일까? 그리고 항소심과 인신보호절차에서 판사들은 왜 오판 피해자들의 결백함을 알아보지 못한 걸까? 다음 절에서는 이 같은 문제에 대해 다룰 것이다. 먼저 오판 피해자들이 재판에서 제시되었던 증거를 문제 삼았던 방식에 대해 살펴보겠다.

거짓 자백이 낳은 유죄판결

2장의 내용을 다시금 떠올려보자. 수사 과정에서 거짓으로 자백했던 오판 피해자 중 대부분이 1심 재판 과정에서 이를 번복했고, 보통은 경찰이 자백을 강요했다는 것이 번복 이유였다. 그런데 놀랍게도, 1심 재판이 끝난 후 이들 중 몇몇은 더 이상 수사 과정의 자백에 대해 다투지 않았고, 심지어 1심 재판에 불복해 항소한 경우에도 그런 경우가 있었다. 서면 결정문이 존재하는 오판 피해자 중 거짓 자백 때문에 유죄판결을 받은 사람은 22명인데, 이 중 단 7명만이 수정헌법 제5조에 근거해 자백의 자발성에 대해 다투었고, 3명은 미란다 원칙이 지켜지지 않은 상황에서 자백이 이루어졌다고 주장했다. 하지만 이들의 주장 중 받아들여진 것은 하나도 없었다.[17]

유일하게 효과가 있었던 주장은 오직 항소심이나 재심절차에서만 가능한 것으로, 변호인의 변호가 불충분하여 수사 과정에서의 자백에 대해 1심에서 충분히 다퉈보지 못했다는 주장이었다. 이 같은 주장을 한 3명 중 한 사람인 로널드 윌리엄슨(Ronald Williamson)은 1심에 대한 파기를 이끌어냈다. 윌리엄슨은 명백한 정신질환이 있었음에도 자백을 강요받았으나 그의 변호인은 아무런 문제도 제기하지 않았었다. 하지만 변호인의 잘못은 그것이 전부가 아니었는데, 또한 과학 증거상 오류에 대해서도 문제를 제기하지 않았던 것이다.

사실 변호인은 1심 재판 전에 판사에게 사임 허가를 요청했었다. "판사님. 저는 그를 변호할 수 없습니다." "저는 이 사건을 담당하기에는 너무 늙었습니다. 저는 어떤 일이 있더라도 그 사람 일에 관여하고 싶지 않습니다." 이것이 변호인의 주장이었다.[18]

오판 피해자들이 자신의 자백에 대해 문제를 제기했을 때, 법원은 자백의 외관상 신뢰성을 강조했다. 이 사건들 대다수에서 법원은 오판 피해자들의 손을 들어주기를 거부하면서 1심과 마찬가지로 자백의 신빙성을 인정했는데, 그 이유는 주로 사건에 관한 알려지지 않은 사실을 자백했다는 것이었다. 법원은 오판 피해자들이 자발적으로 말했다고 알려진, 사건과 "완벽히 일치하는" 비공개 사실에 대해 자세히 설시하며, 이들의 자백이 "압도적"인 이유를 설명했다.[19] 예를 들어 일리노이주 대법원은 알레한드로 허낸데즈(Alejandro Hernandez)의 경우 그가 "환영" 속에서 본 범죄의 세부 내용이 경찰을 통해 알게 된 사실이었다는 점에 대해 납득할 만한 주장을 제시하지 못했다고 밝혔다.[20]

이 외에 9개의 사건에서 오판 피해자들은 경찰에게 범죄에 대해 전부 자백한 건 아니지만 본인들에게 범죄 혐의를 씌울 수 있는 언급을 했다. 이들 중 4명은 자신들이 경찰에게 한 진술은 강요된 것이라고 주장했다.[21] 경찰이나 목격자들이 자발적으로 이루어졌다고 보고한 이러한 진술들에 대해, 항소심과 재심절차에서 다투는 것은 모두 실패했다. 자발적으로 했다고 알려진 진술에 대해 강요된 것임을 주장하는 것은 받아들여지기 쉽지 않았을 것이다.

정리하자면, 서면 결정문이 존재하는 거짓 자백 건 중 59%(22건 중

13건)에서 이에 대해 문제를 제기했었지만, 변호사가 자백에 대한 이의 제기를 빼먹는 등 연이어 실수를 저질렀던 단 한 건만이 성공을 거두었다. 반면, 법원은 오판 피해자들의 주장을 기각할 때 자백이 구체적이고 외관상 신뢰할 만하다는 이유를 자주 내세웠다. 2장에서 설명했던 자백 오염은 유죄판결을 만들어냈을 뿐만 아니라 항소심이나 재심절차에서 이를 바로잡는 것도 어렵게 만들었던 것이다.

목격자의 오인과 잘못된 확신

목격자의 오인 때문에 유죄판결을 받은 오판 피해자가 가장 많았지만(67%, 250건 중 190건) 이들 중 일부는 2심에서 이를 아예 문제 삼지 않았고, 이의제기를 했다 해도 받아들여진 경우는 거의 없었다. 서면 결정문이 존재하는 목격자 오인 건 중 2심에서 이를 문제 삼은 건은 56%(124건 중 70건)였다.

3장에서 설명했듯이 목격자의 범인식별절차에서 암시가 있었고, 많은 오판 피해자가 이러한 과정 속에서 범인으로 지목되었다. 실제로 목격자 증언과 관련해 가장 많았던 문제 제기는 경찰이 목격자에게 용의자가 누구인지 부적절하게 알려주었다는 것이었다. 39명의 오판 피해자가 이 같은 주장을 했지만 받아들여진 경우는 전무했다. 4명은 미국 대 웨이드(United States v. Wade) 판결에서 확립된 권리에 근거해 라인업 시 변호사가 참석하지 않았다고 주장했지만 역시 받아들여지지 않았다.[22]

일부 오판 피해자들은 간접적인 방식을 취했는데, 이를테면 목격자의 진술을 믿을 수 없다고 주장하는 대신 변호인이 목격자 증언에 대해 효과적으로 대처하지 못했다고 주장하는 방식이었다. 그렇게 목격자의 진술에 대해 간접적으로 다툰 30명의 오판 피해자는 변호인의 조력을 제대로 받지 못했다거나, 새로운 무죄 증거를 발견했다거나, 배심원단에게 부적절한 설시를 했다는 등의 주장을 펼쳤다.

오직 5명의 오판 피해자만이 목격자의 범인 지목이 잘못되었다는 이유로 원심을 뒤집을 수 있었다. 각각 살펴보면 먼저 매킨리 크로메디(McKinley Cromedy)에 대한 유죄판결은 타 인종에 대한 범인식별절차에 존재하는 위험성에 대해 배심원들에게 설시하지 않았다는 이유로 파기되었다. 레슬리 진(Lesly Jean)에 대한 유죄판결은 피해자가 최면 상태(아마도 최면 상태에서 처음으로 레슬리 진을 지목했을 것이다)였다는 사실을 공개하지 않았다는 이유로 파기되었다. 로널드 코튼(Ronald Cotton)의 첫 번째 재판의 유죄판결이 파기된 이유는, 같은 날 비슷한 범행을 당한 두 명의 피해자 중 한 명이 다른 사람을 지목했다는 내용의 증거를 판사가 배제했었기 때문이었다. 마이클 에번스(Michael Evans)가 재판을 다시 받게 된 것은 경찰이 주요 목격자에게 1,250달러를 준 사실을 검찰이 숨겼기 때문이었다. 마크 웨브(Mark Webb)에 대한 유죄판결이 파기된 이유는 피해자가 사건에 관해 다른 목격자와 의논해서는 안 된다는 규칙을 위반했기 때문이었다. 재판에서 피해자는 웨브를 알아보지 못했지만, 화장실에 다녀오겠다고 하고는 자신의 여동생과 얘기를 나눈 후 갑자기 그를 범인으로 지목했다.[23]

이런 드문 사건들 중에는 경찰이 쇼업 같은 암시적인 범인식별절차를 활용하거나 암시적인 언급을 한 사례가 없었다. 3장에서 언급했던 5개의 사건 중, 목격자 오인에서 매우 흔했던 암시와 비신뢰의 문제가 제기되는 유일한 사건은 코튼의 사건이다. 이 사건에서 판사들은 목격자가 재판 이전에는 얼마나 덜 확신했었는지에 대해 배심원이 들었어야 한다고 생각했기 때문에 판결을 뒤집었다.

목격자의 오인에 대해 문제를 제기하지 않은 44%는 왜 그랬던 것일까? 일부 오판 피해자들은 재판에서 이의제기를 하는 데 실패해 그러한 주장을 하지 않은 반면, 다른 오판 피해자들은 그런 주장이 소용없다고 생각했을 수 있다. 3장에서 설명했듯이, 경찰이 암시를 하는 등 적법절차 원칙을 위반할 가능성이 있는 행동을 했어도 목격자의 범인 지목 자체가 "믿을 만하다"면 이를 재판에서 활용할 수 있다는 것이 법원 판례[맨슨 대 브래스웨이트(Manson v. Brathwaite)]의 입장이다.[24] 고도로 암시적인 절차를 통해 범인이 지목되었다 해도, 목격자의 확신 정도와 같은 신빙성 정도를 고려해 이를 인정할 수도 있는 것이다. 목격자 대부분은 법정에 나와 자신이 범인을 정확하게 지목했다는 점에 대해 큰 확신을 보였다.

그 결과 오판 피해자들 대부분에게는 목격자의 오인을 문제 삼을 길이 없었다. 예를 들어 스티븐 반스(Steven Barnes) 사례의 경우, 두 번 반복된 사진대조절차에서 반스의 사진만이 유일하게 중복되었다. 법원은 이에 대해 다음과 같이 판시했다. "사진대조 사이의 2년 반이라는 시간 간격을 고려할 때 목격자가 암시를 받았을 가능성은 없다. 별개로 목격자가 법정에서 피고인을 범인으로 지목하며 보인 태도만 놓고 봐도 범인 지목의 신빙성을 인정할 수 있다."[25]

데이비드 브라이슨(David Bryson) 역시 경찰의 개입을 주장했다. 하지만 재판부는 아무런 오류가 없다고 결정하면서 피해자의 확신을 강조했다. 재판부는 "분명한 것은, 재판 전에 이루어진 범인식별절차에서 피해자가 주저하거나 불분명한 태도를 보였다면, 경찰의 발언이 대립을 불필요하게 암시적으로 만들었을 것이다"라고 판시했다.[26]

앤서니 그린(Anthony Green) 사례의 경우 두 번 반복된 사진대조절차에서 그의 사진만이 유일하게 중복되었고, 첫 번째 사진대조에서 그의 사진만이 유일하게 '지갑형 사진'이었던 데다, 두 번째에서는 그의 사진만이 신체 특징이 잘 드러난 '머그 숏'이었다. 법원은 이 같은 사실에 대해 인정하면서도, 실제 존재했던 경찰의 암시성 발언에 대한 언급 없이 범인식별절차가 적절하게 이루어졌다고 결론 내렸다. 그 이유는 사건 당시 피해자의 집중력이 "예민"했고 "(가해자와) 눈을 마주쳤으며" "(사진대조절차에서) 즉시 그를 알아보았다"는 것이었다.[27] 목격자가 확신할 경우 판사들이 이를 신뢰하는 것을 고려해, 일부 피고인과 변호인들은 이에 대해 이의를 제기하는 것이 쓸데없다고 판단했을 수도 있다. 실제로 목격자가 오인했다고 주장했던 39명의 오판 피해자 중 그 누구도 성과를 거두지 못했다.

값비싼 법과학 증거

법과학 증거 오류는 오판 사례에서 두 번째로 빈번하게 등장한 유형이었지만, 이 증거에 도전한 사람은 거의 없었고 이에 기초해 판결을 뒤집은 사람은 더 적었다. 오판 사례의 61%에서 검찰 측 법과학 전문가가 사건에 적용된 과학 원리에 대해 잘못 설명했거나, 신뢰할 수 없는 기법을 사용했거나, 모호하게 증언했거나, 과학 증거를 은폐했다는 것을 감안할 때 오판 피해자들의 이러한 대응은 놀라운 면이 있다. 과학 원리상의 오류는 누가 봐도 분명한 것이라 목격자의 잘못된 증언보다 문제 삼기가 쉬워 보이기도 하지만, 문제는 피고인들의 경제적 빈곤인 듯하다. 몸값이 비싼 법과학 전문가의 도움 없이는 과학 증거에 오류가 있다는 사실을 알아채기란 쉽지 않기 때문이다. 결과적으로는, 항소를 제기하기 위해 해당 문제를 계속 보존해야 할 필요성을 느꼈기 때문에 재판에서 법과학 증거에 이의를 제기하지 않았을 수도 있다.

서면 결정문이 존재하는 사건의 오판 피해자 중에서 과학 증거에 대해 문제 제기를 했던 사람은 36명이고 그중 17%, 즉 오판 피해자 6명은 항소심에서 1심에서 제출된 과학 증거를 문제 삼아 1심 파기를 이끌어냈다. 이들 중 3명은 과학적 분석 자체를 문제 삼았다.

앞서 언급했던 커티스 매카티는 유죄판결에 대해 두 번이나 파기를 이끌어냈는데, 그중 첫 번째는 분석관이 자신이 말할 수 있는 정도를 넘어서는 잘못된 주장을 했기 때문이었다. 분석관은 체모 비교에 기초해 "(사건 현장에) 그가 있었다"고 주장했었다.[28] 레이 크론(Ray Krone)에 대한 첫 번째 유죄판결의 경우에는 검찰 측이 아주 이례적이면서도 편파적인 동영상을 재판 전날에야 공개했다는 이유로 파기되었다. 이 동영상에서 치흔 분석가는 크론의 치아를 본뜬 것을 피해자 시체에 갖다 대며 마치 이 둘이 일치하는 것처럼 행동했다.[29] 또한 스티븐 린스콧(Steven Linscott) 사건에서는 피고인 측 증인으로 나선 법과학 전문가가 체모 비교에서는 일치 가능성** 같은 개념이 사용될 수 없다고 증언했다. 하지만 최종진술에서 검사는 피고인 측 전문가가 일치 가능성에 대해 지지했다고 주장했고, 항소심은 원심을 파기하면서 이 같은 검사의

** '현장에서 발견된 체모가 피고인의 것일 확률은 ○○%이다'라는 형식의 결론을 말한다.

언급에 대해 "야비하고 고의적인 왜곡"이라고 판시했다.[30]

한편 법과학 증거를 이유로 원심 파기를 이끌어낸 나머지 3명의 경우 불충분한 변호를 문제 삼았는데, 과학 증거에 대해 적절하게 대처하지 못한 것뿐만 아니라 다른 부분에 대한 실수까지도 문제 삼았다.[31]

그러나 이러한 파기 사례보다 더 일반적인 것은 항소심의 외면이었다. 윌리엄 레인지(William Rainge)와 케네스 애덤스가 제기한 항소에서 일리노이주 항소법원은 "검찰은 다른 사람으로부터 똑같이 생긴 체모를 발견할 확률은 4,500분의 1"이라 말했는데, 이에 대한 통계적 근거가 없다 해도 이러한 잘못이 "원심을 파기해야 할 만큼 큰 잘못은 아니"라고 결정했다.[32] 마찬가지로 몬태나주 대법원은 체스터 바워(Chester Bauer)의 항소를 기각했다. 4장에서 설명한 바와 같이, 마스킹 문제가 무시되고 통계상 오류가 있었음에도 그와 같은 결정을 한 것이었다.[33]

이러한 결정들은 정확한 과학만이 재판정에 제시되도록 해야 할 판사들이 책임을 포기한 것과 마찬가지였다. 증언대에 선 전문가들이 신뢰할 수 없는 기법을 사용하거나 분석 결과를 과장하는 것을 1심 판사들이 막지 못했을 뿐만 아니라, 판결 이후에 이러한 오류가 지적된 사건에서 판사들은 모른 척하며 이를 묵살하고 그러한 증언이 용인될 만하다거나 재판에 아무런 영향을 주지 못한다고 판결했다.

제보자의 거짓 증언

제보자의 증언이 문제가 됐던 사건 역시 핵심 증거에 대한 문제 제기가 거의 없었다. 서면 결정문이 존재하는 사건의 오판 피해자 중 제보자 증언 때문에 유죄판결을 받은 사람의 36%(45건 중 16건)만이 이를 문제 삼았고, 이들 중 4명만이 성과를 거두었다. 5장에서 설명했듯이, 제보자의 상당수는 오판 피해자로부터 사건에 관한 '내부 정보'를 들었다고 거짓 증언을 했다.

단 한 사람, 버닐 지머슨(Verneal Jimerson)만이 제보 조작에 맞서 1심 판결에 대한 파기를 이끌어냈다. 수감자 제보자에 대한 공격이 아니라 공범의 자백이 강요에 의한 것이었다는 주장을 통해서 얻어낸 성과였다. 5장에서 설명했듯이 지머슨 사건에서 경찰은 공동피고인이었던 폴라 그레이(Paula Gray)로부터 감형을 미끼로 증언을 얻어냈지만 이 사실을 숨겼다. 결국 그레이의 증언은 거짓으로 밝혀졌다. 그레이는 미성년자에 정신지체자였고 포드 하이츠 포(Ford Heights Four)라는 이름으로 알려진 사건에서 다른 4명과 함께 억울하게 유죄판결을 받은 사람이었다.

피고인 본인이 문제 삼지 않는 이상 제보의 조작 여부를 확인할 방법은 없는데도, 오판 피해자들 대부분은 조작된 제보에 대해 직접적으로 문제 삼지 않았다. 설사 그랬다 해도 이를 입증하는 것은 불가능했을 것이다. 대신 오판 피해자들은, 검찰 측 제보자에게 질문을 받는 과정에서 변호인의 조력을 받지 못했다고 다투거나[매시아(Massiah) 원칙 위반], 재판 과정에서 적절한 변호를 받지 못했다고 주장하거나[스트리클런드(Strickland) 원칙 위반], 피고인에게 유리한 증거가 은폐되었다고 주장하거나(브레이디 원칙 위반) 증거에 대한 설명이 부적절했다고 주장하거나(법규 위반) 판사가 배심원에 대해 정확한 지침을 주지 않았다고 주장했다.[34] 이들 중 세 건의 주장은 성공을 거두었다.

대릴 헌트(Darryl Hunt)는 1심 판사가 증거법을 위반했다는 문제를 제기했다. 구체적인 내용은 선서하지 않은 검사 측 증인에게, 그녀의 진술과 상반된 진술을 한 피고인 측 증인의 증언에 대해 반박할 기회를 주었다는 것이었다.[35] 롤랜도 크루즈의 경우, 자신의 두 번째 재판에서 증언했던 수감자 제보자가 감형을 받은 사실이 은폐된 것을 입증하려 애썼다. 이러한 폭로는 2심 재판부에 영향을 미치는 데 성공했지만, 크루즈는 제보자의 증언 자체에 대해서는 별도의 주장을 하지 않았다.[36] 한편 연방 법원은 변호인의 무능을 이유로 로널드 윌리엄슨의 인신보호청원을 부분 인용했다. 윌리엄슨의 변호인은 거짓 자백과 과학 증거 오류에 대해 적절히 대응하지 못했을 뿐만 아니라, 수감자 제보자가 이 사건 외의 다른 사건에서도 제보자로 활동했고 이러한 협조의 대가로 집행유예 형을 받은 사실이 공공연하게 알려져 있음에도 재판 과정에서 이 부분을 문제 삼지 않았다.[37]

제리 왓킨스(Jerry Watkins)도 새로 재판을 받게 되었지만, 판사는 끝내 경찰과 검찰이 제보자와 거래를 했는지와 구체적인 사건 정보를 알려주었는지에 대해서는 심리하지 않기로 결정했다. 연방 판사는 긴 시간 동안 제보자의 증언에 대해 논의했다. 왓킨스는 1심 재판에서 자신은 수감 생활 도중 사건에 대해 털어놓은 적이 없다고 주장했지만, 한편으로는 "선고 당일 유치장에서 모르는 남자가 다가와 사건에 대해 자꾸 물어보았다"고 회상했다. 왓킨스는 "그 사람은 뭔가를 얻어내려고 자꾸 저를 귀찮게 했습니다. 그에게 질려버린 나머지 제가 무슨 혐의를 받고 있는지 말했어요. 그게 전부입니다"라고 말했다.[38] 왓킨스는 제보자의 동료 수감자를 증인으로 불렀는데, 증언 내용은 이러했다. "(제보자는) 감방 탈출 계획에 대해 설명했어요. 미제 사건을 찾아내서는 사건에 대한 신문 기사를 모두 조사하는 것이었지요." 그러고는 사건에 대해 들었다며 경찰에 제보한다는 것이었다.[39]

재심절차에서 왓킨스는 '탄원서'를 제출했다. 이는 제보자가 1987년 10월 자신에 대한 형사재판 진행 중에 선서를 하고 작성한 것이었다. 제보자는 다음과 같이 자신의 기존 진술을 철회했다.

> 사실 인디애나 검찰은 본 탄원인이 증언하는 대가로 (약속과 함께) 돈을 지불했으며, 탄원인의 분노가 피고인(제리 왓킨스)으로 향하게 하기 위해 "살인현장" 사진뿐만 아니라 "으스스한" 살인자들의 사진도 보여주었고, 그 결과 본 탄원인으로부터 유죄판결에 사용될 수 있고 실제로도 사용된 증언을 얻어냈습니다.

제보자는 이어서 자신뿐만 아니라 "인디애나주 법원과 제리 왓킨스 또한 속았다"고 말했다.

법원은 탄원서가 사실이라면 그 파급력은 "폭발적"이라고 결론지었다. 제보자가 살인 사건에 대한 "자세한 정보"를 경찰 또는 검사로부터 들은 것이 사실이라면, "검찰 측 주장은 완전히 붕괴"될 뿐만 아니라 "형사사법제도의 타락에 해당한다"는 것이 법원의 설시였다. 1심에서 검사는 사건에 대해 보도한 신문을 재판정에 가져와서는 수감자 제보자가 "구체적이고 정확한 지식을 갖고 있으며, 이는 결코 신문에서 얻은 지식이 아니"라는 점을 보여주려 했다. 최종진술에서 검사는 다음과 같이 주장했다. "제보자가 아까 보여드린 신문에 대해 연구한 걸까요? 전 아니라 생각합니다. … 도저히 불가능한 일입니다."[40]

이 사건의 결말은 해피엔딩이었다. 2심 법원은 왓킨스의 유죄를 인정한 1심 판결을 파기하고 다시 재판을 할 것을 명했고, 그 후 왓킨스는 DNA 검사를 통해 결백을 입증받았다. 하지만 연방 법원은 제보자에게 정보를 유출한 검사들을 처벌하는 데까지는 나아가지 않았다. 연방 법원은 "정보를 유출한 검사의 잘못은 위증교사에 해당하고 또한 사법 절차를 더럽힌 행위"라고 하면서도 이에 대한 추가 조사는 거부했다. 이 사건에서 검사들은 제보자에게 사건에 관한 정보를 유출하는 데 그치지 않았다. 검사들은 다른 범인을 지목하는 증거들을 은폐했고(브레이디 원칙 위반), 법원은 정보 유출에 대한 추가 조사 없이 이 사유만으로도 1심 판결을 파기할 수 있었다. 보통 재심 판사들은 이런 사안에 대해 조사하는 것을 거부하며, 중대한 문제가 될 수 있는 잘못에 대해서 검사가 어떠한 결과라도 감수해야 한다고 권고하는 일은 더더욱 없다.

앞서 던졌던 질문으로 다시 돌아가보자. 잘못된 1심 재판의 원인이 된 증거들에 대해 2심에서 이의를 제기한 사람이 거의 없었던 이유는 무엇일까? 그게 목격자의 증언이든, 거짓 자백이든, 과학 증거상 오류이든, 조작된 제보자 증언이든 말이다. 그리고 설사 이의를 제기했다 해도 성공한 경우가 거의 없었던 이유는 무엇일까?

오판 사례를 통해 알 수 있는 사실은 항소심과 재심절차가 사실관계상의 오류를 검토하도록 설계되지 않았다는 점이다. 2심 판사들은 자신의 역할이 법적 오류를 바로잡는 데 있다고 여긴다. 그리고 판사들은 배심원단이 내린 평결에 대해 비판하는 것을 꺼린다. 형사재판에서 판사들은 한번 인정된 사실관계를 좀처럼 바로잡으려 하지 않는 것이다. 심지어 명백한 법규 위반이 있었어도 판사들은 이러한 잘못이 "무해"하다고 주장하는 경향이 있다. 법학 교수 앤서니 앰스터댐(Anthony Amsterdam)이 지적했듯 "무죄 주장을 진지하게 받아들이지 않는 경향이 현저하다".[41] 다음 절에서 살펴보겠지만, 판사들은 유죄가 확실하다고 판단할 경우, 헌법상 권리가 명백히 침해되었다는 것을 인정하면서도 이에 대한 구제를 거부하는 경우가 많다.

만약 당신이 오판 피해자라고 생각해보자. 무죄 주장이나 1심 재판에서 인정된 사실이 틀렸다***는 주장을 판사들이 진지하게 받아들여주지 않는다면, 아마도 당신은 성공 확률이 높은 다른 주장에 집중할 것이다. 당신 혹은 당신의 변호인은 절차상 오류를 지적하는 편이 성공 확률이 높다는 사실을 잘 알고 있다. 이러한 주장은 기술적인 부분이지만 1심 재판이나 항소심에서 훨씬 빈번히 제기된다. 더군다나 이러한 주장은 쉽게 할 수 있다. 반면 무죄 주장이나 1심의 사실인정에 대한 문제 제기를 하기 위해서는 사건에 대한 재조사, 경찰 수사기록에 대한 추가 입수, 과학 증거에 대한 재검토, 알리바이 증인 발굴, 피고인의 자백 혹은 정신건강을 분석하기 위한 전문가 고용이 필요할 수도 있다. 이 모든 일들은 어렵고 비싸다. 게다가 피고인의 변호인도 1심 또는 항소심에서 사실 기록을 밝히지 못한 데 대한 책임을 지고 싶어 하지 않을 것이다. 이러한 요인들로 인해 판사는 결백과 관련된 주장을 진지하게 받아들이는 것을 점점 더 꺼리게 된다. 더구나 이러한 주장이 제기되는 사건에서 아마도 자금 부족을 이유로 경찰도 피고인 측 변호사도 중요한 사실을 드러내지 않으면, 법원은 1심 이후 수년이 흐른 뒤에 대략적인 기록을 기반으로 결백을 재판해야 하는 난처한 상황에 처하게 될 수 있다.[42]

오판 피해자들은 또한 상급심 법원에서 만든 수많은 기술적인 난관에 봉착했다. 여기에는 주장이 정확하고 철저하게 다루어져야 하고,

*** 법조계에서는 이를 '사실인정에 오류가 있다'고 표현한다.

1심에서 이의제기가 적절하게 이루어졌어야 한다는 규칙이 포함된다. 이러한 절차적인 오류가 변호인의 잘못일 수도 있지만 여기서는 청원자가, 보통은 잘못된 판결을 받은 사람이 모든 결과를 책임진다. 다음은 항소심과 재심절차와 관련하여 복잡한 규칙으로 넘어가 이런 규칙들이 판결 파기를 이끌어 내기 위한 오판 피해자들의 노력을 어떤 식으로 저해하는지 알아보겠다.

형사재판 불복절차

1심 판결에 대한 불복절차에는 어떤 것들이 있을까? 직접 항소, 주 재심청구절차, 연방 인신보호절차라는 세 가지 방법이 있다. 직접 항소는 유죄판결 직후에 가능하다. 유죄판결에 대해 항소할 권리와 항소심에서 변호인(대부분 1심 변호인들이다)의 조력을 받을 권리는 미국 헌법상 권리이다. 피고인과 변호인은 1심의 사실인정뿐만 아니라 주 법과 헌법 위반에 대해서도 문제 삼을 수 있다. 먼저 1심 판사에게 다시 재판해줄 것을 청원하고, 1심 판사가 이를 기각할 경우 주 중재법원과 주 대법원에 항소를 제기한다. 주 법원 모두가 항소를 기각할 경우(보통 이 경우 기각 이유는 간략하고, 이는 서면화되지 않는다) 피고인은 미 대법원에 사건 검토를 요청할 기회를 얻는다.

이러한 절차를 거치고 나면 판결이 확정되었다고 말한다. 이후에 이루어지는 절차는 '재심절차'라 불리는데, 한편으로는 보통 '주 인신보호절차'라고 불린다. 이러한 절차는 선택 사항이기 때문에 모든 주가 일부 방법을 허용하긴 하지만 반드시 허용해야 하는 것은 아니다. 이는 또한

'병립 절차' 혹은 2차 절차라고 불리기도 하는데, 그 이유는 항소심 절차와 독립된 절차인 데다 피고인에게 이전에는 제기할 수 없었던 새로운 주장이나 새로운 증거에 기초한 주장을 할 수 있도록 허용하기 때문이다.

주 정부는 재심청구자에게 변호인을 선임해줄 의무가 없다. 그래서 대부분의 피고인들은 변호인 없이 절차를 진행하는데, 재심에 관한 규정이 무척 복잡한 터라 이를 제대로 해내기란 쉬운 일이 아니다. 재판기록 사용법, 복잡하고도 다양한 각종 기한, 필수 제출 서류, 선서하에 이루어져야 하는 증언 등 챙겨야 할 부분이 많다. 이러한 청구는 엄격한 형식을 준수해야만 하고 한 번의 기회밖에 없다. 조그마한 형식상 오류만으로도 청구가 기각될 수 있기 때문에 대부분의 청구는 이러한 형식상 오류로 바로 기각되곤 한다. 설사 수감되어 있는 사람이 혼자서 엄격한 형식을 준수해 법정 시한 안에 재심청구를 하는 데 성공한다 해도, 여전히 문제는 남는다. 그는 스스로 변호사가 되어 어떠한 법리를 내세울지를 파악해야만 하는 것이다. 하지만 재심은 가장 까다로운 분야 중 하나다. 재심사유 자체가 굉장히 제한적일 뿐만 아니라, 규정도 모호하고, 판례는 서로 모순적이다. 그리고 관련 법규는 관할 구역마다 다르고, 여러 차례 개정되었다. 이로 인해 재심이 받아들여질 가능성은 무척 희박하다. 게다가 판사들이 이러한 청구들을 어떻게 처리했는지를 연구하는 데에 가장 어려운 부분 중 하나는 서면 형태의 결정이 거의 없다는 것이다. 대부분의 판사들은 구두로 "재판부의 판단"이라고만 하거나 아무런 이유도 설명하지 않은 채 짧은 결정문을 통해 재심청구를 기각했다.

주 재심절차는 1심 법원에서부터 시작해 주 대법원으로 이어지는 주

법원 조직 내에서 이루어진다. 이 과정이 완료되어야 청구인은 연방 법원으로 갈 수 있다. 연방 인신보호절차에 대한 청원은 미국 연방 지방법원에 제기할 수 있고, 이후 연방 항소법원에 항소할 수 있으며, 그다음 단계로 미 연방 대법원에 상고할 수 있다. 연방 법원은 주 법원을 거친 청원에 대해서만 검토하는데, 주 법원의 사실인정 및 법적소견을 굉장히 존중하는 편이다. 매 단계마다 판사들은 이전 단계 판사들의 결정을 존중하는 터라, 뒤로 갈수록 새로운 주장을 하거나 새로운 증거를 제출하기가 더 힘들어진다.

이 절차를 모두 마치는 데는 긴 시간(보통 수년)이 걸리는 터라 모든 절차를 거치는 피고인은 거의 없다. 항소심 혹은 재심절차에서 서면 형태의 결정문을 받았던 165명의 오판 피해자들 모두 직접 항소를 제기했었다. 하지만 주 재심절차에 이르러서 판결 불복 시도는 절반 이하로 떨어져, 이들 중 43%(165명 중 71명)만 이를 시도했다. 그리고 21%(165명 중 35명)만이 다음 단계인 연방 인신보호절차를 청원했는데, 일반적으로 수감자 중 1~2%만이 이 절차를 청원하는 것과 비교하면 굉장히 높은 수치이기는 하다.[43] 이처럼 높은 청원율은 이들 대부분이 장기형을 받았다는 사실을 통해 설명될 수 있을 것이다. 시간이 많았던 그들로서는 느리고 오래 걸려도 이를 시도해볼 만한 이유가 있었던 것이다. 대다수 피고인들의 경우 재판이 항소절차와 주 인신보호절차를 헤매는 동안 형기가 끝나버리기에 연방 인신보호절차까지 갈 필요를 느끼지 못한다.

미 연방 대법원은 오판 피해자들의 청원에 응하는 기일을 한 번도 열지 않았고, 아무런 이유도 제시하지 않은 채 이들의 청원을 기각했다. 유일한 예외가 래리 영블러드(Larry Youngblood)였다. 영블러드 사건에서 연방 대법원은 구두 변론을 듣고 난 후 그의 주장을 기각하는 이유를 설명하는 서면을 발급했다. 영블러드의 주장은 수사기관이 사건 현장에서 채취한 생물학적 증거를 제대로 보관하지 않았다는 것이었다. 12년이 지난 후 DNA 기술이 발달해 수사기관의 실수로 훼손된 바로 그 증거만으로도 DNA 검사가 충분히 가능해졌고, 검사 결과 영블러드의 결백이 밝혀졌다.[44]

파기, 재심 그리고 취소된 판결

일부 오판 피해자들이 항소심과 재심절차에서 부분적인 성과를 거두었지만 대부분 오래가진 못했다. 오판 피해자들 중 일부는 '파기'를 이끌어냈는데, 이는 기존 유죄판결을 취소하고 다시 재판을 하라는 항소법원의 명령이다. 하지만 파기를 이끌어낸 오판 피해자들 상당수는 시련에서 탈출하지 못했다. 배심원들이 다시 한번 오판을 했기 때문이다. 서면 결정문이 존재하는 사건에서 165명의 오판 피해자 중 21명이 파기를 이끌어내 13%의 파기율을 보였으나, 이들 중 15명이 다시 재판을 받아 또다시 유죄판결을 받았다. DNA 검사를 통해 석방되기 전까지, 13명은 총 두 번 그리고 2명(롤랜도 크루즈와 알레한드로 허낸데즈)은 총 세 번의 재판을 받았다. 나머지 6명은 다시 재판을 받지 않았는데, 그 이유는 재판 재개 전에 DNA 검사 결과가 나온 덕이었다(다시 재판을 받은 또 다른 9명이 있는데, 이들의 경우는 원심이 파기되어서가 아니라 배심원단 의견 불일치 때문이었다. 앞 장 참조).

파기는 사형선고를 받은 오판 피해자들에게 집중되었다. 파기를 이끌어낸 21명의 오판 피해자 중 8명이 사형선고를 받은 사람이었다. 이는 결코 놀랄 만한 일이 아니다. 1973년부터 1995년까지 있었던 사형 사건에 대해 진행한 제임스 리브먼(James Liebman), 제프리 페이건(Jeffrey Fagan), 밸러리 웨스트(Valerie West)의 기념비적인 연구에 따르면, 주와 연방 재심절차 모두에서 사형 사건은 매우 높은 파기율(68%)을 보였다.[45] 오판 사례 중 사형 사건의 파기율 역시 47%(17건 중 8건)로 높았다. 오판 사례 중 사형 사건을 제하고 나면 파기율은 13%에서 9%로 떨어진다.

파기는 대부분 항소 과정에서 발생했다. 21명 중 16명은 항소 과정에서, 1명은 주 인신보호절차에서 4명은 연방 인신보호절차에서 파기를 이끌어냈다. 이 기간 동안 중요한 개정은 없었기 때문에, 법규 개정은 중요한 역할을 하지 못했다.

오판 사건 중 사형 사건을 제외했을 경우의 파기율이 9%였는데, 전체 형사사건에서의 파기율은 이보다 훨씬 낮다. 연구 결과에 따르면, 연방 재심 사건의 경우 약 1%이고, 주 재심 사건의 경우도 이와 비슷한 수치(1~2%)의 파기율을 보인다.[46] 혹시 죄명이 강간살인인 경우 파기율이 높은 건 아닐까? 9%의 파기율이 오판 피해자의 사건에서 문제가 된 심각한 강간살인 판결의 일반적 수치인지 살펴보기 위해 같은 기간 동안 같은 주에서 무작위로 선별한 강간살인 사건을 분석한 결과, 이와 같은 비교군에서 보인 파기율은 10%로 오판 사례에서의 9%와 거의 일치했다.[47] 오판 사례에서의 재심절차가 특별히 더 훌륭했다고 말할 수는 없는 것이다.

두 그룹의 파기율이 비슷한 것은 심각한 강간살인 판결이 약 9%의 파기율을 보이기 때문일 수 있다. 강간살인 사건은 덜 복잡하고 덜 심각한 다른 사건들에 비해 오류에 더 취약할 가능성이 있는 것이다. 그다음으로 판사가 일부 오판 피해자의 사건에서 정확하게 결백을 발견해 판결을 뒤집었고, 비교군의 항소도 비슷한 비율로 판사가 그렇게 했기 때문일 수도 있다. 그런데 비교군의 경우, 파기 중 절반이 1심이 한 사실인정에 대해 다툰 끝에 얻어낸 것이었다. 따라서 오류 중 절반은 결백에 대한 인식 또는 이와 연관된 유죄 증거의 부족과 관련이 있었지 절차적인 오류는 아니었던 것이다. 반면 뒤에서 논의하겠지만 오판 피해자 그룹의 경우에는 파기의 대부분이 사실관계에 대해 다툰 끝에 얻어낸 것이었다. 비교군에서 얼마나 많은 사람들이 결백했는지 또는 파기를 한 판사가 얼마나 자주 정확하게 잘못된 판결을 바로잡았는지는 알 수 없지만, 심각한 판결의 항소에서 사실 주장에 대한 파기는 해당 형사재판의 정확성과 관련해 우려를 야기한다. 대부분의 사건에서는 DNA 증거가 존재하지 않기 때문에, 재심청구자 중 실제로 결백한 사람이 얼마나 되는지 확인할 방법은 없다.

결백한 피고인들이 파기를 이끌어낸 사건들

오판 피해자들이 파기를 이끌어냈던 사례에 대해서는 특별히 살펴볼 필요가 있다. 이 사건들에서 법원은 DNA 검사의 힘을 빌리지 않고도 해결책을 제시했었다. DNA 검사를 하면 쉽게 답을 얻을 수 있지만, 검사를 실시할 수 없는 대부분의 사건에서 판사들이 결백한 사람을 얼마나 잘 감별해낼지 이 사건들을 통해 알 수 있을 것이다. 이 장 앞부분에서 설명했듯 1심의 사실인정 부분에 대해 다툰 오판 피해자는 거의 없었지만, 파기를 이끌어낸 경우는 대부분 사실인정에 대한 다툼이 받아들여진 경우였다.[48] 파기를 이끌어낸 오판 피해자 중 3분의 2(21건 중 14건)는 사실인정과 관련된 다툼을 했었다. 이 장 앞부분을 떠올려보자. 파기 건 중 1건은 자백과 관련해서, 5건은 목격자 증언과 관련해서, 6건은 과학 증거와 관련해서, 4건은 제보자 증인과 관련해서 이루어졌다(일부 파기 건의 경우 여러 가지 유형의 증거가 동시에 문제가 됐었다).[49]

또 다른 3건의 파기는 검사 측 주장의 신빙성과는 무관하게 피고인 측 주장과 관련해서 이루어졌는데, 이 사건들에서 1심 판사는 제3자가 범인임을 뒷받침하는 증거 제출을 받아주지 않았다.[50] 다른 4건의 파기는 배심원에게 준 지침이 잘못되었거나 변호인의 무능 같은 순수한 절차상 잘못 때문에 이루어졌다.[51]

몇몇 사례에서 판사들은 무죄 가능성에 초점을 맞추었다. 자주 있는 일은 아니었지만 판사들이 재판 중에 검사 측 주장에 대해 의문을 표하는 등 무죄 가능성을 언급한 경우, 원심 파기로 이어지는 경우가 많았다. 18건의 파기 사례 중 8건에서 이러한 언급이 있었다. 이러한 언급은 전면적으로 무죄를 인정한 것이라기보다는 주로 유죄 증거가 허술하다는 지적이었다.

로널드 윌리엄슨 사건을 예로 들자면, 윌리엄슨이 정신질환을 앓는 것이 명백함에도 불구하고 1심은 그의 자백을 증거로 인정했다. 연방 지방법원 판사는 윌리엄슨에 대한 유죄판결을 취소하며 "공소사실에 대한 입증이 충분치 않다"고 말했다. 이후 항소심은 "(1심 판결은) 주로 정황증거에 의존했고 이는 압도적이라 볼 수 없다"고 판시했다.[52] 로널드 코튼 사건도 비슷했다. 주 법원은 판결을 취소하고, 배제된 증거가 "동일한 사람이 그날 밤 문제가 된 인근에서 벌어진 유사한 사건 모두를 저질렀다는 점과 그 사람이 피고인이 아닌 다른 누군가였다는 점을 보여주는 경향이 있다"고 밝혔다.[53]

이러한 발견을 뒷받침하기 위해, 경제학자이자 법학교수인 프레스콧(J. J. Prescott)과 함께 이 책에서 논의한 것보다 훨씬 더 광범위한 변수를 사용해 이 데이터를 분석하기 위해 시계열 회귀분석을 실시했다.[54] 이 과정에서 얻은 결론은 항소심에서 무죄 주장을 한 경우—무죄 그 자체를 주장한 경우, 증거 부족을 주장한 경우, 새로 발견된 증거에 기반해 주장한 경우—의 파기율이 더 높았다는 것이다. 파기 건수가 몇 되지는 않았지만 이는 사실이었다. 또한 절차상 오류만 문제 삼은 경우보다 사실인정에 대해 다툰 경우에 파기율이 높았다.

몇몇 판사들은 오판 피해자가 결백하다고 생각했거나, 적어도 결정적인 유죄 증거가 없다고 여긴 듯하다. 판사들은 항소를 검토할 때 증거를 얼마나 까다롭게 다루는지에 대해 얘기하곤 한다. 일부 연구에 따르면 항소심과 재심절차의 판사들은 유무죄 여부를 중요하게 여긴다고 한다.[55] 하지만 판사들이 무죄 가능성을 우려해 항소 또는 청원을 허가하는 경우가 있다는 것이 판사들이 지속적으로, 정확하게 또는 매우 자주 그렇게 한다는 것을 의미하지는 않는다. 대체로 판사들은 원심 결과를 그대로 확정하는 경향이 있다. 몇몇 오판 피해자들 사례만으로 법원이 잘 해나가고 있다고 쉽게 결론 내릴 수 없는 것이다. 실제로는 무죄였던 대부분의 사례에서, 법원은 그저 원심 결과를 확인했을 뿐이었다.

다음으로는, 무죄 주장이 어떻게 이루어졌는지와 이들 대부분이 어떻게 실패했는지, 판사들이 오판 피해자들이 유죄라는 믿음을 어떻게 표현했는지 설명하겠다.

무해한 오류와 무죄 증거

트레이너 대법원장이 말했듯 재심절차에서 판사의 임무는 오류를 "아무런 해가 없는 것"과 "무척 해로운 것"으로 분류하는 것이다. 미 대법원은 다시 재판을 해야 할 정도로 재판상 오류가 심각한지를 판단하는 기준으로 '무해한 오류 테스트'라는 것을 발달시켜왔다. 채프먼 대 캘리포니아(Chapman v. California) 사건에서 도출된 이 기준에 따르면, 재판과정에서 헌법적 규모의 오류가 있었어도 검찰이 이러한 오류가 재판결과에 영향을 미치지 않았음을 "합리적인 의심의 정도를 넘어" 입증한다면 법원은 해당 재판을 취소하지 않을 수 있다.[56] 발생한 오류가 별로 중요하지 않아서 첫 번째 재판에 아무런 영향을 미치지 않았는데도 재판 전체를 다시 하는 것은 낭비라는 발상이다. 어차피 재판을 다시 해봤자 피고인은 다시 한번 유죄판결을 받을 것이기 때문이다.

판사가 전체 재판을 다시 돌려보고는 어떤 오류가 의미 있는 차이를 만들었는지 결정하도록 한 무해한 오류 테스트는 모호하기로 악명이 높다. 판사들은 확증편향에 빠지기 쉽다. 다시 말해, 무의식적이든 아니든 유죄평결을 뒷받침하는 증거에 좀 더 무게를 두며 검사 측 주장에 존재하는 오류에 대해서는 평가절하하기 쉽다는 뜻이다. 미 연방 대법원이 이 부분에 대해 명확히 경고했음에도 불구하고, 실제로 테스트 결과를 살펴보면 판사들은 유죄 증거를 과대평가하면서 오류가 배심원에게 영향을 미치지 않았다고 한 경우가 많았다.[57] 무해한 오류 테스트는 도리어 판사들로 하여금 피고인이 유죄라는 선입견에 기초해 헌법 위반을 눈감을 수 있게 하는 변명의 여지를 제공하고 있다.

250명의 오판 피해자 중 상당수가 1심 판결에 오류가 있었고, 이는 유죄판결에 영향을 미쳤다고 주장했다. 하지만 이 중 대부분에 대해 항소법원은 1심에서의 오류가 무해하다고 판시했다. 다시 말해 오류가 있었지만 피고인이 죄를 지은 것이 확실하기 때문에, 이러한 오류는 무해하다는 것이었다. 그러나 피고인들은 분명 죄를 짓지 않았고, 1심에서의 오류 중 일부는 잘못된 판결에 영향을 미쳤을 것이다. 그런데도 서면 결정문이 있는 오판 사례 중 30%(165건 중 49건)에서 법원은 오류가 무해하다는 이유를 들어 원심을 파기하지 않았다. 이들 중 일부, 즉 서면 결정문이 있는 오판 사례 중 14%(165건 중 23건)에서는 재판부가 피고인의 주장이 옳다고 하면서도 피고인이 주장하는 오류가 무해하다는 이유로 원심 파기를 거부했다. 서면 결정문이 있는 오판 사례 중 18%(165건 중 30건)에는 무해한 오류 테스트와 비슷하지만 해당 재판부가 만들어낸 좀 더 강화된 기준이 적용되었다. 이 사례들에서 법원은 1심에서의 오류로 인해 유죄라는 "선입견"이 발생하지 않은 이상 1심은 파기 대상이 아니라고 판시했다. 서면 결정문이 존재하는 오판 사례 중 총 38%(165건 중 62건)는 무해한 오류 테스트를 통과하지 못해서 혹은 "아무런 선입견이 발생하지 않았다"는 이유로 항소 또는 재심절차(일부는 두 경우 모두)에서 구제를 받지 못했다.

일부 판사들은 오류가 자연스레 발생한 하찮은 것이라는 생각에서가 아니라 오판 피해자들이 죄를 지었다는 믿음에 따라 움직였다. 서면 결정문에서 판사들은 종종 오판 피해자들을 범인으로 못 박은 경우가 있었다. 서면 결정문이 존재하는 오판 사례 중 47%(165건 중 78건)에서 법원은 주로 검사 측 주장의 신빙성에 대해 설명하는 방식으로 오판 피해자가 유죄라는 심증을 드러냈다.

서면 결정문이 존재하는 오판 사례 중 10%(165건 중 16건)에서 법원은 유죄에 대해 확신한 나머지 유죄 증거가 "압도적"이라 판시했다.[58] 제프리 데스코빅 사례가 그 예다. 법원은 데스코빅의 항소를 기각하면서 "피고인은 여러 차례에 걸쳐 자신의 혐의를 뒷받침하는 내용을 진술했고 이는 피해자 부검 결과와 같은 물증에 의해 뒷받침되었다. 이에 비추어볼 때 피고인의 유죄 증거는 압도적이다"라고 판시했다.[59] 판사들이 "압도적"이라고 여겼던 사건은 각양각색이었는데, 판사들은 그 단어가 무엇을 의미하는지 정확하게 설명하지 않았다. 이제 와서 돌이켜보면 이 사건들은 전혀 압도적이지 않다. 하지만 항소심과 인신보호절차 당시에는 앞서 설명했던 증거의 오염들 때문에 피고인들의 유죄가 확실해 보였을 수 있다.

종합해보면, 서면 결정문이 존재하는 오판 사례 중 62%(165건 중 102건)에서 판사들은 유죄 심증을 드러내거나, 오류가 무해하거나 선입견을 불러일으키지 않았다고 판단했다. 이에 비추어보면 재판을 재검토하는 일이 얼마나 힘든지 알 수 있지만, 이것이야말로 항소심과 재심절차의 임무이기도 하다.

판사들은 유죄 증거뿐만 아니라 피고인 측의 무죄 증거에 대해서도 판단해야 한다. 판사들(보통 인신보호절차를 담당했던 주 법원 판사들)은 새로 발견된 무죄 증거가 만약 1심에서 제출되었더라면 1심 결과가 바뀌었을지 여부를 물을 수 있다. 몇몇 예외적인 경우 연방 법원 또한 새로 제출된 증거에 대해 검토할 수 있다. 서면 결정문이 존재하는 오판 사례 중 단 25%(165건 중 42건)에서만 무죄 증거가 새로 발견되었다는 주장 혹은 검사가 1심 당시 무죄 증거를 은폐했다는 주장(브레이디 원칙 위반)이 있었다. 몇몇 오판 피해자들은 하나 이상의 주장을 펼쳤다.

새로 발견된 증거에 기초한 무죄 주장은 모두 기각되었다. 새로 발견된 증거에 기초해 다시 재판해줄 것을 요청했던 피고인은 총 10%(165건 중 17건)였으나, 이들 중 그 누구도 DNA 검사 이전에 구제받지 못했다. 이러한 주장이 대부분 잘 받아들여지지 않는 것은 새로 발견된 증거가 1심 결과를 바꿀 만한 합리적인 개연성이 있음을 보여야만 하기 때문이다. 많은 주에서는 새로운 증거에 기반한 무죄 주장은 1심 판결 이후 짧은 시간 안에 이루어져야 한다고 제한하고 있다.[60]

무죄 주장을 하는 오판 피해자 중 4%(165건 중 6건)가 미국 헌법에 따라 헤레라 대 콜린스(Herrera v. Collins) 사건을 언급하며, 그들이 사실상 무죄라는 점을 기반으로 판결이 취소되어야 한다고 주장했다. 판사들은 이러한 주장을 모두 기각했는데, 이는 결코 놀랄 일이 아니다. 지금까지 이러한 주장이 받아들여진 적은 한 번도 없었기 때문이다.[61]

다음 장에서 설명하겠지만, 헤레라 판결에서 대법원은 청원자가 자신의 결백을 "진정으로 설득력 있게" 제시한 경우에 구제해준다고 말한 것이 전부다.[62] 이 점이 놀라울 수 있지만 결백한 사람이 자유로워질 수 있는 권리는 기본적인 것처럼 보이기 때문에 대법원은 지금까지도 미국 헌법에 따라 무죄 주장의 가능 여부를 결정한 적이 없다. 결백을 기반으로 구제받을 모든 권리는 명확한 기준이 없는 상태여서 이러한 주장을 제기한 결백한 6인은 모두 실패하고 말았다.

새로운 증거가 발견되었다거나 1심 당시 검사가 무죄 증거를 은폐했다고 주장한 42명 중 4명이 원심 파기를 이끌어냈는데, 이들은 모두 브레이디 원칙 위반을 주장했다. 브레이디 원칙 위반을 주장한 것이 받아들여졌다고 해서 청원자가 결백하다는 뜻은 아니지만, 상대적으로 무죄와 긴밀한 관계가 있는 것은 사실이다. 브레이디 원칙 위반이 인정되기 위해서는 검사가 무죄 증거를 은폐했다는 사실이 입증되어야 할 뿐만 아니라 그 은폐가 재판 결과에 영향을 미칠 정도로 해당 증거가 중대한 것이어야 한다.[63] 오판 피해자 중 29명이 브레이디 원칙 위반을 주장했지만, 6장에서 설명했듯이 검찰이나 경찰의 부정행위 때문에 유죄판결을 받은 오판 피해자가 몇 명인지는 정확히 알 수 없다. 검찰 혹은 경찰 수중에 있던 무죄 증거는 DNA 검사 이후에도 여전히 은폐되어 있을 수 있다.

DNA 증거는 특히나 강력한 증거로 알려져 있기 때문에 검사는 더더욱 이를 숨겨서는 안 된다. 하지만 대릴 헌트에 대한 1심 재판에서 주검사가 변호인에게 생물학적 물질이 "검사하기 불가능할 정도로 훼손되었다"고 말했음에도, 제4순회 항소법원은 브레이디 원칙 위반을 인정하지 않았다. 법원은 재판 당시 DNA 기술은 막 도입된 상태였던 데다 헌트의 변호인 역시 "해당 체액 증거에 동등하게 접근할 수 있는 지위에 있었으므로, 변호인에게도 검사를 시행할 독립적인 의무가 있었다"고 판시했다.[64] 항소심 무렵 실시된 DNA 검사의 결과가 헌트와 불일치했는데도 제4순회법원은 헌트의 항소를 기각했고, 2005년에 DNA 검사를 통해 진범을 찾아내고서야 헌트는 석방되었다. DNA 검사 결과가 불일치한 지 10년 만이었고, 제4순회법원이 항소를 기각한 지 5년 만의 일이었다.[65]

대부분의 오판 피해자들은 DNA 검사 전까지는 새로운 무죄 증거를 판사에게 제시하지 못했고, 설사 제시했다 해도 그다지 강력한 증거가 아니었다.[66] 단 한 사람, 윌리 잭슨(Willie Jackson)은 DNA 증거가 아닌 강력한 무죄 증거를 갖고 있었다. 다름 아닌 진범이 법정에 나와 자신의 범행을 자백했던 것이었다. 진범은 바로 그의 형제였다. 지방법원은 공소시효가 지나지 않았음에도 잭슨의 형제가 자백한 점****을 강조하며, 잭슨의 인신보호청원을 받아들였다. 하지만 이후 제5순회법원은 청원을 간단하게 기각해버렸다. 몇 년 후 이루어진 DNA 검사 결과는 잭슨의 형제와 일치했다.[67]

다른 오판 피해자들은 무죄 주장을 하지 않거나 못했지만 의견서에서는 자신의 결백함을 분명히 표시했다. 에디 조 로이드(Eddie Joe Lloyd)는 무죄 주장을 하지 않았지만, 연방 인신보호절차에 제출한 의견서 첫 장에 '절대적으로' '완전히' '완벽하게 결백합니다'라고 적었다.[68] 대부분의 오판 피해자들은 직접적으로 자신의 무죄를 주장할 방도가 없었다. 이들이 주로 제기한 것은 미 연방 대법원이 잭슨 대 버지니아(Jackson v. Virginia) 판결에서 확립한 증거불충분 주장이었다.[69] 서면 결정문이 존재하는 오판 사례 중 42%(165건 중 69건)에서 증거불충분 주장이 있었다. 이것은 1심에서 제출된 유죄 증거만으로는 유죄판결을 하기에 불충분하다(합리적인 의심의 여지가 남는다)는 내용의 주장이다. 하지만 증거불충분 주장이 요구하는 엄격한 기준 탓인지, 항소심에서 증거불충분을 주장한 오판 피해자 중 그 누구도 원심 파기를 이끌어내지 못했다.

본디 무죄 주장이 받아들여지기란 매우 어렵다. 오판 피해자들이 무죄 주장을 거의 하지 않으며, 했다 해도 받아들여지지 않다시피 한 이유는 이 때문이다. 다음 장에서는 재심절차에서 무죄 주장을 좀 더 쉽게 할 수 있도록 한 법 개정 내용을 살펴볼 것이다. 하지만 오판 피해자들이 재판받던 당시와 비교할 때 바뀐 부분은 거의 없는 실정이다. 실

**** 처벌받을 것을 감수한 것이었다.

제로 한 가지 면에서는 오판 피해자들의 경우가 더 나은 점도 있었다. 1996년 제정된 테러방지 및 효과적인 사형집행에 관한 법률(AEDPA: Antiterrorism and Effective Death Penalty Act)은 연방 인신보호절차에 제한을 가하고 있다. 이 법률에는 시간을 엄격하게 제한하고, 인신보호청원 횟수를 한 번으로 한정하며, 연방 판사들이 주 판사들의 판단에 기속되도록 하는 내용들이 포함되어 있고, 심지어는 청원자들의 헌법상 권리가 침해되었다고 인정된다 하더라도 원심을 파기할 수 없는 경우까지 규정하고 있다.[70] AEDPA는 오판 피해자들이 제기한 인신보호청원에는 별다른 영향을 미치지 못했는데, 오판 피해자 대부분은 법 발효 전에 청원을 제출했기 때문이다. 일부 오판 피해자들을 의미 있는 구제책 없이 남겨두었던 제한적인 연방 차원의 실질적인 검토는, 연방 판사가 요즘 진행하는 더욱 제한된 인신보호청구 검토보다 훨씬 더 관대했다.

무능한 변호인의 헛발질

재심절차에서 가장 빈번하게 제기된 주장 중 하나가 변호인의 변호가 불충분했다는 것이었다.[71] 오판 피해자 중 32%(165건 중 52건)는 변호인의 무능을 이유로 재판이 불공정했다는 주장을 펼쳤다. 스트리클런드 대 워싱턴(Strickland v. Washington) 사건에서 미 연방 대법원은 가난한 피고인에게 효과적인 변호를 받을 헌법상 권리가 있다고 인정했다. 하지만 스트리클런드 기준이 요구하는 변호의 정도는 "전문가로서 합리적으로 기대되는 정도"를 전면적으로 벗어나지 않는 수준이므로, 스트리클런드 기준을 위반했다는 이유로 1심 파기를 이끌어내기란 쉽지 않다. 변호인의 무능이 재판의 결과에 중대한 영향을 주었던 것이 분명하기 때문에 "변호인이 전문가답지 못한 실수를 저지르지 않았더라면 재판 결과가 달라졌을 합리적인 가능성이 있다."[72]

평자들은 스트리클런드 기준이 "김 서림" 테스트에 불과하다고 비난해왔다. 재판 중인 변호인의 코밑에 거울을 들이댔는데 김이 서렸다면, 즉 변호인이 살아서 숨 쉬고 있었다면, 충분한 변호를 제공했다고 판단한다는 것이다.[73] "전문가로서 합리적인 정도"의 의미가 무엇인지는 판결마다 다르다. 특정 사형 사건에서는 더 높은 기준이 적용되는 듯하지만, 변호인이 법정에서 잠들었거나 의미 있는 변호를 하지 않는 등의 조잡한 변호를 한 경우에도 이에 대한 구제를 외면한 경우도 있었다.[74]

4명의 오판 피해자가 변호인의 무능을 이유로 원심 파기를 이끌어냈다. 로널드 윌리엄슨도 그중 한 명인데, 그의 변호인은 윌리엄슨에게 재판을 감당할 정신적 능력이 없었음에도 이를 주장하지 않았고, 사건에 대해 자백한 다른 사람이 있었음에도 이 역시 놓쳤다.[75] 나머지 3명인 폴라 그레이, 윌리엄 레인지, 데니스 윌리엄스는 모두 같은 변호인의 변호를 받았는데, 그 변호사는 나중에 이 사건들과 관련 없는 다른 이유로 변호사 자격이 박탈되었다. 3명에 대한 재판에서 해당 변호인은 체모와 같은 핵심 물증에 대한 저지 시도조차 하지 않았다. 또한 그레이는 3명의 이해관계가 서로 상충함에도 같은 변호인이 변호를 맡은 점에 대해 항의하기도 했다.[76]

오판 피해자가 변호인의 무능을 주장했던 다른 모든 사례에서, 판사들은 스트리클런드 기준을 이유로 이를 받아들이지 않았다. 그렇다고 해서 오판 피해자들이 적절한 변호를 받은 것은 아니었다. 결국 검사 측 증거가 유죄판결을 하기에 충분하다면 변호인이 그 어떤 헛발질을 했어도 판사들은 이것이 재판 결과에 아무런 악영향을 끼치지 않았다고 결론 내릴 것이다. 6장을 떠올려보면, 얼 워싱턴 주니어의 변호인은 심지어 과학 증거 분석 결과가 워싱턴과 불일치한다는 사실조차 제시하지 않았다. 재심을 담당한 새로운 변호 팀은 주와 연방에 인신보호청원을 제출하며 1심 변호인의 무능을 문제 삼았다. 1심 변호인은 자신이 과학 증거에 대해 전혀 이해하지 못했다는 사실과 만약 이를 알았더라면 이에 대해 문제 제기를 했어야만 한다는 점을 인정한 서면 진술서를 제출하기도 했다. 그러나 연방 판사들은 워싱턴이 사건에 관해 "사소한 것까지" 자백했다고 강조하며 그의 주장을 기각해버렸다.[77]

오판 피해자들은 제법 강력해 보이는 스트리클런드 주장을 했지만 판사들은 이를 기각했다. 예를 들면 적어도 12건에서 변호인은 재판 당시 DNA 검사가 가능했음에도 이를 요구하지 않았다. 하지만 그중 4건에서만 이를 문제 삼은 재심청구가 있었다. 이러한 재심청구는 당연히 받아들여질 것 같았는데, DNA 검사는 이들의 결백을 밝혀줬을 가능성이 충분했으며, 이후 이는 사실로 밝혀졌기 때문이다. 하지만 이를 문제 삼은 4명 중에서 오직 앤서니 힉스만이 원심 파기를 이끌어냈다. 그나마도 DNA 검사 실시 이후에 그의 무죄가 확실해진 시점의 일이었다.[78]

재판기록을 보면 다른 오판 피해자들이 재심절차에서 스트리클런드 주장을 하지 않았더라도 변호인들의 능력은 제한적이었음을 알 수 있다. 11명의 오판 피해자들만이 그들의 변호인이 목격자의 범인식별절차에 적절하게 이의를 제기하지 못한 데 대해 스트리클런드 주장을 제기했고 이들 중 아무도 성공하지 못했다. 또한 변호인이 법과학 증거에 이의를 제기하지 못한 데 대해 스트리클런드 주장을 제기한 오판 피해자는 14명뿐이었지만, 근거 없는 법과학 증거는 93건의 재판에서 제시되었고 피고인의 변호인들은 오류를 잡아내는 데 자주 실패했다. 그리고 오판 피해자 중 로널드 윌리엄슨만이 자신의 변호인이 적절하게 자백에 이의를 제기하지 못했다고 주장했는데, 이는 피고인의 변호인들이 거의 대부분 사실상 자백을 감추려고 했기 때문일 수 있다. 하지만 피고인의 변호인들이 자백에 이의를 제기하는 데 그렇게 유능했던 것은 아니다. 2장에서 언급했듯이, 이들은 피고인이 정신질환을 앓거나 어리다는 이유로 자백을 했고 피고인들이 다른 사람의 영향을 받았다는 것을 보여주기 위해 훨씬 더 자주 전문가를 청할 수도 있었다.

따라서 오판 피해자들은 보통 항소 또는 재심절차에서 증거에 이의를 제기하지 않았듯이, 재판에서 변호인들이 증거에 이의를 제기하지 못한 점을 지적하기 위해 스트리클런드 주장을 잘 사용하지도 않았다. 설사 그렇게 했더라도 판사들은 오류가 불리하지 않거나 해가 되지 않음을 확인하는 등의 방법으로 구제 신청을 보통 기각했다.

정의를 저버린 검사의 부정행위

오판 피해자들이 문제 삼은 것은 변호인의 무능만이 아니었다. 이들은 검사들에게도 잘못이 있다는 주장을 펼쳤다. 미 연방 대법원은 검사의 역할은 무슨 수를 써서든 유죄판결을 이끌어내는 것이 아니라 "정의를 수호하는" 공복이라고 설명했다.[79] 특히나 검사들은 형사사건에서 지배적인 역할을 하기 때문에 법규에 따라 행동하는 것이 중요하다. 6장에서 설명했듯이, 오판 사례에서 증거와 증인의 대부분을 제출한 쪽은 검사 측이었고, 검사들은 경찰이 수집한 증거 전부에 대해 접근할 수 있었다. 종합하자면 오판 사례들에서 검사들 역시 결정적인 역할을 한 것이다. 오판 피해자들은 항소심과 재심절차에서 이를 주장했고 그중 일부는 성공을 거두었다.

실제로 DNA 검사 전에 유죄판결이 파기된 21건 중에서 10건은 부분적으로 검사의 부정행위에 그 근거를 두고 있었다. 서면 결정문이 존재하는 오판 사례 중 47%(165건 중 77건)에서 검사의 부정행위와 관련해 다양한 주장이 있었는데, 이 중 42건에서는 검사가 지나치게 편파적이었다고 주장했다. 6장에서 논의했듯이, 변호인에게 반박할 자유가 있었기 때문에 이러한 주장은 받아들여지기가 힘들다. 그럼에도 불구하고 3명은 이러한 주장에 근거해 파기를 이끌어냈다. 또한 앞서 설명했듯이, 29명은 브레이디 원칙 위반을 주장했고 이들 중 4명이 검사가 무죄 증거를 은폐했다는 이유로 파기를 이끌어냈다.

검사가 거짓 증언을 알고도 사용하는 것은 "정의에 심히 어긋난다"는 것이 미 연방 대법원의 오랜 입장이었다.[80] 검사가 무죄 증거를 숨겨버리면 이를 알아내는 것이 힘든 것처럼, 검사가 증인의 거짓말을 알고 있었다는 것을 증명할 방법은 없다시피 하다. 하지만 4명은 이러한 주장을 했고 이들 중 한 명인 버닐 지머슨(Verneal Jimerson)은 원심 파기를 이끌어냈다.

다른 21명은 검사가 부적절하게 배심원을 선정하거나 기피했다고 주장했다. 6장에서 설명했지만 이러한 주장은 아무런 성과를 거두지 못했다. 예를 들어, 검사가 배심원 후보군에서 소수자를 기피한 경우 피고인은 이를 차별이라고 주장할 수 있다. 하지만 검사가 뭐가 됐든 타당한 이유를 들어 기피에 대해 해명하면 차별이라는 주장은 보통 기각되곤 한다.[81] 이 장 시작 부분에서 언급했던 케네디 브루어는 검사가 6명의 흑인 배심원을 기피한 것을 문제 삼았다. 흑인인 브루어는 이러한 패턴이 자신에 대한 차별이라고 주장했다. 하지만 항소심은 브루어의 주장을 받아들이지 않았고, 법원이 받아들인 검사의 해명은 다음과 같았다. 어떤 배심원은 "드라마광"이고, 다른 배심원은 법적 문제를 겪고 있으며, 또 다른 배심원은 사형제도를 "욕하는" 잡지를 읽었다는 것이다.[82]

몇몇 오판 피해자들은 다른 유형의 부정행위를 문제 삼았다. 이들 중 4장에서 등장했던 레이 크론(Ray Krone)은 원심 파기를 이끌어내는 데 성공했는데, 그 이유는 검사가 재판 며칠 전에야 피고인에게 선동적이고 무시무시한 비디오를 건넸기 때문이었다. 그 비디오에는 검안의가 크론의 치아 모형을 피해자의 시체에 갖다 대고 있는 장면이 담겨 있었다. 롤랜도 크루즈의 경우는 검사들이 검사 측 증인에 대해 부적절한 질문을 던진 점을 문제 삼아 원심 파기를 이끌어냈다.[83]

이와 같이 DNA 검사를 받기 전에 원심 파기를 이끌어낸 오판 피해자들 중 상당수는 재판 증거에 이의를 제기하는 주장을 했을 뿐만 아니라, 재판에서 검찰의 행동에도 이의를 제기했다.

오판 피해자 10명은 검사의 부정행위를 이유로 원심 파기를 이끌어냈지만, 검사의 부정행위를 주장했던 나머지 오판 피해자 대부분은 성과가 없었다. 법원은 검사들의 부정행위를 인정하는 것을 꺼릴 뿐만 아니라, 이런 부정행위를 저지하려고 하지도 않았다. 우리는 앞서 제리 왓킨스 사건에 대해 살펴보았는데, 연방 판사는 검사의 행위가 "위증교사에 해당하고 또한 사법 절차를 더럽힌 행위"라고 인정하고도 검사가 증거를 조작했는지에 대해 조사하기를 꺼렸다.

요 근래 브레이디 원칙 위반 사례와 검사들의 부정행위로 인한 오판 사례가 많이 밝혀졌는데, 이에 비추어볼 때 우리는 검사들의 부정행위를 심각하게 받아들여야만 한다.

소수의견의 힘

몇몇 항소심 판사들은 오판 피해자들의 편에 섰었다. 이들은 다른 판사들이 놓친 무언가를 봤던 걸까? 이런 소수의견은 일반적이지 않기 때문에 주목을 받는다. 다른 판사들의 결론이 잘못됐다고 느낀 판사는 왜 자신이 다른 쪽에 섰는지를 설명할 필요가 있고, 소수의견은 그 이유를 잘 보여준다. 오판 사례 중 21%(165건 중 34건)에서 소수의견이 제출되었는데, 20건에서는 동료 판사들의 항소 기각 의견에 반대하는 의견이었다. 소수의견의 상당수는 검사의 주장이 취약하다고 지적하며 무죄 가능성을 언급했다. 예를 들어 래리 영블러드 사건에서 해리 블랙먼(Harry Blackmun) 판사는 선견지명이 있는 소수의견을 냈다.

> 정액은 가해자만이 가진 특성을 검사할 수 있었던 체액이기 때문에 해당 검사 결과는 피고인을 무죄로 바꿀 수 있는 진정한 가능성이 있었다. 피고인의 유죄를 뒷받침하는 유일한 증거는 피해자의 증언뿐이다.[84]

레슬리 진 사건에서 소수의견은 "다수의견과 달리 나는 피고인의 유죄 여부를 가리기 어렵다고 생각한다"는 것이었다.[85] 브루스 굿맨(Bruce Goodman) 사건에서 소수의견은 "사건 당시 현장에 피고인이 있었음을 뒷받침할 신빙성 있는 증거가 전무하다"였다.[86]

그러나 반대 상황도 있었다. 원심 파기 사례 중 7건에서도 소수의견이 있었다. 소수의견 중 일부는 오판 피해자가 유죄라는 의견을 피력했다. 롤랜도 크루즈 사건의 소수의견은 다음과 같았다. "두 번의 재판이 있었고, 살인이 벌어진 지 11년이 지난 지금 피고인은 세 번째로 판을 벌이고 있다. 이와 협상해야만 하는 검사는 거부할 수 없을 수 있다. 뭐가 됐든 정의의 패배다."[87] 그러나 판결 후 DNA 검사가 이루어진 지금 돌이켜보면, 정의가 패배하지 않았음이 분명하다.

오판을 바로잡는 여정

오판을 바로잡는 여정은 결코 쉽지 않다. 항소심 혹은 재심절차에서 판사들은 억울하게 유죄를 선고받은 피고인에게 그다지 도움이 되지 않는다. 재심절차를 담당하는 판사들은 유무죄를 판단하는 데 큰 어려움을 겪곤 한다. 여기에는 이해할 만한 구석이 있는데, 1심 재판으로부터 수년이 지난 시점에서 재판기록에만 근거해 사건에 대해 재판단하는 것은 쉬운 일이 아니기 때문이다. 게다가 판사들은 대체로 소극적이어서, 사실관계에 대해 다시 들어보기 위해 새로 변론기일을 여는 경우가 거의 없고, 설사 열었다 해도 "시간이 지나 증인의 기억이 불분명해졌다"고 한다.[88] 1심 이후 수년이 지난 시점은 증거의 신뢰성 혹은 오염 여부를 밝혀내기에는 너무 늦은 때인 듯하다.

항소심이 제대로 작동해 잘못된 판결이 파기되고 DNA 검사까지 가지 않은 경우는 몇이나 될까? 답하기 힘든 문제다. 하지만 오판 피해자들의 사례에 비추어볼 때 이에 대해 선뜻 낙관적으로 답할 수가 없다. 꽤 많은 수의 오판 피해자들은 항소심에서 자신의 결백함을 주장하지 않았고, 또한 주장했다 해도 성공한 경우는 거의 없었다. 선택받은 소수만이 판사들에게 자신의 결백을 주장해 이를 관철하는 데 성공했다. 대부분의 경우 판사들은 피고인의 유죄가 확실하다는 이유를 들며 1심에서의 오류가 뭐가 됐든 무해하다고 판단하곤 했다. 종합해볼 때 판사들은 종종 무죄를 밝혀내곤 하지만, 현재의 시스템상 이는 무척 어려운 일이다.

항소심과 재심절차의 정확성을 높이기 위해서는 무엇을 해야 할까? 추가로 자원을 투입한다면 항소심에 투입하는 것이 가장 효과가 좋을 것이다. 사건과 시간상 근접해 있고, 피고인에게는 변호인이 있으며, 다양한 주장이 가능하기 때문이다. 구제를 받은 오판 피해자들은 대부분 항소심 과정에서 이를 얻어냈다. 하지만 오판 피해 사례에서 무죄 증거가 표면에 떠오르기까지 시간이 걸렸던 점을 감안할 때, 재심절차 과정에서의 사실관계에 대한 검토 역시 강화할 필요가 있다. 몇몇 주는 사건 재조사 및 오판에 대한 구제를 좀 더 용이하게 하는 방안을 마련했다.

이 책의 나머지 부분에서는 재심절차에 관한 법률 개정안을 포함해 여러가지 방안에 대해 논의해보겠다. 하지만 무죄 주장을 할 수 있는 새로운 절차를 만들어주는 것만으로는 충분하지 않다. 피고인이 사실관계에 대해 조사하고 무죄 증거를 발굴할 수 있도록 도와주어야 한다.

이 책의 주된 초점은 재심절차가 아닌 수사절차 개혁에 있다. 아무리 우수한 재심절차라 해도 판사들이 1심 평결을 뒤집기를 꺼리는 이상 한계가 있고, DNA 검사를 받기 전 오판 피해자들이 직면했던 것은 재심절차상의 여러 장애물만이 아니었다. 이 장 처음에 소개했던 케네디 브루어 사례에서도 그랬지만, 검사들과 판사들은 DNA 검사 허용을 꺼렸고 심지어 DNA 검사 결과 무죄가 입증된 경우에도 피고인들을 석방하는 데 미온적이었다. 다음 장에서는 석방으로 가는 길에 존재했던 마지막 장애물에 대해 다루도록 하겠다.

8장

다시 세상으로

포트로더데일 지역에서는 잔인한 살인 사건이 연이어 벌어졌다. 프랭크 리 스미스는 8세 소녀를 강간살인한 용의자로 인근 주민들에 의해 지목되었는데, 주민들은 그가 범인의 몽타주와 닮았다고 생각했다. 스미스는 정신분열증이 있었고 10대 때는 살인 혐의로 두 번이나 유죄판결을 받기도 했다. 재판에서 제출된 유죄 증거는 주로 목격자의 증언이었다. 사건 무렵 스미스가 피해자의 집 창문에서 뛰어내리는 것을 봤다는 증언이 있었던 것이다. 증인은 자신이 본 사람이 스미스라고 "확신" 했다.

한편 형사는 스미스를 속여 자백을 얻어낸 사실을 인정했다. 형사는 스미스에게 그의 범행 장면을 목격한 사람이 나타났다고 말했다. 이에 스미스는 "그 애가 저를 봤을 리 없어요. 너무 어두웠다고요"라고 답했다고 한다. 형사는 목격자가 어린이라는 사실과 사건이 야간의 어두운 방에서 벌어졌다는 사실은 진범만이 알 수 있는 사실이라고 주장했다. 스미스는 그런 말을 한 적이 없다고 부인했지만, 1986년에 배심원단은 스미스에게 유죄판결을 내리고 사형을 선고했다.[1]

스미스가 항소와 인신보호절차를 밟는 동안 10년 넘는 세월이 흘렀으나 아무런 성과가 없었다. 1998년, 스미스의 변호인은 마침내 사형집행 잠정 중지를 얻어냈고 스미스의 무죄를 입증하기 위해 DNA 검사를 요청했다.

그사이 검사 측 주요 목격자는 자신의 진술을 철회했다. 목격자는 스미스를 지목하라는 검사의 압력이 있었다고 주장했으며, 검사들이 스미스가 "위험한 사람"이며 "감옥에 갇혀서는 다가오는 5월에 전기의자에 앉을 사람이기 때문에 걱정 없이 증언해도 된다"고 말했다고 전했다.[2] 또한 목격자는 사건 무렵 자신이 본 사람은 에디 리 모슬리(Eddie Lee Mosley)라는 다른 사람이라고 말했다.[3]

그런데 검사는 DNA 검사를 하는 것에 반대했다. 사실 형사는 재판 초기에 했던 자신의 증언과는 달리, 자신이 목격자에게 모슬리의 사진을 미리 보여줬음에도 불구하고 목격자는 모슬리를 지목하지 않았다고 주장했다. 하지만 검사가 반대하면 DNA 검사는 이루어질 수 없었다. DNA 검사가 도입된 지 몇 년밖에 지나지 않았던 당시에는, 재심절차에서 수감자가 DNA 증거에 접근할 권리를 규정한 주는 없다시피 했다. 유죄판결이 이루어지면 증거는 검찰에서 보관하며, 검찰은 증거에 대한 접근을 거부하거나 심지어는 증거 자체를 파기해버릴 수도 있다. 설사 이러한 증거가 무죄를 입증할 증거라 해도 말이다.

DNA 검사를 거절당한 프랭크 리 스미스는 감옥에 머물 수밖에 없었다. 한편 스미스의 변호인과 탐정은 포트로더데일 소속 형사 2명과 함께 에디 리 모슬리에 대해 조사를 해왔었다. 그들은 결국 모슬리가 지역에서 저지른 6건의 강간과 17건의 살인을 밝혀냈다. 그들은 DNA 검사를 통해 스미스 사건의 진범이 모슬리임을 밝혀냈고, 아울러 8건의 강간살인 혐의로 유죄판결을 받은 제리 타운젠드 사건의 진범 역시 모슬리임을 밝혀냈다. 타운젠드에 대해서는 앞서 2장에서 살펴보았다. 그에게는 정신질환이 있었는데 그는 경찰이 미제 사건에 대해 물어볼 때마다 자백을 했었다. 연쇄 살인과 강간에 관련된 DNA 검사 결과가 나오고 나서야 수사기관은 프랭크 리 스미스 사건에서 수집한 시료에 대해서도 DNA 검사를 허용했고, 그 결과는 모슬리와 일치했다. 2000년 12월에야 이러한 결과가 나온 것이었다.

그러나 그때는 이미 늦어버렸다. 결과가 나오기 10개월 전에 스미스는 감옥에서 암으로 숨을 거두었기 때문이다.[4] 임종 당시 프랭크 리 스미스는 고통에 시달리면서도 자신의 결백을 주장했고, DNA 검사를 기다리다 사망하고 말았다. 유죄판결은 그의 사후에야 취소되었다. 제리 프랭크 타운젠드에 대한 유죄판결 역시 취소되었고, 그는 수감된 지 22년만에 석방되었다. 그 기간 동안 모슬리는 살인을 반복했다. 무죄프로젝트의 설립자 배리 셱은 모슬리를 "범죄종합세트(one man crime wave)"라 불렀다.[5]

스미스 사건에 대한 대책으로 플로리다주는 2001년 새로운 법을 제정했다. 이 법은 청원자에게 DNA 검사를 받을 자격을 부여하면서, 검사 결과 청원자와 불일치할 경우 원재판을 파기하는 내용을 포함하고 있었다. 하지만 최근 몇 년 동안 관련 입법을 한 다른 주와 마찬가지로, 플로리다주 역시 DNA 검사 자격에 여러 가지 제한을 두고 있다. 이 제한에 따르면 DNA 검사 청원자는 사전에 어느 정도 자신의 결백을 입증해야만 검사를 받을 수 있다. 예컨대 이 법은 법정에서 유죄를 인정한 사람에게는 DNA 검사를 받지 못하게 한다. 이에 따르자면 제리 타운젠드는 DNA 검사를 받을 수 없었을 것이다. 그는 사형을 피하기 위해 여러 혐의에 대해 모두 인정했기 때문이다.[6]

법령이 통과된 후에도 플로리다의 판사들은 계속해서 DNA 검사 청구를 기각했으며, 여기에는 오판 피해자들의 청구도 포함되어 있었다. 제임스 베인(James Bain)은 다른 오판 피해자에 비해 긴 기간인 35년 동안 수감 생활을 했는데, 이 기간 중 8년 동안 DNA 검사를 청구했다. 베인은 플로리다주가 법령을 통과시킨 2001년부터 DNA 검사를 청구하기 시작했고, 감옥에서 직접 손으로 쓴 청구서를 5번이나 냈지만 모두 기각당했다. 그는 그때마다 항고했지만, 판사들은 그의 청구가 기간을 지났다거나 부적절하다고 판단했다. 또한 검사들은 DNA 검사를 해도 결과가 달라질 "합리적인 가능성"이 없다고 주장했다. 베인은 변호사가 필요했고, 플로리다 무죄 프로젝트(Florida Innocence Project) 소속 변호사가 그의 사건을 맡아서 2009년에 DNA 검사를 얻어내는 데 성공했다. 마침내 그의 결백을 증명하는 DNA 검사 결과가 나오고 나서야 검사는 "(베인은) 이 사건과 관련이 없다"고 인정하며 유죄판결 취소에 동의했다.[7]

결백을 입증받기까지의 머나먼 길

저지르지도 않은 죄 때문에 오랫동안 감옥에 갇혀 있는 심정은 어떠할지 짐작도 하기 어렵다. 앞서 언급했듯 오판 피해자들의 수감 기간은 평균 13년이었고, 유죄판결 이후 DNA 검사를 통해 결백을 입증받기까지는 평균 15년이 걸렸다.[8] 이들 중 몇몇은 가석방되거나 새 재판 중에 보석 청구가 받아들여져서 결백이 입증되기 전에 출소할 수 있었지만, 이들 역시 결백이 입증될 때까지는 한참을 기다려야만 했다. 오판 피해자들이 결백을 입증받기까지 이토록 긴 시간이 걸린 이유는 무엇일까?

오판 사례에 대한 연구를 시작했을 때, 그 항소심과 재심절차에 수년이 걸렸을 거라 예상했었다. 어쨌든 당시는 DNA 검사가 도입되기 전이었고 재판은 미궁을 헤맬 가능성이 높았기 때문이다. 또한 DNA 검사가 도입된 초기에는 이에 대한 반대도 있었다. 하지만 이들 사례에 대해 여러 차례 살펴보고 나서야 알게 된 사실은 DNA 검사가 보편화된 이후에도 상당히 지연되는 경우가 많았다는 점이다. 시스템 자체가 실수를 할 수도 있다는 생각에 대해 검사와 판사들이 그렇게 저항감을 가질 줄은 상상조차 하지 못했다.

실제로 지연의 대부분은 오판 피해자들이 DNA 검사를 청구하고 이후 결백을 입증받는 과정에서 발생했다. 오판 피해자가 유죄판결을 받은 해는 평균적으로 1987년이었는데, 이는 DNA 검사를 통해 첫 번째 오판 피해자가 밝혀지기 2년 전이었다. 항소와 재심절차는 평균 6년 이상이 걸렸고, 평균적으로 1993년에 그 절차가 종결되었다. 하지만 이러한 기간은 오판 피해자들이 결백을 입증받기까지 걸린 시간의 절반에도 미치지 않는다. 이들의 평균적인 DNA 검사 시점은 2000년이었다. DNA 검사를 통해 첫 번째 오판 피해자가 밝혀진 후 10년 이상이 지난 시점이었다. 강력한 무죄 증거인 DNA 검사 결과가 나오고 나서도 오판 피해자들 앞에는 장애물이 남아 있었다. 최종 무죄가 나오기까지 평균 1년여의 시간이 더 소요되었다. 최종 무죄가 결정된 해는 평균적으로 2002년이었다. DNA 검사가 광범위하게 보급되고 무죄 프로젝트들이 확립된 지 한참이 지난 후였다.

프랭크 리 스미스의 이야기와 플로리다주가 그의 사건에서 보였던 미온적인 반응은 오판 피해자들이 최종적으로 무죄를 받기까지 왜 그리 긴 시간이 걸렸는지를 잘 설명해준다. 검사가 DNA 검사에 반대하면 판사들은 대체로 검사를 명령하지 않았다. 오판 이후 이에 관한 법률이 제정된 후조차도 검사들과 판사들은 사건을 방치해두었다. 이 책 처음에 등장했던 로널드 존스의 사례가 또 다른 예이다. 존스는 경찰 신문 과정에서 자신이 저지르지도 않은 강간살인 혐의에 대해 자백한 후 유죄판결을 받았다. DNA 검사가 도입된 후 존스는 검사를 요청했으나 판사는 "DNA 검사를 한다고 뭐가 달라지죠?"라고 말하며 이를 기각했다. 하지만 존스는 포기하지 않았고 마침내 일리노이주 대법원이 검사를 허가하기에 이르렀다. DNA 검사 결과 존스의 결백이 입증되었지만, 그는 검사가 공소를 포기하기까지 2년, 그 후 사면까지 1년을 더 기다려야만 했다. DNA 검사가 보급되었는데도 불구하고 우리의 시스템은 자신의 결백을 입증하려는 수감자들 앞에 수많은 장애물을 방치해두고 있다. 이번 장에서는 최종 무죄판결을 받기까지의 길고 긴 재판 과정에 대해 살펴보겠다.

DNA 기술 발전과 오판 사례

DNA 기술은 250명의 오판 피해자들의 결백을 입증해주었다. 이러한 기술 발명의 놀라운 이야기는 오판 피해자들에 대한 잘못된 판결이 밝혀지게 된 이유를 부분적으로 해명해준다. DNA 검사가 도입된 이상 억울한 사람들이 새 기술의 힘을 빌려 빠르게 자유를 되찾았을 거라 생각하기 쉽지만, DNA 검사는 특정 유형의 사건, 특히 강간 사건에서 가장 유용하다. 게다가 DNA 검사를 통해 처음으로 오판 사례가 밝혀진 1989년 이후 10년 동안 관련 기술은 극적으로 향상되었다. 보다 강력한 DNA 검사 기법이 전국의 범죄연구소에 보급되기까지는 다소 시간이 걸렸으며, DNA 기술의 꾸준한 발달을 통해 오판 사례 발굴 역시 꾸준히 증가할 수 있었다.

6장에서 등장했던 얼 워싱턴 주니어 사건은 DNA 검사가 최초로 도입되던 시기부터 훨씬 강력한 검사가 가능해진 시기에 걸쳐 진행되었다. 1984년 워싱턴은 겉보기에는 그럴듯해 보이는 자백에 근거해 유죄판결을 받았다. 그는 사형을 선고받았고, 형이 곧 집행될 예정이었다. 그러나 당시는 DNA 검사가 막 탄생한 시점이었다. 오판 피해자 중 34명은 DNA 검사가 도입되기 전에 유죄판결을 받았고, 다른 대부분 경우도 1980년대에 유죄판결을 받았다. 1980년대 중반, 과학자들은 DNA 검사의 기초가 되는 기술을 개발했다. 연구자들은 인간 DNA 안에서 아무런 유전정보를 가지고 있지 않은 부분을 발견했으며, 정크 DNA(junk DNA)라 불리는 이 부분은 매우 다양했다. 과학자들은 DNA 일부를 접합시키는 기술을 개발했고, 효소 연쇄반응을 이용해 이를 기하급수적으로 복제했다. 이를 통해 사건 현장에서 채취한 생물학적 증거가 특정인에게서 유래했을 가능성에 대해 전에 없이 높은 정확도로 알아낼 수 있게 되었다. 기존의 혈청학을 통해서 혈액형을 판독할 수 있지만, 동일한 혈액형을 가진 사람은 무척이나 많다. 이와 달리 DNA 검사는 특정인과 우연히 동일한 유전자형을 가진 사람이 나타날 확률이 수백만 분의 일 혹은 수십억 분의 일에 해당한다는 것을 보여줄 정도로 강력하다.

DNA 기술은 특히나 강간 사건에서 유용했다. 4장에서 논의했듯이, 강간 피해자가 사건 직후 치료를 받으러 가면 병원은 레이프 키트에 있는 면봉으로 피해자의 질을 닦아둔다. 보통 면봉에는 피해자의 상피세포와 강간범의 정자세포가 혼합되어 있다. 하지만 피해자로부터 나온 물질이 가해자에 관한 정보를 '덮어(masking)'버리는 경우가 많았다. 시료 검사 결과 피해자의 혈액형만 검출되는 경우가 많았는데, 이 경우 가해자의 범위는 모든 남성이었다.

하지만 법과학자 에드워드 블레이크(Edward Blake)는 1980년대 중반 형법을 근본적으로 바꾸는 대단한 발견을 해냈다. 그는 마스킹 문제에 대한 해법으로 '시차 추출'이라 불리는 기술을 개발했다. 이 기술은 정자 세포벽이 다른 세포벽들에 비해 두꺼운 점을 이용한다. 순한 세제를 사용해 정자와 피해자의 상피세포가 혼합되어 있는 시료를 세척하면 상피 세포벽이 부서지면서 그 안의 유전물질이 방출된다. 이 첫 번째 세척 과정에서 정자 세포벽은 부서지지 않는데 이는 정자 세포벽이 더 두껍기 때문이다. 다음 단계로 강한 세제를 사용해 정자 세포벽을 부수면 정자의 유전 정보에 대한 분석이 가능해진다. 이 기법은 사건 현장이나 실험실에서 실수로 시료가 오염되는 것을 막을 수 있다. 누군가 시료에 일부러 다른 사람의 정자를 섞지 않는 이상, 정자에서 얻은 유전정보는 강간범에서 유래한 것일 수밖에 없는 것이다.

이러한 원리 때문에 낯선 사람에 의한 강간 사건에서는 DNA가 유죄 증거로든 무죄 증거로든 강력한 것이다. 한편 같은 이유 때문에 훨씬 빈번한 폭행, 강도, 마약 소지 사건, 경범죄 같은 다른 범죄에서는 DNA 증거가 훨씬 덜 사용된다. 이러한 사건들에서는 피해자와 진범 외의 다른 사람이 사건 현장에 있을 가능성과 증거와 접촉할 가능성이 더 높기 때문에, 증거 오염 여부를 알아내기가 더 어렵다. 또한 DNA 증거는 과학 증거가 필요 없는 사건에서는 그다지 유용하지 않은데, 강간 사건의 대부분을 차지하는 지인 간의 사건에서는 강간범의 정체가 아니라 강간 여부가 문제가 된다.[9]

1989년 DNA 검사를 통해 오판이 밝혀진 최초의 사례는 형사사법에 혁명의 불꽃을 일으켰지만 DNA 검사의 위력을 온전히 체감하기까지는 약간의 시간이 더 필요했다. 한 가지 이유는 초기 DNA 검사의 정확도가 그리 높지 않았다는 데 있다. 최초의 DNA 검사 기법인 DQ 알파(DQ Alpha) DNA 검사 기법은 대규모 인구 집단이 공유하는 8개의 유전자 표지만을 검사했다.[10] 인구의 6%만이 프로필을 공유했기 때문에 혈액형 분류보다는 진전되었지만, 대부분의 결과가 여전히 증거를 입증하기엔 역부족이었다.

1980년대 후반, 얼 워싱턴 주니어는 사형집행을 9일 앞두고 있었다. 사형을 막는 유일한 방법은 주에 인신보호청원서를 제출하는 것이었다. 하지만 수감자에게는 심지어 그가 사형수라 해도 청원서 작성을 해줄 국선변호인이 제공되지 않았다. 결국엔 수감자들 사이에서 변호사로 통하던 한 수감자가, 워싱턴처럼 혼자 힘으로는 인신보호청원을 제출할 수 없는 수감자들의 처지에 관심을 모으기 위해 집단소송을 제기했다. 자신의 이름조차 제대로 쓰지 못하는 워싱턴에게 법률 의견서를 쓰는 것은 무리였다.

이 과감한 움직임은 뉴욕의 한 로펌에 소속된 변호사들의 관심을 끄는 데 성공했다. 이 변호사 팀은 재능 기부의 일환으로 워싱턴의 사건을 맡았다. 이 팀은 워싱턴의 자백에 오류가 있었고, 과학 증거는 그와 일치하지 않았으며, 그의 1심 변호사는 무능했다는 내용의 인신보호청원서를 제출했다. 그러나 주 법원과 이후 연방 법원은 이 청원을 기각했다.

1993년까지 DNA 검사는 워싱턴의 마지막 희망이었다. 사형수로서 항소와 인신보호청원 절차에 9년을 보낸 끝에, 얼 워싱턴 주니어는 DQ 알파 기법을 사용한 DNA 검사를 받게 되었다. 결과는 그와 불일치했고 그의 유죄 여부에 "상당한" 의심이 들게 했다. 하지만 버지니아 법과학센터 소속 분석관에 따르면 그의 결백이 확정적으로 입증된 것은 아니었다. 검사 결과가 워싱턴과 일치하지 않는 것으로 나왔는데도 그가 무죄가 아니라는 것은 납득하기 어려웠다. 더글러스 와일더(Douglas Wilder) 주지사가 임기 종료 직전에 감형을 결정해 얼 워싱턴 주니어는 사형을 모면했다. 하지만 워싱턴은 종신토록 감옥에서 복역해야만 했다.[11]

워싱턴이 복역하는 동안 과학자들은 더욱 놀라운 유전자 분석 기법을 개발했다. 1990년대 초반에 RFLP(Restriction Fragment Length Polymorphism) 검사가 개발되었는데, 이는 겔 형태의 배지에서 용해된 시료에 전기 자극을 가함으로써 DNA 단편을 분석하는 기법이었다. RFLP 검사는 DQ 알파 검사보다 훨씬 더 정확했다. 이를 사용하면 무작위 일치 확률을 구할 수 있는데, 이는 DNA 프로필이 우연히도 다른 사람의 것과 같을 확률로 보통 수백만, 수십억 또는 수조분의 일 등의 숫자로 표현된다. 하지만 RFLP 검사에는 손상되지 않은 시료가 대량으로 필요했고 결과에 대한 해석 근거 역시 확실히 마련하지 못한 상태였다.[12]

DNA 기술의 가장 큰 도약은 1990년대 중반 STR(Short Tandem Repeat) 검사법이 개발되면서 이루어졌다. STR 검사는 중합효소 연쇄반응(PCR) 검사를 통해 극소량의 샘플, 심지어 몇 개의 세포도 증폭해 검사하는 데 활용할 수 있었다. 또한 새로운 모세전기영동기술을 통해 유전자 샘플에 대해 대규모로 신속하게 컴퓨터 분석을 하는 것이 가능해졌다.[13]

1990년대 후반 미토콘드리아 DNA(mtDNA) 분석법과 Y-STR 검사법이 개발되어 DNA 검사가 활용될 수 있는 사건의 범위가 넓어졌다.[14] 이 두 기법은 오판 피해자들의 결백을 밝히는 데도 사용되었다.

mtDNA 검사는 세포핵이 없는 머리카락으로도 가능한데, 이는 다른 DNA 검사에서는 불가능했던 부분이다. 하지만 미토콘드리아 DNA는 모계유전되는 터라 모계 친척들 사이에서는 공통적으로 나타나기 때문에(예를 들어 이종사촌 간에는 동일한 미토콘드리아 DNA가 나타날 수 있다) 검사 결과가 정확히 한 사람과만 일치하는 것은 아니다. Y-STR 검사는 부계를 통해 유전된 Y염색체에 대해 이루어진다. Y-STR 검사는 시료가 훼손되었거나 다른 DNA 검사가 불가능할 때 유용하다. 동일 부계를 가진 사람들 사이에서는 동일한 결과가 나오는 Y-STR 검사는 샐리 헤밍스(Sally Hemings)*의 남성 자손이 토머스 제퍼슨(Thomas Jefferson)의 남성 자손과 동일한 Y염색체를 가졌다는 것을 입증하기도 했다.[15] 10년여의 기간 동안 DNA 검사법은 사건 현장에서 채취한 미세한 조각만으로도 검사가 가능해질 정도로 강력해졌다.

최근의 발전은 현대적 STR 기법, 즉 국가 차원의 데이터베이스 또는 CODIS(Combined DNA Index System)의 등장으로 이루어졌다.[16] 사건 현장에서 발견된 DNA의 주인을 알 수 없을 경우 데이터베이스에 입력하게 된다. 이 데이터베이스에는 300만 개가 넘는 프로필이 입력되어 있으며 특히 50개 주와 연방 정부에서 중죄 혐의로 유죄판결을 받은 사람들의 DNA 수집을 허용하는 법률을 제정한 이후로 그 크기는 더욱 커지고 있는 중이다.[17] 현재는 체포된 사람이나 수감자의 프로필도 데이터베이스에 입력할 수 있다.[18]

월요일 아침 9시 정각마다 CODIS 데이터베이스는 보유하고 있는 수

* 샐리 헤밍스(1773?~1835)는 미국 제3대 대통령 토머스 제퍼슨가의 노예였다. 후일 그녀의 후손들은 자신들이 제퍼슨의 후손이라고 주장했고, 그 진위에 대한 논쟁이 있었다. 결국 1998년 Y-STR 검사를 통해 이들이 제퍼슨가의 남성들과 동일한 Y염색체를 가졌다는 것이 입증되었다. 이 얘기인즉슨, 이들의 조상이 제퍼슨이거나 혹은 제퍼슨의 부계혈족 중 하나라는 뜻이다.

백만 개의 프로필을 미제 사건에서 수집한 DNA 프로필과 자동으로 비교하는 작업을 수행한다.[19] 매주 새로 유죄판결을 받은 사람들과 체포된 사람들의 프로필이 입력되는데, 때때로 새로 입력된 프로필이 미제 사건과 일치하는 경우도 있다. 이러한 전산화된 데이터베이스는 오판 사례를 해결하는 데 도움이 된다. 오판 사례 중 45%(250건 중 112건)에서 DNA 검사를 통해 진범이 밝혀졌는데, 보통은 CODIS 데이터베이스를 통해 밝혀졌다.[20]

이러한 새로운 기술들은 2001년 얼 워싱턴 주니어에게 자유를 돌려주었다. 또한 워싱턴에 대한 최대한의 관용이 기각되었던 1993년 당시 워싱턴이 배제된 두 번째 DNA 검사가 그의 변호사에게 공개되지 않았다는 사실이 탐사 기자들에 의해 밝혀졌다. 버지니아 범죄연구소는 좀 더 정밀한 STR 검사를 사용해 증거를 다시 검사하라는 압력을 받았고, 검사를 다시 한 결과 워싱턴의 결백을 입증하지 못했다며 다시 검사 결과를 "망쳤다". 후일 이루어진 전면적이고 독립적인 감사를 통해 이런 결과는 잘못되었음이 밝혀졌고, 여기에는 워싱턴을 석방하지 말라는 정치적 "압력"이 작용했음이 밝혀졌다.[21]

또 다른 기적도 있었다. 워싱턴의 변호인들은 끈질긴 추적 끝에 피해자가 사망한 병원에서 보관하고 있던, 피해자 신체에서 수집한 체액을 발견했다. 여기에 대해서는 한 번도 검사가 이루어진 적이 없었는데, 변호인들은 외부의 실험실에서 이에 대해 STR 검사를 수행했다. 검사 결과 워싱턴이 범인이 아님이 입증됐지만 그것이 전부가 아니었다. 검사 결과는 또 다른 강간 혐의로 종신형을 선고받아 복역 중이던 한 남자와 일치했고, 결국 그 남자는 범행에 대해 인정했다. 얼 워싱턴 주니어에 대한 유죄판결은 마침내 취소되었고 그는 자유의 몸이 되었다.[22]

STR 기술과 DNA 데이터베이스의 결합은 오판 사례 발굴에 박차를 가했다. 1990년대 초반까지는 미미하던 그 숫자가 1990년대 후반에 이르러서는 해마다 10~20건에 이를 정도로 늘어났다. 향상된 STR DNA 검사가 개발되기 전인 1993년까지만 해도 결백이 입증된 오판 피해자는 13명에 불과했고, 1997년까지도 단 39명뿐이었다. 2007년 제리 밀러(Jerry Miller)는 DNA 검사를 통해 결백을 입증한 200번째 사람이 되었다. 그리고 불과 3년 뒤인 2010년 2월 프레디 피콕(Freddie Peacock)은 250번째로 결백을 입증했고 이 책에서 조사한 대상 그룹에 마지막 사람으로 포함되었다.

DNA 기술이 발전한 이상 앞으로 더 이상의 오판은 없지 않을까? 하지만 지금도 매해 DNA 검사 결과로 결백을 입증한 오판 피해자들의 사례가 계속 늘고 있고, 이 중 25%는 1990년대와 21세기 들어 발생한 최근 판결과 관련된 사건들이다. DNA 검사가 일상화된 이후에도 잘못된 판결이 발생하는 이유는 무엇일까? 일부 사례에서는 검사나 변호인이 DNA 검사를 신청하지 않았고, DNA 기술 발전이 있기 전에 재판이 이루어진 경우도 있었다. 또한 꽤 많은 사례에서는, 검사 측이 DNA 검사가 가능한 증거 자체를 은폐하거나, 심지어는 검사 과정에서 실수를 저지르기도 했다. 지금이야 수사 과정에서 일상적으로 DNA 검사가 이루어지지만, 기술이라는 것은 사람이 어떻게 활용하는가에 따라 달라지기 마련이다. 기술을 다루는 사람에게 실수가 있는 한 오판은 미래에도 계속될 것이다.[23]

대법원의 방관과 DNA 검사 거부

DNA 검사가 가능해졌음에도 왜 프랭크 리 스미스는 DNA 검사를 받지 못했으며, 오판 피해자들의 수많은 검사 요청은 왜 거부당했던 것일까? 왜 그들은 손쉽게 DNA 검사를 요청하지 못했으며, 검사 결과 결백이 밝혀졌음에도 불구하고 즉각 풀려나지 못한 것일까? 대답은 법적 변화가 기술적 변화에 비해 훨씬 느릴 수 있다는 것이다. DNA 기술이 발전해 250명의 오판 피해자들이 DNA 검사를 받는 동안, 대법원은 무죄를 근거로 재판을 새로 받으려면 헌법에 따른 무죄 주장이 있어야 하는지에 대해 언급하는 것을 여러 차례 피했다.

1970년, 한 자극적인 기사에서 헨리 프렌들리(Henry Friendly) 판사는 무죄 여부가 판사가 가장 고심하는 부분이 아니고, 인신보호절차와 "관련이 없는" 이유에 대해 물었다.[24] 연방 법원에서는 수많은 오판 피해자들이 제기했던 브레이디 원칙이나 스트리클런드 원칙 같은 갖가지 주장이 가능하다. 하지만 어떤 죄수도 감히 제기하지 못했던 단 한 가지 주장은 자신이 죄를 짓지 않았으니 그 이유만으로 자신을 석방해 달라는 주장이었다. 프렌들리 판사가 질문을 던진 지 수십 년 후, 죄수들이 사실은 무죄였을 수도 있다는 증거들이 제출되었다. 연방 대법원은 실제로 자신이 무죄라는 주장을 할 권리가 헌법상 권리임을 선언할 기회가 여러 차례 있었지만 매번 이를 거부했다. 헤레라 대 콜린스 판결, 하우스 대 벨(House v. Bell) 판결, 오즈번 대 지방검사실(Osborne v. District Attorney's Office) 판결은 법원의 무관심을 잘 보여준다.

헤레라 사건에서 법원은 무죄 증거에 근거해 사형집행을 피할 수 있는지 여부를 물었다. 법원은 1993년에 판결을 내리며 "실제 무죄"를 입증하는 "진정으로 설득력 있는" 증거에 기초한다면 유죄판결에 대해 항소를 할 수 있고, 이 항소할 수 있는 권리를 헌법상 권리로 볼 수 있다는 취지로 언급했다.[25] 하지만 법원은 "진정으로 설득력 있"다는 것이 구체적으로 무엇을 의미하는지 말하지 않았고, 그것이 무엇이든 간에 헤레라의 경우는 이에 해당하지 않는다고 판시했다. 수년에 걸쳐 하급심은 사형이 선고된 사건에서는 무죄 주장에만 기초해 항소할 수 있는 정의되지 않은 권리가 존재한다고 비슷하게 가정했다. 오판 피해자들 중 몇몇은 이러한 주장을 했으나 성공을 거둔 경우는 없었다. 결국 이러한 권리는 관념적일 뿐 그 실체가 없었던 것이다.

두 번째 사건인 2006년 하우스 판결에서 법원은 또 다른 기회를 맞이했다.[26] 폴 하우스(Paul House)는 DNA 검사 결과를 포함한 새로운 무죄 증거를 고려해달라고 법원에 요청했다. DNA 검사 결과 하우스는 배제되었지만, 피해자의 남편이 포함되어서 강간살인범이 정확히 누구인지는 알 수 없었다. 법원은 이러한 무죄 증거가 "아마도" 새 배심원이 그에게 유죄판결을 내리지 않을 만큼 강력했다고 밝히면서도,[27] 하우스를 석방하지는 않았다. 왜일까? 법원은 여전히 자신이 무죄라는 주장만으로는 항소를 제기할 수 없다고 보았기 때문일 것이다. 대신 법원은 1심 변호인이 불충분한 변호를 펼쳤다는 하우스의 예비적 청구를 인용하면서 원심을 파기하고 이를 1심으로 환송했다.

이 판결은 하우스의 변호인들에게 새 DNA 검사를 할 시간을 벌어주었다. 피해자의 손톱 밑에 있던 머리카락과 물질들에 대해 2009년 5월까지 다시금 검사가 이루어졌는데, 그 결과는 하우스와도 피해자의 남편과도 일치하지 않았다. 검사 결과는 또 다른 제3자와 일치했고 그 사

람이 누구인지는 아직까지 밝혀지지 않았다.[28] 그제야 하우스는 석방될 수 있었다.[29]

법원이 무죄 주장에 근거한 항소를 인정할 세 번째 기회는 2009년 오즈번 판결에서 있었다.[30] 1심에서 유죄판결을 받은 윌리엄 오즈번(William Osborne)은 자신의 무죄를 입증하기 위해 DNA 검사를 요청했다. 주 검찰 역시 검사 결과가 "오즈번의 무죄를 결정적으로 입증"할 수도 있다는 점은 인정했다.[31] 오즈번은 검사 비용을 지불하려고 했지만 해당 주는 알래스카주였다. 당시 알래스카주는 판결 후 DNA 검사에 대한 접근을 보장하는 법령이 없는 단 세 개의 주 가운데 하나였다. 주 검찰은 오즈번의 요청에 완강하게 반대했다. 법원은 "주 법에 의할 때 (오즈번에게는) 새 증거에 기초해 자신의 무죄를 주장할 이익"이 있다고 판시하면서도,[32] 그에게 알래스카주의 절차에 부합하지 않는 기술적인 이유가 있다는 이유로 DNA 검사를 받지 못하게 했다. 법원은 또한 헤레라 판결을 다시 언급하며 무죄 주장이 존재한다는 것을 "결정하지 않고 추정했다".[33]

미 연방 대법원은 무죄 주장을 항소 이유로 인정할 수 있는 세 번의 기회를 모두 외면했다. 그러나 아마도 이는 바뀔 것이다. 미 연방 대법원은 조지아주의 사형수 트로이 데이비스(Troy Davis)의 청원을 듣고는 연방 법원에 무죄 증거에 대해 검토해보도록 명령했다.[34] 또한 텍사스주의 한 사형수의 DNA 검사 요청 역시 받아들였다.[35] 그럼에도 자신의 무죄를 주장할 수 있었던 몇몇 사람들은 DNA 검사를 받는 데 계속해서 실패했다. 2009년 테네시주의 한 사형수는 무죄를 주장하며 DNA 검사를 요청했지만 끝내 사형을 당했다.[36] 법원의 방기로 인해 결국 책임은 주 정부에 떠넘겨지게 되었다. 오즈번 판결 이후 알래스카주에서는

DNA 검사에 대한 접근을 광범위하게 보장하는 법령을 제정했다.[37]

판결 취소와 귀환 절차

미 연방 대법원이 이 문제를 피했기 때문에, 연방 판사들이 아닌 주 법원 판사들이 오판 피해자 사건을 정면에서 마주하게 되었다. 프랭크 리 스미스 사건에서 알 수 있듯, 오판 피해자들이 결백을 입증받는 데는 큰 어려움이 있었다. 하지만 최근 몇 년간, 오판 피해자들의 결백이 밝혀진 결과 관련 법령들이 정비되기 시작했다.

오판 피해자들의 결백이 밝혀지는 과정은 보통 이들이 변호사와 접촉하면서 시작됐다. 대부분의 오판 피해자들(77%, 250건 중 192건)은 무죄 프로젝트나 변호사와 접촉을 한 후 DNA 검사를 요청했다. 무죄 프로젝트와 변호사들이 연락받은 모든 수감자에 대해 DNA 검사를 요청한 것은 아니었다. 예를 들면 뉴욕의 무죄 프로젝트는 시료가 존재하고 이를 사용할 수 있는 경우에만 DNA 검사를 신청한다. 무죄를 주장하는 죄수들이 무죄 프로젝트에 연락을 취해오지만 검사할 증거가 없는 경우가 많다. 비영리 단체인 무죄 프로젝트는 제한된 재원으로 운영되기 때문에, 일부 검사는 업무가 밀려 지연되기도 했다. 변호사의 도움 없이는 DNA 검사를 가로막는 초반 장애물을 넘기가 무척 어렵다. 하지만 일부 오판 피해자들은 변호사들이 자신의 말을 귀담아듣지 않자 자신의 손으로 직접 문제를 해결했는데, 10%(250건 중 26건)의 오판 피해자들은 스스로 두서없는 청원서를 작성해 DNA 검사를 요청했다.

1991년, 마커스 라이언스(Marcus Lyons)는 미 해군 예비군복을 입고는 세로 240센티미터, 가로 180센티미터의 십자가를 지고 법정으로 걸어 들어갔다. 자신이 유죄판결을 받았던 시카고의 법원이었다. 라이언스는 망치를 들고 십자가에 자신의 발을 못 박았다. "누군가 내 얘기를 들어줬으면 했다"는 것이 이유였다. 그는 저지르지도 않은 강간에 대한 혐의로 3년을 복역했다고 주장했고, 출소하자마자 법정에 나타난 것이었다. 라이언스의 사건을 담당했던 변호인은 심지어 항소조차 제기하지 않았고, 결국 그는 석방됐지만 성범죄 전과자로 신상이 등록되었다. 시카고 법원은 법정 소란 혐의로 라이언스에게 벌금 100달러를 부과했지만 그의 이러한 시도는 보상을 받았다. 새로운 변호사가 그의 사건을 맡아 DNA 검사를 요청했고, 검사 결과 그의 결백이 입증됐기 때문이다.[38]

250명의 오판 피해자들은 그나마 운이 좋은 편이었다. 관련 증거들이 잘 보존되어 있었기 때문이다. 수사기관에는 증거를 보존할 법적 의무가 없어서, 몇몇 오판 피해자들의 경우 증거를 찾느라 애를 먹었다. 앨런 뉴튼(Alan Newton)은 자신이 유죄판결을 받았던 강간 사건의 증거들이 뉴욕시 경찰청 창고 어딘가에서 사라졌다는 얘기를 들었다. 경찰은 레이프 키트가 보관된 통을 세 번이나 찾아봤다고 밝혔다. 그러나 10년여에 걸쳐 요청한 끝에 다시 한번 수색을 해보라는 명령이 떨어졌고, 레이프 키트는 원래 있어야 할 곳에 그대로 있는 채로 발견되었다. 경찰이 이전에는 찾아보지도 않은 것이 분명했다. 그 후 DNA 검사 결과 뉴튼의 결백이 입증되었다.[39]

DNA를 통해 오판 사례들이 밝혀지면서 증거 보존의 중요성에 대한 인식이 새롭게 생겨났다. 하지만 다시 한번 미 연방 대법원은 증거를 조심스레 다루지 않아도 되도록 결정해서 이러한 흐름에 역행했다. 래리 영블러드(Larry Youngblood)는 경찰이 피해자로부터 채취한 생물학적 증거를 대충 보관해 훼손했고, 이로 인해 당시에도 가능했던 혈청학 검사가 불가능해졌다고 주장했다. 그러나 미 연방 대법원은 증거를 부적절하게 보관한 데에 경찰의 악의가 있었다는 점에 대해 입증하지 못했다는 이유로 영블러드의 주장을 기각했다. 그 후 2000년에 이르러 DNA 기술은 이처럼 훼손된 증거에 대해서도 검사할 수 있을 정도로 발전했다. 검사 결과는 영블러드의 결백을 입증했고, DNA 데이터베이스에 있던 다른 사람과 일치했다.[40]

항소심과 재심절차에서 24명의 오판 피해자들은 무죄 증거가 파괴되었다고 주장했지만, 성공한 사람은 아무도 없었다. 이들은 영블러드처럼 나중에서야 훼손된 증거에 대한 검사가 가능해지거나 혹은 운 좋게 새로운 증거를 찾아내서 검사를 받을 수 있었다. 하지만 DNA 검사를 요청하는 사람들의 대부분은 오래전에 증거가 파괴되어서 이를 입수하지 못한다. 미 연방 대법원의 "악의" 검사는 경찰이 중대한 증거를 부주의하게 파괴하는 것을 허용했고, 그 결과 추가적인 대책이 필요해졌다. 그리하여 전체 주의 약 절반 정도가 범죄 증거의 보존을 의무화하는 법령을 통과시켰다.[41]

증거가 보존되어 있고 그 상태가 DNA 검사를 하기에 충분한 경우라 하더라도, 오판 피해자들은 DNA 검사를 받기 위해서 수사기관의 허가를 받아야만 했다. 범죄 현장 증거들은 보통 수사기관에 보관되는데, 수사기관이 오판 사례 발굴에 나선 경우는 극히 일부이다. 오판 사례 중에서 단 11%(250건 중 27건)만 수사기관 혹은 검사가 스스로 DNA 검사를 시작했다. 보류해뒀던 증거들에 대한 검사 프로젝트의 일환으로 혹은 법과학자의 부정행위가 있었던 사건에 대한 재검사로서 혹은 관련 없는 사건 조사의 일부로서 혹은 한 사건은 익명의 전화 제보에 의해 이러한 DNA 검사가 시작됐다. 이러한 사건에서 주 정부는 오판 피해자들에게 DNA가 그들의 결백을 입증했다는 놀라운 소식을 전했다.

검사들은 보통 결국에 가서는 판결 후 DNA 검사에 동의했으나, 대부분 신속하게 동의하지는 않았다. 검사들의 동의 여부에 대한 자료가 존재하는 210건 중에서 81%(210건 중 170건)에서는 찬성이, 19%(210건 중 40건)에서는 반대가 있었다. 나머지 40건에 대해서는 자료가 존재하지 않는다. 검사들이 DNA 검사에 동의하는 이상 경찰이 이에 반대해도 아무 소용이 없다. 하지만 검사들은 동의를 수년간 미루고 미루다 기존의 검사장이 퇴임하고 난 후에야 동의를 했다. 몇몇은 판사가 DNA 검사 명령을 내리려는 계획을 세운 직후 막판에 가서야 동의했다. 적어도 49%(250건 중 122건)에서는 판사의 명령이 있고서야 DNA 검사가 가능했다. 검사가 최종적으로 DNA 검사 요청을 지지했을 수도 있지만, DNA 검사를 신속하게 수행하는 데 검사가 동의했었더라면 판사의 명령은 필요하지 않았을 것이다.

그리고 DNA가 유무죄 여부를 결정적으로 판가름할 수 있는 증거임에도 판사들 역시 DNA 검사 요청을 거부했다. DNA 검사가 개발되기 이전에는, 판결 이후에 증거에 대해 다시 접근하게 해달라는 요청이나 무죄 주장이 잘 받아들여지지 않았는데, 국가의 입장은 판결은 '종국적'이라는 것이었다. 여기에는 충분히 이해할 만한 이유가 있다. 판결 후 시간이 지남에 따라 증거는 흩어지고, 기억은 희미해지기 때문에 뒤늦게 다시 유무죄를 따지는 것은 무척 힘든 일이기 때문이다. 판사들과 입법부는 재심을 위해서는 판결 후 수년 내에 새로운 무죄 증거가 제출되어야만 한다는 규칙을 채택했다. 하지만 종국성은 판결 후 수주 또는 수

개월 만에 발견된 새로운 증거를 고려하지 않은 채 종종 터무니없을 정도로 불합리한 결과를 낳았다. 또는 변호인의 무능으로 인해 무시된 증거나 은폐되었던 증거가 있어도 재심은 불가능했다. 판결의 '종국성'은 얼 워싱턴 주니어를 비롯해 많은 오판 피해자에게 족쇄가 되었다. 얼 워싱턴 주니어는 첫 DNA 검사를 받았던 1993년 그리고 두 번째 검사를 받았던 2002년 모두 주지사의 사면에 의존할 수밖에 없었다. 버지니아 주의 규정에 따르면 판결 21일 이내에만 새로운 무죄 증거를 제출할 수 있기 때문이다. 소위 21일 규칙으로 불리는 이 규칙으로 주 정부는 짧은 기간을 두어 유죄 사건에 대한 결백 주장을 거의 하지 못하게 만들었다. 워싱턴의 재판은 1984년에 있었기 때문에 1993년에야 이루어진 그의 DNA 검사는 9년이나 늦었다는 이유로 법원에서 구제를 받을 수 없었다. 이러한 오판 피해자들 대부분이 판결 이후 판사에게 구제를 요청할 방법이 거의 없었다.

최소 18건의 오판 피해 사례에서 판사들은 대체로 유죄가 확실하다는 이유에서 DNA 검사 요청을 처음에는(몇몇 건의 경우 여러 차례) 거절했다. 그리고 이러한 결정 중 상당수는 알려지지 않았을 것이다. 브루스 고드사크 사건에서 판사는 "원심 유죄판결은 피고인의 자백에 주요한 근거를 두고 있다. 이 자백은 일반에게는 공개되지 않은 강간 사건에 대한 자세한 내용을 포함하고 있었다"라는 이유로 DNA 검사를 거부했다.[42]

바이런 홀지 사건 역시 비슷했다. 무죄를 입증할 만한 합리적인 가능성이 있는 증거라면 피고인이 접근할 수 있도록 하는 주 법에도 불구하고 판사는 홀지의 DNA 검사 요청을 거부했다. 판사는 "피고인과 이 사건의 연관 관계를 입증할 결정적 증거"라며 홀지의 자백을 인용했고, 재

판 과정에서 무죄 증거나 알리바이가 제출된 적이 없음을 지적했다.[43]

패트릭 월러(Patrick Waller) 사건에서는 판사가 "4명의 피해자 중 3명이 명확하게 피고인을 지목하고 있다"는 이유로 DNA 검사 요청을 기각했다. DNA 검사 결과가 불일치로 나온다 해도, 검찰 측에서는 월러를 다시 기소하려는 입장이라는 점 역시 지적했다. 새로 부임한 검사가 DNA 검사에 동의해준 뒤에야 월러는 자신의 결백을 입증할 수 있었다. 무려 7년이 지난 후의 일이었다.[44]

윌턴 데지(Wilton Dedge) 사건의 판사는 2년의 법정 기한을 넘겨 신청했다는 이유로 데지의 DNA 검사 요청을 거부했다. 당시 플로리다주는 DNA 검사에 대한 법률상 규정이 없었다. 항소법원이 1998년 의견 없음을 확인했을 당시 한 판사는 다음과 같이 감동을 주는 결론을 제시하며 이의를 제기했다.

> 판사에게 벌어질 수 있는 최악의 일 중 하나는 '법적' 절차를 통해 유죄판결을 받고 수감된 사람이 실은 결백한 경우입니다. 고도로 정확하고 객관적이며 과학적인 검사를 통해 결백을 입증할 방법이 있다면 … 이는 허용되어야 합니다. 이 사건에는 그러한 구제가 필요합니다. 이 사건에서 데지의 유죄를 입증하는 증거는 아주 적었습니다. …

5장에서 이미 데지 사건에 대해 다루었다. 그는 강력한 알리바이가 있었는데도 개에 의한 신원 확인과 왔다 갔다 하는 피해자의 진술, 수감자 제보자가 꾸며낸 정교한 이야기 때문에 유죄판결을 받았다. 데지는 몇 년을 더 싸웠고, DNA 검사가 그의 결백을 입증한 2004년 마침내 무죄판결을 받았다.[45]

DNA 검사를 막는 장애물들은 점진적으로 제거되어왔다. DNA 검사에 대한 판사들의 태도가 바뀌어서가 아니라 많은 주에서 DNA 검사를 받을 권리에 대해 규정한 법령을 제정했기 때문이다. 이러한 변화는 천천히 일어났다. DNA 검사가 수사에 사용되기 시작한 지 10년 만인 1999년에야 뉴욕주와 일리노이주에서 DNA 검사를 받을 권리에 대해 규정한 법령을 제정했다.[46] 관련 법령들은 대부분 최근 5년간 발효되었다. 현재까지 DNA 검사에 대한 접근권을 보장하는 법을 제정한 곳은 48개 주와 컬럼비아 특별구 및 연방 정부다. 적어도 71건의 오판 사례에서 오판 피해자들은 DNA 검사 권한을 인정하는 법령 덕에 검사를 받을 수 있었다. 그간 장족의 발전이 있었지만, 아직은 갈 길이 멀다.

제정된 법령들은 아직 많이 부족하다. 많은 주에서는 DNA 검사를 받기 위해서 선결적으로 어려운 관문을 통과하도록 하고 있다. 특정 중범죄로 유죄판결을 받은 사람들의 경우 DNA 검사에 제한을 두는 것이 한 예이다. 몇몇 주에서는 법정에서 유죄를 인정한 사람이나 법정에서 무죄 주장을 하지 않은 사람에 대해서는 DNA 검사를 허용하지 않고 있으며, 일부 주에서는 검사 요청이 늦은 경우 이를 허용하지 않고 있다. 결심 변호사가 검사를 요청하지 않았다면 그 결과 피해를 입는 사람은 바로 무고한 피고인이다. 두 주에서는 사형을 선고받은 피고인에게만 DNA 검사를 허용하고 있는데, 대부분의 살인 사건에서 DNA 검사가 그다지 유용하지 않다는 점에서 의미가 없다.[47]

제대로 된 법령을 갖춘 주라 하더라도, 판사 재량으로 검사 요청을 기각하는 경우가 있다. 예를 들자면, 판사들은 유죄 증거가 충분하다거나 목격자가 있다는 이유를 들어 DNA 검사를 해봤자 소용이 없을 거라고 말할 수 있다. 이미 7장에서 살펴본 바와 같이, 실제로 많은 수의 판사들이 비슷한 이유를 들어 항소 및 인신보호청원을 기각했다. 하지만 이들의 결정은 모두 틀렸다.

다른 판사들은 피해자가 성적으로 난잡했을 수도 있다거나 애인과 성관계를 가진 상태에서 범행이 있었을 수도 있다는 등의 이유를 지어내 DNA 검사의 불일치 결과를 설명하려 든다. 이러한 이유들은 대체로 타당성이 크게 떨어지는데, 피해자의 애인들을 검사하면 쉽게 해결될 문제이기 때문이다. 만약 검사 결과가 DNA 데이터베이스에 있는 범죄자와 일치한다면 사건 해결에 한 걸음 다가갈 수도 있다. 이러한 결정들은 판사들이 DNA 검사의 강력함에 대해 얼마나 무지한지 잘 보여준다. 몇몇 법령은 무척 애매하다. 결백을 입증할 수 있는 사람들에게 주 당국이 DNA 검사를 못 하게 하는 경우가 아직도 있기 때문에, 미 대법원이 오즈번 사건에서 명확한 권리를 인정하지 못한 것은 결백을 입증하기 위해 DNA 검사가 필요한 사람들을 좌절하게 만든다.

여전히 수감되어 있던 오판 피해자들은 DNA 검사 후에야 모두 풀려나게 되었다. 그럼에도 일부는 판사들이 석방을 거부했기 때문에 석방되기까지 꽤 오랜 시간을 기다려야만 했다. 최소 12명의 오판 피해자들이 이와 같은 일을 겪었다. 이들은 나중에 행정부나 상급법원에 의해 석방되었다.[48] 이와 관련해 가장 주목할 만한 사례는 텍사스주 형사항소법원 판사인 샤론 켈러(Sharon Keller)의 결정이다. DNA 검사 결과가 불일치했음에도 켈러는 로이 크리너를 석방하지 않았는데, 그 근거에 대한 설명은 전혀 말이 되지 않았다. 켈러는 DNA 검사가 어떻게 나오든 크리너의 유죄가 충분히 설명된다고 기자에게 말했고, DNA 증거가 있었더라도 "평결에는 영향을 미치지 않았을 것"이라고 생각했다. 16세의 피해자가 강간살인을 당할 무렵 성적으로 "난잡"했을 수는 있다. 하지만 이러한 주장은 재판기록 등에 근거한 것이 아니었고, 경찰은 정액의 주인이 범인일 수밖에 없다고 결론을 내린 상태였다.[49] 크리너는 사건 현장에서 발견된 담배꽁초에서 나온 DNA가 정액 주인과 일치한다는 검사 결과가 있은 후에야 사면되었다.[50]

DNA 검사 결과가 있은 후, 오판 피해자들은 판사가 새 재판을 명령하거나 주지사가 사면을 하는 형태로 유죄판결을 무효화했다. 검사들이 어떤 의사표시를 했는지에 관한 자료가 남아 있는 194건의 오판 사례 중 88%(194건 중 171건)에서 검사들은 유죄판결을 무효화하는 데 동의했고, 12%에서(194건 중 23건) 반대했다. 56건은 이와 관련한 정보가 없거나 별도의 판결 무효 절차가 없었다. 하지만 DNA 검사가 있은 후 검사들의 석방 동의가 있기까지 수개월 혹은 수년의 시간이 걸렸다.

58명은 주 행정부의 사면을 받아 풀려났는데, 이들 중 일부는 사법상 구제 절차가 없었기 때문이었다. 오판 피해 사례 중 단 3%(250건 중 8건)만 연방 인신보호절차를 통해 DNA 검사를 받고 유죄판결을 취소받았다. 이는 연방 법원의 역할이 얼마나 미미했는지를 잘 보여준다. 나머지 오판 피해자들은 주 판사를 통해 판결을 취소받았는데, 보통은 새로 발견된 무죄 증거가 그 근거였다.

석방을 명하는 판결은 보통 공개되지 않는다. 하지만 판결을 할 때 재판정의 모습은 무척 드라마틱하다. 지금껏 갇혀 있던 오판 피해자가 감옥에서 걸어 나와 사랑하는 사람들과 변호인을 만날 것이다. 언론은 종종 이들의 감동적인 이야기를 대대적으로 다루곤 한다. 그리고 오판 피해자들은 판사로부터 무언가를 받기도 하는데, 바로 사과이다. 제임스 월러(James Waller) 사건에서 판사는 "당시의 모든 공무원을 대신해 사과하고 싶다"고 말했다.[51] 글렌 데일 우돌(Glen Dale Woodall) 사건에서 1심 판사는 그에게 다음과 같이 말했다. "시간이 지나며 그간 당신이 겪은 비통함이 사그라지기를 바랍니다. 억울하게 기소될 다음 사람과 그의 가족들이" DNA 검사를 더욱 수월하게 받을 수 있도록 "엄청난 일을 해냈다는 데 대한 영광의 훈장으로서 이런 고통의 시간을 받아들일 수 있기를 바랍니다. 당신의 남은 인생에서 자랑스럽게 여길 만한 일입니다."[52]

진짜 범인을 잡다

DNA 검사는 무고한 사람의 결백을 입증할 뿐만 아니라 수사기관이 진범을 잡는 데도 도움이 된다. 지금까지 오판 피해자 사례 중 45%(250건 중 112건)에서 DNA 검사 결과로 진범이 밝혀졌다. 방대한 DNA 데이터베이스 구축을 통해 유전자 프로필에 대한 신속한 검색이 가능해졌으며, 오판 피해자 사례 중 DNA 데이터베이스 검색을 통해 진범이 밝혀진 경우는 65건이다. 47건에서는 경찰이 진범을 체포했거나, 진범이 자백했거나 혹은 DNA 검사를 받기 위해 자수하는 등 다른 방법을 통해 진범이 밝혀졌다.

크리스 오초아(Chris Ochoa)와 리처드 댄지거(Richard Danziger) 사건에서 애킴 조세프 머리노(Achim Josef Marino)라는 수감자는 주지사 조지 W. 부시(George W. Bush)에게 편지를 써서 자신의 죄를 자백했다. 편지에는 다음과 같이 써 있었다. "저는 그 사람들을 모릅니다. 그 사람들이 왜 저지르지도 않은 죄를 인정했는지도 모릅니다. 저는 그저 추측만 할 수 있을 뿐인데, 그들은 분명 사형을 코앞에 두고 있을 것이며 무죄를 받을 가능성도 낮을 것입니다. 하지만 제가 이것만큼은 말씀드려야겠습니다. 제가 그 끔찍한 범죄를 혼자서 저질렀습니다."[53]

나중에 알고 보니 피고인의 결백을 밝히고 실제 범인을 지목하는 증거를 형사사법제도가 무시했던 특히 눈에 띄는 사건들도 있었다. 3장에서는 라인업이 잘못된 몇몇 사례를 살펴보았다. 목격자들은 라인업에서 진범을 골라내지 못했고 대신 무고한 사람을 범인으로 지목했다. 4장에서는 법과학자들이 진범을 용의선상에서 제외시킨 사례를 살펴보았다. 2장, 5장, 6장에서는 제보자, 공동피고인, 협조적이었고 심지어 증언까지 했던 증인이 실은 범인이었던 사례들을 살펴보았다.

오판 피해자가 감옥에서 직접 진범을 추적해낸 사례도 있었다. 로이 브라운(Roy Brown)은 수년에 걸쳐 자신의 결백을 주장해왔는데, 수감 도중 진범을 찾아내고야 말았다. 브라운의 유죄 증거 중 하나가 잘못된 치흔 분석이었다는 점은 4장에서 이미 다루었다. 수년간 감옥에 갇혀 있으면서도 결코 포기하지 않았던 그는 뉴욕주 정보공개법을 통해 재판에는 제출되지 않았던 경찰 기록을 입수하는 데 성공했다. 보고서 일부와 목격자 진술에는 피해자의 남자친구의 형제인 배리 벤치(Barry Bench)가 사건에 연루되었다는 내용이 있었다. 변호인을 선임할 경제적 여유가 없었던 브라운은 이를 바탕으로 자신의 결백을 주장하는 의견서를 직접 써서 냈지만, 판사는 그의 주장을 기각했다. 그러자 브라운은 벤치에게 편지를 써서, 자신은 벤치가 범인이라고 생각하며 이를 입증하기 위해 DNA 검사를 신청할 예정이라고 말했다. 브라운의 편지를 받은 지 5일 후 벤치는 달려오는 암트랙(Amtrak) 기차 앞에 누워 자살했다. 2004년 무죄 프로젝트는 로이 브라운과 불일치하는 DNA 검사 결과를 확보했다. 검사는 벤치의 시신을 발굴할 것을 명했고 DNA 검사

를 통해 벤치의 유죄를 확정 지었다.[54]

검거된 진범들 중 일부는 이후 수사 과정 또는 재판 과정에서 자백을 했다. 이들 중 적어도 40명은 무고한 사람들이 재판을 받는 동안 다른 죄를 저질러 유죄판결을 받았다. 무고한 사람들이 유죄판결을 받은 후, 진범들은 약 56건의 강간과 19건의 살인 사건을 저질러 유죄판결을 받았고,[55] 이보다 더 많은 범죄를 저지른 게 분명해 보이지만, 발각되지 않았거나 기소되지 않았다. 결국 DNA 검사가 더 이상의 범죄를 막은 셈이다. 만약 DNA 검사가 없었더라면, 진범들은 에디 모슬리(Eddie Mosley)처럼 계속해서 범죄를 저질렀을 것이다. 범죄를 저지른 사람이 유죄판결을 받는 것은 공공안전을 위해서 무척 중요하며, 잘못된 유죄판결은 심각한 문제이다.

판결 후 DNA 검사를 요청했던 사람들 중 일부는 유죄로 밝혀졌다. 그리고 그 검사 결과는 유죄의 강력한 증거가 되었다. 무죄 프로젝트에 도움을 요청했던 사람들 중 약 절반이 DNA 검사를 통해 도리어 유죄가 확인되었다. DNA 검사를 요청하는 사람들 중 그토록 많은 수가 결백했다는 사실은 무척 놀랍고 충격적인 일인 반면 나머지는 자신의 죄를 알면서도 DNA 검사를 요청했다. 배리 셱의 언급처럼, 아마도 그들은 "현실을 인정하고 싶지 않거나, 거짓말쟁이이거나 정신병자"일 것이다.[56] 그들은 또한 DNA 검사의 오류를 기대했을지도 모른다.

무죄 프로젝트에 의뢰를 해 온 사람들 중 절반 정도가 유죄로 끝났다는 사실을 알았을 때 나는 무죄로 판명된 사람들과 이들의 사례를 비교해보면 흥미로울 것이라 생각했지만, 이는 무척 어려운 작업이다. DNA 검사를 통해 유죄가 확정된 사람들의 명단은 공개되지 않았기 때문이다. 주로 신문 기사를 검색한 끝에 판결 후 DNA 검사를 통해 유죄가 확정된 70여 건의 사례를 찾아냈지만 해당 사건에 대한 정보는 극히 제한적이었다. 가령 이들 사건 중 절반에만 서면 형태의 판결문이 존재했는데, 대체로 사형 사건이었다. 유죄임에도 불구하고 DNA 검사를 원했던 사람들이 많지 않았던 점, 그리고 그들에 대한 정보가 부족했다는 점과 더불어 그들의 특이한 점들로 인해 오판 피해자들의 사건과 의미 있는 비교를 할 수가 없었다.[57]

그러나 이 유죄 확정 그룹은 여전히 중요하다. 입법부와 판사들은 DNA 검사를 거절하면서 유죄인 사람들이 "말도 안 되는" 검사 요청을 한다며 거절을 합리화하고 있기 때문이다.[58] 유죄인 사람들도 DNA 검사를 요청하긴 하므로 맞는 말이기도 하다. 하지만 DNA 검사는 이들의 유죄를 의문의 여지 없이 증명할 수 있다는 장점이 있다. 그뿐만 아니라 무고한 사람을 감옥에 가두고 죄 지은 사람이 추가 범죄를 저지르게 하는 것에 비해 검사 비용은 무척 저렴하기까지 하다. 미국의 각 주는 레이프 키트 검사 비용으로 최소 수백 달러에서 최대 1,700달러까지 지출하고 있다. 비용은 테스트할 항목 수와 검사 대상의 샘플량이 얼마나 작은지에 따라 달라진다.[59] 이 비용은 일반적인 형사항소에 드는 비용과 비교해도 아주 적은 돈이다. 형사항소절차나 인신보호절차와 달리 DNA 검사는 상당히 빠른 데다 적절하게 사용될 경우 유무죄 여부에 대한 정확한 답을 제공할 수 있다. DNA 검사는 무고한 사람을 가둬두는 것에 비해서도 비교할 바 없이 적은 비용을 치른다. 진범을 길거리에 돌아다니게 두는 것에 대해서는 말할 것도 없고 말이다. 미 연방 대법원이 석방하기를 거부한 지 몇 년이 지난 후 무죄가 확정된 래리 영블러드에 관한 이야기는 앞서 살펴보았다. 애리조나주는 6년 반 동안 진행된 영블러드의 재판에 10만 9,000달러 이상을 사용했고, 그사이 진범은 길

거리를 확보하고 있었다. 영블러드를 풀어준 DNA 검사에는 단돈 32달러가 들었을 뿐이었다.[60]

여전히 풀려나지 못한 사람들

유죄판결을 받은 사람 중 일부는 판결 후에 DNA 검사를 받았고, 그 검사 결과는 이들의 결백을 강력하게 뒷받침했다. 그럼에도 이들은 여전히 수감되어 있으며, 몇몇은 사면을 신청해보기도 했지만 결과가 아직 나오지 않았다. 많은 사람이 여전히 감옥에 있고, 또 다른 사람들은 감옥에서 풀려나긴 했지만 그들에 대한 유죄판결은 아직도 취소되지 않았다.

'노퍽 포(Norfolk Four)'는 버지니아주 노퍽에서 벌어진 사건이다. 이 사건에서는 4명의 남성이 잔인한 강간살인 혐의에 대해 자백했지만, 이들 모두 DNA 검사에서 범인과 불일치했다. DNA 검사 결과는 이 사건이 자신의 단독범행이라고 진술했었던 또 다른 남성과 일치했다. 팀 케인(Tim Kaine) 지사는 범인과 불일치한 4명을 사면하면서 복역한 기간까지로 형량을 감면했지만 유죄판결 자체를 취소하지는 않았기 때문에 이들 4명은 여전히 전과자 신분이다.[61]

결백 입증, 그 이후

1932년에 출간되어 이제는 고전의 반열에 오른 『죄 없는 자들에 대한 유죄판결(Convicting the Innocent)』은 잘못된 유죄판결들에 대한 첫 번째 연구 사례이다. 저자인 법학교수 에드윈 보처드(Edwin Borchard)는 이 책에서 "부당한 유죄판결을 받은 무고한 피해자의 처지"를 강조했다. 보처드는 "국가가 이러한 무고한 피해자들의 무죄 자체를 입증하고 보상할 수 있는 방법은 적어도 이들에게 손해를 배상하는 것이다. 즉, 품위나 호의의 문제가 아니라 권리의 문제인 것이다"라고 주장했다.[62] 수십 년이 지난 지금까지도 잘못된 판결을 받은 사람에 대한 안전망은 존재하지 않는다. 비록 법체계가 개선되고 있고 오판 피해자들 중 많은 수가 배상을 받고 있지만, 죄를 저지른 후 사면을 받은 사람에게 제공되는 서비스조차도 잘못된 유죄판결을 받은 후 결백을 입증받은 사람들에게는 적용되지 않는 경우가 많다. 일부 주에서는 형기를 마친 수감자를 위해 직업훈련, 거주지 알선, 상담, 치료 같은 재사회화 프로그램을 제공하지만 오판 피해자에 대해서는 해당 사항이 없다.

오판 피해자 대부분은 교육 수준이 높지 않았고 수입도 많지 않았다. 〈뉴욕타임스(New York Times)〉 기자가 2007년에 115명의 오판 피해자를 인터뷰했는데 이들 중 절반 이상이 고등학교를 졸업하지 못한 것으로 밝혀졌으며 "절반만이 1년 이상 일했던 일자리를 떠올릴 수 있었다". 이들 중 많은 수는 약물 중독, 알코올 중독 등에 빠져 있었고 전과가 있었다.[63] 돈이 많고 교육 수준이 높으며 제대로 된 직장을 가진 전과가 없는 사람은 범죄의 용의자로 몰릴 가능성이 매우 적고, 유능한 변호사를 선임할 가능성이 높으며, 잘못된 유죄판결을 받을 가능성이 매우 낮다. 반면 평범한 용의자들, 특히 전과가 있는 사람들은 수색과 심문을 거쳐 결국엔 경찰 라인업에 설 가능성이 높다.[64] 경찰은 상습범들이 대부분의 범죄를 저지른다고 생각하며, 그 생각에 따라 수사를 진행한다.

오판 피해자들 중 상당수는 제대로 된 경제적 보상을 받지 못했다. 지금껏 약 60%만이 억울한 수감에 대해 어느 정도 보상을 받았을 뿐이다.[65] 그중 절반은 정부를 상대로 민사소송을 제기한 끝에 받아낸 것인데, 이런 소송에서 승소하는 것은 쉽지 않다. 오판에 공무원의 중과실 혹은 고의가 개재되었음을 밝혀내야만 승소에 이를 수 있기 때문이다. 이런 유의 소송은 준비에만도 몇 년이 걸린다. DNA를 통해 오판이 밝혀진 사람들 중 적어도 46%(250건 중 116건)가 민사소송을 제기했는데 대부분 연방 법원에서였다. 이 중 적어도 73명은 유리한 판결 혹은 합의를 얻어냈는데, 보상액은 대체로 수백만 달러에 달했다.

예를 들어 이 책 서두에 등장했던 로널드 존스는 시카고시로부터 220만 달러의 합의금을 받았다.[66] 6장에서 등장했던 아빈 맥기는 무평결, 배심원단 의견 불일치 끝에 세 번째 재판에서 유죄판결을 받았는데, 결백이 입증된 후 제기한 민사소송에서 수감 기간 1년당 100만 달러의 보상을 받았다.[67] 그의 수감 기간은 14년이었다. 이러한 소송은 경제적 보상 이상의 역할을 한다. 소송을 통해 수사기관에 경종을 울릴 수 있는 것이다. 많은 주와 지방자치단체는 공정한 절차를 도입하지 않으면 값비싼 대가를 치를 수 있다는 것을 깨달은 후에야 제도를 개혁하기 시작했다.

또한 법이 바뀌고 있다. 연방 법원에서의 민사소송은 어려운 데다 시간이 오래 걸리기 때문에, 많은 주에서는 아예 DNA를 통해 결백이 입증된 오판 피해자들에 대해서는 과실 입증이 없어도 보상을 하게끔 하는 법을 통과시켰다. 오판 피해자들 중 절반이 이러한 법규와 특별법을 통해 보상을 받았다.[68] 25개 주, 컬럼비아 특별구, 연방 정부에서는 오판 피해자들에게 자동으로 보상을 해주는 법령을 통과시키기까지 했다.

이런 법령을 통한 보상은 소송보다 빠르긴 하지만 보상의 정도가 주마다 제각각이다. 오판 피해자 대부분은 이러한 법령에 따라 부당한 수감 기간 1년당 5만 달러 이하의 금액을 받았다.[69] 이와 관련해서는 텍사스주가 가장 전향적인데, 텍사스주는 수감 기간 1년당 8만 달러를 지급하고, 평생 연금, 직업훈련, 재정 조언, 학점 인정, 의료 혜택을 제공하는 내용의 입법을 실시했다.[70]

몇몇 오판 피해자들은 석방된 이후 삶에 적응하는 데 성공했지만, 이들이 입은 정신적 충격은 결코 과소평가되어서는 안 된다. 로널드 존스는 다음과 같이 설명했다. "지금 이때까지도 이 세상에 적응할 수가 없습니다. 마치 다른 별에 와 있는 듯한 느낌입니다. 이제 사람들은 휴대폰, 컴퓨터 같은 걸 써요. 하지만 제가 아는 전화는 구석에 있는, 동전을 넣는 전화예요. 아마 당신은 전화기에 동전을 넣는 법도 모를 거예요."[71]

22년의 수감 생활을 끝낸 제리 프랭크 타운젠드(Jerry Frank Townsend)는 "다리를 질질 끌며 구부정한 자세로 머리를 숙이고" 느리게 걸었으며, 누군가 자신을 몰래 감시하지는 않는지 살펴보기 위해 끊임없이 뒤를 돌아보았다.[72] 오판 피해자들이 입은 정신적 피해에 대해서는 연구된 바가 거의 없다. 그들이 겪은 것은 감금, 단조로움, 폭력, 가혹한 수감 환경이 전부가 아니었다. 그들은 결백한데도 이 모든 것을 감내해야만 했다. 심리학자들은 유죄인 사람들이 수감 생활을 통해 받는 효과에 대해서는 연구해왔지만, 무죄인 사람이 수감되는 것은 아마도 이와는 크게 다른 문제일 것이다.

더구나 오판 피해자들의 상당수는 강간 혐의를 받고 있었기에 동료 수감자들의 집중적인 괴롭힘을 받곤 했다. 지미 레이 브롬가드를 담당했던 교도관 중 한 명은 "그런 종류의 범죄는 그 안에서 잘 용납되지 않습니다". 그래서 "그 안에서 지내기 정말 힘들었을 겁니다"라고 말하기도 했다.[73] 결백이 입증되기 전에 형기가 완료되어 출소한 사람들은 성범죄자 프로그램에 등록해야만 했고, 그들 중 일부는 이를 거부해서 형기가 추가되기도 했다. 로버트 매클렌던(Robert McClendon)과 조지프 피어스(Joseph Fears)는 성범죄자 등록을 위한 재판에 출정하는 것을 거부했다. 그들은 "우린 죄가 없어요!"라고 소리치며 사람들과 논쟁을 했다. 그리고 몇 년 후 그들은 DNA 검사를 통해 결백을 입증받았다.[74]

〈뉴욕타임스〉 기자들은 오판 피해자들과 인터뷰를 진행했다. "대부분이 일자리 유지, 의료비 지불, 가족관계 재건, 의심스럽거나 부당한 투옥으로 인한 심리적 충격 회피에 어려움을 겪고 있었다"는 것이 그 결론이었다.[75] 인터뷰한 사람의 3분의 1 정도는 안정적인 직장을 구한 반면, 6분의 1은 다른 사건으로 인해 다시 체포되었다. 오판 피해자들은 자신들이 감옥에 있었던 이유를 설명하는 데 어려움을 겪고, 사람들은 이들의 해명을 잘 믿어주지 않는다.

닐 밀러는 이 점에 대해 다음과 같이 설명했다. "저는 사람들이 '오판 피해자'라는 단어를 진심으로 믿어주지 않는다고 생각합니다. 일자리를 구하러 가서 신청서를 작성할 때마다 제가 오판 피해자라고 설명하는데, 그때마다 돌아오는 답은 '그게 무슨 말이죠?'입니다."[76] 키스 터너(Keith Turner)는 말한다. "저는 늘 사면장을 가지고 다닙니다. 일자리를 구하려고 할 때마다 늘 설명이 필요합니다. 강간 판결문도 꼭 같이 내야 합니다. 왜냐하면 사람들이 이 부분에 대해서도 늘 요구하기 때문이죠. 저는 '면접에서 이 부분에 대해 설명하겠습니다'라고 신청서에 쓰곤 합니다."[77]

"제가 받은 것은 형식적인 사과 편지였습니다. 자신의 잘못에 대해 인정하는 내용은 하나도 없었어요." 윌턴 데지의 말이다. "하지만 그들이 법정에서 나에게 했던 행동에 비하면 아무것도 아니에요. 그 사람들은 내 앞에 와서 사과할 사람들이 아니었습니다. 정말 실망스러운 일입니다."[78] 하지만 다른 사람들은 그 사과를 받기도 했다. 브랜던 문 사건의 검사는 간단히 말했다. "우리가 당신의 지난 세월을 다시 돌려줄 수 없다는 점을 잘 알고 있습니다. … 그렇기 때문에 진심으로 사과하는 바입니다."[79]

또 다른 사람들은 오판이 밝혀진 후에 다시 체포되었다. 다수가 이전에 전과가 있었지만 수년간 감금된 이후에도 다른 삶이 없었던 것 같다. 스티븐 에이버리는 DNA 검사가 그의 결백을 입증하고 진범을 찾아내기 전까지 강간 혐의로 18년을 복역했다. 하지만 그는 석방된 후 3년 만에 살인 혐의로 유죄판결을 받았고, 이번에는 DNA가 그의 혐의를 뒷받침했다.[80]

몇몇은 결백이 입증되고 얼마 후 사망했다. 케네스 워터스의 결백이 입증된 데에는 그의 여동생인 베티 앤 워터스(Betty Anne Waters)의 역할이 컸다. 그녀는 고등학교 중퇴자였지만, 오빠가 억울한 유죄판결을 받은 후에 오빠의 결백을 밝히기 위해 고등학교, 대학교, 로스쿨 과정을 마쳤다. 무죄 프로젝트의 도움으로 DNA 검사를 받기 위한 투쟁을 시작한지 몇 년 만에 그녀는 검사를 이끌어냈다. 그러나 석방된 지 몇 달 후 케네스 워터스는 자신의 집에서 실족사했다.[81]

오판이 입증된 후 사건 피해자들의 삶

오판이 밝혀지는 것은 또한 피해자와 그 가족에게도 상당한 영향을 미친다. 그들은 무고한 사람이 유죄판결을 받았다는 사실을 알게 되었고, 진범이 잡히지 않았다는 것과 사건이 종결됐다는 믿음이 사실은 헛된 것이었음을 알게 되었다. 다른 피해자들은 범인이 DNA 검사로 기소되었다는 사실을 알게 되기도 한다. 일부 피해자들은 DNA 검사 결과에도 불구하고 오판 피해자가 진범이라는 믿음을 버리지 못한다.

빅터 버넷(Victor Burnette) 사건의 피해자는 이에 대해 직설적으로 말했다. "나는 내가 봤던 것을 정확히 기억하고 있어요. … 그리고 DNA 실험 결과가 틀린 것일 수도 있어요. 실험이라는 것은 언제든 틀릴 수 있는 것 아닌가요." 피해자는 다음과 같이 덧붙였다. "이 사건을 다시 끄집어내서 얻는 게 뭐죠? … 제가 뭐라고 말하면 될까요? '오, 제가 실수를 저질렀나 봐요. 그 사람을 풀어주세요.' 그 사람에게 무슨 일이 일어나든 나랑은 상관없어요. … 제발 이 사건을 다시 끄집어내지 말아주세요."[82]

브라이언 피슈첵(Brian Piszczek) 사건의 피해자 역시 비슷한 반응을 보였다. "저는 아직도 그 사람이 범인이라는 것을 100% 확신합니다." "저는 사건 현장에 있었어요. DNA 검사 결과가 뭐든 저는 전혀 상관하지 않아요."[83]

오판 피해자를 범인으로 지목했다가 이를 공식적으로 철회한 목격자는 최소한 6명이다. 이들은 항소심 혹은 재심절차에서 오판 피해자 측을 위해 진술했다. 하지만 이러한 노력이 유죄판결의 파기로 이어지지는 않았다. DNA 검사 결과가 나온 후 피해자 중 일부는 전면에 나와 사실은 범인을 잘못 지목한 것 같다고 인정했다.

로널드 코튼(Ronald Cotton) 사건의 피해자인 제니퍼 톰슨(Jennifer Thompson)은 자신의 오인을 경찰이 어떻게 심화시켰는지에 대해 설명했다. 톰슨은 코튼이 결백하다는 것을 잘 알고 있지만, 지금까지도 강간범의 얼굴을 떠올리려고 하면 코튼의 얼굴이 떠오른다고 한다. 톰슨은 코튼과 함께 공동으로 책을 냈으며, 목격자에 의한 범인식별절차를 개선하기 위해 함께 강연을 다니고 있다.[84]

제임스 커티스 자일스(James Curtis Giles) 사건에서 피해자는 더 작고 어린 사람을 범인으로 묘사했고, 눈에 띄는 금니 두 개는 언급하지 않았다. 또한 DNA 검사 이후에는 검사에게 "제임스 커티스 자일스를 생생하게 기억하고 있지만, 머릿속에 새겨져 있는 그의 얼굴에 대한 기억이 라인업에서 보고 증언하며 재판에서 본 것인지 아니면 현장에서 목격한 것인지 더 이상 확신할 수 없다"고 말했다.[85]

스티븐 에이버리 사건의 목격자는 인터뷰에서, 범인을 지목한 후에 들은 경찰의 발언으로 확신이 커졌다고 설명했다. "경찰이 체포한 사람이 경찰이 생각했던 용의자라는 말을 들었을 때 범인을 제대로 지목했다는 확신이 커졌다고 생각합니다."[86] 이러한 사건들에 대해 말한 피해자가 거의 없었기 때문에 이러한 위법행위가 다른 사건에서도 일어났을지 여부는 알지 못한다.

앞으로의 오판 피해자들

결백을 입증받는 길만큼이나 결백이 입증된 후의 길 역시 쉽지 않았다. 오판 피해자들은 DNA 검사를 받기 위해 수년간의 소송 같은 어려움을 견뎌내야만 했다. DNA 검사 결과가 나온 후에도 유죄판결을 취소받는 데까지는 수많은 장벽이 있었다. DNA 검사는 사건을 재개시켰고, 피해자는 고통스러운 사건의 기억을 다시 떠올려야 했지만, 한편으로는 DNA 검사를 통해 진범을 잡는 경우도 있었다.

많은 주에서는 250명의 오판 피해자들에 대한 구제를 지연시킨 법적 장애물을 개정하는 작업을 진행했다. 연방 법원에서는 여전히 결백을 주장할 명확한 방법을 제시하고 있지 않지만 거의 모든 주가 DNA 검사를 허용하는 법을 통과시켰다. 결백을 입증받은 후에도 오판 피해자들 중 일부는 자신이 겪은 고통에 대해 의미 있는 보상을 받기 위해 수년간을 법정에서 싸워야만 했는데, 이 또한 바뀌었다. 많은 주에서 오판 피해자들에 대한 신속한 보상을 내용으로 하는 법령을 제정했기 때문이다.

그럼에도 오판 피해자 사례들은 수사기관, 변호인, 판사가 피고인의 무죄 주장을 귀담아듣지 않는 현실을 잘 보여준다. 그러므로 판결 후 DNA 검사에 대한 접근성을 높여야 한다. 또한 범죄 현장에서 채취한 생물학적 시료가 의무적으로 보존되게 하여 더 많은 DNA 검사가 가능하게 해야 한다. 그리고 판사들이 피고인들의 무죄 주장을 좀 더 신중하게 고려하도록 해야 한다.

하비브 압달의 이야기로 돌아가보자. 목격자의 잘못된 진술 때문에 유죄판결을 받은 그의 이야기는 3장에서 다루었는데, 이 이야기에서 우리는 제대로 된 절차를 둔 주에서조차 오판 피해를 바로잡는 데에는 시간이 오래 걸릴 수 있다는 것을 알 수 있다. 압달은 DNA 검사를 받기 위해 수년간 싸워야만 했다. 유죄판결 당시 그는 43세로 결코 청년은 아니었다(목격자가 처음에는 가해자의 나이에 대해 불분명한 태도를 취했음을 상기해보자). 1989년, 판사는 그의 DNA 검사 청구를 기각했다. 당시 뉴욕주는 DNA 검사가 유죄판결을 받은 사람의 결백을 입증할 수 있을 것으로 합리적으로 기대되는 경우 이를 허용하는 법을 아직은 제정하지 않은 상태였다. 이후에 뉴욕주는 최초로 이러한 법규를 제정했다.

마침내 1993년, 미국 최초로 한 연방 판사가 DNA 검사를 지시했다.[87] 결과에서 압달이 배제된 이후에도 수년간 검사들은 기소 기각에 저항해, DNA를 남긴 다른 강간범이 있을 수 있으며 압달도 사정하지 않고 강간을 저질렀다고 주장했다. 이런 추측에 근거한 새로운 이론에는 문제가 있었는데, 피해자는 항상 오직 한 명이 자신을 강간했다고 분명히 밝혔기 때문이다. DNA 검사 결과 강간범은 하비브 압달이 아니었다.

압달은 비로소 무죄가 확정되었던 1999년을 회상했다. "나를 풀어주면서 그들은 제게 40달러와 지퍼가 망가진 작업복 한 벌을 주더라고요. … 그러고는 '나가요. 당신은 이제 자유예요'라고 말했습니다." 이야기는 여기서 끝나지 않았다. 뉴욕주는 1984년에 잘못된 유죄판결에 대한 보상 법안을 통과시킴으로서 관련 입법을 한 최초의 주 중 하나가 되었다. 2002년 압달은 뉴욕주로부터 보상을 받았는데, 16년간의 수감 생활에 대한 보상으로 200만 달러를 받았다. 처음에 그는 보상을 거부하고 대신 판사에게 자신이 겪은 일에 대해 얘기할 기회를 얻길 원했다. 하지만 암에 걸리게 되자 결국 보상안을 받아들였고, 2005년 그는 사망했다.[88]

9장

형사사법제도 개혁이라는 과제

1995년 노스캐롤라이나에서 로널드 코튼(Ronald Cotton)의 결백이 입증되어 전국적으로 보도되었다. 코튼이 석방된 이후 노스캐롤라이나에서는 뒤이어 조지프 애빗(Joseph Abbitt), 키스 브라운(Keith Brown), 드웨인 데일(Dwayne Dail), 대릴 헌트(Darryl Hunt), 레슬리 진(Lesly Jean), 레오 워터스(Leo Waters)가 DNA 검사를 통해 결백을 입증받았다. 연이은 오판 사례 발굴에 대한 노스캐롤라이나주의 대응은 무척 놀라웠다. 노스캐롤라이나주는 형사사법의 구조 자체를 바꾸어버린 것이다. 나중에 노스캐롤라이나주 수석 재판관이 되는 판사 I. 베벌리 레이크 주니어(I. Beverly Lake Jr.)는 잘못된 유죄판결이 반복되는 것을 막는 것을 자신의 사명으로 삼았다. 2006년에 은퇴할 때까지 그는 잘못된 유죄판결을 방지하기 위한 단체를 설립하기 위해 도왔다. 노스캐롤라이나 실제무죄위원회(North Carolina Actual Innocence Commission)가 바로 그것이다. 그는 이에 대해 "내가 한 일 중 아마도 가장 중요한 일"이라고 말했다.[1]

레이크 수석 재판관의 용감한 법률 사무원인 크리스틴 머마(Christine Mumma)는 노스캐롤나이나 주의 핵심 임무를 담당하는 이 단체의 설립을 도왔고, 이후에 이사로서 이 단체를 이끌기도 했다. 비록 주 대법원이 구성했지만 30명의 활동적인 구성원으로 구성된 이 위원회는 사법부와는 무관하다. 위원회는 수사관, 검사, 변호사, 사회과학자, 피해자 대리인, 법학 교수, 판사로 구성되어 있다. 수석 재판관은 위원회에 두

가지를 주문했다. 잘못된 유죄판결을 방지하기 위해 "형사사법제도에서 어떤 점을 개선해야 할지를 검토"하는 것과 "신뢰할 만한 무죄 주장에 대해서 객관적으로 검토할 수 있는 메커니즘을 수립"하는 것이었다.[2]

위원회는 2002년에 설립되어 두 가지 새로운 안을 제시했다. 첫째, 범인식별절차에서 순차적이며 이중맹검법에 따른 표준절차 도입이었다. 목격자에 의한 범인 오인이 노스캐롤라이나에서 발생한 오판 사례의 "주요 원인"이었기 때문이었다. 이에 따른 모범 사례는 노스캐롤라이나의 모든 수사관을 교육하는 데 사용되었다.

또 위원회의 제안에 따라 주 의회는 범인식별절차 개혁법(Eyewitness Identification Reform Act)을 제정했다.[3] 이 법에 따르면 모든 라인업 절차는 독립적이고 사건에 대한 사전 정보가 없는 관리자에 의해 순차적으로 진행되어야 한다. 라인업 절차에 앞서 목격자에게 제시하는 지침 역시 새로 제정되었다. 이 지침에는 다음과 같은 내용이 포함되어 있다. "라인업에 진범이 있을 수도 있고 없을 수도 있습니다." "범인을 지목하는 것만큼이나 무고한 사람을 지목하지 않는 것이 중요합니다."[4] 법은 또한 라인업이 구성되는 방식에 대해서도 규정했다. 법에 따르면, "라인업 구성 시 용의자가 다른 사람들에 비해 과도하게 눈에 띄지 않게 해야" 하며 "라인업의 다른 사람들은 가능한 한 목격자가 묘사한 진범의 모습과 중요한 면에서 닮아야 하는데, 특히 특이한 부분이 있으면 이 부분이 가능한 한 닮아야 한다".[5]

또한 법은 오판 피해자 사례에서는 대체로 지켜지지 않은 부분에 대해서도 요구한다. 수사관은 목격자에게 기억에 얼마나 확신을 갖고 있는지를 물어야 하고, 목격자는 이에 대해 자기 자신의 방식으로 표현해야 하며, 이러한 진술은 서면으로 기록되어야 하는데, 가능하다면 비디오 장치로 녹화되어야 한다는 것이다.

범인식별절차에 대한 획기적인 개혁입법 이후에도 위원회는 멈추지 않았다. 위원회는 더 나아가 거짓 자백을 방지하기 위한 연구에 들어갔다. 위원회가 촉구함에 따라 노스캐롤라이나주는 2008년 새로운 법안을 제정했다. 이 법은 살인 사건의 경우 조사 과정을 기록하도록 했고, 증거의 보존과 DNA 검사에 대한 접근권을 강화했으며, 오판 피해자에 대한 석방절차 지원을 확대했다.[6]

그 후 위원회는 우리가 7장에서 다루었던 문제—재심절차에서 사실관계에 대해 조사할 수단이 불충분한 점—를 개선하는 데 착수했다. 위원회는 영국과 캐나다의 경우처럼, 피고인이 재심절차에서 무죄 주장을 할 경우 이에 대한 조사를 담당하는 새로운 조사 위원회를 설치할 것을 제안했다. 1997년 영국에서는 형사사건재조사위원회(Criminal Cases Revision Commission)가 출범되었는데, 이는 강제소환권을 가진 독립기관이다. 이 위원회가 직접 유죄판결을 파기하는 것은 아니지만, 대신 항소법원에 유죄판결을 무효화할 것을 권고할 수는 있다.[7]

캐나다에서는 누구든 법무부 장관에게 법무부 소속 변호사로 이루어진 유죄판결재조사위원회(Criminal Conviction Review Group)의 소집을 요청할 수 있다. 위원회는 사건을 조사하고 장관에게 권고할 수 있는데, 권고에 따라 장관은 사건을 새로운 재판이나 청문에 회부하거나 이에 대한 의견을 제시할 수 있다. 장관은 오판 원인에 대한 공식조사를 명할 수도 있다. 이러한 조사 결과 중 일부는 획기적인 개혁을 이끌어냈다.[8]

2006년 노스캐롤라이나주에서는 수년간의 검토 끝에 노스캐롤라이나 무죄조사위원회(North Carolina Innocence Inquiry Commission)를 설립하는 법안이 제정되었다. 그 전까지만 해도, 미국에는 잘못된 유죄판결을 담당하는 기관이 없었다. 마이크 이즐리(Mike Easley) 주지사는 위원회 설립을 발표하면서 "15년간 주 검사로 근무했었기 때문에, 저는 무고한 사람을 감옥에 가두거나 사형대에 세우는 것이 수사기관에게는 최악의 악몽임을 잘 알고 있습니다"라고 말했다.[9] 이 위원회에 소속된 8명의 위원들은 유죄판결에 대해 재검토한다. 복잡한 절차상의 제재 또는 해롭지 않은 오류에 대한 판결이 뒤섞일 수 있는 항소심과 재심법원과 달리 이 위원회는 어떤 사람이 결백한지, 그렇기 때문에 무죄로 밝혀져야 하는지 여부만 묻는다.

3년 임기의 위원들은 판사, 검사, 변호사, 보안관, 피해자 대리인, 일반인으로 구성된다. 위원장은 어떤 경우에 재조사가 이루어져야 하는지를 정하는 규정 개발을 돕고 조사를 총괄한다. 만약 5명의 위원이 재조사에 동의하면 주 대법원장은 3명의 판사 위원을 선임하는데, 이 3명의 위원이 만장일치로 "압도적이고 명백한 무죄 증거"가 있다고 판단할 경우 유죄판결을 뒤집을 수 있다. 지금까지 조사위원회는 수백 건을 조사했고 이 중 몇몇에 대해서는 재조사를 권고했다.[10] 2010년 조사위원회는 그레고리 테일러(Gregory Taylor)의 석방을 권고했고, 판사 위원 3인이 동의한 후 테일러는 미국 최초로 조사위원회의 활동을 통해 결백을 입증받은 사람이 되었다.[11]

노스캐롤라이나주를 제외한 다른 주에서는 무죄 사례를 재조사하는 기구가 설립되지 않았다. 10개가 넘는 주에서 무죄 위원회를 창설했거나 창설을 시도하고 있지만, 대부분의 경우 공식적인 권한이 부여되어 있지 않고 보고서를 제출한 경우조차 드물다. 코네티컷 오판위원회(Connecticut Commison on Wrongful Convictions)의 경우 역할이 자문에 한정되어 있다. 캘리포니아 위원회의 경우 종합적이고 자세한 개혁안을 권고했고 주 의회가 이를 입법화했지만, 슈워제네거(Schwarzenegger) 주지사가 "현재의 사법 시스템은 충분한 보호책을 제공하고 있다"며 즉각 이에 대한 거부권을 행사했다.[12] 아마도 시간이 흐르면 위원회의 영향력이 커지겠지만, 지금까지는 노스캐롤라이나를 제외하고는 성공 사례가 없다.[13]

형사절차를 어떻게 개혁해야 하는가

DNA 혁명 이후 20년 동안 오판 피해자들은 형사절차의 모습을 바꾸어놓았다. 노스캐롤라이나주는 오판에 대응하는 새로운 기구를 설립했고, 일리노이주, 뉴저지주, 오하이오주와 웨스트버지니아주 같은 다른 주에서도 형태는 다르지만 효과는 비슷한 제도 개혁을 실시했다. 전국의 검사, 경찰, 변호사, 판사가 오판에 대한 대책으로 새로운 절차를 개발했다.

DNA를 통한 오판 판결이 이토록 강력한 반향을 불러일으킨 이유는 무엇일까? 아마도 여기에는 특별한 오류가 포함되어 있기 때문일 것이다. 중대 사건에 대한 판결 결과가 항소심에서 뒤집혀도 원심에서의 오류가 DNA를 통한 오판 입증처럼 뉴스 헤드라인을 장식하는 경우는 좀처럼 없다. 보통의 재판 파기 혹은 DNA와 무관하게 입증된 오판과 달리 DNA를 통한 오판 입증에는 뭔가 특별한 면이 있는 걸까?[14] 아마도 최신 DNA 기술이 대중의 마음을 사로잡은 것일 수 있다. 또는 사람들은 결백이 DNA 덕분에 사실상 명백해지는 경우가 있다는 사실에 놀라고 이로 인해 그 어느 때보다도 현재 형사사법제도가 끔찍한 실수를 범할 가능성에 대해 더 의심하게 된다.

DNA 기술에 대한 대중의 관심은 DNA 기술이 사건에 끼어드는 방식과도 연관이 있을 것이다. 오판이 밝혀지는 것을 막은 것은 형사사법제도였다. DNA 검사가 있기 전까지 이 사건들에서 진실이 밝혀진 경우는 없었다. 이 극적인 이야기에서 주목할 만한 부분은 어떻게 다른 모든 것이 실패하는 동안 DNA 검사만이 성공을 거두었냐는 것이다.

법학 교수 제임스 리브먼(James Liebman)이 지적했듯 DNA는 마치 "신의 개입"과도 같았다. "검사 가능한 생물학적 증거가 발견되는 우연이 아니었다면, 실수는 결코 밝혀지지 않았을 것이다."[15] 유죄판결 당시만 해도 이러한 오판 피해자 재판은 대부분 특별해 보일 것이 없었다. 이미 우리가 살펴보았듯, 이들 중 대부분은 판결 당시만 해도 오염된 증거 때문에 혐의가 매우 짙어 보였다. 그러나 DNA 검사는 모든 사건에서 오류가 발생할 수 있음을 보여주었다. 아주 심각한 살인 사건부터 강간 사건, 강도 사건에 이르기까지, 엉성한 증거가 제시된 사건이든 아주 강력해 보이는 증거가 제시된 사건이든, 어떤 법원에서든, 경찰, 판사, 배심원, 변호사, 그 누구에게도 오류는 발생할 수 있다.

DNA가 오판을 밝혀낸 시기는 형벌이 가혹해지고 수감 인구가 급증한 시기였다. 1970년 이래로 미국은 세계에서 제일 높은 수감률과 최대의 수감 인구를 보유하고 있다.[16] 유전자 기술 덕택으로 일부 수감자들의 결백이 밝혀졌지만, 이는 DNA 검사가 가능했던 소수의 사건에서 그야말로 우연히 가능했던 일이다. 대부분의 형사사건에서는 이러한 우연은 벌어지지 않는다. 강간과 살인 사건과 달리 보통의 형사사건에는 생물학적 증거가 존재하지 않기 때문에 DNA 검사를 사용할 수가 없다. 그러므로 억울한 사람이 얼마나 더 있는지 알아내기란 쉽지 않다.

오판이 피고인과 피해자 그리고 공공의 안녕에 가하는 피해에도 불구하고, 주 정부들은 대체로 오판 원인을 밝히는 데 소극적이다. 아마도 형사사법에 대한 대중의 믿음을 더 이상 흔들고 싶지 않기 때문일 것이다. 무죄 프로젝트의 창립자 배리 셱과 피터 뉴펠드는 이 점에 대해 다음과 같이 지적했다. "비행기가 하늘에서 떨어지거나 활주로에서 비행기의 연료탱크가 폭발했을 때 혹은 기차가 탈선했을 때, 미국에서는 즉각적이고 엄격한 조사가 이루어진다." 하지만 "미국 형사사법제도의 경우는 정반대다. 무고한 사람에게 유죄판결을 하는 것이 비행기 추락 사고급임에도 이에 대해 조사하는 제도적 장치가 없다".[17] 노스캐롤라이나주가 이런 경향에서 예외일 뿐이다. 오판 사례에 대해 특별조사위원회가 꾸려진다거나, 행정적으로 검토를 한다거나, 감사와 같은 그 어떤 공식적인 조사가 이루어진 경우는 거의 없다.

하지만 이후 설명하겠지만, 미국의 형사사법제도는 마침내 변화를 시도하고 있다. 부적절한 형사소송 규정들이 잘못된 유죄판결에 원인을 제공했고, 이 점에 대해서는 앞서 살펴보았다. 2장에서 미 대법원이 자백에 대해 평가하는 기준인 '자발성'에 대해 살펴보았고, 이 기준이 자백 그 자체의 신빙성은 따지지 않는다는 점에 대해 설명했다. 3장에서는 법원이 목격자 식별절차에 대해 평가하는 기준인 맨슨 테스트의 허술함에 대해 설명했고, 목격자가 확신하고 있다는 등 진술의 '신빙성'을 이유로 그 과정에서 이루어진 암시, 유도에 대해 눈감았음을 설명했다.

4장에서는 도버트(Daubert) 판결에서 법원이 요구한 과학 증거의 유효성과 신빙성 기준에 대해 설명했고, 형사재판에서 이 기준이 어떻게 무시되었는지도 설명했다. 5장에서는 제보자를 심을 수 없고 제보자와의 거래는 공개되어야 한다는 점을 제외하고는 제보자의 증언이 어떻게 통제되고 있지 않은지에 대해 다루었다. 하지만 오판 피해자 사건에서 항상 그랬던 것은 아니다.

6장에서는 대법원의 스트리클런드 테스트(Strickland test)가 경제적으로 빈곤한 피고인들에게 적절한 변호인으로부터 도움받을 권리까지는 보장하지 못하고 있다는 점에 대해서 설명했다. 또한 무죄 증거가 은폐된 전모는 알 수 없더라도 브레이디 대 메릴랜드 판결을 통해 어떻게 피고인이 무죄 증거를 획득하지 못하게 되는지에 대해서도 설명했다.

7장에서는 형사소송절차가 재판에 정확한 증거가 제출되도록 보장하지 못할 뿐만 아니라 항소와 재심절차에서 정확성은 심지어 고려 대상도 아니었다는 점에 대해 설명했다. 항소와 재심절차에서 판사들은 좀처럼 법적인 오류를 바로잡지 못했고 사실에 대해 다시 논의하는 일조차 거의 없었던 것이다. 8장에서는 항소와 재심절차에서 결백한 이들이 DNA 검사와 무죄 입증을 받기 위해 여러 가지 법적인 난관을 어떻게 헤쳐 나갔는지에 대해 다루었다.

앞선 장에서 다룬 내용들은 잘못된 유죄판결을 막기 위해서는 형사절차를 어떻게 개혁해야 하는지를 보여준다. 미 헌법상 피고인의 권리에 대한 미 대법원의 해석 변화는 형사사건에서의 수사기관과 법원의 관행에 변화를 이끌어낼 것이다. 하지만 대법원은 잘못된 유죄판결에 일정한 역할을 한 형사소송 제 규정에 대해서는 아직 검토에 착수하지 않고 있다. 보통 대법원은 오래된 규정에 손대는 데 미온적이기 때문에, 문제가 된 규정이 개정되는 데는 꽤 긴 시간이 걸릴 것이다. 대신 잘못된 유죄판결에 대한 법적인 대응은 각각의 주와 1만 7,000여 개의 수사기관 산하 연구소가 각자의 개혁안을 채택하는 방식으로 산개해서 이루어질 것 같다.[18] 마지막 장인 이 장에서는 잘못된 유죄판결에 대한 지식이 형사소송의 정확성을 높이려는 각 주와 지방의 노력에 어떤 영향을 미쳤는지 살펴보겠다. 이러한 변화 중 상당수는 내가 오판 피해자들의 재판기록을 검토하면서 찾아낸 문제점들을 반영했다. 이에 대해 나는 어떤 개혁이 가장 큰 가능성을 보여주고 또 어떤 노력이 더 이루어져야 하는지를 설명할 것이다.

신문절차 개혁의 필요성

2장에서 살펴보았듯, 거짓 자백은 오판의 가장 성가신 원인 중 하나이다. 에디 조 로이드(Eddie Joe Lloyd) 사례를 떠올려보자. 그는 양극성장애 증세를 보인다는 이유로 미시간주 디트로이트에 있는 정신병원에 강제 입원된 상태에서 경찰의 조사를 받았다. 그에게 정신적 문제가 있다는 점이 자명했지만, 그는 잔인한 강간살인 사건에 대한 사전 정보에 노출된 상태에서 경찰과 접촉했다. 그의 증세는 "범죄를 해결할 수 있는 특별한 능력이 자신에게 있다는 망상"을 포함하고 있었다.[19]

형사는 로이드에게 "사건에 대한 정보를 좀 줄 수 있는지" 물었는데, 로이드는 당시에 대해 이렇게 떠올렸다. "그는 '그녀가 입은 청바지가 뭐였죠?'라고 물었어요. 저는 '모르겠는데요'라고 대답했죠. 그는 '그녀가 입었던 청바지가 뭐였던 것 같아요?'라고 물었어요. 그래서 저는 '조다쉬'라고 답했어요. 그러자 그는 '아뇨, 글로리아 밴더빌트예요'라고 말했습니다." 로이드의 말에 따르면, 형사는 그에게 사건이 발생한 창고를 그려보라고 하고는 창고의 자세한 상황에 대해 설명해줬다고 한다. "계속해서 '당신은 우리를 돕고 싶죠, 그렇죠?'라고 강조했어요.' 저는

'네, 제가 할 수 있는 모든 걸 다해 돕고 싶어요'라고 답했습니다."[20]

검사는 사건 현장은 "접근이 금지되어 있어서 일반인은 들어갈 수가 없었습니다. … 수사관을 제외하고는 오직 범인만이 사건 현장에 대해 알 수 있는데, 그건 바로 로이드입니다"라고 말했다.[21]

만약 로이드에 대한 조사 과정 전체를 녹화했더라면, 로이드가 처음에는 사건에 대해 아는 것이 없었다는 것이 명백하게 밝혀졌을 것이다. 로이드는 DNA 검사를 통해 결백을 입증받기까지 17년간 감옥에서 지내야만 했다. 녹화는 비용이 많이 들지도 않을뿐더러 조사실에서 실제로 무슨 일이 벌어졌는지를 밝혀줄 수 있다. 로이드가 디트로이트 경찰을 상대로 배상을 요구하는 민사소송을 제기했을 때(결국 그는 400만 달러 이상을 받고 합의했다고 전해진다), 합의 조항에는 사면이 불가능한 종신형에 해당하는 범죄를 수사할 때는 모든 조사 과정을 녹화하도록 하는 내용이 포함되어 있었다.[22]

DNA를 통한 오판 입증 사례가 빈번해지기 전인 1990년대까지만 해도 자백을 녹화하도록 규정한 주는 알래스카와 미네소타뿐이었지만, 지금은 상황이 다르다. 조사 과정 전체를 녹화하지 않았을 때 드는 대가가 어느 정도인지를 오판 피해자들의 거짓 자백이 보여줬기 때문이다. 이제 11개 주와 컬럼비아 특별구는 법령에 따라 적어도 일부 신문의 전자 기록을 요구하거나 권장한다. 이 외에도 7개 주에서는 주 대법원이 조사 과정을 기록할 것을 요구하거나 촉구하는 의견을 개진했다.[23]

이제는 적어도 500개의 경찰관서에서 조사 과정을 녹화하는데, 해당 경찰서에 소속된 경찰관들은 비디오 녹화를 경험한 후 이에 대해 긍정적으로 평가했고 녹화가 용의자의 협조를 이끌어내는 데 방해가 되지 않았다는 의견을 피력했다고 한다.[24] 비디오 녹화는 사실관계 누설이 있었는지와 자백이 강요되었는지에 관한 논쟁을 일거에 정리할 수 있다. 한 연방 판사는 다음과 같이 말했다. "내가 왜 여기에 앉아 조사 과정에서 있었던 말 중 무엇이 진짜인지 골라내고 있어야 하는지 모르겠어요. 이런 문제를 일거에 해결할 수 있는 장비가 있는데도 말이죠."[25]

게다가 녹화는 "자백이 자발적으로 이루어지지 않았다는 거짓 혐의로부터 경찰들을 보호하는 역할을 한다".[26] 디트로이트 경찰서장은 "이는 신문을 받은 시민을 보호하기 위한 것입니만, 서장의 입장에서 가장 큰 이점은 경찰에게 있습니다. 경찰이 강압을 행사하지 않았다는 기록을 남기기 때문입니다"라고 말했다.[27]

이렇게 유익한 개혁이 제대로 자리 잡기를 바랄 수 있지만 신문 전부를 녹화하는 것만으로는 충분하지 않다. 조사가 녹화되었다는 것만으로 강요가 없었다거나 자백이 진실한 것이라고 말할 수는 없기 때문이다. 녹화는 강압이나 사실 누설을 통한 자백 오염이 있었는지 보여주는 수단에 불과하다. 판사들은 자백이 자발적인지와 조사의 신빙성을 파악하기 위해 녹화 내용을 신중하게 검토해야만 한다. 또한 경찰은 취약한 미성년자 혹은 정신적인 문제를 겪고 있는 용의자를 조사하기에 앞서 충분한 교육을 받아야 한다. 정확성에 초점을 맞추기 시작하면 자백의 신빙성과 합법성을 보호하는 데 도움이 될 수 있다.[28]

건전한 범인식별절차로의 개혁

자백 오염과 마찬가지로, 목격자의 기억에 대한 오염 문제 역시 해결될 수 있다. DNA를 통한 오판 입증 덕택에, 목격자에 의한 범인식별절차에 대해서도 개혁이 시작되었다. 심리학자 게리 웰스(Gary Wells)는 자신을 비롯해 다른 사회과학자들이 수십 년간 목격자 기억에 대해 연구를 수행했지만 "DNA 이전에는 연구 결과들이 무시되곤 했다"고 말한다.[29] 그러나 여기에도 변화의 움직임이 있었으며, 뉴저지주가 이러한 변화에 앞장섰다.

뉴저지주 대법원은 당시에는 이러한 문제를 인식하지 못했지만 무고한 사람의 사건을 마주하면서 이 문제에 개입하기 시작했고, 사실상 무죄 위원회 등 뉴저지주의 형사절차와 법률을 재구성했다. 그 계기를 제공한 사건은 오판 피해자 매킨리 크로메디(McKinley Cromedy)의 재판이었다. 재판에서 크로메디의 변호인은 크로메디가 범인으로 지목된 것은 오인 때문이라고 주장했다. 모두진술에서 변호인은 배심원들에게 다음과 같이 말했다. "그녀가 거짓말을 했다는 얘기가 아닙니다. 그녀는 실수를 했습니다. 그녀가 크로메디를 범인으로 지목한 것은 잘못된 것이며 그녀가 오인했다는 것을 증거들이 밝혀줄 것입니다."[30] 백인 대학생이었던 피해자는 자신의 아파트에서 흑인에게 강간을 당했다. 며칠이 지난 후, 피해자는 경찰이 범인의 몽타주를 그리는 것을 도왔는데 완성된 몽타주 속 범인의 얼굴에는 콧수염이 있었다. 그 후 피해자는 체포된 적이 있었던 흑인들의 사진 수천 장을 보았는데 그중 한 명이 크로메디였다. 사실 경찰은 사건 당시 범행 현장 인근에서 목격된 크로메디를 용의자로 염두에 두고 있었다. 하지만 피해자는 크로메디를 지목하지 않았다.

사건 발생 후 근 8개월 만에 피해자는 길을 건너는 크로메디를 목격했다. 피해자는 부분적으로 크로메디의 외모뿐만 아니라 건들거리며 걷는 독특한 모습 때문에 그가 범인이라고 생각했다고 말했다.[31] 피해자는 경찰에 전화를 했고, 15분 후 경찰은 그녀에게 전화를 걸어 그녀의 설명과 일치하는 사람을 체포했다고 말했다. 피해자는 경찰서로 갔고 확신에 차서 크로메디를 범인으로 지목했다. 경찰관은 법정에서 다음과 같이 진술했다. "지금껏 무수히 많은 범인식별절차를 진행했지만 누군가에게 힌트를 준 적은 없습니다. 저는 그녀에게 이 사람을 알아보겠냐고 물었습니다."[32] 하지만 피해자는 편면 유리 뒤에서 일대일로 크로메디를 보았는데, 이처럼 본질적으로 암시적인 쇼업을 수행할 만한 타당한 이유가 없었다.

크로메디의 변호인은 범인식별절차가 부적절했다고 주장하며 이렇게 말했다. 당시 쇼업은 "진실 또는 거짓 같은 절차였고 제가 보기에는 충분히 암시적이었습니다. … 누군가 선택되었다는 것을 그녀가 알고 있었는데 어떻게 더 암시적일 수 있겠습니까?" 하지만 판사는 범인식별절차의 증거능력을 인정했다. 판사는 "피해자가 확신하고 있다는 점"을 강조했고, 피해자가 그린 몽타주가 크로메디와 닮았다는 점을 지적했으며, "크로메디의 걸음걸이는 매우 독특합니다. 건들거리고 돌면서 걷습니다"라고 언급했다.[33] 크로메디의 변호인은 배심원들에게 "범인식별에서 다른 인종을 식별하는 특성이 증인의 첫 인식의 정확성이나 차후 식별의 정확성에 영향을 미치는지 여부"를 고려해줄 것을 특별히 요청했다.[34] 판사는 요청을 거절했다. 재판정에서 피해자는 크로메디를 가리키며 "범인이 확실하다"고 말했다.

크로메디는 유죄판결을 받았지만, 항소심을 맡은 뉴저지 대법원은 원심을 파기했다. 1991년, 뉴저지 대법원은 40년간 이루어진 실증 연구에 따르면 백인 목격자가 흑인을 범인으로 지목하는 경우에는 오류가 많아질 위험이 있다고 판결을 내렸다. 또한 뉴저지 대법원은 캘리포니아, 매사추세츠, 유타 같은 지역의 일부 법원에서는 이러한 부분에 대해 배심원에게 설명하는 것을 허용한다고 설시했다. 뉴저지 대법원은 크로메디 사건에서 사실에 따라, "다른 인종에 대한 범인식별에서 중요시해야 할 요인은 배심원들이 직접 여러 사건을 경험해야 알 수 있는 것인데, 그 중요성을 배심원들에게 지침을 통해 알려주지 않은 것은 되돌릴 수 있는 오류"였다고 판결했다.[35]

뉴저지 대법원은 원심을 파기하면서 크로메디가 결백한지에 대해서는 밝히지 않았다. 판결 후 검찰은 DNA 검사에 동의했고, 검사 결과 크로메디는 결백이 입증되어 석방되었다. 그 후 피해자는 "내가 틀렸다는 것을 도저히 믿을 수 없다"고 말했다.[36]

이런 오판 피해 사건 이후 뉴저지주는 형사절차규칙을 개혁하는 프로젝트를 시작했다. 뉴저지주 법무장관실은 주의 모든 법 집행 기관에 지침을 배포해 목격자가 범인을 지목할 경우 이에 대한 세부 절차에 따를 것을 요구했다.[37] 이 지침은 기념비적인 개혁이었다. 뉴저지주는 라인업 절차에 이중맹검법을 도입한 첫 번째 주가 되었다. 절차를 수행하는 사람들은 더 이상 누가 용의자인지 알 수 없다.

또한 모든 라인업에서는 "비교 쇼핑"을 막기 위해 한 번에 하나의 사진을 순서대로 보여주게 되었고, 범인식별절차에 앞서 범인이 라인업에 없을 수도 있다는 지침을 목격자에게 제시하여야만 한다. 그리고 결과는 범인식별절차 당시 목격자가 보인 확신 정도와 함께 반드시 기록되어야 한다(3장을 떠올려보면, 오판 피해 사례의 목격자들 중 상당수가 라인업 당시에는 자신 없는 모습을 보이다가 정작 법정에서는 확신에 찬 모습을 보였다).

2005년, 뉴저지주 대법원은 한 걸음 더 나아갔다. 특별 위원회를 소집해 거짓 증언 문제를 연구하도록 하고, 살인 사건에서 이루어지는 모든 구금 신문은 전자 기록을 남겨야 한다는 주 차원의 규칙을 발표했다. 다음 해인 2006년, 뉴저지주 대법원은 이 규칙의 적용 대상을 확대해 경찰들에게 모든 범인식별절차에 대해 녹화하거나 문서화된 기록을 남기도록 했다.[38] 법원은 다음과 같이 입장을 표명했다. "범인 오인은 잘못된 유죄판결의 가장 큰 단일 원인으로 알려져 있다." 2007년, 법원은 배심원들에게 지침을 보냈고, 모범 배심원 지침(Model Jury Instruction)을 채택해 모든 배심원들이 적어도 독자적으로 목격자의 "확신 수준"에 의존하지 않도록 했다.

배심원은 다음과 같은 주의사항을 듣는다. "목격자가 한 범인지목이 가장 강력해 보인다 하더라도, 귀하는 이러한 목격자의 진술을 냉정하게 분석해야만 합니다. 이러한 범인 지목은 목격자의 확신 정도와 무관하게 오인에 의한 것일 가능성이 있습니다."[39]

마지막으로 법원은 목격자 범인식별절차의 허용 가능성을 평가하는 미 대법원의 맨슨 테스트에 대해 특별한 전문가가 더 기본적인 것을 확인하도록 요구했다.[40] 이 전문가는 뉴저지주 국선변호인 사무실(Office of the Public Defender), 법무장관, 형사사건 변호사협회(Association of Criminal Defense Lawyers), 무죄 프로젝트의 참석하에 심리를 열었다. 이 전문가는 법원에서 목격자 범인식별절차 증거를 평가할 수 있는 새로운 검사를 채택하고, 사전 심리를 열어 모든 목격자 범인식별절차를 평가할 것을 권고했다.[41] 그 결과 오랜 시간에 걸쳐 법원은 목격자 범인식별절차의 수행, 기록, 소송 방식을 완전히 바로잡을 수 있게 되었다.

대부분의 다른 주는 아직까지 이 정도의 개혁안은 채택하지 않았다. 사형수 최초로 DNA 검사를 통해 결백을 입증받은 커크 블러즈워스(Kirk Bloodsworth)를 예로 들자면, 원심은 전문가를 증인으로 불러 목격자의 오인 가능성에 대한 증언을 듣는 것을 기각했고, 항소를 담당한 메릴랜드주 법원은 이 결정을 유지했다. 원심 판사는 증언을 기각하면서, 이러한 증언은 불필요할 뿐만 아니라 배심원들을 "호도하거나 혼동케 할 수 있다"는 이유를 들었다.[42] 물론 우리는 이제 이 사건에서 배심원이 목격자를 믿었을 때 사실상 엄청나게 호도되었다는 것을 안다.

이러한 결정이 메릴랜드주에서는 여전히 유효하지만, 다른 판사들은 점차 목격자 범인식별절차의 신뢰성에 제기되는 의문에 대해 귀를 기울여간다. 그러한 판사들은 목격자가 범인을 오인해 지목했을 가능성에 대해 배심원들에게 주의 사항을 제공하기도 하고, 오인 지목에 관한 사회과학 연구 결과를 설명하는 전문가 증언을 허락하기도 한다.[43]

6개 주, 즉 일리노이, 메릴랜드, 노스캐롤라이나, 오하이오, 웨스트버지니아, 위스콘신은 범인 오인을 막기 위해 법규를 통과시켰다.[44] 더 많은 관할 지역과 부서에서 자발적인 지침을 채택하면서 조지아, 버몬트, 버지니아 등 다른 주도 이 문제를 더 연구할 것을 권고했다.[45] 이 모든 것은 큰 변화의 시작을 의미한다. 오랜 기간 경찰은 범인식별절차에 대해 서면으로 작성한 바가 없었고 더욱이 이들은 관례적으로 신뢰성이 없고 암시적인 기술들을 사용해왔다. 하지만 지역 경찰서들도 차츰 이중맹검법과 순차적인 절차를 채택했다. 댈러스 경찰은 다른 관할 지역보다 더 많은 DNA 오판 입증 사건에 대응하고자 순차적인 블라인드 라인업을 채택했을 뿐만 아니라 쇼업 사용을 제한하고 목격자 절차의 문서화를 요구했다.[46] 이러한 DNA 오판 입증 사건 다수가 목격자의 범인 오인과 연관되어 있고 수십 년간 사회과학 연구들이 이중맹검법과 문서화된 라인업 사용을 지원하고 있기 때문에 경찰은 개선된 절차를 차츰 계속해서 채택해나갈 것이다. 그렇게 하는 것은 매우 중요하다. 범인식별절차가 "신뢰할 만"하다고 해서 헌법상 형사절차에서 매우 암시적인 절차를 허용해서는 안 된다. 경찰이 건전한 범인식별절차를 사용하지 않을 경우 판사는 그에 따른 결과에 책임을 지울 수 있다. 특히 암시적인 절차가 사용될 경우 경찰은 적어도 목격자 기억의 특성과 오류 원인에 대한 지침을 배심원들에게 세심하게 설명해야 한다.

느리지만 반드시 필요한 법과학 개혁

부당한 범인식별절차와 마찬가지로, 법과학의 오류는 잘못된 유죄판결에서 중요한 역할을 했다. 하지만 이에 대한 개혁은 상당히 느린 편이다. 그 대표적인 예가 바로 글렌 우돌(Glen Woodall)의 오판 피해 사건인데, 이 사건은 해당 주 범죄연구소를 개혁하는 일련의 법원 결정을 이끌어냈고, 그 개혁은 느리지만 10여 년 동안 이루어지고 있다. 우돌은 목격자의 진술 때문에 유죄판결을 받았지만 그 진술이 그다지 강력하지는 않았다. 가해자는 마스크를 쓰고 있었고 피해자는 가해자의 얼굴을 쳐다보지도 못했기 때문이다.

하지만 웨스트버지니아 범죄연구소 소속 프레드 제인(Fred Zain)의 잘못된 법과학적 견해가 문제였다. 제인은 다른 사람이 범인일 확률은 10,000분의 6이라 주장했지만, 사실은 마스킹 때문에 검사에서 나타난 것은 전적으로 피해자에게서 유래했을 가능성이 있었고, 이 검사 결과로는 누가 범인인지 도저히 알 수 없는 상황이었다. 제인은 또한 과학적으로 전혀 근거가 없는 주장을 했는데, 사건 현장에서 발견된 체모가 우돌의 것일 가능성이 "아주 높다"는 것이었다. 5년 후 우돌은 DNA 검사

를 통해 결백이 입증되었다.[47]

우돌은 즉각 민사소송을 제기했다. 해당 주 보험사의 최초 조사와 내부 감사 결과에서는 다른 오류가 발견되지 않았다. 하지만 우돌이 민사소송에서 밝혀지지 않은 많은 액수를 받아들이자 검사는 추가 감사를 요청했다.[48] 결국 제인이 심각하게 잘못된 분석을 했고, 결과를 날조해 냈으며, 증언대에서 과학적으로 근거가 없는 진술을 했다는 것이 밝혀졌다. 우돌이 이러한 사이비 과학의 유일한 피해자일 리는 없었다. 제인은 연구소에서 혈청학 담당 책임자로 승진한 후 감독관을 맡고 있었다. 다른 사건에서 제인은 어떤 일을 했을까? 제인이 책임자로 있었던 실험실에서는 어떤 실험 결과가 나왔던 것일까? 얼마나 많은 사람들이 법과학의 오류 때문에 잘못된 유죄판결을 받은 것일까?

주 최고법원인 웨스트버지니아 대법원은 특별 조사 위원회를 소집했다. 법원은 은퇴 판사인 제임스 O. 홀리데이(James O. Holliday)에게 범죄연구소에 대한 조사를 감독하도록 했다. 홀리데이 판사는 미국범죄연구소책임자협회(ASCLD: American Society of Crime Laboratory Directors)의 연구소 인증위원회(Laboratory Accreditation Board) 소속 과학자들에게 연구소의 정책, 절차 및 업무에 대해 조사할 것을 요청했다. ASCLD 팀은 제인의 사기가 "우발적인 오류라기보다는 구조적 실패에 가깝다"고 결론 내렸다. 이들은 조사 대상 사례의 대부분에서 부정행위를 발견했고, 연구소가 다루었던 다른 사례들에 대해서도 추가 조사를 권고했다.[49]

또한 홀리데이 판사는 충격적인 문제점을 발견했다. 해당 연구소에는 내부 감사 절차도 없었고 서면화된 품질보증 프로그램도 없었다. 게다가 연구자들에 대한 정기 숙련도 검사와 연구 결과에 대한 기술적인 검토도 이루어지지 않았고, 연구 절차에 대한 매뉴얼도 없었으며, 연구 절차는 비과학적이었고, 기록 역시 제대로 보관되지 않았다. 총체적 붕괴 상황이 수년간 이어졌는데, 결국 제인이 연구소의 최종 책임자였던 것이다.

법원은 주 정부에 범죄연구소가 연구소 인증을 받을 수 있는 방안을 60일 이내에 제출하라고 명령을 내렸고, 제인이 관여한 사건 전부(133건 이상)에 대해 조사를 명했다. 수감자들은 자신의 유죄판결에 대해 재검토가 이루어지고 있다는 소식을 전달받게 될 것이다. 법원은 제인이 사건을 오염시켰다고 보고 있으며, 제인의 증거가 "유죄판결의 근거가 되었던" 사건은 모두 파기될 것이다. 지금까지 또 다른 9건의 유죄판결이 파기되었다.[50]

사태는 여기서 끝나지 않았다. 법원은 연구소의 다른 분석관이 관여한 작업에 대해서는 명령을 내리지 않았는데, 이 중 일부는 제인이 감독을 담당했던 건이었다. 모든 분석관이 적절한 감독이나 기준 없이 작업을 해왔다. 2006년, 법원은 연구소 전반에 걸쳐 문제가 있었고, 오류가 의도적이지는 않았지만 "빈번하고, 반복적이었으며, 다방면에 걸쳐" 발생했다고 결론 내렸다. 이러한 오류는 "훌륭한 과학에서 그리고 때론 윤리적인 행위에서 벗어난 것"으로 "혈청학 부서 전체에 영향을 주는 문제가 있었다는 강한 추론"을 하게 한다.[51] 법원이 여기까지 오는 데 13년이 걸렸다. 비록 느렸지만 법원의 노력은 범죄연구소 개혁과 지난 사건에 대한 재조사로 이어졌다.

범죄연구소에 대한 감사는 거의 이루어지지 않다시피 했지만, 막상 감사가 이루어지고 나면 웨스트버지니아주와 같은 구조적인 문제들이 밝혀졌다. 감사는 FBI 연구소, 캘리포니아, 일리노이, 메릴랜드, 미시간,

미주리, 뉴욕, 노스캐롤라이나, 오하이오, 오클라호마, 텍사스. 버지니아, 워싱턴의 범죄연구소에서 이루어졌다.

2건의 유죄판결이 과학 증거상의 오류로 인한 오판이었음이 밝혀진 이후, 휴스턴 경찰청은 변호사 마이클 R. 브로미치(Michael R. Bromwich)를 고용해 광범위하고도 독립적인 조사에 착수했다. 감사에서는 3,500건이 넘는 사례를 재검토했고 범죄연구소 운영에 대한 종합적인 검토를 실시했다. 감사 과정에서는 감사의 원인이 된 두 사건 외에도 부적절한 혈청학 분석이 이루어진 수백 건의 사례가 밝혀졌다. 조사된 혈청학 검사의 21%, DNA 검사의 32%에 오류가 있었는데 이 중 4건은 사형이 선고된 사건이었다. 검사 결과가 용의자와 일치하지 않은 경우 연구소는 불일치를 선언하는 대신 반복적으로 "판독 불가"를 선언했던 것으로 밝혀졌다.[52] 감사보고서는 범죄연구소의 폐쇄 및 "대규모 구조조정"으로 이어졌으며, 한편 휴스턴 검찰청에는 죄수들의 무죄 주장을 검토하기 위한 새로운 부서가 만들어졌다.[53]

감사 과정에서 밝혀진 문제가 부정확한 법과학으로 인한 구조적 문제임을 감안하면 다른 곳에서도 이와 비슷한 문제가 있었을 가능성이 상당하다. 하지만 대부분의 주에서는 범죄연구소에 대한 감사를 실시하지 않았다. 미국과학아카데미(NAS: National Academy of Sciences)는 법과학에 대한 보고서에서, 오류 여부와 함께 기준 준수 여부를 검사하는 국가 차원의 독립적인 과학기관을 설립할 것을 제안했다. 몇몇 주에서는 범죄연구소를 감사하는 독립적인 기구를 설립했으나,[54] 대부분의 주에서는 아무런 움직임이 없었다.

이제는 많은 범죄 연구소가 자발적으로 ASCLD/LAB(자발적 상호 인증 및 검토 조직)[55]에 참여하고 있지만, 범죄 연구소 책임자들이 자체적으로 진행하는 프로그램은 잘못된 유죄판결 사례에서 가장 중요한 문제 중 하나를 해결하지 못한다. 바로 일관되고 과학적으로 유효한 기준이 없다는 것이다. 그뿐만 아니라 이와 같이 자발적으로 진행되는 검사 과정은 독립적이지 않으며, 블라인드로 진행되지도 않는다. 노스캐롤라이나주 범죄연구소의 경우 한 사건을 통해 구조적 문제가 밝혀졌는데, 이러한 문제점은 수년간의 ASCLD/LAB의 인증절차에서도 밝혀지지 않았던 것이었다. 그것은 어쩌면 당연한 결과였는데, ASCLD/LAB은 실제 사례에 대해서는 5년에 한 번씩만 검사를 하고, 그나마도 검사 대상이 된 연구소에서 골라준 사건만을 대상으로 하기 때문이다.[56] 미국과학아카데미에서 발행한 보고서 덕분에 법과학 커뮤니티에서는 분명한 기준을 채택할 수 있다.[57] 하지만 신뢰성이 입증되지 않은 기법을 법정에서 사용하기 위해서는 추가 연구가 선행되어야 한다. 모든 연구소는 정기적인 블라인드 감사를 포함해 외부의 감시를 받아야만 하며, 범죄연구소는 수사기관과 독립되어야 하므로 경찰의 지시를 받아서는 안 된다. 또한 모든 연구원은 숙련도에 대해 블라인드 테스트를 받아야만 한다. 그리고 피고인에게도 실험 결과와 그 기초 자료가 공개되어야 하고, 별도로 전문가의 도움을 받을 수 있게 해야 한다. 한마디로, 법과학 시스템은 전면 개조되어야 한다. 판사들은 또한 도버트 기준을 준수해 신뢰할 수 있고 유효한 방법론과 결론만이 배심원들에게 제시되도록 해야 한다. 판결을 까다롭게 한다면 범죄연구소 역시 이 기준을 충족시키기 위해 노력할 것이다. 하지만 지금까지 판사들은 형사재판에 제대로 된 과학만이 사용되도록 해야 하는 자신들의 역할을 방기하다시피 해왔다.

수감자 제보의 남용을 막는 개혁

오판에 원인을 제공한 다른 증거들과 달리 수감자 제보자에 대해서는 심도 있는 조사가 이루어지지 않았다. 형사소송법에는 제보자가 하는 법정 증언의 신빙성에 관한 정확한 규정이 존재하지 않는다. 많은 주에서는 신빙성에 대한 조사, 강화된 증거 개시 또는 수감자 제보자에 대한 배심원 지침조차 요구하지 않는다.

캘리포니아주를 비롯한 몇몇 주들은 수감자 제보자가 거짓말을 할 가능성이 있음을 배심원들에게 알리도록 하고 있다. 가장 주목할 만한 주는 오클라호마인데 검사와 제보자 간에 오간 협상에 대해 "완전히 공개"할 것을 의무화했다.[58] 일리노이주는 제보자가 믿을 만한지를 평가하기 위해 판사에게 재판 전에 청문회를 열 것을 요구한다. 오클라호마주와 네바다주의 경우에는 특정 상황에서 일리노이주와 같은 절차를 요구한다.[59] 그러나 이 정도로는 충분하지 않다.

가이 폴 모린(Guy Paul Morin)은 캐나다 온타리오에서 9살 소녀를 강간하고 살해한 혐의로 유죄판결을 받았다. 재판 과정에서 2명의 수감자가 제보자로 등장해서는 가이 폴 모린이 야간에 감옥에서 자신이 어린 소녀를 죽였다고 소리 지르는 것을 들었다고 주장했다. 수년 후, DNA 검사를 통해 모린의 결백이 입증되었고, 수감자 제보자들이 거짓말을 했다는 것도 밝혀졌다. 그뿐만 아니라 제보자들은 증언했던 내용과 달리, 검찰로부터 증언의 대가를 받았던 것이 드러났다.

세간의 화제가 된 이 사건에 대한 대책으로 캐나다 대법원은 재판에 앞서 배심원에게 수감자 제보자는 신뢰성이 낮음을 경고하도록 권고했다. 최근 온타리오주 법무장관은 "공익상 중대하게 필요"하고 "신뢰할 만한 객관적인 근거가 있는 경우"에만 고위 검사로 구성된 위원회의 승인을 거쳐 수감자 제보자의 진술을 들을 수 있도록 제한했다.[60]

미국에서 이러한 개혁안이 도입된 곳은 로스앤젤레스가 유일하다. 1980년대 후반 한 수감자 제보자가 수십 건의 거짓 제보를 한 것이 드러난 후 그가 어떻게 제보를 날조했는지 밝혀졌는데, 이에 로스앤젤레스 검찰청은 수감자 제보자의 활용을 "엄격히 통제"하는 지침을 만드는 한편, 제보자가 활용된 이력을 추적하는 데이터베이스를 만들었다.[61] 그러나 아직도 갈 길이 멀다.

한편 판사들은 제보의 신빙성을 검토한 후 제보자의 증언을 허용할 수 있었다. 사실 수감자 제보자의 증언이 사전에 오염되면 그 진술 내용은 기분 나쁠 정도로 딱 들어맞아 보인다. 수감자 제보자들에게 어떠한 사전 정보도 누설된 적이 없고 이들과 한 거래가 모두 문서화됐다는 것을 보증하기 위해서라도 이들의 진술을 녹화할 필요가 있다. 피고인은 제보자가 재판 전에 한 진술 내용을 제공받을 수 있어야 하고 이 과정에서 검사와 제보자 사이에 거래가 있었다면 이는 투명하게 공개되어야만 한다. 제보자를 신중하게 활용하고 그들의 진술을 주의 깊게 기록하도록 검사들에 대한 지침을 수립할 수도 있다. 제보의 남용을 막는 개혁이 시급하며, 수감자 제보자의 경우 더욱 그렇다.

무고한 사형수를 위한 개혁

무고한 사람을 사형수로 만들었다는 사실이 밝혀지면서 사형 폐지 논의에 힘이 실리게 되었다. 사형을 받아 마땅한 경우가 있다고 믿는 사람이라 할지라도 무고한 사람이 사형수가 될 수도 있다는 사실을 알게 된 이상 선뜻 사형 찬성에 손을 들 수 없게 되었다. DNA를 통해 결백을 입증한 사람들 중 일부는 법정형에 사형이 포함된 죄에 연루되었다. 이들 중 17명이 사형을 선고받았고 몇몇은 사형집행까지 단 며칠만을 남겨둔 상황이었다. 하지만 이미 살펴보았듯이 대부분의 사형 사건들에는 DNA 검사가 가능한 생물학적 증거가 존재하지 않는다. 오판 사례에 비추어볼 때 남아 있는 사형수 중에도 분명 결백한 사람이 존재할 것이다.

사형 선고는 파기가 잘 되기로 악명이 높다. 7장에서도 살펴봤지만 오판 피해자 중 다수가 DNA 검사 전에 이미 유죄판결에 대한 파기를 얻어냈다. 17건의 사형 판결 중 6건에 수감자 제보자가 관여했고, 7건에는 거짓 자백이 있었으며, 자백 중 3건은 정신 장애인이 한 자백이었다. 11건에서는 DNA 검사를 통해 피고인의 결백이 밝혀졌을 뿐만 아니라 진범 역시 찾아냈다.[62]

결함 있는 증거들 때문에 사형집행을 목전에 두었던 오판 피해자들의 사례는 판사들과 정책 입안자들에게 강력한 영향을 미쳤다. 베이즈 대 리스(Baze v. Rees) 사건에서 스티븐스(Stevens) 판사는 DNA를 통해 밝혀진 오판 사례를 근거로 사형에 대한 반대 입장을 피력했고, 판결문에 다음과 같은 의견을 개진했다. "이런 사건에서 실제로 발생했던 오류들을 감안할 때, 그 결과를 되돌릴 수 없다는 사형의 본질은 결정적인 중요성을 갖는다. 결백한 피의자가 실제로 사형되었는지 여부와 관계 없이, 최근 몇 년간 축적된 충분한 증거는 사형에 처할 범죄를 저지른 것으로 확인되었던 용납할 수 없는 수의 피의자들이 사실은 오판 피해자임을 드러냈다."[63]

연방 지방판사인 제드 라코프(Jed Rakoff)는 사형제도를 공격하며 다음과 같이 주장했다. "우리는 이제 10년 전만 해도 상상도 할 수 없었던 방식으로 우리 형사 시스템의 취약성을 알게 되었습니다. 우리 시스템은 그 모든 인권보호규정에도 불구하고 무고한 사람을 종종 사형수로 만들었습니다."[64] 그러나 그의 판결은 항소심에서 파기되었다.[65]

17명의 오판 피해자들은 사형 선고를 받은 138명의 오판 피해자들(이들 대부분이 DNA 검사와 관련이 없다) 중 일부이기 때문에 이들의 사건은 엄청난 영향력을 지닌다.[66] 여론조사 또한 오판 사례들이 사형에 대한 대중의 지지가 떨어지는 것을 설명할 수 있다고 시사한다.[67]

오판 사례에 힘입어 여러 주에서 사형에 대한 개혁을 선언하거나 심지어는 사형집행정지를 선언하기도 했다. 이는 일리노이주에서 시작되었는데, 조지 라이언(George Ryan) 주지사는 사형집행정지를 선언했고, 자신의 임기 마지막 날에는 일리노이주의 모든 사형수에게 감형을 통보했다. 미국 최초의 형사절차 개혁 위원회인 일리노이 사형위원회(Illinois Commission on Capital Punishment)는 85개조로 이루어진 개혁 권고안을 발표했고 이 중 일부가 채택되었다. 이 위원회는 이어지는 다른 개혁 노력들의 전범을 제시했다.

한편 DNA 같은 결정적인 과학 증거의 탄생은 사형에 대한 지지를 다시금 강화하는 계기도 되었다. 스캘리아(Scalia) 판사가 지적했듯이, 어찌됐든 과학 증거는 "유죄를 과학적으로 뒷받침"하는 동시에 "잘못된 유죄판결을 피하게 해주는 아주 효과적인 수단"이다.[68] 메릴랜드주의 법령은 특정 법과학 증거가 있거나 진술 과정이 녹화되는 등 비디오 증거가 있는 경우에 한해 사형을 허용한다는 관점을 따르고 있다.[69] 좀 더 확실한 증거가 있는 사건에 대해서만 사형을 허용한 것은 희망적인 면이었다. 매사추세츠 주지사 산하 사형위원회(Massachusetts Governor's Council on Capital Punishment) 역시 일련의 개혁안을 권고했는데, 그 내용은 만약 사형제도가 부활한다면 유죄가 확실한 건에 한하도록 하는 것이었다. 이러한 제안은 벽에 부딪혔다. 왜냐하면 사형제도가 부활하지 않았기 때문이다.[70] 그러나 플로리다, 텍사스, 버지니아와 같이 사형 판결도 많고 집행도 많으며 DNA를 통해 밝혀진 사형 오판 건수도 많은 주들은 이러한 개혁 움직임에 동참하지 않았다.

검찰 개혁

미국 법무장관(나중에 미 대법관이 되는) 로버트 잭슨(Robert Jackson)이 자랑스레 말했듯이 "검사는 생명, 재산, 평판에 대한 통제권을 미국의 그 어떤 다른 사람보다 더 많이 갖고 있다".[71] 근래 들어 검사들의 권한은 더욱 막강해졌다. 유죄협상의 증가, 가혹해진 양형 기준, 실형 증가가 그 배경에 있다. 폭 넓은 재량권과 강력한 권한이 있는 검사들은 잘못된 유죄판결을 막을 수 있는 적임자이다.[72]

댈러스 카운티는 미국에서 DNA 오판 입증 사례가 가장 많이 밝혀진 곳이다(250건 중 19건). 오판 건수가 많다 해서 형사사법의 질에 문제가 많다고 할 수는 없다. 댈러스 카운티에서 업무를 담당했던 범죄연구소에서 1980년대부터 강간 사건에 대한 과학 증거들을 보존해온 덕에 재검사가 가능한 건이 많았을 수도 있다.

몇몇 검사들은 개혁안을 받아들이는 한편 또 다른 잘못된 유죄판결 사례가 있는지 찾기 위해 기존 사례를 재조사했다. 가장 적극적이었던 사람은 댈러스 카운티의 지방검사 크레이그 왓킨스(Craig Watkins)였다.

그는 잘못된 유죄판결을 조사하기 위해 '정직한 유죄판결(Conviction Integrity)' 팀을 만들고, 이를 위해 무죄 프로젝트에서 일하던 변호사를 영입했다. 팀의 정책은 재심절차에서 DNA 검사를 실시하는 것이었다. 팀은 라인업 절차를 개혁했고 조사 과정에 대한 비디오 녹화를 채택했다. 또한 피고인 측에 검사 측 자료에 대한 접근권을 보장하는 "오픈파일(open-file)" 정책을 채택했다.[73]

미 대법원의 브레이디 대 메릴랜드 판결은 검사에게 유죄를 뒷받침하는 물증만을 공개하도록 한다. 따라서 검사들은 모든 증거를 피고인에게 넘길 필요도 없고 심지어는 무죄를 뒷받침하는 증거도 넘길 필요가 없으며, 그저 자신들이 '물증'이라고 생각하는 증거만을 넘기면 됐다. 심지어 사건이 유죄답변으로 종결되는 경우에는 그 어떤 증거도 공개할 필요가 없다. 이러다 보니 검사는 배심재판에서의 위험부담을 피하려는 실무적인 이유에서 재판을 유죄답변으로 끝내고자 한다. 피고인의 무죄를 뒷받침하는 증거가 있다 하더라도 이를 알리지 않은 채 재판을 종결하는 것이다. 오픈파일 정책은 피고인의 증거에 대한 접근권을 강화하지만, 실무상 그 접근 정도는 해당 주의 검찰이 채택할 정책에 달려 있다. 이론상 오픈파일 정책은 증거 공개를 통해 증거의 정확도를 높이는 계기가 될 수도 있다. 또한 공개된 증거 중에 도움이 되는 것이 없다고 판단한다면 피고인이 자신의 죄를 인정할 확률도 높아지고, 이를 통해 재판에 투입되는 비용을 절약할 수도 있다.

다른 주의 검찰 역시 개혁을 추진하고 있다. 미네소타주 램지 카운티 지방검찰은 목격자의 범인식별절차를 개선하기 위해 전국적인 회의를 개최했다.[74] 몇몇 주의 검찰은 목격자의 범인식별절차를 개혁하는 한편, 수사 과정을 녹화하는 권고안을 발표했다.[75] 매사추세츠주 서퍽 카운티 지방검찰은 DNA를 통해 잇따라 무죄 사례가 밝혀지자(3장에서 논의된 닐 밀러 사건도 이 중 하나였다) 특별 조사단을 소집해 목격자의 범인 식별절차에 대한 개혁안을 채택했다. 새로운 범인식별절차는 배심원들에게 진범이 잡혔다는 확신을 주는 데 도움이 된다.[76] 일부 주의 검찰은 무엇이 잘못되었는지 조사를 실시하기도 했다. 제프리 데스코빅의 거짓 자백에 관한 검찰 보고서도 이러한 노력의 일환이었다. 하지만 대부분의 주에서는 오판 사례가 밝혀진 이후에도 오판이 발생한 원인에 관해 조사조차 실시하지 않았고, 이에 대한 대책 역시 수립하지 않았다.[77]

변호 개혁

국선변호제도에 대한 투자와 개혁이 이루어지지 않는 이상, 피고인 측 변호인은 유죄판결을 방지하는 데 가장 열악한 위치에 있는 사람이다. 과거 형사절차에서는 증거의 신빙성이 그리 중요한 문제가 아니었다. 판사들은 '법원의 도가니'를 신뢰했고 그곳에서 능력 있는 법조인들이 증거에 대해 교차검증할 것을 기대했으나, 이러한 믿음은 잘못된 것일 가능성이 있다. 이 책에서 다룬 사례 중 대부분은 검찰의 상대가 그리 강력하지 않았다. 6장에서 살펴보았듯이, 오판 피해자들 상당수가 허술한 변호를 받았고, 심지어 심각한 중죄에 관한 재판이나 검찰 측 증거에 중대한 오류가 있는 사안에서도 변호인이 손을 놓아버린 경우가 상당했다. 오판 피해자들에게는 전문가 혹은 증거를 찾아낼 탐정을 고용할 경제적 여력이 없었다.

많은 주에서 국선변호인들에게 엄청난 박봉을 지급하지만, 형사피고인들에게 더 많은 세금을 할당하는 것은 정치적으로 지지받기 어려운 문제이다. 일부 주에는 오류에 대해 책임질 국선전담 변호사 사무소 자체가 존재하지 않는다. 오판 피해자 사례를 담당했던 국선변호인 중에는 당시 은퇴 상태였던 (심지어는 자격이 박탈된) 사람이 있을 가능성도 있다. 지미 레이 브롬가드 같은 몇몇 오판 피해자들은 국선변호제도의 개선을 요구하며 민사소송을 제기했고 이들 중 몇몇은 성공을 거두었다. 일부 주에서는 국선변호인에 대한 훈련을 강화했고, 국선전담 변호사 사무소를 개설했으며, 증거 및 전문가와 탐정에 대한 피고인의 접근권을 강화했다. 하지만 형편없는 변호 서비스를 제공하는 한심한 주에서 이루어진 연구를 통해 이미 광범위하게 기록된 바 있기도 하고, 오판 사건을 통해 문제를 집중 조명하기도 했었지만 다수의 관할 지역에서는 문제가 여전히 계속되고 있다.[78]

연방 정부의 방관과 개혁

주와 지역정부와는 달리, DNA를 통한 오판 사례 발굴 이후 연방 정부가 한 일에 대해서는 그다지 말할 것이 없다. 의회는 부당한 유죄판결을 방지하기 위해 2004년에 '부당한 유죄판결 방지법(Innocence Protection Act)'을 제정했다. 이 법안에는 DNA 검사를 요구할 수 있는 권리, 생물학적 증거에 대한 보존을 요구할 수 있는 권리, 사형 사건에서 좀 더 나은 변호인 선임을 위해 자금 지원을 요구할 수 있는 권리 등이 담겨 있다.

DNA 검사를 통해 결백이 입증된 첫 번째 사형수인 커크 블러즈워스는 입법안 통과를 지지하는 연설을 여러 차례 했었다. 이 법안의 내용

중 그의 이름을 따서 명명된 '커크 블러즈워스 DNA 검사 프로그램(Kirk Bloodsworth DNA Testing Program)'은 주 정부에 판결 후 DNA 검사를 위한 보조금을 지급하는 내용을 담고 있다.

하지만 2008년에 블러즈워스는 또 다른 오판 피해자인 마빈 앤더슨(Marvin Anderson), 찰스 채트먼(Charles Chatman)과 함께 미 의회 청문회에서 증언해야만 했는데, 미 법무부가 주 정부에 보조금을 지급하지 않은 이유를 조사하는 청문회였다. 더군다나 의회가 주 범죄연구소의 업무 개선을 위해 폴 커버델(Paul Coverdell) 보조금을 증액했음에도 불구하고, 법무부는 그 선행 조건으로 제시된 핵심 요구 사항을 무시했다. 주 범죄연구소에 보조금을 지급하기 위해서는 해당 범죄연구소의 심각한 과실이나 부정행위에 대해 조사할 수 있는 독립기구가 있어야만 하지만, 수년간(이 책을 쓰는 시점까지도) 법무부는 이러한 사항을 강제하지 않았다.[79]

다른 개혁 노력들은 천천히 진행되고 있다. 의회는 법과학계가 요청하는 연구를 위해 미국과학아카데미에 기금을 지원했다. 4장에서 살펴봤듯이, 미국과학아카데미는 보고서를 통해 법과학에 대한 전면적인 재검토와 연방 차원의 법과학연구소 창설을 요구했다. 의회가 이러한 권고안을 이행하기 위해 법안을 제정할지는 여전히 미지수이다.

법무부가 지금까지 보인 행보는 뒤죽박죽이다. 법무부는 '부당한 유죄판결 방지법'에 반대하는 입장인 한편,[80] 생물학적 증거를 보존하기 위한 기준을 정립하려는 실무 그룹인 'DNA 미래위원회(Commission of the Future of DNA)'를 소집했고, 목격자의 범인식별절차를 개선하기 위해 '목격자 증거에 관한 실무위원회(Working Group for Eyewitness Evidence)'도 소집했다.[81] 개혁에 관한 연구나 실행에서 법무부의 행보에는 아쉬움이 남는다. 구조적인 문제가 있는 주의 경우에는 법무부가 해당 주의 경찰을 고발하는 방식으로 향후 발생할지도 모르는 헌법 위반에 대해 경고해야만 했다.

연방 법원 역시 방관하는 태도를 취하고 있다. 연방 법원으로부터 결백을 입증받거나 DNA 검사 허가를 받은 오판 피해자는 극소수이다. 연방 법원은 목격자의 범인식별절차, 자백, 법과학 및 제보자와 관련된 형사소송 규칙에 대해 재검토하지 않고 있으며, 현저히 신빙성이 떨어지는 증거들이 여전히 재판에 등장하고 있다. 이미 DNA 시대로 진입했음에도 불구하고 미 연방 대법원은 무죄를 주장할 권리를 헌법상 권리로 인정하지 않고 있다. 오판 사례로부터 얻은 교훈을 연방 대법원이 받아들이기까지는 꽤나 시간이 걸릴 듯하다.

빙산의 일각, 오판 사건을 다시 이야기하다

250명의 오판 피해자 외에도 잘못된 유죄판결을 받은 사람이 얼마나 되는지는 알 수가 없다. 오판 사례에서 가장 찝찝한 부분 중 하나가 이런 부분이다. 알려진 오판 사례가 빙산의 일각이라 치면, 나머지 빙산의 크기는 도대체 얼마나 큰 걸까? 이를 알아낼 방법은 없다.

강력한 정신력을 가진 몇몇 사람들은 DNA를 통해 오판 사례가 밝혀져도 전혀 영향을 받지 않을 것이다. 스캘리아 판사는 오판 건수를 같은 기간 동안의 중범죄 판결 건수인 1,500만으로 나누면 그 오류율은 "0.27%로 달리 얘기하면 성공률이 99.973%"라며 오판은 그리 심각한 문제가 아니라고 주장했다.[82] 하지만 우리는 이 숫자에 안심할 수가 없다.

고급 레스토랑에서 식사를 하던 중 수프에서 큰 벌레가 나와 항의를 했다고 치자. 웨이터가 와서 이런 말을 늘어놓는다고 해서 안심이 되는 일은 결코 없을 것이다. "걱정마세요. 다시는 그런 일이 없을 거예요. 수프에서 벌레가 발견되었다고 보고된 사례는 미국 전체에서 수백 건에 불과합니다. 인간이란 실수를 할 수밖에 없잖아요? 매년 수백만 그릇의 수프가 팔리는데, 벌레가 발견되는 빈도가 이 정도뿐이라면 우리는 현재 위생적인 수프를 먹고 있다고 봐야 합니다." 웨이터는 우아하게 돌아가기 직전에 한마디를 보탰다. "우리가 수프에서 벌레를 찾아냈다는 것 자체가 시스템이 정상적으로 작동하고 있다는 증거입니다."

이쯤 되면 매니저를 불러야 한다. 벌레를 찾은 것은 레스토랑 측이 아니라 당신이었다. 시스템은 작동하지 않았던 것이다. 도대체 어떤 시스템이 존재했단 말인가? 웨이터는 깨끗한 수프를 위해 레스토랑이 어떤 노력을 기울이고 있는지에 대해 전혀 설명하지 않았다. 설사 수프에서 벌레가 발견되었다고 보고된 것이 수백 건에 불과하다 할지라도, 이러한 보고 체계가 제대로 작동되고 있는 것인지는 또 어찌 안단 말인가? 아마도 그들은 레스토랑의 자진 보고에 의존할 수밖에 없었을 것이다. 일반 식당에서는 얼마나 자주 벌레를 확인할까? 아마도 수프에 대한 위생검사가 시작된 건 채 몇 년이 되지 않았을 것이다. 그나마도 특정 종류의 레스토랑 혹은 특정 종류의 수프에 대해서만 검사가 이루어졌을 것이다. 이 벌레가 거기에 있었던 것이 흔한 일이라면 아마 이런 일은 항상 일어나고 있을 것이다. 또한 수프에서 벌레를 발견하고도 항의하지 않은 고객이 얼마나 될지도 따져봐야 한다. 벌레를 아예 삼켜버리는 바람에 발견조차 못한 사람들에 생각이 미치면 식욕 자체가 사라져버린다.

중죄에 대한 수백만 건의 유죄판결이 있지만 모두 오판은 아니다라는 주장 역시 문제가 있다. 언급된 수백만 건의 유죄판결은 적절한 대조군도 아닐뿐더러, 이들에 대해 제대로 조사해본 적도 없기 때문이다. 오판 사례들 역시 외견상으로는 다른 사건들과 다를 바 없이 평범해 보였을 뿐이다.

알려진 오판 사례를 알려진 중죄 유죄판결과 비교하는 대신, 우리는 오판 사례가 어떤 범죄 유형에서 빈발했는지를 살펴볼 필요가 있다. 바로 강간과 강간살인이었다.[83] DNA를 통해 밝혀진 오판 사례들은 중범죄들 중 1%에 해당하는 좁은 유형에 집중되어 있다. 대부분의 오판 사례들은 1980년대에 판결이 선고된 강간 사건인데 이때는 DNA 검사가 도입되기 이전이었다. DNA 검사는 주로 강간 사건에서 이루어지는데, 강간 사건에서 실형이 선고되는 경우는 전체 중죄 유죄판결의 2%가 되지 않는다.[84]

하지만 오판 사례에 대한 올바른 비교군은 이보다 더 작다. 오판 피해자들은 거의 전부 낯선 사람에 의한 강간 사건 즉, 누가 범인인지가 핵심 쟁점인 사건의 범인으로 지목되어 유죄판결을 받았다. 강간 사건 대부분이 유죄답변을 통해 재판 없이 절차가 종결되는 것에 반해, 오판 피해자들은 대부분 재판을 거쳐 유죄판결을 받았고, 중형을 선고받았다. DNA를 통해 자신의 결백을 입증받기 전까지 오판 피해자들은 평균 13년을 복역했다.

1980년대 강간 판결에 대한 정확한 통계 자료는 존재하지 않지만, 우리는 기소된 강간 사건 중 4분의 1에서 낯선 사람이 가해자로 지목되었음을 알고 있고, 강간 사건에서 유죄답변의 비율이 압도적으로 높으며, 대체로 오판 피해자들에 비해 훨씬 짧은 형이 선고된다는 사실을 알고 있다.[85] 종합해보자면 오판 사례에 대한 적정한 대조군은 1980년대에 이루어진 낯선 이에 의한 강간 사건 중 정식 재판이 열린 사건일 것이다. 이에 해당하는 사건 수는 스캘리아 판사가 인용한 1,500만 건에 비해 훨씬 작다. 아마도 수만 건 이하일 텐데 이와 비교해볼 때 밝혀진 오판 숫자는 상당한 무게감이 있다.

오류율이 훨씬 더 높을 가능성도 있다. 1장의 내용을 다시금 떠올려보자. DNA 검사가 처음으로 일반화된 1990년대 중반에 이루어진 연방 조사에 따르면 DNA 검사를 통해 25%의 용의자가 용의선상에서 제외되었다. 반대로 1980년대에 유죄판결을 받은 사람들 대부분은 DNA 검사를 받을 수가 없었을 것이다. 대부분은 DNA 검사 기법이 발명되기 전에 복역을 마쳤을 것이고, 그 후 그들이 우연히 DNA 검사에 대해 전해 듣고 검사를 요청했다 하더라도 그들의 요청은 거부되었을 가능성이 높다. 판결 후에 DNA 검사를 받을 수 있는 확립된 절차가 없었기 때문이다. 그들은 신청 자체를 포기했을 가능성이 있다. 게다가 1980년대까지만 해도 범죄 현장의 증거가 제대로 보존되지 않았다. 수사기관은 정기적으로 레이프 키트를 파기해왔다. 만약 이것이 보존되었다면 판결 후 DNA 검사는 좀 더 광범위하게 이루어질 수 있었을 것이다. 일부 관할구역에서는 1980년대에도 증거를 보존했는데, 이런 관할구역에서 보존된 DNA 증거에 대해 전수조사를 벌인다면 놀라운 일이 벌어졌겠지만, 지금까지 그런 경우는 전무하다.[86]

오판 사례를 통해 유사 사건의 오류율이 높다는 것을 입증한다 해도 문제는 여전히 남는다. 대다수의 사건에서는 DNA 검사 자체가 불가능하고 이러한 사건들의 경우 잘못된 유죄판결이 얼마나 되는지 알 길이 없기 때문이다. DNA 검사는 매우 강력하지만, 증거가 용케도 잘 보존된 1980년대 강간 유죄판결에 그 용처가 제한된다는 한계가 있다. 이 강간 사건들은 사태를 실제보다 심각해 보이게도 하고 덜 심각해 보이게도 한다. 사태를 실제보다 심각해 보이게 한다는 것은, 특정 유형의 강간 사건의 경우 잘못된 유죄판결이 내려지던 당시 벌어졌던 문제에 대해서 더 이상 크게 걱정할 필요가 없기 때문이다. 이제는 수사 과정에서 DNA가 일상적으로 사용되고 있으며 특히나 강간 사건에서는 더욱 그렇다. 한편 사태를 실제보다 덜 심각해 보이게 한다는 것은, DNA 검사가 사용될 수 없는 대다수 범죄의 경우 근본적인 문제가 여전히 남아 있다는 것을 드러내지 않기 때문이다.

오판 사례에서 발생했던 문제들—오염된 자백과 목격담, 사이비 법과학, 수감자 제보자—은 DNA 검사 자체가 불가능한 비강간 사건들 역시 오염시켰을 것이다. 매년 수만 건의 사건에서 목격자에 의한 범인식별절차가 이루어졌는데, 경찰은 오판 피해자 사례에서 쓰였던 오류에 취약한 절차를 많이 사용했다. 경찰이 준 암시에 영향을 받은 강간 피해자가 사진대조에서 무고한 사람을 범인으로 지목할 수 있었던 것처럼, 강도 사건에서도 충분히 같은 일이 벌어졌을 수 있다. 범죄연구소에서 사용하는 대부분의 기법은 오판 피해자들의 재판에서 사용된 것과 유사하다. 결국 그 신뢰성과 타당성에 대해 의문을 던질 수밖에 없는 것이다. 법과학자가 강간 사건에서 혈액형 검사의 의미나 중요성을 과장할 수 있었던 것처럼, 탄도 전문가는 무장 강도 사건에서 사용된 총알과 특정 총의 연관성과 그 중요성을 충분히 과장할 수 있다.

DNA 검사는 이러한 문제들을 해결할 수 없다. 형사재판의 오류율을 계산하기보다는(대부분의 사건에서는 DNA 검사가 불가능하다는 점에서 이는 불가능하다) 오판 피해자들의 사례가 우리에게 던진 교훈을 받아들여 이 사건들에서 발생한 문제점을 해결하려는 자세가 필요하다. 우리는 빙산 전체의 크기는 알 수가 없지만 오판 피해자들의 사례에서 발생한 오류들이 DNA 검사가 불가능한 다른 사례들에서 발생할 가능성이 얼마나 되는지 알아내려는 노력은 할 수 있다.

구조적인 오류를 잡아내야 한다

미 대법원은 오즈번(Osborne) 판결에서 판결 후 DNA 검사를 요청할 권리에 대해 부정하면서 이렇게 말했다. 우리의 형사사법제도는 "인간이 하는 모든 일과 같아서 완벽할 수 없다. DNA 증거가 그 사실을 보여준다."[87] 하지만 제도가 "인간이 하는 일"이라는 이유만으로 일이 잘못되어가는 것을 손 놓고 바라볼 수만은 없다. 문제의 핵심은 인간적 실패가 몇몇 무능한 사람에 국한되는 것인지 아니면 이런 실패가 해결될 수 있는 더 큰 구조적 문제의 일환인지이다. 만약 누군가 악의적으로 무고한 피고인들에게 누명을 씌운 것이라면 무척 충격적인 일이겠지만, 차라리 다행일 것이다. 오판을 몇몇 나쁜 인간들이 저지른 사고라 볼 수도 있는 것이다. 하지만 조직이 심각한 오류를 저질렀을 때, 이를 구성원 개인의 비행으로 모는 피상적인 행태는 잘못된 관행이나 감독의 문제로부터 멀어지게 만든다. 오판 피해자 사례의 재판기록을 분석한 바에 따르면, 일부를 제외한 대다수의 경찰, 검사, 법과학자, 기타 관련자는 이 사례들에서 선의를 갖고 행동했으며 표준 관행을 따랐다.

선의를 가진 사람도 자신을 집단의 구성원으로 사고하기 때문에 오류를 범할 수 있다. 사람의 믿음, 희망, 욕망이 인식, 사고, 행동에 영향을 미친다는 것은 심리학의 최근 연구 결과이다.[88] 이런 현상을 일컬어 '인지편향'이라고 한다. 인지편향은 사람이 스스로를 긍정적으로 바라볼 때 발생할 수 있다. 형사소송을 예로 들자면, 경찰은 단지 자신이 죄인을 조사한다는 이유로 스스로를 정의의 사도라 생각할 수 있고, 그 결과는 '터널 시야'나 확증편향으로 이어질 수 있다.

일단 신념을 형성하게 되면, 사람은 그 신념에 집착해 그에 부합하는 증거만을 찾기 쉽다. 경찰은 용의자가 유죄라고 직감할 때 그러한 믿음에 부합하지 않는 증거를 자신도 모르는 사이 폄하하기 쉽다.[89] 2장에서 살펴보았듯이, 형사들은 용의자의 진술이 세부적인 부분에서 일관성이 없었음에도 이를 무시했고 대신 용의자가 자발적으로 구체적인 진술을 했다는 데에만 초점을 맞추었다. 4장에서는 법과학자들이 유죄를 뒷받침하기 위해 통계와 결론을 부풀리고, 무죄 증거를 폄하한 것을 보았다.

지문 분석과 관련해서 주목할 만한 연구가 있었는데, 이 연구는 인지편향이 어떻게 전문가의 결론을 바꿀 수 있는지 잘 보여주었다. 저자인 이티엘 드로(Itiel Dror), 데이비드 찰턴(David Charlton), 에일사 페런(Ailsa Peron)은 2000년, 5명의 수석 지문 분석관에게 5년 전 그들이 "일치"한다고 판정했던 지문쌍을 주었다. 다른 분석관들도 해당 지문쌍이 일치함을 확인했는데, 실험 참가자들에게는 이 사실을 알리지 않았다. 그런데 이번에는 5명 중 4명이 마음을 바꾸어 지문이 불일치한다고 판정했다. 도대체 무엇이 달라진 것일까? 이번에는 이들 5명에게 해당 지문쌍이 마드리드 열차 폭탄 테러 사건에서 FBI가 일치로 오판했던 것이라는 외부 정도를 제공했던 것이다. FBI는 지문 판독에 관해 아주 유명한 실수를 저지른 적이 있다. 지문 판독 끝에 마드리드 열차 폭탄 테러 사건의 범인으로 오리건주 포틀랜드에 사는 한 남자를 지목했지만, 그 지문 판독은 틀린 것이었다. 일부에서는 지문 증거에는 오류가 없다고 주장하지만, 대부분의 지문 전문가들은 외부 정보에 노출되자 자신의 결론을 바꾸었다. 이 연구의 제목은 핵심을 잘 찌르고 있는데, "주변 정보에 노출된 전문가의 오판 취약성"이다.[90]

인지편향은 경찰과 법과학자에게만 발생하는 현상이 아니며, 이를 충분히 방지할 수도 있다. 과학자들은 인지편향을 방지하기 위해 맹검법에 따라 연구를 진행하곤 한다. 실험 대상이 편견을 가질 수 있기 때문에 실험에는 보통 대조군이 사용된다. 이중맹검법에 근거한 목격자의 범인식별절차는 이 방법을 충실히 따르고 있다. 절차에 참여하는 경찰관은 누가 용의자인지 모르고, 목격자 역시 경찰관이 아무것도 모른다는 사실을 알고 있는 것이 중요하다.

법과학자들은 이중맹검법을 따르지 않았다. 지문 전문가에 대한 연구에서처럼, 법과학자들은 편향을 발생시킬 수 있는 정보에 노출된 상황에서 결론을 내렸을 가능성이 있다. 실제로 프레더릭 데이 사건의 분석관은 혈액 검사를 수행하기 전 사건에 관해 전해 들었다는 점을 재판에서 인정했다.[91] 때로 외부 정보는 전문가가 자신의 견해를 밝히는 것을 가로막기도 한다. 2장에서 다뤘던 라폰소 롤린스(Lafonso Rollins) 사건에서 롤린스가 자백을 하자 범죄연구소는 DNA 검사를 하지 않기로 결정해버렸다.

훌륭한 관리자들은 문제의 '근본 원인'을 찾으려고 노력한다. 그러기 위해서 그들은 무엇이 잘못되었는지와 어떻게 하면 이를 막을 수 있었는지에 대해 질문한다. 하지만 오판이 발생한 후 이런 질문들을 던진 사람은 거의 없었다. 지미 레이 브롬가드 사건은 얼마나 많은 주에서 오판 피해 사례에 대해 진지하게 고민을 했는지 보여주는 대표적인 사례이다. 그는 몬태나 범죄연구소장이 잘못 설명한 과학 증거 때문에 유죄판결을 받았다. 소장의 비과학적 증언은 앞서 4장에서도 다룬 바 있다. 이는 우발적으로 발생한 오류가 아니었다. 체스터 바워(Chester Bauer)와 폴 코르도노이(Paul Kordonowy) 역시 소장의 증언을 근거로 유죄판결을 받았다. 이 3건의 오판 피해 사례에도 불구하고 주 차원에서는 개혁은커녕, 소장이 관여한 다른 사건에 대한 재조사조차 이루어지지 않았다. 정상급 과학자들이 브롬가드 사건을 검토한 후 몬태나주에 공식적으로 감사를 요청했지만 몬태나주는 이를 무시했다. 몬태나주 대법원은 감사 요청에 대해 기각했고, 주 법무장관 역시 "비싸고 지루한 과정"이라는 이유로 해당 범죄연구소에 대한 조사를 거절했다.[92]

많은 주에서 조사 과정이 "지루하다"는 이유로 오류에 대한 조사를 거부했다. 몇몇 주에서는 오판 피해 사례가 발굴되기 훨씬 전부터 심각한 문제가 발생했지만 이에 대한 조치를 취하지 않았다. 오클라호마주에서는 이미 1988년에 법과학자 조이스 길크리스트가 허위 증언을 했음이 재판 과정에서 여러 차례 밝혀졌다. 하지만 법원은 길크리스트 혹은 범죄연구소에 대한 추가 조사를 실시하지 않았고, 2001년에서야 주지사가 길크리스트가 관여했던 수천 건의 사례에 대해 재조사를 명했다. 이미 6건의 잘못된 유죄판결이 DNA 검사를 통해 무죄로 밝혀진 이후의 일이었다.[93]

형사소송에서 잘못된 유죄판결보다 더 심각한 잘못을 떠올리기는 어렵다. 하지만 그간 이런 오류에 대한 대책은 없다시피 했다. 그 이유가 무엇일까? 원인 중 하나는 컨트롤타워의 부재다. 형사사법은 파편화되어 있다. 지방 경찰과 검찰의 권한은 대체로 분산되어 있고, 재판에 회부되는 사건을 모두 모아 검토하는 경우는 극히 드물다. 판사들은 보통 개개의 사건을 따로 검토할 뿐 사건 간의 패턴에 대해서는 조사하지 않는다.

문제는 파편화뿐만이 아니다. 형사사법제도는 책임감 부재로 고통받고 있다. 비난 듣기를 좋아하는 국가기관은 없겠지만, 대부분의 국가기관은 심각한 실수를 무시할 정도로 배짱이 있지도 않다. 하지만 수사기관의 경우는 예외일 수 있다. 경찰은 총격 사건으로 인해 민사소송이 벌어지고 사건 조사를 위해 고위 간부가 소집될 수도 있음을 알고 있다.

하지만 경찰이나 검찰은 잘못된 유죄판결에 대해서는 아무런 응답도 내놓지 않는다. 왜냐하면 아무것도 하지 않으면 아무런 책임을 지지 않아도 되기 때문이다. 잘못된 유죄판결에 대해 배상을 요구하는 민사소송은 승소하기가 쉽지 않고 부정행위에 연루된 경찰과 검찰은 처벌은 커녕 징계를 받는 경우도 드물다. 수사기관에 책임을 묻지 않는다면 그들로서는 오류가 발생하는 이유를 알아내거나 근본적인 해결책을 찾아낼 필요를 느낄 수가 없다. 결과적으로 그것이 잘못인지도 모른 채 동일한 오류가 반복되고 있고 이는 셀 수 없이 많은 판결 오류로 이어지고 있다.

알 수 없는 미래의 오류를 예방하는 일

"인간이 하는 모든 일"에는 실수가 따르기 마련이라는 미 대법원의 자족적인 주장은 우리를 당혹스럽게 한다. 우리는 사람의 실수를 피할 수 없지만 최소화할 수는 있다. 인간이 하는 모든 일에서처럼, 형사절차에서 발생하는 오류들 역시 묵살되어서는 안될 뿐만 아니라 조사되고 예방되어야만 한다. 미국과학아카데미의 "실수를 하는 것은 인간"이라는 제목의 획기적인 의학 연구는 인간의 실수가 어떻게 심각하게 받아들여질 수 있는지를 보여주고 효과적인 해결 방법과 함께 상응하는 문제를 제기한다. 의사가 하는 일과 경찰, 법과학자, 판사, 검사, 변호사가 하는 일은 분명 다르다. 하지만 잘못된 유죄판결이 비극을 낳는 것처럼, 오진이나 의료과실 역시 심각한 결과로 이어질 수 있다. 형사사법제도에서처럼, 의료에서도 오류는 잦다. 그리고 알려진 오류는 빙산의 일각에 불과할 것이다. 사람들은 대부분 오류가 있었다는 사실조차 모르거나 설사 알았다 해도 이를 신고하거나 소송을 제기할 여력이 없다. 파편화가 형사사법제도에서의 책임감 결여로 이어지는 것처럼 "건강관리시스템의 분산되고 파편화된 특성"은 건강에 대한 위협이 되고 있다.

미국과학아카데미의 보고서가 의료계 종사자들에게 제시한 해결책은 이렇다. 미국과학아카데미는 문제의 초점을 "개인이 범한 과거의 잘못을 탓하는 것에서 시스템을 개선해 미래의 오류를 예방"하는 것으로 옮기자고 제안했다. 오류를 예방하기 위해 시스템 전반에 걸쳐 오류 정보를 수집하고 이를 막기 위한 시스템을 설계하자는 것이 보고서의 제안이었다. 보고서는 "실수를 하는 것은 인간이지만, 그 실수는 막을 수 있다"라고 결론을 내렸다.[94]

체크리스트와 같은 간단한 방법으로도 생명을 구할 수 있다. 예컨대, 감염은 병원 중환자실에서 환자가 사망하는 가장 주요한 요인이며, 카테터의 빈번한 사용은 치명적인 혈류감염으로 이어지곤 한다. 피터 프로보노스트(Peter Provonost) 박사는 미시간주에서 안전 프로그램을 시작했는데 그 내용은 카테터를 사용할 때 다섯 가지 절차를 거치도록 하는 것이었다. 그중 첫 번째 단계는 간단하게도, 반드시 손을 씻는 것이었다. 의사들이 이 다섯 절차를 거치도록 교육받고, 매월 준수 여부를 점검하여 이에 대해 논의하자 혈액 감염률이 급격히 감소해서 많은 병원에서 0으로 떨어졌다. 초창기에 이루어진 연구에 따르면 이러한 조치가 4년 동안 약 1,800명의 생명을 구했다고 한다. 비록 사소한 조치였지만 문제의 핵심에 집중한 덕택에 수천 명의 목숨을 구한 것이다.[95]

범죄 수사에서 경찰은 질병 진단을 위해서가 아니라 사건 해결을 위해 정확한 정보를 수집해야만 한다. 그러나 범죄 수사 분야에는 품질관리가 존재하지 않는다. 오류를 수집하고 분석하는 절차가 존재하지 않는 것이다. 형사사법절차는 공장의 조립라인과 같은 곳에서 비틀거리고 있다. 각 단계의 참여자들은 자신의 재량을 발휘해 막대한 양의 정보를 증발시키고 있다. 절차의 시작은 꼼꼼한 기록이나 녹음이 아닌 형사의 기억과 수첩에 전적으로 의지한다. 변호사들은 오래되어 가물가물한 증인의 기억에 의존하거나, 법의학자가 어떤 근거로 그런 결론을 냈는지도 모른 채 그가 낸 검토 의견에 의존할 수밖에 없다. 사건이 경찰 수사 단계, 검찰의 기소, 변호인 측의 조사, 유죄협상, 재판, 항소, 재심 절차를 거치는 동안 오류는 되돌리기가 점점 더 힘들어진다. 자백이 한번 오염되어버리면, 판사들을 비롯해 다른 사람들은 해당 자백을 녹화한 것을 보지 않고서는 자백의 전말을 알 방법이 없다시피 하다.

이 책에서 주장하는 개혁안은 서로 닮아 있다. 그 핵심은 신뢰할 수 없는 인간의 기억과, 범죄 조사에서 이미 정해진 판단에 의존하는 것을 줄이는 데 있다. 이러한 문제들은 결코 새로운 것들이 아니다. 1932년 법학 교수 에드윈 보처드(Edwin Borchard)는 오판에 관한 그에 저서에서 목격자의 오인과 거짓 자백에 대해 설명했다. 여러 판사들은 수십 년 전부터 형사판결의 오류 가능성에 대해 논의해왔다. 잘못된 유죄판결에 관한 연구에서 당혹스러운 것은 우리가 신뢰할 수 없는 증거에 반복적으로 의존해왔다는 점이다. 이에 대한 해결책은 증거의 신뢰성에 대해 철저히 검증하는 것이다.

미래는 알 수가 없다. 이와 같은 형사절차 개혁이 역효과를 낳거나 새로운 편향을 낳을 수도 있고, 범죄자들을 풀어주는 어처구니없는 결과로 이어질 수도 있다. 하지만 용의자로 지목된 사람의 대부분이 범인이 맞는다면, 오히려 개선된 절차는 수사에 큰 도움이 될 것이다. 오판 피해자 사례에서 벌어졌던 실수가 진범을 풀어주는 데도 똑같이 작용하기 때문이다. 검사들은 수사 정보를 경찰에 의존하는데, 불충분한 수사기록과 기록 관리에 대해 불평을 하곤 한다. 이러한 문제에 대해 검찰은 경찰 당국과 함께 증거의 질을 향상시키기 위해 체크리스트와 문서작성규정 제정을 추진해왔다.[96] 중환자실 의사에게 손을 씻도록 주지시키는 내용의 체크리스트가 치명적인 감염을 예방하는 것처럼 경찰에게 목격자의 확신 정도에 대해 적어두도록 하거나 자백을 녹화하도록 하는 내용의 체크리스트는 뼈아픈 실수를 예방할 수 있다.

이중맹검법이 목격자의 범인식별절차에서 실수를 줄여줄 것이라는 것은 수십 년간 이어진 사회과학 분야의 연구를 통해서 알 수 있다. 신문 과정을 녹화하는 것이 진실한 자백을 저해할 것이라는 증거는 없다. 오히려 녹화는 진실한 자백이 공격받는 것을 막을 수 있다. 과학수사에 과학적 기준과 품질관리를 요구하는 것이 과학 증거의 사용을 줄일 것이라는 증거 역시 없다. 다른 구조적 개혁은 아직까지 검증된 바가 없고 분명 검증을 받아야만 한다. 특히 많은 사건이 유죄협상을 통해 해결되고 있는 이상, 신뢰할 수 없는 유형의 증거에 전제를 둔 유죄답변을 더욱 세심하게 조사해야 한다.

실패뿐만 아니라 성공에서도 배울 수 있다. 대부분의 형사사건에서 DNA 검사는 불가능하거나 누군가의 정체를 말해주지 않는다. 예를 들면, 보통의 강도 사건에서는 가해자의 체액 등이 사건 현장에 남아 있을 가능성이 낮다. 하지만 강도 사건에서는 오류가 발생하기 쉽다. 보통 이러한 사건들에서는 목격자에 의한 범인식별절차를 자주 사용하는데, 이런 사건에서 목격자가 범인을 볼 기회는 강간 사건에서보다 적다.[97] 그러므로 DNA 검사가 불가능한 사건이라 하더라도 오류를 문서화하는 것은 여전히 가능하다. 만약 목격자가 라인업 과정에서 다른 사람을 지목했다면 누구나 용의자는 범인이 아님을 알 수 있다. 용의자가 자백했으나 사건 당시 그가 감옥에 있었던 것이 밝혀졌다면, 경찰은 보통 그를 석방할 것이다. 재판 전에 과학 증거가 용의자의 결백을 밝혀낸다면 그 사람에게는 재심이 필요 없을 것이다. 수사 초기에 오류를 잡아내는 것은 무척 훌륭한 일이다. 이는 무엇이 취약한지에 대해 중요한 교훈을 제시한다.

시간이 지날수록 DNA 오판 입증 사례들보다 이러한 오류들에서 얻는 교훈이 늘어날 것이다. 지금은 DNA 검사가 일상화되어서, 수천 건의 사건이 재판 전에 무혐의 처리되고 있다. 지금도 꾸준히 DNA 검사를 통해 지난날의 오판이 드러나고 있지만, 이들 중 근래의 판결은 점점 줄어들고 있다. 그럼에도 DNA 검사를 통해 밝혀진 오판 피해자 중 4분의 1은 DNA 검사가 가능했던 시기에 유죄판결을 받았었다. 변호인이 DNA 검사를 신청하는 데 실패했거나, 생물학적 증거가 존재한다는 사실을 검사가 숨겼거나, DNA 검사가 엉망으로 실시된 경우였다. DNA 검사 기법이 날로 발전함에 따라 강도 사건이나 다른 중범죄 사건 등

DNA 검사를 사용할 수 있는 범죄의 종류 역시 날로 늘고 있다. 하지만 사법 오류를 들여다볼 수 있는 특별한 기회는 점점 사라질 것이다. 그렇기에 지금까지 DNA 오판 입증 사례에서 얻어낸 교훈은 더 큰 중요성을 갖는다.

250건의 오판 사례들이 우리에게 주는 교훈

이 책 서두에 다뤘던 로널드 존스의 재판에서, 배심원들은 평의에 들어가기 전 판사로부터 "여러분 앞에 피고인이 기소장에 적힌 범죄와 관련해 진술을 했다는 증거가 있습니다"라는 지침을 받았다. 판사는 이렇게 덧붙였다. "이러한 진술의 증거가치에 대해서는 여러분이 평가해야 합니다. 진술의 증거가치 평가에서는 그 진술이 이루어진 환경 전반에 대해 고려해야만 합니다."[98]

배심원들은 증거에 대해 공정하게 평가할 수 없었다. 그들에게는 신문 과정에서 무슨 일이 일어났는지에 대한 기록이 없었다. 존스는 결백을 호소했지만 소용이 없었다. 어찌 됐든 수사관은 존스가 서명한 진술서를 내밀었고, 존스가 구체적으로 자백했다고 말하고 있었다. 존스는 경찰이 자신을 때린 후 사건에 관해 자세히 말해줬다고 주장했지만, 판사 또한 자백에 아무런 문제가 없다고 보았다. 항소심 역시 마찬가지로 그를 구해내지 못했다. 자백이 오염되어 있었기 때문에 유죄 증거가 압도적으로 보였던 것이다. 오판 피해자들의 사례가 놀라운 점은 무고한 사람에 대한 혐의가 꽤나 그럴듯해 보였고, 도리어 매우 강력해 보이기까지 했다는 점이다. DNA 검사가 없었더라면 사건을 되돌리는 것은 불가능했을 것이다.

이러한 오판 피해자 사례의 교훈은 수사 초기 단계에서 핵심 증거가 오염되어버리면, 이로 인한 위험은 쉽게 복구되지 않는다는 점이다. 맥베스 부인이 말했듯 "엎지른 물은 주워 담을 수 없다". 경찰이 심문 중에 사건에 관한 정보를 흘리고, 제보자에게 정보를 제공하고, 엉터리 범인식별절차를 실시하고, 과학수사에서 비과학적인 결론에 도달해버린 후에는 모든 것이 늦다. 몇 달 후의 재판, 그리고 몇 년 후의 인신보호청원에서 이를 돌이키기에는 모든 것이 너무 늦어버린 후이다. 그리고 DNA 검사가 불가능한 대부분의 유죄판결에서는 돌이킬 수조차 없다. 그러나 이 문제는 "도저히 해법이 없는 문제"도, 잊어버려야 할 문제도 아니다. 이 문제들은 분명 다시 돌아와 우리를 괴롭힐 것이다.[99] 허구가 사실을 오염시키기 전에 이 오류들은 반드시 시정되어야만 한다.

커크 블러즈워스는 의회에 보낸 편지에서 "제게 일어난 일이 결코 다른 그 누구에게도 일어나지 않게 하기 위해 헌신할 것입니다. 저는 무너진 우리의 형사사법제도를 바로 세우기 위해 계속 노력할 것입니다"라고 썼다.[100] 형사사법제도에 존재하는 결함은 과연 제거될 수 있을까? 전반적인 법과학 개혁은 다소 비용이 많이 들 수 있지만 연방 정부는 범죄연구소에 수억 달러를 투자해서 밀린 일들을 줄이고 있다. 이는 중요한 목표이지만 연방 정부 보조금의 유일한 목표가 되어서는 안 된다.[101]

또한 쉽고 저렴한 개혁은 아직 전면적으로 채택되지 않았다. 대부분의 경찰관서에서는 과거의 범인식별절차를 답습하고 있고, 자백 역시 녹화하지 않고 있다. 로널드 테일러(Ronald Taylor) 사건의 변호인은 목격자의 범인식별 과정을 문서화하지 않은 잘못을 지적하며 다음과 같이 강조했다. "휴스턴 경찰국은 '비용이 너무 많이 들어서 이를 기록하지 않았다'고 주장하고 있습니다. 하지만 생각해보시죠. 90센트짜리 비디오테이프와 억울한 사람을 감옥에 보내는 것 중에 어느 쪽이 더 비싼지를요."[102]

미 상원에서도 로널드 존스가 겪은 고통이 다시 다루어졌다. 그가 석방된 후 러셀 파인골드(Russell Feingold) 미 상원의원은 "일리노이주에서 있었던 로널드 존스 사건"에 대해 자세히 설명하며 다음과 같이 결론 내렸다. "시스템은 작동하지 않았습니다. 이는 우리 모두의 실패이기도 합니다."[103] 그럼에도 미 의회는 아무런 개혁 조치도 통과시키지 않았다. 하지만 일리노이주 의회는 여러 개혁입법을 통과시켰는데, 그중에는 존스 사례에서 있었던 거짓 자백을 방지하는 방안도 포함되어 있었다. 살인 사건에서 신문에 대한 녹화를 강제한 것이 그것이다. 미국의 형사소송법은 오류에 취약하지만, 해결책은 분명 존재한다. 자백, 목격자의 범인식별절차, 과학수사, DNA에 대한 접근권에 대한 문제의식이 미 전역에서 커져가고 있다. 잘못된 유죄판결들은 대중의 의식을 변화시켰고, 배심원에서 유권자, 의원, 판사, 과학자, 경찰, 변호인, 검사에 이르는 모두의 태도를 바꾸어놓았다.

이 책은 형사사법제도가 어떻게 결백한 사람에게 유죄판결을 내렸는지를 보여주었다. 오판은 우연한 실수 때문이 아니라 제도 자체의 결함 때문에 발생한 것이었고, 오판을 통해 우리는 제도의 어떤 부분을 고쳐야 하는지 똑똑히 알게 되었다. 우리는 250명의 사람들이 감옥에서 보낸 억울한 세월을 되돌려줄 수는 없지만, 잘못에서 교훈을 얻기 위해 노력할 수는 있다.

부록

이 책은 DNA 검사를 통해 처음으로 무죄를 입증받은 오판 피해자 250명의 사건에 관한 풍부한 정보를 제공한다. 각 장은 250명의 결백한 사람들의 사례를 각 측면에서 하나하나 다룬다. 수집한 정보에 대해 모두 정리하자니 양이 많았지만 온라인으로 모든 데이터의 세부 요약을 확인할 수 있도록 했다(http://www.law.virginia.edu/innocence). 부록에서는 각 장의 결론을 보여주는 도표를 사용해 책을 시각적으로 개관하고, 이러한 정보를 수집하고 분석하는 데 사용한 방법에 대해서도 설명하겠다.

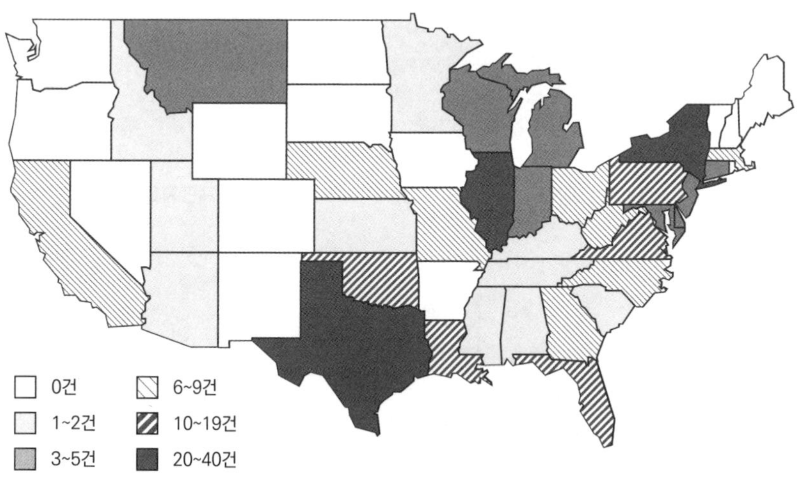

지도 A.1. 미국에서 DNA 검사로 오판 피해자들이 무죄를 입증받은 사례

책 내용을 소개하는 1장은 250명의 오판 피해자들의 일반적인 특성에 대해 다루었다. 지도 A.1에서 볼 수 있듯이 DNA 검사로 오판 피해자들이 무죄를 입증받은 사례는 33개 주와 워싱턴 D.C.에 걸쳐 미국 전역에서 있었다.

나는 형사재판을 받았던 사람들의 사건 중 88%에서 재판 자료를 수집했다. 또한 DNA 검사는 강간 사건에서 가장 신속하게 사용될 수 있기 때문에, 대부분의 오판 피해자들이 강간으로 유죄를 선고받았고 일부가 살인 및 기타 범죄로 유죄를 선고받았다는 점에 대해 설명했다. 그림 A.1부터 A.4까지는 250명의 오판 피해자들의 사건에서 나타난 이러한 특성 중 일부를 보여준다.

2장에서 5장까지는 재판에서 제시된 검찰 측 증거를 다루었는데, 그림 A.5는 책에서 다룬 증거 유형을 보여준다.

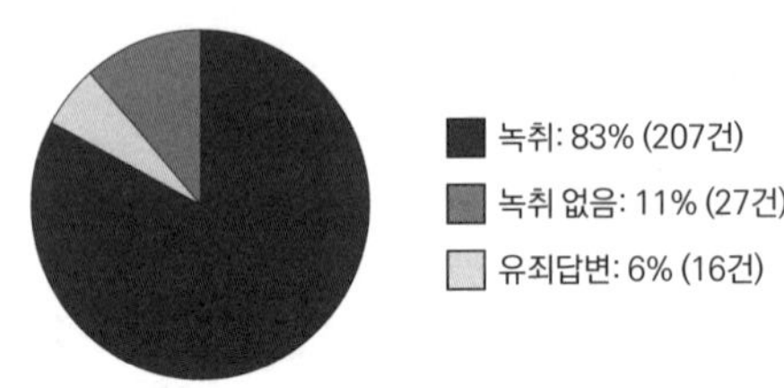

그림 A.1. DNA 검사로 무죄를 입증받은 오판 피해자들의 재판 자료

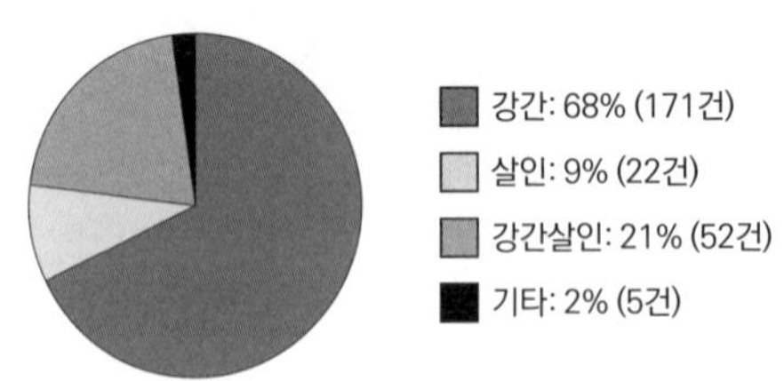

그림 A.2. 오판 피해자들의 죄명

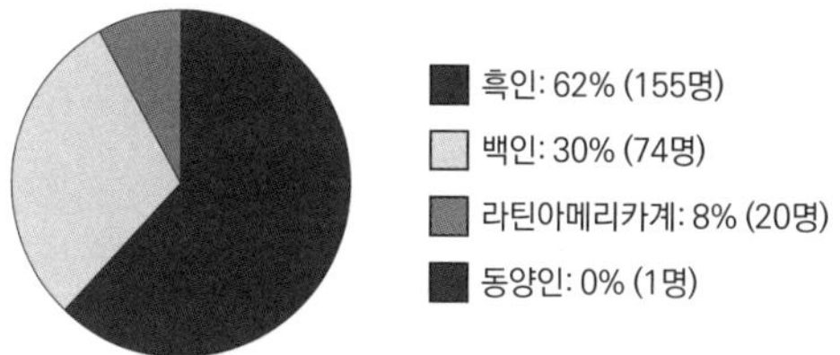

그림 A.3. 오판 피해자들의 인종

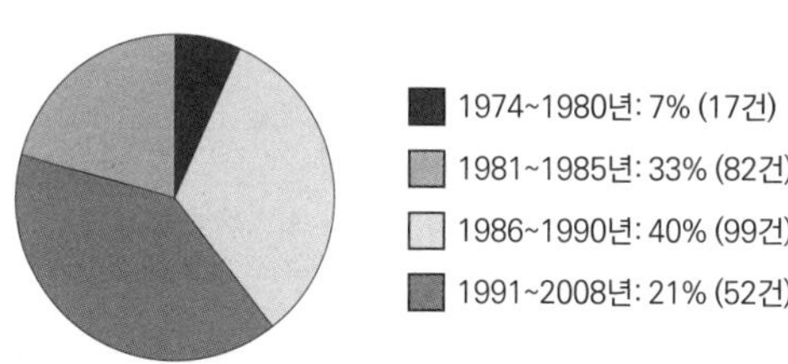

그림 A.4. 유죄판결을 받은 연도

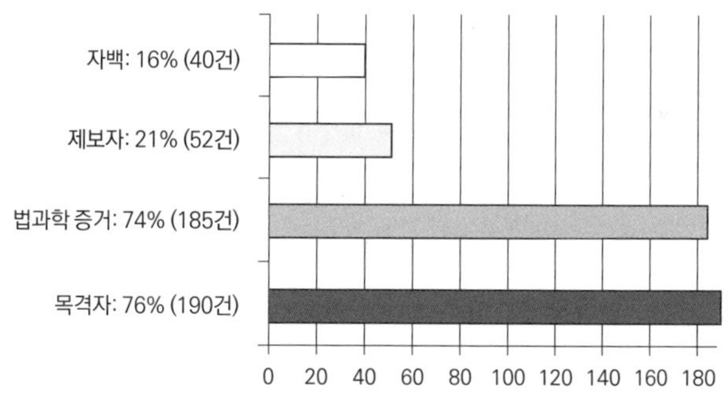

그림 A.5. 오판 피해자들의 유죄를 입증하는 증거

그림 A.6은 재판 증거에 결함이 있는 것으로 밝혀진 몇 가지 유형을 보여주는데, 암시적인 목격자 절차, 불확실한 목격자, 자백의 오염, 수감 동료의 제보, 검찰 측이 재판에서 제시한 법과학 분석으로 인한 잘못된 결론이 원인이었다.

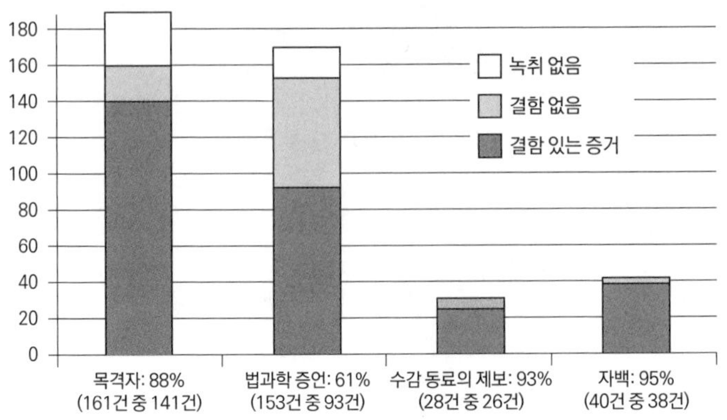

그림 A.6. 결함이 있는 재판 증거(녹취가 있는 증거 중 결함이 있는 비율)

오판 피해자들의 유죄를 입증하는 가장 일반적인 유형 두 가지는 목격자의 범인 지목과 법과학 증거였다. 그림 A.7에서 보듯이 대부분의 재판기록은 암시적이거나 신빙성 없는 범인식별절차가 연관되어 있었다. 마찬가지로 그림 A.8에서 보듯이 검찰 측 분석가들이 했던 대부분의 법과학 증언은 타당하지 않거나(61%) 모호했다(12%).

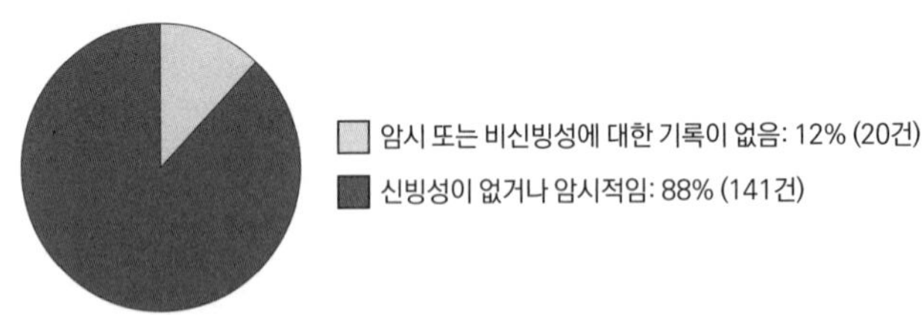

그림 A.7. 신빙성 없고 암시적인 범인 지목

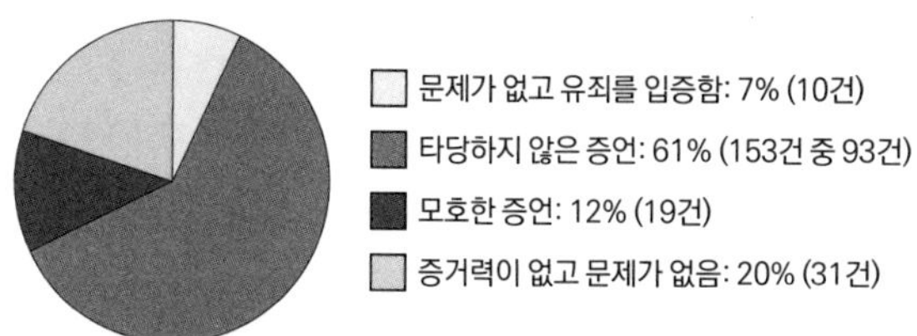

그림 A.8. 타당하지 않고 신빙성 없는 법과학

그림 A.9는 오판 피해자들의 재판에서 했던 목격자들의 증언과 관련해 3장에서 다루었던 내용을 보여준다. 일부 사건은 2개 이상의 항목에 해당되었다.

그림 A.10은 검토했던 재판에서 검찰 측 분석가가 제시했던 법과학 증거의 유형과 더불어 4장에서 다루었듯 타당하지 않은 결론과 연관된 각 유형의 비율을 보여준다. 많은 사건이 2개 이상의 법과학 증거 유형에 해당되었다.

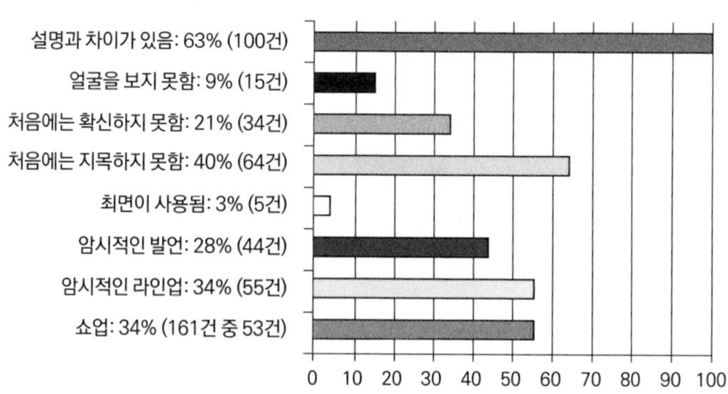

그림 A.9. 목격자의 범인 오인

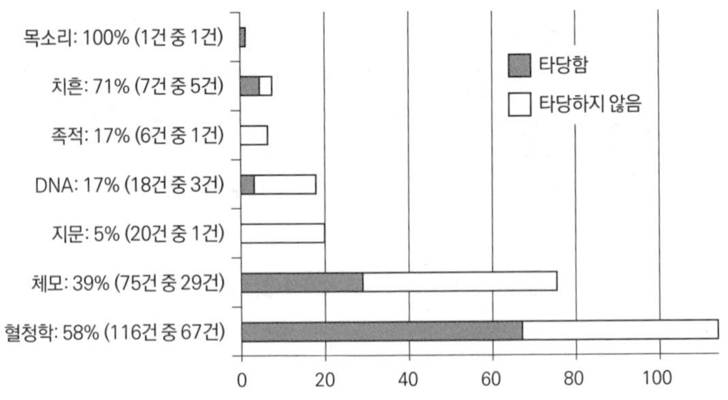

그림 A.10. 법과학 증거의 유형별 타당성

6장의 주제는 오판 피해자들이 재판에서 제기한 피고인 측 주장이다. 그림 A.11과 A.12는 이들이 제기한 주장의 유형과 무고한 피고인을 대변하는 변호인의 유형을 보여준다.

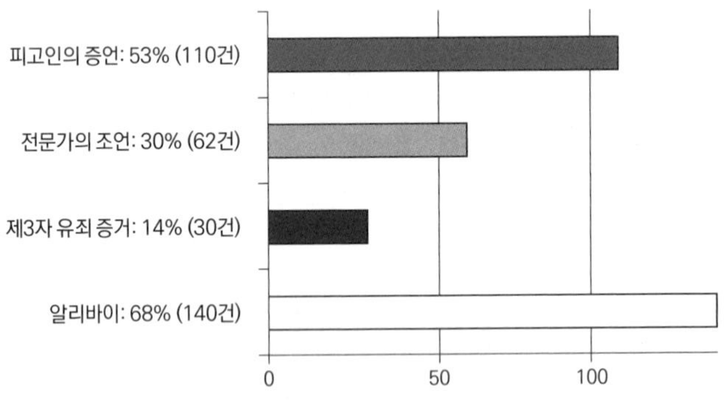

그림 A.11. 재판에서 피고인 측 주장

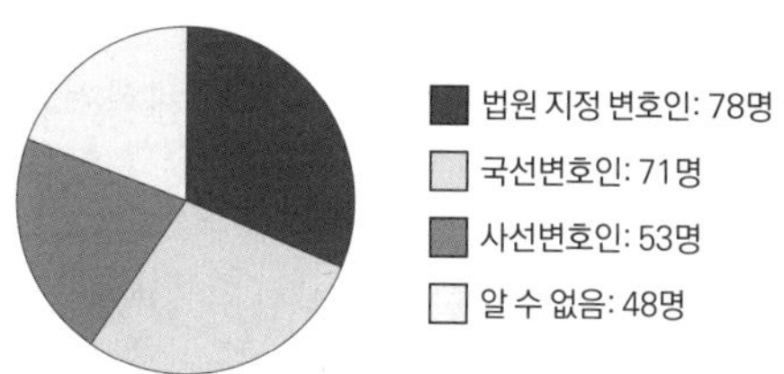

그림 A.12. 피고인 측 변호인 유형

7장은 항소에 대한 서면 결정이 있었던 사건들에서 수많은 오판 피해자들이 재판 증거에 이의를 제기하지 않았고, 이의를 제기한 극소수만이 재판에서 이기게 된 과정을 다루었다. 그림 A.13은 재판 증거에 대한 대부분의 이의제기가 실패하게 된 것 또는 이의제기 자체가 이루어지지 않았던 것을 보여준다. 하지만 파기율은 비슷한 수준의 심각한 형사재판 판결의 파기율과 비슷했던 것으로 보인다.

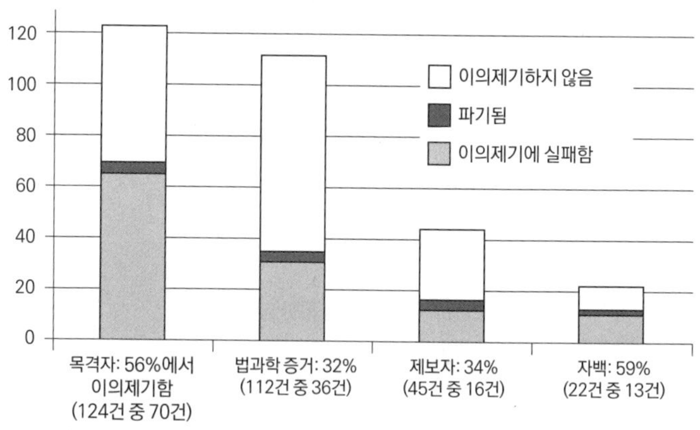

그림 A.13. 항소심 및 재심절차에서 증거에 대한 이의제기

8장은 오판 피해자들이 DNA 검사를 받고 무죄를 입증받기까지 다른 사례보다 더 지연되었던 과정과 항소심과 재심절차에서 이루어진 검사로 범인이 밝혀진 과정(그림 A.14와 A.15 참고)을 다루었다. 또한 유죄판결에서 항소심과 재심절차 종료 시점까지, DNA 검사 결과 처음으로 용의선상에서 배제되기까지, 궁극적인 무죄판결에 이르기까지의 평균 타임라인에 대해서도 논의했다. 그림 A.16은 각 단계가 나타난 평균 연도를 보여준다.

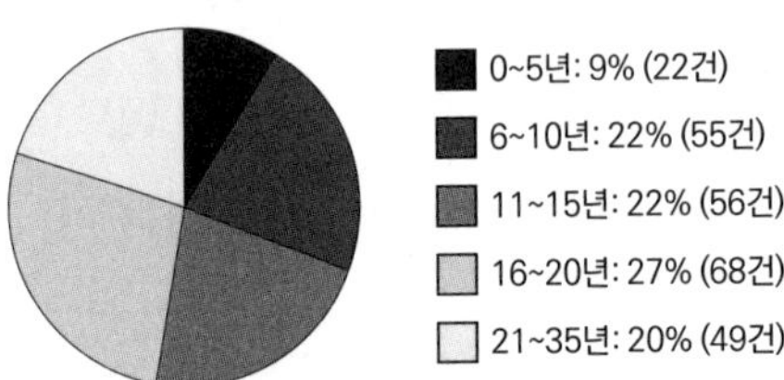

그림 A.14. 무죄판결까지 걸린 연수

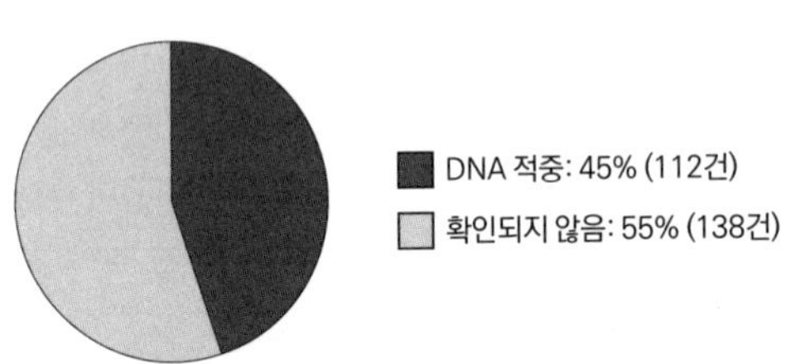

그림 A. 15. DNA를 통한 범인 확인

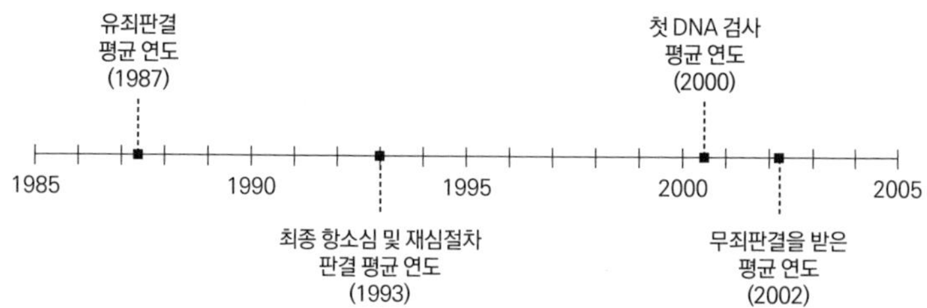

그림 A.16. 유죄판결에서 무죄판결까지의 평균 타임라인

250명의 오판 피해자들

이 책은 항소심 및 재심절차에서 DNA 검사 결과로 무죄판결을 받은 250명의 오판 피해자들의 명단에서 시작되었다. 여기서 말하는 무죄판결이란 새롭게 발견된 무죄 증거를 바탕으로 법원 또는 행정기관이 유죄판결을 무효화한 것이다. 재판 없이 기소가 기각되기도 하고, 2건의 경우 새로운 재판이 열려 무죄가 선고되었다. 각 사건에서는 유죄판결의 피고인이 배제된 후에 새로운 DNA 검사가 이루어졌고, 그중 112건의 DNA 검사에서 다른 사람이 범인으로 밝혀졌다.

DNA 검사로 무죄가 밝혀진 오판 피해 사례의 공식 목록은 카도조 로스쿨의 무죄 프로젝트를 통해 작성되고 있고, 이 목록은 해당 사례에 대한 간단한 설명과 함께 웹사이트에 게재된다.[1] 나는 이 책을 위해 직접 목록을 확인하고, 다양한 뉴스를 검색해보기도 했다. 무죄 프로젝트 목록은 사례를 포함하는 기준이 완벽하고 정확할 뿐만 아니라 보수적이다. DNA 관련 오판 피해 사례 중에 무죄 프로젝트 목록에 포함되지 않은 여러 사례는 DNA 검사가 무죄 입증에 실질적인 역할을 하지 않았다고 무죄 프로젝트에서 판단한 것이다(가장 주목을 받았던 폴 하우스 사례는 8장에서 다루었다).

이 책에서 DNA 검사 결과 오판 피해자로 밝혀진 사례를 구성할 때도 마찬가지로 보수적인 관점을 유지했다. DNA 검사로 죄를 벗고 재판 전에 혐의가 기각된 사례, 오판 피해자이지만 실질적으로 DNA 증거를 기반으로 하지 않은 사례, DNA 검사 결과 결백함에도 불구하고 무죄를 받지 못한 사례들 같은 경우는 목록에 포함시키지 않았다. DNA와 관련해 새로운 오판 피해 사례가 주기적으로 생겨나기 때문에 이 목록은 고정된 것이 아니다. 종종 DNA와 관련해 새로운 오판 피해자들이 주목을 받는데, 수년 전에는 이런 피해자들이 있어도 뉴스에 보도되지 않았다. 2010년 2월, 250번째 오판 피해 사례가 발생했을 때부터 나는 DNA와 관련해 새로운 오판 사례를 조사하는 것을 멈추었다.

DNA 검사는 절대적으로 확실하지만, 사실 DNA 검사 오류로 오판 피해자 중 3명이 유죄판결을 받은 적도 있다. 어떠한 법과학 기술을 사용하더라도 결과를 잘못 해석하거나 범죄 현장 또는 연구실에서 샘플을 잘못 처리하면 오류가 발생할 수 있다. 하지만 DNA 검사는 강간범의 정체를 그 특유의 방법으로 증명한다. 잘못된 DNA 검사로 범죄자가 무죄로 풀려날 수 있는 가능성도 있지만, 이 책에서는 주목받아온 오판 피해자들의 사례를 면밀하게 조사했다. 판사와 검사들은 유죄판결을 뒤집고 싶어 하지 않았고 중복된 DNA 검사가 이루어진 경우도 있었다. 또한 112건의 사례에서는 DNA 검사로 피고인이 배제되었을 뿐만 아니라 실제 가해자까지 확인했다. 우리는 이 기결수들은 실제로 결백했음을 확신할 수 있다.

피해자 데이터 수집

매우 감사하게도 여러 사람들의 엄청난 도움으로 오판 피해자들 사건의 재판 자료를 수집할 수 있었다. 나는 여러 가지 유형의 문서를 수집했는데, 형사재판을 받았던 234명의 오판 피해자들 중 207명에 대한 재판기록을 구하는 것이 가장 오래 걸렸다. 이 재판기록의 상당 부분은 연구 자료로 온라인에 게시되었다. 유죄를 인정한 16명의 오판 피해자 중 13명에 대한 자료(공판기일 전 심리, 공동피고인 재판의 증언, 자백 진술서 등)도 찾았다. 일부 오판 피해자에 대한 신문 기록 등의 경찰 보고서도 구했다. 거짓 자백, 목격자 증언, 법과학 증거, 제보자 증언에 대한 연구 결과를 다룬 부록과 함께 각 장에서 사용된 정보는 온라인에서 이용할 수 있다.[2] 여기에서 다시 설명하기에는 너무나도 상세하고 길 것이다.

두 번째로, 검사, 항소심 및 재심절차의 변호인, 여러 무죄 프로젝트를 통해서 자백 진술서, 연구실 보고서, 경찰 보고서도 구했다. 세 번째로, 오판 피해자들의 항소심과 재심절차에서 나온 모든 결정문을 수집했다. 이들의 판결에서 제기되고 판결 내려진 청구 내용을 검토하는 데 활용한 방법론은 나의 연구 "무죄를 판결하다(Judging Innocence)"에 자세하게 수록되어 있고, 자료 또한 온라인에 업데이트된 부록에 나와 있다.[3]

네 번째로, 제한된 데이터는 뉴스를 통해 수집했다. 항소심 및 재심절차 검토 이후에 이루어진 일에 대한 데이터, 즉 DNA 검사 요청, DNA 검사가 승인된 날짜, DNA 검사에 대한 검사 측의 동의 여부, 오판 피해자들이 민사소송상 합의 절차를 거쳤는지 여부 등은 모두 주로 뉴스를 통해 수집했다. 이러한 정보의 상당 부분은 무죄 네트워크(Innocence Network)와 무죄 프로젝트 구성원들과의 질의응답을 통해 보충했다. 이 구성원들은 DNA 검사가 실시되도록 하기 위해 적극적으로 참여했고 그 결과 이러한 데이터를 보충하고 오류를 잡아낼 수 있었다. 오판 피해자의 인종 또는 피해자의 인종과 같은 오판 피해자들의 특성에 대한 데이터도 이 구성원들과의 질의응답을 통해 보충했다.

데이터 분석과 검토

200여 건의 재판기록은 모두 자세히 조사되었고, 법학도 연구원들이 분석된 일련의 데이터 각각에 대해 초기 기호화 작업을 진행했다. 개인적으로는 직접 이 기호화 작업을 모두 검토했다. 이러한 데이터 연구 논문을 공동 집필했던 피터 뉴펠드도 법과학 증거의 기호화 작업을 검토했다. 몇몇 과학자들이 우리가 사용한 방법론을 검토했고 특정 증언에 대한 질문에 답을 해주었다. 또한 주요 데이터는 온라인에서 이용할 수 있도록 했다.

목격자 데이터를 구한 사건의 절반, 즉 60건의 사건에 대해 목격자 데이터를 블라인드 방식으로 기호화했다(최종적으로 목격자 증언이 있었던 161건의 재판을 찾아냈다). 목격자 데이터는 다음과 같은 질문과 관련된다. (1) 암시, 즉 경찰의 암시적인 범인식별절차 사용 여부, (2) 신빙성, 즉 목격자가 미리 불확실성에 대해 인정했거나 오판 피해자와 다르게 보이는 사람들을 어떤 명확하거나 의미 있는 방식으로 묘사했는지(하지만 이러한 외모 차이는 분석에서 중요한 역할을 하지 않았다)이다. 평가자

간의 신뢰도 점수는 높았으며, 이를 산출하는 데 도움을 준 제시카 코스텔닉(Jessica Kostelnik)에게 감사를 표하고 싶다.[4]

분석 및 수집된 데이터의 범위가 방대하여 다수의 기호화 장치를 사용하거나 기호화된 질문의 모든 기타 점수에 대해 평가자 간 신뢰도 점수를 구하지는 않았다. 하지만 목격자 데이터에 대한 평가자 간 신뢰도 점수가 높게 나온 것은, 훨씬 개별적이며 의미 있는 해석이나 주관적인 평가가 요구되지 않는 질문과 관련된 남은 기호화 작업에 자신감을 주었다. 예를 들어 재판이 언제 시작했는지, 피고인을 위해 증언했던 전문가가 있었는지, 재판에서 자백이 있었는지, 항소심 및 재심 절차에서 브레이디 원칙을 적용했는지와 같은 구체적인 질문을 기호화하는 것이 남은 작업의 대부분이었다. 모든 기호화 작업에 대해 두 명 이상의 학생이 기호화된 일련의 데이터 각각을 검토했다. 그다음 내가 직접 기호화된 데이터를 검토했고 주요 재판기록과 의견서를 전부 확인했다.

피해자 소그룹 조사

250명의 오판 피해자들을 분석하는 작업이 까다로웠던 이유는 모든 오판 피해자들의 자료를 구할 수 없었던 데 있다. 그뿐만 아니라 이 책의 각 장에서는 오판 피해자들을 각각의 소그룹별로 살펴보았다. 관련 소그룹의 크기는 질문에 따라 다른데, 2장의 경우 얼마나 많은 오판 피해자가 거짓 자백을 하고 자세한 사실이 포함된 서면 자백을 했는지가 핵심 질문이었다. 이 질문에 답하기 위해 거짓 자백을 했던 오판 피해자들의 소그룹을 구성하는 40명 전부에 대한 재판기록 또는 사건기록을 구했다. 반대로 3장에서는 목격자에 의한 범인식별절차가 있었던 190건의 사례를 모두 검토하기보다는, 오히려 재판기록을 찾을 수 있고 목격자가 개입된 161건의 사례로 이루어진 소그룹을 집중적으로 검토했다. 그 사례들에서만 재판기록을 검토하고 어떤 범인식별절차가 사용되었는지와 목격자의 확신이 재판 전에 바뀌었는지 여부를 평가했다. 7장은 서면 결정문이 있었던 165명의 오판 피해자들의 사례만 다루었는데, 그 사례들에서만 판사가 어떤 청구에 대해 판결을 했는지와 그러한 판결을 한 이유를 확인할 수 있었기 때문이다.

250명의 오판 피해자 전부를 대상으로 논의한 경우도 있다. 이 경우 본문이나 주석을 통해 이 내용을 언급했다. 250명 모두에 대해 구한 정보 중에는 이들의 인종, 유죄를 입증하는 증거 유형, 검사의 동의하에 DNA 검사를 했는지 여부, DNA 검사로 실제 가해자를 찾았는지 여부, 오판 피해자들이 보상을 받았는지 여부 등이 있다.

선택된 사례와 일반화의 가능성

DNA 검사를 통해 무죄를 입증받은 오판 피해자들은 특별하고 분명 '선택된' 사례에 해당된다. 이들의 경험은 일반화될 수 없음이 분명하고, 우리의 제도가 결백한 사람들을 대하는 더 일반적인 방식은 무엇인지 또는 얼마나 많은 사람들이 잘못된 판결을 받는지에 대해서는 분명한 결론을 내릴 수 없었다. 이러한 오판 피해 사례가 더욱 문제가 되는 것은 DNA 검사를 사용해도 잘못된 판결이 있었는지 여부를 알 수 없는 대부분의 형사사건에서 이와 같은 문제가 어느 정도 일어나는지 알 수 없기 때문이다.

DNA 검사를 통해 무죄를 입증받은 오판 피해자들은 대부분 1980년대에 낯선 사람에 의한 강간죄로 재판을 받고 무거운 처벌을 받은 사건의 당사자들이다. 왜냐하면 그들이 연루된 사건들은 재판 당시에는 DNA 검사가 이루어지지 않았지만 수년이 지난 후에는 실제로 범행을 저지른 사람을 밝힐 수 있었던 사건들이었기 때문이다. 9장에서 다루었듯이 대부분의 오판 피해자들이 유죄판결을 받았던 1980년대에 다른 사람들이 강간죄로 유죄판결을 받은 사례에 대해서는 충분한 데이터가 없었다. 예를 들어 1980년대에 얼마나 많은 사람들이 낯선 사람에 의한 강간죄로 유죄판결을 받고 10년 이상 복역했는지 알 수 없다. 오판이 입증되지 않은 사례 중에서 '일치하는' 사례와 비교하는 것은 사실상 굉장히 제한된다. 그러나 '일치하는' 사례 중 보고된 결정문이 있고 정도가 비슷하게 심한 강간과 살인 사건들은 파기율에서 통계적으로 무의미한 차이를 보였다는 결론에 도달했다. 또한 1980년대에 3개 주에서 있었던 유사한 재판들 중에는 동일한 유형의 잘못된 법과학 증거 일부가 연관되었음을 확인했다. 하지만 DNA 검사를 통해 무죄를 입증받은 오판 피해 사례는 특이한 상황에서도 발생하기 때문에 더 큰 확신을 가지고 비교하는 것은 적절하지 않다. 따라서 오판 피해자의 사례와 일치하는 사례를 더 이상 비교하지 않았는데, 이 사례들에 대한 기록이 부족했고 충분한 정보가 없는 경우도 있었기 때문이다.[5] 하지만 가능한 경우에는 중범죄 판결, 인신보호 소송, 범죄연구실의 연구, 자백, 목격자의 범인식별절차에 관한 데이터를 두고 이 사례들을 좀 더 일반적으로 비교해보았다.

한편 오판 피해자들이 어떤 식으로 소송을 진행했는지를 설명하는 조사 결과의 견고성을 평가하기 위해 추가로 연구를 진행했다. 프레스콧(J. J. Prescott) 교수와 협업하여 오판 피해자들의 사건 특성에 대한 데이터를 회귀분석을 비롯해 수많은 다양한 조건들과 변수 그룹을 사용해 포괄적으로 검토했다. 우리는 생략된 변수에 의한 편향이 이전의 분석에서 발생하지 않았다는 것을 확신하고 싶었고 데이터 내에서 새로운 관계가 밝혀질 수 있었기를 바랐다. 이러한 결과를 도출하는 내용은 7장에서 다루었다. 프레스콧 교수와 함께 오판 피해자들의 DNA 검사 전에 판결이 파기된 사건은 어떤 특징이 있었는지도 살펴보았다. 우리는 무죄를 주장하거나 재판 증거와 관련된 실체적 소송을 했던 오판 피해자들에 대해 법원이 유죄판결을 파기하는 경우가 더 많았다는 증거를 발견했으며, 또한 무죄 주장과 실체적 소송의 경우에 유죄판결에서 무죄판결까지 걸리는 시간이 더 짧았다는 점도 확인했다.

이러한 오판 피해 사례를 조사하는 데에는 더 많은 연구가 필요하며 앞으로 그렇게 될 것이라고 확신한다. 이 책에 담긴 정보와 분석이 앞으로 잘못된 유죄판결에 대해 연구하는 데 도움이 되길 바란다.

참고문헌

1장. 서론: 250건의 오염된 재판

1. Ken Armstrong, "Part 6: The Far Limb of the Law," *Chicago Tribune,* December 18, 2002.
2. Sharon Cohen, "Last-Minute Exonerations Fuel Death-Penalty Debate," *Los Angeles Times,* August 15, 1999, A-1.
3. Trial Transcript, 779, 832, 862, 886, 1152–1153, People of the State of Illinois v. Ronald Jones, No. 85-12043 (Ill. Cir. Ct. July 12, 1989).
4. Ibid., 912.
5. Ibid., 1212, 1223 (July 17, 1989).
6. Edward Blake, who conducted the testing, found a "large quantity of spermatozoa" on the vaginal swab, suggesting that the sperm came from the person who murdered the victim shortly thereafter. See Forensic Science Associates, Illinois v. Ronald Jones Report (June 11, 1997), 8.
7. Ken Armstrong, "The Trials of Dick Cunningham: A Death Row Lawyer's Search for Mercy and Redemption, Chapter 9: Sunrise," *Chicago Tribune,* December 23, 2002, 1.
8. Ibid.
9. Jones Trial Transcript, 1092–1094 (July 13, 1989).
10. Ibid., 1142, 1151, 1160; ibid., 64 (July 14, 1989).
11. See ibid., 1089, 1124 (July 13, 1989).
12. Ibid., 1213 (July 17, 1989).
13. Ibid., 951–954 (July 12, 1989).
14. Those five additional exonerees were convicted of other crimes, such as robbery or attempted murder.

15. Most striking, 75% of innocent rape convicts were black or Hispanic, while one study indicates that only approximately 30% of all rape convicts are minorities. See Sean Rosenmerkel, Matthew Durose, and Donald Farole Jr., U.S. Department of Justice, Bureau of Justice Statistics, *Felony Sentences in State Courts, 2006* (2009), table 3.2. Chapter 3 discusses several possible explanations for this racial disparity.
16. Herrera v. Collins, 506 U.S. 390, 420 (1993) (O'Connor, J., concurring); see also ibid., 398–399 (citing to "constitutional provisions [that] have the effect of ensuring against the risk of convicting an innocent person").
17. Edwin M. Borchard, *Convicting the Innocent: Errors of Criminal Justice* (New Haven, CT: Yale University Press, 1932), vi.
18. Hugo Adam Bedau and Michael L. Radelet, "Miscarriages of Justice in Potentially Capital Cases," 40 *Stan. L. Rev.* 21, 87 (1987).
19. The highest numbers were in Texas (40), followed by Illinois (29), New York (25), Virginia (11), Florida (11), Oklahoma (10), Pennsylvania (10), California (9), Massachusetts (9), and Ohio (8). The states with the most exonerations may not have the most error-prone criminal courts. New York and Illinois have the oldest innocence projects and enacted the first statutes to provide access to postconviction DNA testing. Texas and Virginia, on the other hand, happened to preserve biological evidence in some 1980s cases. This suggests that many factors explain why exonerations occur in some states more than in others.
20. See Brandon L. Garrett, "Judging Innocence," 108 *Colum. L. Rev.* 55, 56–58 (2008). The story of the founding of the Innocence Project is told in *Actual Innocence,* a book that compellingly describes the stories of the first DNA exonerees and proposes a series of increasingly adopted reforms. See Barry Scheck, Peter Neufeld, and Jim Dwyer, *Actual Innocence* (New York: Signet, 2001). This book takes up Barry Scheck, Peter Neufeld and Jim Dwyer's invitation to scholars and others to take on "the job of figuring out what went wrong . . ." Ibid., xxiii. Before becoming a law professor, I had the privilege to work for Peter Neufeld and Barry Scheck at the law firm then called Cochran, Neufeld & Scheck, LLP, from 2002 to 2004. I represented several DNA exonerees pursuing civil wrongful conviction actions after their exoneration.
21. Harry Kalven Jr. and Hans Zeisel, *The American Jury* (Chicago: University of Chicago Press, 1966), 32.
22. Several exonerees' trials could not be obtained because their cases were sealed when they were exonerated or had already been sealed to protect the identity of the victim. For others, the records have been lost. In many jurisdictions, the courthouse does not keep copies of trial transcripts, and the court reporter who transcribed the proceedings retains the records. Some of those reporters retired, passed away, could not be located, or no longer had the records. For some exonerees, jury instructions or closing statements were not transcribed, and for most, jury selection and voir dire were not transcribed or obtained. As the Appendix describes, I have made available online much of the data described in this book. See http://www.law.virginia.edu/innocence.
23. Herrera v. Collins, 506 U.S. 390, 416 (1993).

24. United States v. Chronic, 466 U.S. 648, 656 (1984).
25. In these 250 DNA exonerees' cases, at least 27%, or 68, received a pardon. For 84%, or 210, exonerees, a court vacated the conviction. There is an overlap because for some the pardon was a step that followed an exoneration by a court but was necessary in order to obtain compensation. In all but eight of the cases involving a court-ordered vacatur, a state court vacated the conviction. In the eight cases it was a federal court. In two cases, those of Gerald Davis and of Robert Miller, the prosecutor retried the exoneree even after the postconviction DNA testing excluded them and the court vacated the conviction. In each of those cases, the exoneree was acquitted at the retrial.
26. See Glenna Whitley, "Chains of Evidence," *Dallas News-Observer,* August 1, 2007 (describing how Dallas County's private crime lab, the Southwestern Institute of Forensic Sciences, was required to preserve evidence to maintain its accreditation).
27. Lauren Kern, "Innocence Lost? Despite Its Increasing Importance, DNA Evidence Routinely Gets Destroyed Here," *Houston Press,* November 30, 2000.
28. Naftali Bendavid, "Ashcroft Pledges $30 Million to Whittle Down DNA-Test Backlog," *Chicago Tribune,* August 1, 2001.
29. See Edward Connors et al., U.S. Department of Justice, *Convicted by Juries, Exonerated by Science: Case Studies in the Use of DNA Evidence to Establish Innocence After Trial* (1996), xxviii–xxix, 20 (reporting the results of a 1995 DNA laboratory survey, finding a 25% exclusion rate among the more than 10,000 cases tested by the FBI, omitting inconclusive cases, and a higher 30% exclusion rate among the more than 10,000 cases tested by state, local, and private laboratories); see also William S. Sessions, "DNA Evidence and the Death Penalty," *Jurist,* May 30, 2007 (noting that those statistics have remained "roughly the same" over time). Chapter 9 further discusses legal debates and scholarship concerning error rates and wrongful convictions.

2장. 오염된 자백

1. Trial Transcript, 1155, 1207–1208, 1534, State of New York v. Jeffrey Deskovic, No. 192-90 (N.Y. Sup. Ct. Dec. 4, 1990).
2. Deskovic Trial Transcript, 1143, 1151–1152.
3. Report on the Conviction of Jeffrey Deskovic, 2, 13 (2007), available at www.westchesterda.net/Jeffrey%20Deskovic%20Comm%20Rpt.pdf.
4. Deskovic Trial Transcript, 1183.
5. Ibid., 693.
6. Deskovic Report, 2.
7. Deskovic Trial Transcript, 1034.
8. Ibid., 1186.
9. Ibid., 1167, 1185, 1429, 1512–1513.
10. Deskovic Report, 3.
11. Ibid., 19.

12. Deskovic Trial Transcript, 1492.
13. Ibid., 1507–1508.
14. Ibid., 1513, 1537.
15. Ibid., 1521.
16. Deskovic Report, 3–4.
17. People v. Deskovic, 607 N.Y.S.2d 696, 697 (N.Y. App. Div. 1994).
18. Fernanda Santos, "Inmate Enters Guilty Plea in '89 Killing," *New York Times,* March 15, 2007; Tony Aiello, "Deskovic Vindicated; 'Real' Teen Killer Confesses," *WCBSTV.com,* November 15, 2006.
19. Fernanda Santos, "DNA Evidence Frees a Man Imprisoned for Half of His Life," *New York Times,* September 21, 2006, A-1.
20. See Saul Kassin and Lawrence Wrightsman, *The Psychology of Evidence and Trial Procedure* (Beverly Hills, CA: Sage Publications, 1985), 78; Fred E. Inbau et al., *Criminal Interrogation and Confessions,* 4th ed. (Gaithersburg, MD: Aspen Publishers, 2001), 412.
21. Jonathan Bandler, "Deskovic Files Federal Lawsuit over His 15-year Wrongful Imprisonment," *Journal News* (White Plains, NY), September 18, 2007.
22. John Henry Wigmore, *A Treatise on the Anglo-American System of Evidence in Trials at Common Law,* 2nd ed., vol. 2 (Boston: Little, Brown, 1923), § 835, 867.
23. Saul Kassin et al., "Police Interviewing and Interrogation: A Self-Report Survey of Police Practices and Beliefs," 31 *Law & Hum. Behav.* 381 (2007).
24. See Kassin and Wrightsman, *Psychology of Evidence,* 67–94; Richard A. Leo and Richard J. Ofshe, "The Consequences of False Confessions: Deprivations of Liberty and Miscarriages of Justice in the Age of Psychological Interrogation," 88 *J. Crim., L. & Criminology* 429 (1998); Corey J. Ayling, "Corroborating Confessions: An Empirical Analysis of Legal Safeguards against False Confessions," 1984 *Wis. L. Rev.* 1121, 1186–1187 (1984). For experimental work concerning false confessions, see, e.g., Saul Kassin and Katharine Kiechel, "The Social Psychology of False Confessions: Compliance, Internalization, and Confabulation," *Psychological Science* (1996); Saul Kassin and Holly Sukel, "Coerced Confessions and the Jury: An Experimental Test of the 'Harmless Error' Rule," 21 *Law & Hum. Behav.* 27 (1997); Saul Kassin, "On the Psychology of Confessions: Does Innocence Put Innocents at Risk?" 60 *Am. Psychol.* 215, 223 (2005).
25. See Major Joshua E. Kastenberg, "A Three-Dimensional Model for the Use of Expert Psychiatric and Psychological Evidence in False Confession Defenses Before the Trier of Fact," 26 *Seattle U. L. Rev.* 783 (2003).
26. See Richard A. Leo, *Police Interrogation and American Justice* (Cambridge, MA: Harvard University Press, 2008), 166 (calling on scholars to examine "the postadmission portion of police interrogation" and noting that "it has received far less attention from scholars, lawyers, and the media").
27. Thirty of the forty exonerees were convicted at a trial. The ten who pleaded guilty were: Marcellius Bradford, Keith Brown, James Dean, Anthony Gray, William Kelly, Chris Ochoa, Debra Shelden, Ada JoAnn Taylor, David Vasquez, and Thomas Winslow. For all of the thirty convicted at a trial, trial materials were obtained. Of those

who pleaded guilty, five had trial materials because they testified in codefendants' trials or were tried for additional crimes that they did not commit. Bradford, Dean, Ochoa, Taylor, and Shelden testified at trials against others they had implicated. Although Brown, Gray, Kelly, Vasquez, and Winslow pleaded guilty and did not testify in a trial, I obtained court files and documents describing their confession statements (including a video of part of the interrogation in Winslow's case). I note that Jerry Frank Townsend pleaded guilty to some offenses but was tried for two of the crimes he confessed to.

28. The forty cases all involved an exoneree interrogated in a custodial setting who reportedly delivered self-incriminating statements and admissions of guilt to police, though not necessarily to all of the charged acts. These forty cases do not include nine exonerees who reportedly made self-incriminating remarks volunteered to police outside of custody and that were not full admissions to having committed any of the charged acts. The characteristics of the forty cases are summarized in an appendix accompanying my article "The Substance of False Confessions," which is available online at a University of Virginia School of Law Library research collection webpage together with relevant portions of these forty exonerees' interrogation records and trial transcripts. Written confession statements were obtained for twenty-eight exonerees. See www.law.virginia.edu/html/librarysite/garrett_falseconfess.htm. My prior article did not include the cases of two exonerees, Keith Brown and Anthony Gray. I have since located a copy of Keith Brown's quite detailed confession statement (although a second statement the he wrote himself was markedly inconsistent and was not detailed). Gray "had given a detailed confession." Attorney Grievance Comm'n v. Kent, 653 A.2d 909, 917 (Md. 1995). Although the court file did not include the audio or written confession statements, it referenced how he confessed to having stood watch when the victim was murdered. News reports as well as conversations with Gray's lawyer and former prosecutors involved in the case confirmed that his confession statements were detailed but also contained certain inconsistencies with crime scene evidence. See Todd Richissin, "Trying to Right an Injustice; Murder: A Defense Attorney and Calvert County State's Attorney Say a Man Has Been Wrongly Imprisoned for the Past Seven Years," *Baltimore Sun,* February 6, 1999, 1A.

29. I first explored these false confessions in a law review article. See Brandon L. Garrett, "The Substance of False Confessions," 62 *Stan. L. Rev.* 1051 (2010). I stopped examining new exonerations after February 2010, when the 250th DNA exoneration occurred. I note that three subsequent exonerations all apparently involved false and contaminated confessions. Exoneree Ted Bradford had provided a false confession reported to have included "details that would only be known to the rapist." Mark Morey, "Jurors Find Bradford Innocent of Rape," *Yakima Herald-Republic* (Yakima, WA), February 11, 2010. Exoneree Anthony Caravella initially confessed with details inconsistent with the crime, but over a series of interrogations was reported to provide accurate details, including information "suggested to him by leading questions." Paula McMahon, "DNA Result Just One Troubling Aspect in Convicted Man's Case," *South Florida Sun Sentinel,* September 4, 2009. Exoneree Frank

Sterling's false confession was also reported to have included inside information about the crime. Rachel Barnhart, "Innocence Project: Frank Sterling Cleared of Manville Murder, Christie Confesses," *WHAM.com,* March 28, 2010.

30. Arizona v. Fulminante, 499 U.S. 279, 296 (1991) (quoting Bruton v. United States, 391 U.S. 123, 139–140 (1968)); see also Mark Costanzo, Netta Shaked-Schroer, and Katharine Vinson, "Juror Beliefs about Police Interrogations, False Confessions, and Expert Testimony," 7 *J. Empirical Legal Stud.* 231 (2010).
31. Gross et. al., "Exonerations in the United States 1989 Through 2003," 95 *J. Crim. L. & Criminology* 523, 544 (2005).
32. Leo, *Police Interrogation,* ch. 5.
33. Trial Transcript, 1292, State of Oklahoma v. Robert Lee Miller, Jr., CRF-87-963 (Okla. D. Ct. May 15–17, 1988).
34. See, e.g., Leo, *Police Interrogation,* 243 (reviewing literature, and concluding, "Since the late 1980's six studies alone have documented approximately 250 interrogation-inducted false confessions").
35. Barry C. Feld, "Police Interrogation of Juveniles: An Empirical Study of Policy and Practice," 97 *J. Crim. L. & Criminology* 219, 315 (2006) ("Police in this study concluded three-quarters of interrogations in thirty minutes or less, and none exceeded one and one-half hours."); Richard A. Leo, "Inside the Interrogation Room," 86 *J. Crim. L. & Criminology* 266, 279–280 (1996).
36. The twenty-one cases are those of: Marcellius Bradford, Rolando Cruz, Anthony Gray, Paula Gray, Travis Hayes, Alejandro Hernandez, David Allen Jones, Ryan Mathews, Antron McCray, Robert Miller, Christopher Ochoa, Calvin Ollins, Kevin Richardson, Yusef Salaam, Raymond Santana, Jerry Frank Townsend, David Vasquez, Douglas Warney, Earl Washington Jr., Ronald Williamson, and Korey Wise. In at least eight of those cases that person subsequently confessed to the crime and often also pleaded guilty. Cases involving confessions of the person inculpated by postconviction DNA testing are those of Rolando Cruz, Alejandro Hernandez, Christopher Ochoa, Antron McCray, Kevin Richardson, Yusef Salaam, Raymond Santana, and Korey Wise.
37. In addition, five of those twelve rape cases were in the Central Park Jogger case, which was investigated as a murder, where the victim was in critical condition and in a coma.
38. Anne Coughlin has written an important article examining the victim-blaming narratives endorsed by leading training manuals and employed to "minimize" the acts of a suspect during interrogations. See Anne M. Coughlin, "Interrogation Stories," 95 *Va. L. Rev.* 1599 (2009). Coughlin argues that "[v]ictim-blaming is incompatible with the contemporary goals of rape law, and the police should stop feeding those stock stories to accused rapists." Ibid., 1660.
39. Frazier v. Cupp, 394 U.S. 731, 739 (1969); Laurie Magid, "Deceptive Police Interrogation Practices: How Far Is Too Far?" 99 *Mich. L. Rev.* 1168, 1169 (2001); Inbau et al., *Criminal Interrogation and Confessions,* 486–487.
40. Memorandum in Opposition to Defendant's Motion to Suppress Statements, 3, Commonwealth v. Vasquez, C-22,213 to -22,216, C-22,763 (Va. Cir. Ct. Oct. 1984).

41. The exonerees were James Dean, Jeffrey Deskovic, Byron Halsey, Travis Hayes, Ronald Jones, John Kogut, Eddie Lowery, and Debra Shelden.
42. See generally, Saul M. Kassin et al., "Police-Induced Confessions: Risk Factors and Recommendations," 34 *Law & Hum. Behav.* 27–32 (2010); Louis C. Senese, *Anatomy of Interrogation Themes: The Reid Technique of Interviewing and Interrogation* (Chicago: John E. Reid and Associates, 2005).
43. Inbau et al., *Criminal Interrogation and Confessions,* 367.
44. Richard Ofshe and Richard Leo, "The Decision to Confess Falsely: Rational Choice and Irrational Action," 74 *Denv. U. L. Rev.* 979, 993 (1997).
45. Trial Transcript, 78–79, State of Louisiana v. Dennis P. Brown, No. 128, 634 (La. Dist. Ct. April 3, 1985).
46. Trial Transcript, State of New York v. Douglas Warney, Ind. No. 96-0088 (N.Y. Sup. Ct. Feb. 11, 1997).
47. Ibid., 570–571.
48. Jim Dwyer, "Inmate to Be Freed as DNA Tests Upend Murder Confession," *New York Times,* May 16, 2006.
49. Those exonerees are Paula Gray (who inculpated Kenneth Adams, Verneal Jimerson, Willie Rainge, and Dennis Williams), Antron McCray, Kevin Richardson, Raymond Santana, Yusef Salaam, and Korey Wise (who each implicated others in the Central Park case), James Dean, Ada JoAnn Taylor, Debra Shelden, and Thomas Winslow (who variously implicated each other and Kathy Gonzalez and Joseph White in the Beatrice Six case), Alejandro Hernandez and Rolando Cruz (who implicated each other), Marcellius Bradford and Calvin Ollins (who confessed and implicated Larry Ollins and Omar Saunders), Travis Hayes (who implicated Ryan Mathews), John Kogut (who implicated John Restivo and Dennis Halstead), and Chris Ochoa (who implicated Richard Danziger).
50. Trial Transcript, 942, State v. White, No. 9316 (Neb. Dist. Ct. Nov. 7, 1989).
51. Ibid., 953.
52. Ibid., 924, 931, 939.
53. Ibid., 959.
54. Patrick McCreless, "Justice . . . Finally," *Cullman Times* (Culman, AL), October 22, 2008.
55. Trial Transcript, 862, State of Illinois v. Ronald Jones, No. 85-12043 (Cir. Ct. Cook County July 12, 1989).
56. Trial Transcript, 450, State of Oklahoma v. Ronald Keith Williamson, CRF 87-90 (Okla. Dist. Ct. April 21–28, 1988).
57. Ibid., 541–542. However, in a possible inconsistency if Williamson's statement was interpreted to mean stabbing using a knife, Dr. Jordan also stated that he did not believe the puncture wounds on her body were caused by a knife. Ibid., 551–552.
58. Jim Trainum, "Editorial, Get It on Tape: A False Confession to Murder Convinced a Cop That a Visual Record Can Help Ensure an Innocent Person Isn't Convicted," *Los Angeles Times,* October 24, 2008, 6.
59. Motion to Suppress Hearing Transcript, 40, People v. Hatchett (Mich. Cir. Ct. Sept. 22, 1997).

60. Washington v. Murray, 4 F.3d 1285, 1292 (4th Cir. 1993).
61. Statement of Earl Junior Washington, June 4, 1982 at 6.
62. Trial Transcript, 527–537, 540, 566, Commonwealth of Virginia v. Earl Junior Washington (Va. Cir. Ct. Jan. 19, 1984).
63. Margaret Edds, *An Expendable Man: The Near-Execution of Earl Washington, Jr.* (New York: New York University Press, 2003), 248.
64. Jerry Markon, "Wrongfully Jailed Man Wins Suit," *Washington Post,* May 6, 2006, B01 (describing that jury awarded $2.25 million finding that "Wilmore deliberately falsified evidence, which resulted in Washington's conviction and death sentence").
65. Trial Transcript, 5291–5292, People v. McCray et al., No. 4762/89 (N.Y. Sup. Ct. Aug. 8, 1990).
66. Trial Transcript, 22, Commonwealth of Pennsylvania v. Bruce Donald Godschalk, No. 00934-87 (Pa. Ct. Com. Pl. May 27, 1987).
67. Trial Transcript, 1292, State of Oklahoma v. Robert Lee Miller, Jr., CRF-87-963 (Okla. Dist. Ct. May 15–17, 1988).
68. Trial Transcript, 146, State of Illinois v. Alejandro Hernandez et al., No. 84-CF-361-01-12 (Ill. Cir. Ct. Feb. 20, 1985).
69. Transcript of Taped Interview of David Jones, 33, People v. Jones, No. BA071698 (Cal. Super. Ct. July 15, 1993).
70. Maura Dolan and Evelyn Larrubia, "Telling Police What They Want to Hear, Even if It's False," *Los Angeles Times,* October 30, 2004.
71. Trial Transcript, 2-133 to 2-135, Commonwealth v. Yarris, No. 690-82 (Pa. Ct. Com. Pl. June 29, 1982).
72. Leo, *Police Interrogation,* 261.
73. Trial Transcript, 96, State of Louisiana v. Dennis Brown, No. 128,634 (La. Dist. Ct. April 12, 1985).
74. Trial Transcript, 77, 122, State of Illinois v. Ronald Jones, No. 85-12043 (Ill. Cir. Ct. Feb. 24, 1986).
75. Washington Trial Transcript, 622–623.
76. See Leo and Ofshe, "The Decision to Confess Falsely," 1119 ("the reliability of a confession statement can usually be objectively determined by evaluating the fit between a post-admission narrative and the crime facts.").
77. In other cases, the law enforcement account of the interrogation does not describe any statements made inconsistent with the crime, but absent a complete recording of the interrogation, one cannot be confident what transpired.
78. Washington Trial Transcript, 596.
79. Ibid., 618.
80. See, e.g., Eric M. Freedman, "Earl Washington's Ordeal," 29 *Hofstra L. Rev.* 1091 (2001).
81. Trial Transcript, 714–715, State v. Halsey, Nos. 63-01-86, 210-02-87 (N.J. Super. Ct. Mar. 7, 1988).
82. See Godschalk Trial Transcript, 72.
83. Brooke Masters, "Missteps on the Road to Justice," *Washington Post,* December 1, 2000, A1.

84. Maurice Possley, "Lab Didn't Bother with DNA," *Chicago Tribune,* August 25, 2006.
85. The eight are: Jeffrey Deskovic, Travis Hayes, Ryan Matthews, Antron McCray, Kevin Richardson, Raymond Santana, Yusef Salaam, and Korey Wise. See Brandon L. Garrett, "Claiming Innocence," 92 *Minn. L. Rev.* 1629, 1660–1661 (2008). A total of sixteen exonerees were convicted despite DNA tests excluding them at the time they were convicted (the other eight had not falsely confessed.) Those cases are discussed in Chapter 4.
86. See Deskovic Report.
87. Trial Transcript, 280, People v. Hatchett, 97-1497-FC (Mich. Cir. Ct. Mar. 6, 1998).
88. According to Steven Drizin, there were no motions to suppress Cruz's confession because the defense theory was that the noncustodial confession never happened, but rather that it was a dream statement made up by the police.
89. Colorado v. Connoley, 479 U.S. 157, 161 (1986); ibid., 175 (Brennan, J., dissenting).
90. 384 U.S. 436 (1966).
91. Richard A. Leo, "Inside the Interrogation Room," 276; see also Steven D. Clymer, "Are Police Free to Disregard Miranda?" 112 *Yale L.J.* 447, 502–512 (2002); Richard A. Leo, "Questioning the Relevance of Miranda in the Twenty-First Century," 99 *Mich. L. Rev.* 1000, 1010 (2001); Louis Michael Seidman, "Brown and Miranda," 80 *Cal. L. Rev.* 673, 745 (1992).
92. Trial Transcript, 20, People v. Lloyd, No. 85-00376 (Mich. Rec. Ct. May 2, 1985).
93. Arizona v. Fulminante, 499 U.S. 279 (1991); Schneckloth v. Bustamonte, 412 U.S. 218, 226 (1973). The voluntariness standard regulates only confessions made in custody. Oregon v. Elstad, 470 U.S. 298, 311–314 (1985). Nine additional exonerees did not confess, but they did talk to police and reportedly volunteered information before any custodial interrogation began. Many of these statements were quite damaging at trial, precisely for the same reason that the false confessions were; they were reported to include nonpublic details about the crime. I describe those cases in Garrett, "Substance of False Confessions," 1106–1107.
94. Brown v. Illinois, 422 U.S. 590, 604 (1975) ("[T]he burden of showing admissibility rests, of course, on the prosecution.")
95. See Steven A. Drizin and Richard A. Leo, "The Problem of False Confessions in the Post-DNA World," 82 *N.C. L. Rev.* 891, 919–920 (2004).
96. Trial Transcript, 4:26–4:27, State of New York v. John Kogut, Ind. 61029 (N.Y. Sup. Ct. May 1986).
97. Trial Transcript, 2160, State of Florida v. Jerry Frank Townsend, No. 79-7217 (Fla. Cir. Ct. July 16, 1980).
98. Miller Trial Transcript, 1039.
99. Brown Trial Transcript, 165.
100. Trial Transcript, 125–126, State of Ilinois v. Ronald Jones, No. 85-12043 (Ill. Cir. Ct. July 13, 1989).
101. Trial Transcript, 3572–3574, State of Illinois v. Paula Gray, No. 78 C4865 (Ill. Cir. Ct. Oct. 16, 1978).
102. Vasquez Memorandum in Opposition, 3.

103. Tina Kelley, "New Jersey Drops Charges for Man Imprisoned 19 Years," *New York Times,* July 10, 2007, B3.
104. Trial Transcript, 692, 695, State of New Jersey v. Byron Halsey, No. 0063-01-86 (N.J. Sup. Ct. App. Div. March 11–18, 1988).
105. Trial Transcript, D-182, State of Illinois v. Lafonso Rollins, No. 93 CR 6342, (Ill. Cir. Ct. March 2, 1994).
106. Godschalk Trial Transcript, 126–127 (May 26, 1987).
107. Warney Trial Transcript, 6.
108. Godschalk Trial Transcript, 154.
109. Gray Trial Transcript, 1313.
110. Memorandum, Commonwealth of Virginia v. David Vasquez, C-22213–22216, C22763 (Va. Cir. Ct. Jan. 25, 1985).
111. Return to People's Petition for Writ of Habeas Corpus at 25, In re David Allen Jones, No. BA071698 (Cal. Super. Ct. June 17, 2004).
112. Ardy Friedberg and Jason Smith, "Townsend Released; Judge Cites 'An Enormous Tragedy'; Attorneys Say Suspect Was Easily Led to Confess," *Sun-Sentinel,* June 16, 2001, p. 1A.
113. Townsend Trial Transcript, 43, 50.
114. The State apparently also introduced into the record "transcriptions" of expert evaluations they had conducted. Ibid., 100.
115. Ibid., 397–400.
116. Townsend Trial Transcript, 516–517.
117. Frank Lee Smith's case is discussed in detail in Chapter 8.
118. Deskovic Report, 7.
119. See, e.g., Richard A. Leo et al., "Bringing Reliability Back In: False Confessions and Legal Safeguards in the Twenty-First Century," 2006 *Wis. L. Rev.* 479, 486 (2006).
120. Vasquez Memorandum in Opposition, 1–2.
121. Dana Priest, "At Each Step, Justice Faltered for VA Man," *Washington Post,* July 16, 1989, A1.

3장. 목격자의 착각

1. Trial Transcript, 29–33, State of New York v. Vincent H. Jenkins, No. 82-1320-001 (N.Y. Sup. Ct. May 31, 1983). Vincent Jenkins changed his name after his conviction to Habib Abdal.
2. Ibid., 52–59.
3. See Gary L. Wells and Deah S. Quinlivan, "Suggestive Eyewitness Identification Procedures and the Supreme Court's Reliability Test in Light of Eyewitness Science: 30 Years Later," 33 *Law & Hum. Behav.* 14 (2009).
4. Jenkins Trial Transcript, 62 (June 1, 1983).
5. Ibid., 86.
6. Ibid., 36, 49–52.

7. Ibid., 52.
8. Watkins v. Sowders, 449 U.S. 341, 352 (1981) (Brennan, J., dissenting).
9. Trial Transcript, 196, State of Illinois v. Jerry Miller, No. 81-C-7310 (Ill. Cir. Ct. Sept. 29, 1982).
10. Gerry Smith, "Rape Conviction Gone, Stigma Isn't," *Chicago Tribune*, October 22, 2007, 1.
11. In two of those cases, those of William Gregory and Mark Webb, while the complete trial transcript could not be located, portions were obtained because the eyewitness identification was described in police reports or portions of the trial were quoted in judicial decisions that were obtained.
12. The online appendix details the coding criteria; the features of each of the cases; the types of suggestive procedures used, if any; the types of unreliability identified, if any; and provides quotations from the relevant trial testimony to describe what the trial records show. See http://www.law.virginia.edu/innocence. In a handful of cases, the complete trial transcripts were not obtained, but portions relevant to the eyewitness identifications were obtained. Any additional information from postconviction decisions or news reports is also noted.
13. Gary L. Wells et al., "Eyewitness Identification Procedures: Recommendations for Lineups and Photospreads," 22 *Law & Hum. Behav.* 605 (1998).
14. See Wells and Quinlivan, "Suggestive Eyewitness Identification Procedures," 6 (discussing data from archival studies, showing that eyewitnesses in real cases make misidentifications, but emphasizing that filler identifications cannot tell one at what rate innocent people are misidentified).
15. Alvin G. Goldstein, June E. Chance, and Gregory R. Schneller, "Frequency of Eyewitness Identification in Criminal Cases: A Survey of Prosecutors," 27 *Bull. Psychonomic Soc'y* 73 (1989).
16. Thirty-seven were identified by 2 eyewitnesses, nineteen were identified by 3 eyewitnesses, eight were identified by 4 eyewitnesses, three were identified by 5 eyewitnesses, and one was identified by 10 eyewitnesses.
17. Trial Transcript, 343, State of Florida v. Cody Edward Davis, Case No. 06-004031CF A02 (Fla. Cir. Ct. Aug. 16, 2006).
18. Samuel R. Gross, "Loss of Innocence: Eyewitness Identification and Proof of Guilt," 16 *J. Legal Stud.* 400, 416 (1987) (describing misidentifications in which the suspect was initially located based on appearance).
19. Amy Bradford Douglass, Caroline Smith, and Rebecca Fraser-Thill, "A Problem with Double-Blind Photospread Procedures: Photospread Administrators Use One Eyewitness's Confidence to Influence the ID of Another Witness," 29 *Law & Hum. Behav.* 543–562 (2005); see Wells et al., "Eyewitness Identification Procedures," 625–626.
20. Of the 190 exonerees who had eyewitness evidence in their cases, 159 involved a rape conviction, 9 involved a murder, 17 involved a rape and a murder, and 5 involved other crimes (a robbery, three carjackings, and an attempted murder).
21. Thirty-one of the exonerees *not* convicted of rape had eyewitnesses identify them. Of the exonerees convicted of murder, 41% (nine of twenty-two) had eyewitnesses.

Of those convicted of rape and murder, 33% (seventeen of fifty-two) had eyewitnesses. All five of the exonerees convicted of other crimes (not rape or murder) had eyewitnesses testify. Only one exoneree convicted of a murder, Kevin Lee Green, had a victim eyewitness identify him at trial. His pregnant wife had been gravely assaulted, the murder victim was his unborn child, and perhaps in part due to substantial memory loss and brain damage, his wife identified him at trial. See "Falsely Accused," 16 *Forensic Examiner* 82 (September 22, 2007). The other exonerees convicted of murder who had eyewitness testimony all had testimony by nonvictim eyewitnesses. Of the exonerees convicted of murder and rape, three had victim eyewitnesses, all where there was a victim of a rape apart from the victim of the murder, and fourteen others had a nonvictim eyewitness testify.

22. Only 23 of the entire group of 190 cases had identifications by acquaintances. See Lawrence A. Greenfeld, U.S. Department of Justice, Bureau of Justice Statistics, *Sex Offenses and Offenders* (1997), 4 (three out of four reported rapes involve offenders with whom the victim had a prior relationship).
23. Elizabeth Hampson, Sari M. van Anders, and Lucy I. Mullin, "A Female Advantage in the Recognition of Emotional Facial Expressions: Test of an Evolutionary Hypothesis," 27 *Evolution & Hum. Behav.* 27 (2006).
24. Manson v. Brathwaite, 432 U.S. 98, 119 (1977).
25. Gary Wells and Elizabeth Loftus, *Eyewitness Testimony* (Cambridge: Cambridge University Press, 1984), 12, 28–29; Gary L. Wells and Lisa E. Hasel, "Facial Composite Production by Eyewitnesses," 16 *Current Directions Psychol. Sci.* 6 (2007); N. A. Brace et al., "Identifying Composites of Famous Faces: Investigating Memory, Language and System Issues," 12 *Psychol. Crime & L.* 351 (2006).
26. Trial Transcript, 34, State of Louisiana v. Allen H. Coco, No. 14891-95 (La. Dist. Ct. Nov. 6, 1997).
27. For example, of the fifty-three showups, twenty-nine occurred in cases in which there was also a photo array. Of the cases with lineups, forty-seven occurred in cases in which there was also a photo array. It is a promising area for future research to explore the reinforcing effect of conducting multiple identification procedures and of different types with an eyewitness. Studies have found that repeat viewings, or "laps," increase choosing rates and error rates, with particularly high error rates among witnesses who choose to view a second time. See, e.g. Nancy K. Steblay et al., "Sequential Lineup Laps and Eyewitness Accuracy," *Law & Hum. Behav.* (forthcoming 2011).
28. Hearing Transcript, 163, State of California v. James Ochoa, No. 05NF2056 (Cal. Sup. Ct. June 8, 2005); see also Steve McGonigle and Jennifer Emily, "A Blind Faith in Eyewitnesses, 18 of 19 Local Cases Overturned by DNA Relied Heavily on Unreliable Testimony," *Dallas Morning News,* October 12, 2008, 1A ("Most police agencies don't have written policies on identification techniques, and police officers receive little formal training.").
29. 432 U.S. 98 (1977).
30. United States v. Wade, 388 U.S. 218, 228 (1967).

31. See Brian L. Cutler, Steven D. Penrod, and Hedy Red Dexter, "Juror Sensitivity to Eyewitness Identification Evidence," 14 *Law & Hum. Behav.* 190 (1990); Wells et al., "Eyewitness Identification Procedures," 619–620.
32. See Wells et al., "Eyewitness Identification Procedures," 635–636.
33. Stovall v. Denno, 388 U.S. 293, 302 (1967).
34. Throughout this chapter, statistics are provided based on percentages of the 161 trials obtained with eyewitness identifications. As noted, many trials had more than one eyewitness testifying, and for those, any one eyewitness is counted. For example, if there was a showup for any one of the eyewitnesses, or for multiple eyewitnesses, this is counted as one case involving a showup.
35. One study suggests that proper showups conducted on the scene may create different risks of error than a poorly handled lineup. Richard Gonzalez, Phoebe C. Ellsworth, and Maceo Pembroke, "Response Biases in Lineups and Showups," 64 *J. Personality and Soc. Psychol.* 525 (1993). In a poorly handled lineup, a witness may comparison shop for the person who looks most like the attacker. In a showup it is clear that the choice is yes or no, was this the attacker or not, and the greater risk may be that a guilty suspect might not be identified. Regardless, "there is clear evidence that showups are more likely to yield false identifications than are properly constructed lineups." See Wells et al., "Eyewitness Identification Procedures," 630–631.
36. Bibbins v. City of Baton Rouge, NO. CIV.A.04-122-JJB, 489 F.Supp. 2d 562, 570 (M.D. La. May 11, 2007).
37. Trial Transcript, 12, 147–149, Commonwealth of Virginia v. Willie Davidson (Va. Cir. Ct. May 27, 1981).
38. Trial Transcript, 17, 21, 23, State of Florida v. Alan J. Crotzger, Case No. 81-6604 (Fla. Cir. Ct. April 19, 1982).
39. Trial Transcript, 445, Commonwealth v. Neil Miller, No. 085602-04 (Mass. Sup. Ct. Dec. 14, 1990).
40. These cases were not coded as showups, since the police did not arrange for the eyewitnesses to see those images. Nor were a few cases in which the victim saw someone in the neighborhood and identified the person as the attacker—unless the police followed that identification up with a showup.
41. Wells et al., "Eyewitness Identification Procedures," 630–635; Elizabeth F. Loftus, James M. Doyle, and Jennifer E. Dysart, *Eyewitness Testimony: Civil and Criminal* (LexisNexis 4th ed. 2007) § 4-9. Similarly, in a few cases the witness was shown only three photos, a lineup with so few choices that it was coded as inherently suggestive. Wells et al. describe how to best structure lineups or photospreads, a subject that can raise some more complex issues depending on the relationship between what the witness described and what the suspect looks like. For the most part, the preferred method is to pick fillers who fit the witnesses' description of the perpetrator. Wells et al., "Eyewitness Identification Procedures," 632.
42. Trial Transcript, 52, 99, Commonwealth of Virginia v. Marvin Lamont Anderson (Va. Cir. Ct. Dec. 14, 1982).
43. Ibid., 22, 27–28, 62, 198.
44. Ibid., 66.

45. Ibid., 201–204.
46. Frank Green, "Va. Court Rejected First Appeal," *Richmond Times-Dispatch*, July 16, 2007, A7; see also http://www.innocenceproject.org/Content/49.php.
47. Trial Transcript, 72–73, State of Illinois v. Ronnie Bullock, No. 83 C 5501 (Ill. Cir. Ct. April 30, 1984).
48. Trial Transcript, 37, State of Missouri v. Lonnie Erby, No. 851-2663 (Mo. Cir. Ct. June 9, 1986).
49. Trial Transcript, 101, Commonwealth v. Thomas Doswell, No. CC 8603467 (Pa. Ct. of Common Pleas Nov. 19, 1986).
50. Many more cases likely involved such repetition of just the exoneree in multiple procedures, but it was often not clear from the testimony whether any of the fillers were repeated along with the exoneree. See Wells et al., "Eyewitness Identification Procedures," 603; Ryann M. Haw, Jason J. Dickonson, and Christian A. Meissner, "The Phenomenology of Carryover Effects Between Show-up and Line-up Identification," 15 *Memory* 117 (2007).
51. Trial Transcript, 26, 31–33, State of Texas v. Larry Fuller, No. F81-8431-P (Tex. Dist. Ct. May 13, 1981).
52. Deah S. Quinlivan et al., "Do Prophylactics Prevent Inflation? Post-Identification Feedback and the Effectiveness of Procedures to Protect against Confidence-Inflation in Earwitnesses," 33 *Law & Hum. Behav.* 111 (2009). Because there is less research on voice identifications, and because they raise issues separate from eyewitness identifications, I conservatively did not count as suggestive any of the cases that involved single-voice identifications or other suggestive voice identification procedures.
53. Ibid.; Wells et al., "Eyewitness Identification Procedures," 615, 629–630.
54. In all other cases, the eyewitness or the police described telling the eyewitness to simply look at the photos or lineup, they could not recall any specific instructions, or worse, the police told the eyewitness that a suspect had been located.
55. See Loftus, Doyle, and Dysart, *Eyewitness Testimony*, § 4-8(b) (describing study by Roy Malpas and Patricia Devine, and noting eighteen other studies demonstrating higher false identification when such biased instructions were provided).
56. Trial Transcript, 60–61, State of Illinois v. Richard Johnson, No. 91 CR 20794 (Ill. Cir. Ct. Oct. 6, 1992).
57. Trial Transcript, 70–71, State of Ohio v. Robert L. McClendon, No. 90CR-05-2586 (Ohio Ct. of Common Pleas Aug. 26, 1991).
58. Trial Transcript, 34, State of Illinois v. Alejandro Dominguez, 89 CP 1995 (Ill. Cir. Ct. 1995).
59. Johnson Trial Transcript, 39.
60. Trial Transcript, 54, State of Texas v. Gilbert Alejandro, No. 90-09-8445-CR (Tex. Dist. Ct. December 11, 1990).
61. Trial Transcript, 305, State of Indiana v. Larry Mayes, No. 1CR-6-181-17 (Ind. Sup. Ct. July 6, 1982).
62. Those exonerees were Edward Honaker, Lesly Jean, Larry Mayes, Leo Waters, and Glen Woodall.

63. Jean v. Rice, 945 F.2d 82, 87 (4th Cir. 1991).
64. Due to evidence that hypnosis can create false or inaccurate memories, some courts bar all testimony by hypnotized witnesses at trial. Other courts admit the evidence, but only if experts also testify as to the dangers of such techniques. Council on Scientific Affairs, "Scientific Status of Refreshing Recollection by the Use of Hypnosis," 253 *J. Am. Med. Ass'n* 1918, 1919 (1985); Lisa K. Rozzano, "The Use of Hypnosis in Criminal Trials: The Black Letter of the Black Art," 21 *Loy. L.A. L. Rev.* 635, 645 (1987).
65. Trial Transcript, 37–38, State of Texas v. Larry Fuller, No. F81-8431-P (Tex. Dist. Ct. Aug. 24, 1981).
66. Trial Transcript, 63, State of Ohio v. Anthony Green, No. CR 228250 (Ohio Ct. of Common Pleas Oct. 13, 1988).
67. Jennifer Thompson-Cannino and Ronald Cotton, *Picking Cotton: Our Memoir of Justice and Redemption* (New York: St. Martin's Press, 2009), 134.
68. Trial Transcript, 230–232, State of Texas v. Thomas Clifford McGowan, Jr., 85-81070-MU (Tex. Dist. Ct. March 5, 1986). In addition, the photo array was itself flawed; most of the photos were hard-to-make-out, black-and-white photos or photos with captions indicating they were from a different police department.
69. Trial Transcript, 148, State of Missouri v. Larry Johnson, No. 341-00274 (Mo. Cir. Ct. August 20, 1984).
70. I was very conservative in my criteria for counting a case as involving an "unreliable" identification. I only included, as the online Appendix details, cases in which (1) the eyewitness identified another person, or (2) the eyewitness admitted earlier uncertainty, or initially failed to identify the exoneree, or (3) an eyewitness admittedly could not see the attacker's face. I separately note, but did not code as unreliable, cases involving gross discrepancies between the eyewitness' initial description of the person who attacked them and the defendant's appearance; cases involving a lengthy duration from incident to first identification; cases involving very poor lighting conditions; and cases with a limited opportunity to view the defendant. Such cases were extremely common in the data set but were not deemed "unreliable" on that basis, because although they occurred frequently, discrepancies in descriptions are not predictive of accuracy, and because almost all cases involved very limited opportunity to view under poor conditions.
71. Trial Transcript, 304, State of Wisconsin v. Steven A. Avery, No. 85 FE 118 (Wis. Cir. Ct., Dec. 10, 1985).
72. Doswell Trial Transcript, 691, 742.
73. Trial Transcript, J-128, People v. Dean Cage, 94 29467 (Ill. Cir. Ct. January 9, 1995).
74. Bill Rankin, "Exonerations Urge Changes for Eyewitnesses," *Atlanta Journal-Constitution,* December 25, 2008, C1.
75. Trial Transcript, 298–300, State of Texas v. Donald Wayne Good, F33-31435 (Tex. D. Ct. Sept. 15, 1987).
76. See Wells et al., "Eyewitness Identification Procedures," 622–623, 635.
77. See Wells et al., "Eyewitness Identification Procedures," 619, 635–636; Loftus, Doyle, and Dysart, *Eyewitness Testimony,* § 6-2.

78. Trial Transcript, 172–173, State of Georgia v. Calvin Crawford Johnson, No. 12-22011-3 (Ga. Sup. Ct. Nov. 3, 1983).
79. Calvin C. Johnson Jr., *Exit to Freedom* (Athens: University of Georgia Press, 2003), 99–100.
80. Calvin Johnson Trial Transcript, 174, 183–185.
81. Trial Transcript, 206, State of Georgia v. John Jerome White, No. 314 (Ga. Sup. Ct. May 29, 1980).
82. See Rankin, "Exonerations Urge Changes," C1.
83. See Thompson-Cannino and Cotton, *Picking Cotton,* 134; Jennifer Thompson, Editorial, "I Was Certain, but I Was Wrong," *New York Times,* June 18, 2000, 15.
84. See Gary L. Wells, "Eyewitness Identification: Systemic Reforms," 2006 *Wis. L. Rev.* 615, 627 (2006).
85. Trial Transcript, 295, People v. Anthony Capozzi, #85-1379-001 (N.Y. Sup. Ct. Jan. 27, 1987).
86. Trial Transcript, 3–114, State of Maryland v. Kirk N. Bloodsworth, No. 84-CR-3138 (Md. Cir. Ct. Mar. 1, 1985).
87. Terry Chalmers, City of Mount Vernon Police Department Reports, August–October, 1986 (on file with author).
88. While other exonerees had witnesses who simply could not identify anyone, aside from these four cases, the other cases all included eyewitness who testified if asked that they were certain about their identifications. The four cases are those of Kirk Bloodsworth, Jimmy Ray Bromgard, William Dillon, and Jerry Miller.
89. Jerry Miller Trial Transcript, 226.
90. Trial Transcript, 43, 71, State of Montana v. Jimmy Ray Bromgard, No. DC 87-148 (Mont. Cir. Ct. Nov. 17, 1987).
91. Ibid., 351–352.
92. There is no evidence that congruence of description with the defendant predicts the accuracy of an eyewitness identification. See Gary L. Wells, "Verbal Descriptions of Faces from Memory: Are They Diagnostic of Identification Accuracy," 70 *J. Applied Psychol.* 619 (1985) (finding that congruence and accuracy of eyewitness reports were not highly related); Melissa Pigott and John Brigham, "Relationship Between Accuracy of Prior Description and Facial Recognition," 70 *J. Applied Psychol.* 547–548 (1985) (finding no such relationship and citing additional studies).
93. These data are limited to major differences in physical descriptions. They do not include cases where witnesses described clothing defendants claimed never to have worn or owned, or where witnesses could not describe the attacker much at all. For example, a difference that could have been accounted for by the passage of time from incident to arrest, such as a week's growth of hair, were discounted. Nor were minor descriptive differences, such as between hazel and green eyes, or light and light-brown hair, counted. As described in the Appendix, approximately half of the data was blind coded. I thank Jessica Kostelnik for her help calculating an interrater reliability score. An interrater reliability analysis using the Kappa statistic was performed to determine consistency among raters in coding the two central questions concerning whether eyewitness identifications in a case involved any of the enumer-

ated indicia of police suggestion or unreliability. Kappa values from 0.40 to 0.59 are considered moderate, 0.60 to 0.79 substantial, and 0.80 outstanding. Analyses revealed outstanding interrater reliability for suggestion (Kappa 0.89, p 0.001, 95% CI 0.77 - 1.01) and substantial interrater reliability for reliability (Kappa 0.78, p 0.001, 95% CI 0.60 - .96).

94. Trial Transcript, 326, State of Texas v. James Curtis Giles, Nos. F-83-87258-UKJ, F-77-8236-KJ (Tex. Dist. Ct. June 6, 1983).
95. Avery Trial Transcript, 315–316.
96. Because eyewitness uncertainty is such a clear indication of unreliability, I focus in this chapter on cases where eyewitnesses were uncertain at the time of the identification. As noted, although many of these cases involved such limited opportunity to view the culprit, the only cases that I labeled as "unreliable" were the fifteen most extreme cases, in which the witnesses reported they could not see the culprit's face at all.
97. Greenfeld, *Sex Offenses*, 3, 11.
98. Dennis Brown Trial Transcript, 103.
99. Trial Transcript, 78–79, State of Wisconsin v. Fredric Karl Saecker, No. 89-CF-33 & 36 (Wis. Cir. Ct. Jan. 3. 1990).
100. See Sandra Guerra Thompson, "Judicial Blindness to Eyewitness Misidentification," 93 *Marq. L. Rev.* 7, 20–21 (2009) (citing Gary L. Wells and Eric P. Seelau, "Eyewitness Identification: Psychological Research and Legal Policy on Lineups," 1 *Psychol. Pub. Pol'y & L.* 765, 766 (1995)).
101. See Wells and Quinlivan, "Suggestive Eyewitness Identification Procedures," 5. On disagreement concerning effects of certain estimatory variables in some types of cases, see Steven E. Clark and Ryan D. Godfrey, "Eyewitness Identification Evidence and Innocence Risk," 16 *Psychonomic Bull. & Rev.* 23 (2009).
102. Of the cases in which the eyewitnesses stated for how long they looked at the attacker, 58 (of 161 cases) said that they saw the attacker for less than a minute, most often just for seconds. Another 56 cases involved durations of less than twenty minutes. Another 38 cases involved durations of more than twenty minutes, 10 of which involved durations of more than an hour. (In 9 cases, no information was available where the eyewitness did not discuss duration at trial). While the relationships between the various factors involved are complex, and these exonerations involve different types of identifications under very different circumstances, I note one possible hypothesis: that suggestion played a greater role in cases involving identifications under conditions that would otherwise tend to be more accurate. Of those 36 cases with long durations, 6 did not involve suggestion, 3 of which raise different issues because they were acquaintance cases. Again, however, many of those cases implicated still different factors affecting reliability, for example, where they were also cross-racial identifications or involved identification procedures first conducted long after the crime.
103. Gary L. Wells and D. M. Murray, "What Can Psychology Say about the Neil vs. Biggers Criteria for Judging Eyewitness Identification Accuracy?" *J. Applied Psychol.* 68 (1983).

104. Trial Transcript, 129, State of Louisiana v. Willie Jackson, No. 87-0205 (La. Dist. Ct. Aug. 24, 1989).
105. Gary L. Wells and A. L. Bradfield, "'Good, You Identified the Suspect': Feedback to Eyewitnesses Distorts Their Reports of the Witnessing Experience," 83 *J. Applied Psychol.* 360 (1998).
106. Trial Transcript, 118, State of Texas v. Andrew William Gossett, No. F99-22771-W (Tex. Dist. Ct. Feb. 8, 2000); Brian L. Cutler, *Eyewitness Testimony: Challenging Your Opponent's Witness* (National Institute for Trial Advocacy, 2002), 19.
107. See Roger B. Handberg, "Expert Testimony on Eyewitness Identification: A New Pair of Glasses for the Jury," 32 *Am. Crim. L. Rev.* 1013, 1023 (1995); Charles A. Morgan III et al., "Acccuracy of Eyewitness Memory for Persons Encountered During Exposure to Highly Intense Stress," 27 *Int'l J. L. & Psychol.* 265 (2004).
108. See Wells and Quinlivan, "Suggestive Eyewitness Identification Procedures."
109. While in 66 cases the first identification occurred less than a week after the crime, in 53 cases it was more than a week, in 15 cases it was more than three months, in 8 cases more than six months, and in 5 cases more than a year.
110. See, e.g., Gary L. Wells and Elizabeth Olson, "The Other-Race Effect in Eyewitness Identification: What Do We Do About It?" 7 *Psychol. Pub. Pol'y & L.* 230 (2001); Gary L. Wells and Elizabeth F. Loftus, eds., *Eyewitness Testimony: Psychological Perspectives* (Cambridge: Cambridge University Press, 1984), 1; Elizabeth F. Loftus, *Eyewitness Testimony* (Cambridge, MA: Harvard University Press, 1979).
111. Of the 93 cross-racial identification cases, 74 cases involved a black defendant and a white eyewitness. Three of those cases involved male eyewitnesses; thus 71 involved a male black defendant and a female eyewitness. Seven cases involved a Hispanic defendant and a white eyewitness. Six involved a black defendant and a Hispanic witness. Three involved a white defendant and a black witness. Two involved a white defendant and a Hispanic witness. One last case, that of Michael Blair, involved a defendant who was part Asian and who self-identified as white, but whom white eyewitnesses regarded as a minority (they thought he was Hispanic). Of the 93 cross-racial identification cases, 86 involved victim identifications and 9 involved nonvictim eyewitnesses (two involved both types). It was not possible to obtain data on the race of the victims for some of these cases. However, the denominator used here is the full set of 190 cases with eyewitness identifications, because information about victim race could also be obtained for many cases in which no trial transcript was obtained.
112. Of the 171 exonerees convicted of rape, 42 were white and 129 were minorities. See Sean Rosenmerkel, Matthew Durose, and Donald Farole Jr., U.S. Department of Justice, Bureau of Justice Statistics, *Felony Sentences in State Courts, 2006* (2009), table 3.2 (finding that 30% of rape convicts were minorities); Matthew R. Durose and Patrick A. Langan, U.S. Department of Justice, Bureau of Justice Statistics, *Felony Sentences in State Courts, 2002,* (2004), 6, table 5 (finding in survey of 300 counties that 37% of rape convicts were minorities). There may not have been any greater racial disparity in data from closer to the 1980s, when these exonerees were chiefly convicted, although data from that period were not consistently compiled. Green-

feld, *Sex Offenses,* 10 (finding 44% of rape arrestees and 47.8% of imprisoned rape convicts were minorities); Brian A. Reaves and Pheny Z. Smith, U.S. Department of Justice, Bureau of Justice Statistics, *Felony Defendants in Large Urban Counties, 1992* (1995), 4 ("Whites (48%) and blacks (49%) comprised roughly equal percentages of rape defendants"); but see Patrick A. Langan and Helen A. Graziadei, U.S. Department of Justice, Bureau of Justice Statistics, *Felony Sentences in State Courts, 1992* (1995), 5 (finding that 30% of rape convicts were black and 4% were "other").

113. Greenfeld, *Sex Offenses,* 11. Seventy-seven exonerees were black and convicted of raping a white victim, and 7 were Latino and convicted of raping a white victim. In addition, 4 black exonerees were convicted of raping Latino victims, while 5 white exonerees were convicted of raping black or Latino victims.

114. Rosenmerkel et al., *Felony Sentences in State Courts, 2006,* table 3.2 (finding that minorities account for 40% of felony sentences in state courts); Heather C. West and William J. Sabol, U.S. Department of Justice, *Prison and Jail Inmates at Midyear 2008,* (2008), 17, table 16 (finding that minorities account for almost 60% of prison inmates and black men are 6.6% more likely to be incarcerated than white men).

115. There are several possible explanations for the racial disparity among exonerees. These 250 exonerees include far more minorities than even already disproportionately minority rape and murder convicts. The other-race effect may cause eyewitness misidentifications disproportionately involving black defendants and white victims. Another hypothesis is that black defendants may be overrepresented in the kinds of serious rape and murder prosecutions common in this set of DNA exonerations. One explanation could be victim related, that is, that cases involving black defendants and white victims disproportionately receive lengthy sentences of the sort that makes DNA testing feasible years later. The most comprehensive data on race-of-victim effects is in the death penalty context. U.S. General Accounting Office, *Death Penalty Sentencing: Research Indicates Pattern of Racial Disparities* (1990), GAO/GGD-90-57, 6 (reviewing twenty-three studies of the death penalty after 1973, and concluding that "[i]n 82% of the studies, race-of-victim was found to influence the likelihood of being charged with capital murder or receiving a death sentence, i.e., those who murdered whites were found to be more likely to be sentenced to death than those who murdered blacks. This finding was remarkably consistent across data sets, states, data collection methods, and analytic techniques.") There is not much data available concerning rape prosecutions. Ethnographic studies of prosecutorial charging have observed race-of-victim effects. Lisa Frohmann, "Convictability and Discordant Locales: Reproducing Race, Class, and Gender Ideologies in Prosecutorial Decisionmaking," 31 *Law & Soc'y Rev.* 531, 535 (1997); Cassia Spohn and David Holleran, "Prosecuting Sexual Assault: A Comparison of Charging Decisions in Sexual Assault Cases Involving Strangers, Acquaintances, and Intimate Partners," 18 *Just. Q.* 651, 652 (2001). Additional data, some empirical, and chiefly from mock jury studies, suggests that jurors may discriminate against black defendants and also tend to convict in cases involving white victims. See Samuel R. Sommers and Phoebe C. Ellsworth, "How Much Do We Really Know about Race and Juries? A Review of Social Science Theory and Research," 78 *Chi.-Kent*

L. Rev. 997 (2003); Sheri Lynn Johnson, "Black Innocence and the White Jury," 83 *Mich. L. Rev.* 1611 (1985). Finally, black defendants may be disadvantaged in other ways, for example by being disproportionately targeted by police, or disproportionately needing indigent representation, and would thus be overrepresented among wrongful convictions. See also Andrew E. Taslitz, "Wrongly Accused: Is Race a Factor in Convicting the Innocent?" 4 *Ohio St. J. Crim. L.* 121 (2006).

116. Trial Transcript, 224, State of Texas v. Thomas Clifford McGowan, No. F85-81070-MU (Tex. Dist. Ct. March 5, 1986).
117. Trial Transcript, 190, State of Texas v. Patrick Leondos Waller, No. F92-40874 (Tex. Dist. Ct. Dec. 7, 1992).
118. Trial Transcript, 215, State of Missouri v. Larry Johnson, No. 341-00274 (Mo. Cir. Ct. Aug. 20, 1984).
119. Trial Transcript, 240, State of South Carolina v. Perry Renard Mitchell, No. 83-GS-32-479 (S.C. Cir. Ct. Jan. 19, 1984).
120. Trial Transcript, 40–41, State of Wisconsin v. Anthony T. Hicks, No. 90CF1412 (Wis. Cir. Ct. Dec. 18, 1991).
121. State v. Cromedy, 158 N.J. 112 (1999).
122. See Michael Kennan, "Child Witnesses: Implications of Contemporary Suggestibility Research in a Changing Legal Landscape," 26 *Dev. Mental Health L.* 100 (2007); Richard Friedman, "The Suggestibility of Children; Scientific Research and Legal Implications," 86 *Cornell L. Rev.* 33 (2000); Maggie Bruck, Stephen J. Ceci and Helene Hembrooke, "Reliability and Credibility of Young Children's Reports," 52 *Amer. Psych.* 136, 140 (1998); see, e.g., State v. Michaels, 642 A.2d 1372 (1994).
123. Trial Transcript, 237–239, People of the State of California v. Leonard McSherry, No. A040264 (Cal. Sup. Ct. October 12, 1988).
124. Ibid., 107, 121.
125. Ibid., vol. 3, p. 184.
126. Ibid., 90.
127. Ibid., 124.
128. Leonard McSherry v. City of Long Beach, 423 F.3d 1015 (9th Cir. 2005).
129. Trial Transcript, 4–110, 4–58, 5–105, Commonwealth v. Rodriguez U. Charles, Criminal Action Nos. 035942-45; 036191-84 (Mass. Sup. Ct. Feb. 1, 1984).
130. Pretrial Hearing Transcript, 354–355, State of West Virginia v. Larry David Holdren, No. CR-83-F-181 (W. Va. Cir. Ct. Dec. 12, 1983).
131. Bloodsworth v. State, 512 A.2d 1056 (Md. 1986).
132. The three were Steven Avery, Chester Bauer, and Darryl Hunt. Courts have increasingly admitted expert testimony concerning eyewitness memory and the possibility of a mistaken eyewitness identification. See Brian L. Cutler and Margaret Bull Kovera, *Evaluating Eyewitness Identifications* (New York: Oxford University Press, 2010), 10–14; see, e.g., Utah v. Clopton, 223 P.3d 1103, 1107–1118 (2009); Sturgeon v. Quarterman, 615 F.Supp. 2d 546, 572–573 (S.D. Tex. 2009); United States v. Smithers, 212 F.3d 306, 311–312 (6th Cir. 2000). Other courts have similarly denied defendant's access to experts on eyewitness memory or found it error to permit such an expert to testify. See, e.g., State v. Young, 2010 WL 1286933 (La. 2010).

133. Loftus, Doyle, and Dysart, *Eyewitness Testimony,* § 8-18.
134. Trial Transcript, 87, State of Texas v. Carlos Lavernia, No. 76,122 (Tex. Dist. Ct. Jan. 21, 1985).
135. Trial Transcript, 781, State of West Virginia v. William O'Dell Harris, No. 86-F-442 (W. Va. Cir. Ct. July 14, 1987).
136. Lavernia Trial Transcript, 156.
137. Hicks Trial Transcript, 586–587.
138. Mitchell Trial Transcript, 318.
139. Trial Transcript, 896, People of the State of New York v. Alan Newton, Ind. No. 2054/84 (N.Y. Sup. Ct. May 1, 1985).
140. Commonwealth v. Yarris, 519 Pa. 571, 601–602 (Pa. 1988).
141. Throughout I refer to misidentifications and not to mistaken identifications. That term was chosen because these identifications of the innocent were often not the product of accidents or mistakes, but rather the use of suggestive police procedures that could predictably result in unreliable and erroneous identifications.
142. According to the Bureau of Justice Statistics, only 0.8% of felony defendants are convicted of rape and only 0.7% of felony defendants are convicted of murder. Thomas H. Cohen and Brian A. Reaves, U.S. Department of Justice, Bureau of Justice Statistics, *Felony Defendants in Large Urban Counties, 2002* (2006), 27, table 28.
143. Bruce W. Behrman and Sherrie L. Davey, "Eyewitness Identification in Actual Criminal Cases: An Archival Analysis," 25 *Law & Hum. Behav.* 475 (2001); Gonzalez et al., "Response Biases in Lineups and Showups," 535–536.
144. Wells, "Systemic Reforms," 632–635.
145. Wells and Quinlivan, "Suggestive Eyewitness Identification Procedures." On the challenges of conducting field experiments, see Nancy K. Steblay, "Commentary on 'Studying Eyewitness Investigations in the Field': A Look Forward," 32 *Law & Hum. Behav.* 11 (2008). On the methodological flaws of a field study conducted in Chicago, see D. L. Schacter et. al., "Policy Forum: Studying Eyewitness Investigations in the Field," 32 *Law & Hum. Behav.* 3–5 (2008).
146. Trial Transcript, 43–48, 65, 107–108, State of Louisiana v. Dennis P. Brown, No. 128,634 (La. Dist. Ct. Sept. 11–12, 1985); see also Center on Wrongful Convictions of Youth, *Dennis Brown,* at www.cwcy.org/exonereesViewDetail.aspx?id15. The officer administering the lineup, however, did not warn the victim that the attacker might not be present in the lineup. Brown also later falsely confessed to having committed the crime.
147. Ibid., 627–629; see also Loftus et. al., *Eyewitness Testimony: Civil and Criminal* § 4-10 (LexisNexis 4th ed. 2007).
148. See Ohio Rev. Code Ann. § 2933.83(A)(6) (2010); N.C. Gen. Stat. § 15A-284.52(b)(14) (2007); Amy Klobuchar, Nancy K. Mehrkens Steblay, and Hilary Lindell Caliguri, "Improving Eyewitness Identifications: Hennepin County's Blind Sequential Lineup Pilot Project," 4 *Cardozo Pub. L. Pol'y. & Ethics J.* 381, 405–410 (2006); Otto H. MacLin, Laura A. Zimmerman, and Roy S. Malpass, "PC_Eyewitness and Sequential Superiority Effect: Computer-Based Lineup Administration," 3 *Law & Hum. Behav.* 303, 304–305 (2005).

149. Researchers have also long recommended use of a sequential presentation, when also double-blind, although some recent research suggests that under some conditions sequential procedure performs less well, in part because it is a "more conservative" procedure. See Wells, "Systemic Reforms," at 627–628; Wells et al., "Eyewitness Identification Procedures," 616–617, 639–640 (citing "rather impressive" research in support of the sequential procedure). But see Paul Giannelli and Myrna Raeder, ABA Criminal Justice Section, "Achieving Justice: Freeing the Innocent, Convicting the Guilty," 25 (2006).
150. See Wells et al., "Eyewitness Identification Procedures," 635–636, 640–641; see also Amy Douglass and Nancy Steblay, "Memory Distortion in Eyewitnesses: A Meta-Analysis of the Post-Identification Feedback Effect," 20 *Applied Cognitive Psychol.* 859 (2006).
151. Abdal Trial Transcript, 209–210.
152. However, juror understanding of factors affecting eyewitness accuracy may be improving over time, due to media accounts of errors. See Sarah L. Desmarais and J. Don Read, "After 30 Years, What Do We Know about What Jurors Know? A Meta-Analytic Review of Lay Knowledge Regarding Eyewitness Factors," *Law & Hum. Behav.* (2010).

4장. 결함 있는 과학수사

1. The victim later wrote a confessional book explaining her false testimony titled *Forgive Me.* Cathleen C. Webb and Marie Chapian, *Forgive Me* (Old Tappan, NJ: F.H. Revell Co., 1985).
2. Rob Warden, "The Rape that Wasn't, the First DNA Exoneration in Illinois," http://www.law.northwestern.edu/wrongfulconvictions/exonerations/ilDotson Summary.html.
3. Ibid.
4. Clive A. Stafford Smith and Patrick D. Goodman, "Forensic Hair Comparison Analysis: Nineteenth Century Science or Twentieth Century Snake Oil?" 27 *Colum. Hum. Rts. L. Rev.* 227, 242–245 (1996).
5. Trial Transcript, 359, State of Illinois v. Gary E. Dotson, No. P.C. 4333 (Ill. Cir. Ct. July 25, 1985).
6. Affidavit of Edward T. Blake, D. Crim., State of Illinois v. Gary E. Dotson, No. P.C. 4333 23 (Ill. Cir. Ct. July 29, 1985).
7. Ibid.; see also Michael Serrill and Laura Lopez, "Law: Cathy and Gary in Medialand," *Time,* May 27, 1985.
8. Larry Green, "12-Year Legal Nightmare at End," *Los Angeles Times,* August 15, 1989, 5.
9. See National Academy of Sciences Urges Reform, http://www.innocenceproject .org/Content/1866.php.
10. There were at least 185 exonerees who had forensic evidence in their cases. Of those, 153 trials were located and analyzed in this chapter. To break it down step by step: 4

exonerees of the 185 who had forensic evidence in their cases pleaded guilty, and thus had no trial. In 2 more cases, those of Dana Holland and Earl Washington Jr., forensic analysis was conducted before trial, but there was no trial testimony regarding that analysis. That leaves 179 exonerees who had forensics introduced at a trial. However, in 4 of these cases, the forensic evidence was introduced at trial by stipulation, so there was no testimony by a forensic analyst for either side. Six additional exonerees had analysts testify only for the defense at their trial. Thus, in 169 cases, analysts testified for the prosecution. Finally, in 16 exonerees' cases, although news reports indicate there was forensic analysis at trial, the transcripts could not be located. That left 153 cases in which prosecution analysts testified and transcripts were located.

11. Of the 185 exonerees' cases involving forensic analysis, 125 were rape cases, 41 were rape and murder cases, 16 were murder cases, and 3 were "other" crimes. Thus, 73% (125 of 171) rape cases had forensics, 79% (41 of 52) rape-murder cases had forensics, and 73% (16 of 22) murder cases had forensics. The proportion of cases involving forensic evidence was fairly evenly distributed across crimes.
12. The National Academies, Committee on Identifying the Needs of the Forensic Sciences Community, *Strengthening Forensic Science in the United States: A Path Forward* (2009), 22 (hereafter cited as NAS Report).
13. See Joseph L. Peterson and Penelope N. Markham, "Crime Laboratory Proficiency Testing Results, 1978–1991, II: Resolving Questions of Common Origin," 40 *J. Forensic Sci.* 1009, 1010 (1995).
14. See Michael J. Saks and Jonathan J. Koehler, "The Individualization Fallacy in Forensic Science," 61 *Vand. L. Rev.* 199 (2008); NAS Report, 7–8, 21–22.
15. Daubert v. Merrell Dow Pharmaceuticals, Inc., 509 U.S. 579, 595 (1993); United States v. Frazier, 387 F.3d 1244, 1263 (11th Cir. 2004).
16. 509 U.S. 579 (1993).
17. Samuel R. Gross and Jennifer L. Mnookin, "Expert Information and Expert Evidence: A Preliminary Taxonomy," 34 *Seton Hall L. Rev.* 141, 169 (2003).
18. NAS Report, 9–13, 53, 106–109; see also Peter J. Neufeld, "The (Near) Irrelevance of *Daubert* to Criminal Justice: and Some Suggestions for Reform," 95 *Am. J. Pub. Health* S107 (2005).
19. After the NAS contacted me and requested data on the role that forensic science played in wrongful convictions, I began a study of the forensic science testimony in exonerees' trials, which was published in the *Virginia Law Review* and coauthored with Peter Neufeld. We found that invalid forensic science testimony was not just common but prevalent at these exonerees' trials. Invalid testimony was identified for 60% of the exonerees whose trial transcripts were obtained and had prosecution forensic testimony. See Brandon L. Garrett and Peter J. Neufeld, "Invalid Forensic Science Testimony and Wrongful Convictions," 95 *Va. L. Rev.* 1 (2009). This chapter updates those findings with new transcripts subsequently obtained. This chapter also has a broader focus and examines not just validity of testimony at trials but also vague testimony and reliability of underlying forensic techniques.
20. Michael J. Saks, "Judging Admissibility," 35 *J. Corp. L.* 135, 145 (2009).

21. See Paul C. Giannelli, "Regulating Crime Laboratories: The Impact of DNA Evidence," 15 *J. L. & Pol'y* 59, 61–67, 72 (2007).
22. The phenomenon of cognitive bias, including that of forensic scientists, is discussed in Chapter 9.
23. Melendez-Diaz v. Massachusetts, 129 S.Ct. 2527, 2536 (2009).
24. Robert Bazell, "DNA Acquittals Shaking Up Forensic Science," *NBC News,* February 12, 2008; Jane Campbell Moriarty, "'Misconvictions,' Science, and the Ministers of Justice," 86 *Neb. L. Rev.* 1 (2007).
25. "DNA Crime Labs: The Paul Coverdell National Forensic Sciences Improvement Act: Hearing Before the Comm. on the Judiciary," 107th Cong. 2–3 (2001) (statement of Sen. Orrin G. Hatch, Chairman, S. Comm. on the Judiciary).
26. See William C. Thompson, "Beyond Bad Apples: Analyzing the Role of Forensic Science in Wrongful Convictions," 37 *Southwestern U. L. Rev.* 101, 112–119 (2009).
27. The states are: Arizona, California, Connecticut, Florida, Georgia, Idaho, Illinois, Indiana, Kansas, Kentucky, Louisiana, Maryland, Massachusetts, Mississippi, Missouri, Montana, Nebraska, Nevada, New Jersey, New York, Ohio, Oklahoma, Pennsylvania, South Carolina, Texas, Virginia, Wisconsin, and West Virginia.
28. Gilchrist v. Citty, 173 Fed.Appx. 675, 677 (10th Cir. 2006).
29. Quantification techniques later permitted additional conclusions regarding mixed stains, but these exonerees' trials predated such techniques.
30. NAS Report, 160.
31. See Barry Scheck, Peter Neufeld, and Jim Dwyer, *Actual Innocence* (New York: Signet 2001), 209–210.
32. NAS Report, 160–161.
33. Williamson v. Reynolds, 904 F. Supp. 1529, 1552–1553 (E.D. Okla. 1995).
34. A report later issued by several of the most distinguished forensic analysts in the nation concluded that while an experienced analyst might make an error when comparing a single hair, "it is highly unlikely that a competent hair examiner would incorrectly associate" so many different hairs. Richard E. Bisbing et al., "Peer Review Report: Montana v. Jimmy Ray Bromgard," 2.
35. Trial Transcript, 250, State v. Chester Bauer, No. 83-CR-27 (Mont. Dist. Ct. July 16, 1983).
36. Trial Transcript, 385, State v. Timothy Edward Durham, No. CF-91-4922 (Okla. Dist. Ct. Mar. 9, 1993).
37. Trial Transcript, 246, Commonwealth of Kentucky v. William Gregory (Ky. D.Ct. 1993).
38. Trial Transcript, 177, State v. Curtis Edward McCarty, No. CRF-85-02637 (Okla. Dist. Ct. Mar. 24, 1986).
39. Trial Transcript, 152, State v. Larry L. Peterson, A-3034-89T4 (N.J. Super. Ct. Mar. 6, 1989).
40. Max M. Houck et al., "The Science of Forensic Hair Comparisons and the Admissibility of Hair Comparison Evidence: Frye and Daubert Considered," *Mod. Microscopy J.* 5 (Mar. 2, 2004).

41. Trial Transcript, 2837, People v. Kharey Wise, No. 4762/89 (N.Y. Sup. Ct. Nov. 13, 1990).
42. NAS Report, 161.
43. The sixteen exonerees are: J. Abbitt, R. Alexander, J. Deskovic, C. Elkins, N. Hatchett, T. Hayes, E. Karage, R. Krone, R. Matthews, A. McCray, J. Ochoa, K. Richardson, M. Roman, R. Santana, Y. Salaam, and K. Wise. The four cases where the DNA tests appeared to show guilt were three that involved invalid testimony, the cases of G. Alejandro, C. Heins, and J. Sutton, while the last case, that of T. Durham, involved a lab error. James Ochoa had no trial and pleaded guilty despite a DNA exclusion. Krone had exculpatory DNA results presented at a second trial, of which I was not able to obtain a transcript. For those two cases, Ochoa and Krone, trial transcripts were not obtained. Thus a total of eighteen cases with DNA testimony at trial were obtained. I also note that Richard Alexander was excluded at trial by DNA in an additional rape that he was not charged with, but which prosecutors said was part of a series of attacks by the same perpetrator.
44. Trial Testimony, 149, State v. Gilbert Alejandro, No. 90-09-8445-CR (Tex. Dist. Ct. Dec. 11, 1990).
45. Trial Testimony, 168–230, State v. Josiah Sutton, No. 800450 (Tex. Dist. Ct. 1999).
46. William Thompson, Review of DNA Evidence in *State of Texas v. Josiah Sutton* (2003), http://www.scientific.org/archive/Thompson%20Report.PDF.
47. See William C. Thompson et al., "How the Probability of a False Positive Affects the Value of DNA Evidence," 48 *J. Forensic Sci.* 47, 48 (2003).
48. Erin Murphy, "The Art in the Science of DNA: A Layperson's Guide to the Subjectivity Inherent in Forensic DNA Typing," 58 *Emory L.J.* 489 (2008).
49. Adam Liptak, "The Nation: You Think DNA Evidence Is Foolproof? Try Again," *New York Times,* March 16, 2003.
50. C. Michael Bowers, "Scientific Issues," in Faigman et al., *Modern Scientific Evidence: The Law and Science of Expert Testimony* (St. Paul, MN: West Group, 2009–2010), § 37:12–37:13, 37:23, 37:34–37:36.
51. See Flynn McRoberts and Steve Mills, "From the Start, a Faulty Science," *Chicago Tribune,* October 19, 2004.
52. NAS Report, 176.
53. Paul C. Giannelli, "Bite Mark Evidence," *GP Solo* (Sept. 2007); Faigman et al., *Modern Scientific Evidence,* § 37:4–37.6.
54. The fifth exoneree with invalid bite mark testimony was Roy Brown, whose case is discussed below; the odontologist found inconsistencies and yet called them "explainable." The two exonerees with vague testimony concerning bite mark comparisons were James O'Donnell and Calvin Washington. In O'Donnell's case the marks were said to be "consistent" with his teeth. In Washington's case, while Washington was himself excluded (he was missing most of his teeth), his codefendant was said to have teeth that were "consistent with" the bite marks.
55. Trial Transcript, 15, State of Arizona v. Ray Milton Krone, No. CR 92-00212 (on file with authors).

56. Robert Nelson, "About Face," *Phoenix New Times*, April 21, 2005.
57. Maurice Possley and Steve Mills, "Guilty, Said Bite Expert. Bogus, Says DNA," *Chicago Tribune*, July 10, 2008.
58. Iain A. Pretty, "Reliability of Bitemark Evidence," in *Bitemark Evidence*, ed. Robert B. J. Dorion (New York: Marcel Dekker, 2005), 531, 543.
59. See Garrett and Neufeld, "Invalid Forensic Science Testimony," 68.
60. ABFO Bitemark Methodology Guidelines at www.abfo.org/pdfs/ABFO%20Manual %20-%20Revised%2010-5-2009.pdf.
61. Trial Transcript, 294, *State of Idaho v. Charles I. Fain* (Idaho D. Ct. Oct. 14, 1983).
62. See NAS Report, 148–149.
63. Faigman et al., *Modern Scientific Evidence*, § 38.1.-38.2.
64. Trial Transcript, 290, State of Texas v. David Shawn Pope, No. F85-98755-NQ (Tex. Dist. Ct. Feb. 4, 1986).
65. Trial Transcript, 3-207, 3-214–3-225, Commonwealth of Massachusetts v. Stephan Cowans, No. 97-11231 (Mass. Sup. Ct. June 24, 1998); Ron Smith & Associates, Inc., *Reference: Request for Latent Print Consultation Services* (Mar. 8, 2004), 6.
66. The cases are those of: Gilbert Alejandro, Gene Bibbins, Roy Brown, David Bryson, Ulysses Charles, Stephan Cowans, Rolando Cruz, William Gregory, Alejandro Hernandez, Dana Holland, Ray Krone, Curtis McCarty, Neil Miller, Marlon Pendleton, Larry Peterson, George Rodriguez, Lafonso Rollins, Josiah Sutton, Ronald Taylor, Earl Washington, Kenneth Waters, and Ronald Williamson. In five cases, such as the Peterson case discussed next, we do not know if the analyst intentionally or negligently concealed the presence of abundant spermatozoa that could have been tested; in such cases, later analysis reported, though, that they were readily detected and should easily have been tested.
67. See Garrett and Neufeld, "Invalid Forensic Science Testimony," 76–77.
68. Margaret Edds, *An Expendable Man: The Near-Execution of Earl Washington, Jr.* (New York: New York University Press, 2003), 246.
69. Trial Transcript, 740, 774, People v. Roy Brown, 91-2099 (N.Y. Sup. Ct. Jan. 13–23, 1992).
70. Trial Transcript, 83, State of Louisiana v. Gene Bibbins, No. 2-87-979 (La. Dist. Ct. Mar. 25, 1987).
71. See Gregory v. City of Louisville, 444 F.3d 725, 732 (6th Cir. 2006).
72. Maurice Possley et al., "Scandal Touches Even Elite Labs: Flawed Work, Resistance to Scrutiny Seen Across U.S.," *Chicago Tribune*, October 21, 2004, § 1, 1.
73. The Innocence Project, Larry Peterson, at www.innocenceproject.org/Content/148 .php.
74. Center for Wrongful Convictions, Dennis Williams, www.law.northwestern.edu/ wrongfulconvictions/exonerations/ilWilliamsChart.pdf.
75. Trial Testimony, 636–637, State of Oklahoma v. Ronald Keith Williamson, CRF 87-90 (Okla. Dist. Ct. April 21–28, 1988).
76. Williamson v. Ward, 110 F.3d 1508, 1522 (10th Cir. 1997).
77. Barry Scheck et al., *Actual Innocence*, 165.

78. The Innocence Project, Robert Miller, www.innocenceproject.org/Content/219.php.
79. Jason Volentine, "Stolen Lives: The Story of the Beatrice Six (Part Three)," *KOLN/KGIN,* March 17, 2009; Lynn Safranek, "Old-style Testing of Blood and Fluids Proves to Be No Match for Modern DNA Testing," *Omaha World-Herald,* January 26, 2009.
80. Maurice Possley, "'Always Knew I Was Innocent,' Imprisoned in a 1992 Sexual Assault, Marlon Pendleton Is Told by His Lawyer That New DNA Tests Show That He Was Not the Assailant," *Chicago Times-Tribune,* November 24, 2006.
81. Trial Testimony, 1–169, Commonwealth v. Neil Miller, No. 085602–085604 (Mass. Sup. Ct. Dec. 14, 1990).
82. Frontline, *Burden of Innocence,* http://www.pbs.org/wgbh/pages/frontline/shows/burden/profiles/miller.html.
83. Fred C. Zacharias, "Structuring the Ethics of Prosecutorial Trial Practice: Can Prosecutors Do Justice?" 44 *Vand. L. Rev.* 45, 91 (1991); see also Model Rules of Prof'l Conduct R. 3.4(e).
84. Darden v. Wainwright, 477 U.S. 168, 181 (1986).
85. People v. Linscott, 142 Ill.2d 22, 38 (Ill. 1991).
86. Trial Transcript, 899, Commonwealth of Pennsylvania v. Drew Whitley, CC 89-2462 (Pa. Ct. of Common Pleas July 21, 1989).
87. Ibid., 50–57 (July 24, 1989).
88. Paul C. Giannelli and Edward L. Imwinkelried, *Scientific Evidence,* (4th ed. 2007), § 4.01–.05, 13.07.
89. Paul C. Giannelli, "Microscopic Hair Comparison: A Cautionary Tale," 46 No. 3 *Criminal Law Bulletin* Art. 7 (2010).
90. Only 3% of law enforcement requests to crime labs involve requests for DNA analysis. See Matthew R. Durose, Bureau of Justice Statistics, Census of Publicly Funded Forensic Crime Laboratories 10 (2005), http://bjs.ojp.usdoj.gov/content/pub/pdf/cpffcl05.pdf.
91. Ninety-three exonerees had invalid forensic science testimony at their trials. Nineteen more had vague and potentially misleading testimony, using terms like "associated with," "similar," or "consistent." Fourteen more had exculpatory forensic evidence that was not disclosed and/or erroneous analysis such as laboratory errors in their cases. Finally, at least one transcript that could not be located, that of Harold Buntin, according to available reports had invalid testimony at his trial; another had vague testimony; and one more, that of Thomas Webb, involved vague testimony that evidence was "consistent."
92. In a preliminary effort, I obtained a small random set of transcripts from similar rape and murder trials. Each of those defendants was found guilty and, as far as we know, they really were. I found that just in these exonerees' cases, almost two-thirds of those trials had invalid forensic science testimony. The trials included the same types of errors and they even involved some of the same analysts who testified in the exonerees' trials. Thirty trial transcripts in such "matched" cases were collected from Missouri (10 transcripts), Texas (11), and Virginia (9). See Garrett and Neufeld, "Invalid Forensic Science Testimony," 28–29.

93. See, e.g., Lopez v. State, 643 S.W.2d 431, 433 (Tex. App. 1982); State v. Bridges, 421 S.E.2d 806, 808 (N.C. Ct. App. 1992).
94. See Rob Warden and Locke Bowman, "Independent Crime Labs Could Stop Forensic Fraud," *Chicago Sun-Times,* November 7, 2004.
95. See Michael R. Bromwich, Executive Summary, in *Fifth Report of the Independent Investigator for the Houston Police Department Crime Laboratory and Property Room* 1-2 (May 11, 2006), at http://www.hpdlabinvestigation.org.
96. Comm. on Scientific Assessment of Bullet Lead Elemental Composition Comparison, Nat'l Research Council, *Forensic Analysis: Weighing Bullet Lead Evidence* (2004), 90-94.
97. Andrew E. Taslitz, "Convicting the Guilty, Acquitting the Innocent: The ABA Takes a Stand," 19 *Crim. Just.* 18-19 (2005).
98. See, e.g., United States v. Bentham, 414 F. Supp. 2d 472, 473 (S.D.N.Y. 2006) ("False positives—that is, inaccurate incriminating test results—are endemic to much of what passes for 'forensic science.'").
99. Identifying the Needs of the Forensic Sciences Community, www8.nationalacademies.org/cp/projectview.aspx?key48741.
100. See NAS Report, 7.
101. Ibid., 37, 53.
102. 129 S.Ct. 2527, 2537 (2009).
103. The Court merely defended confrontation as not "useless" and "one means" to ensure accuracy where forensic error or incompetence "may be" uncovered through cross-examination. Ibid., 2536-2537.
104. See NAS Report, 21-22.

5장. 거짓 제보자에 의한 재판

1. Trial Transcript, 88-89, 104-105, State of Illinois v. David A. Gray, Case No. 78-CF-124 (Ill. Cir. Ct. Sept. 29, 1978).
2. Ibid., 152, 241.
3. Ibid., 252.
4. Ibid., 74.
5. Ibid., 160-212.
6. Ibid., 173.
7. Patrick E. Gauen, "Evidence in Alton Rape Case Is Vanishing," *St. Louis Post-Dispatch,* July 3, 1998, A1; Gray Trial Transcript, 13, (Sept. 29, 1978).
8. Gray Trial Transcript, 8.
9. Ibid., 36.
10. Gauen, "Evidence in Alton Rape Case."
11. Gray Trial Transcript, 111.
12. Ibid., 95.
13. Ibid., 112.
14. Ibid., 110.

15. Ibid., 297.
16. Ibid., 132, 144.
17. Ted Rohrlich and Robert W. Stewart, "Jailhouse Snitches: Trading Lies for Freedom," *Los Angeles Times,* April 16, 1989, 1.
18. Gray Trial Transcript, 131.
19. Ibid., 303.
20. Ibid., 308–310.
21. For that reason, the Illinois Appellate Court dismissed David Gray's *Massiah* claim brought on appeal. See People v. Gray, 299 N.E.2d 206, 210 (Ill. App. 5 Dist. 1979).
22. Gray Trial Transcript, 12.
23. Ibid., 31.
24. Ibid., 25–26.
25. Ibid., 37.
26. Ibid., 44.
27. Ibid., 294–295.
28. Ibid., 19.
29. See Gauen, "Evidence in Alton Rape Case."
30. Hoffa v. United States, 385 U.S. 293, 311 (1966) (citation omitted).
31. Steve Mills and Ken Armstrong, "Another Death Row Inmate Cleared," *Chicago Tribune,* January 19, 2000, N1 ("Jailhouse informants are considered among the least reliable witnesses in the criminal justice system."); see also James S. Liebman, "The Overproduction of Death," 100 *Colum. L. Rev.* 2030, 2088–2089 n.149 (2000); Alexandra Natapoff, *Snitching: Criminal Informants and the Erosion of American Justice* (New York: New York University Press, 2009), 70–72.
32. United States v. Bernal-Obeso, 989 F.2d 311, 335 (9th Cir. 1993).
33. Samuel Gross, "Lost Lives: Miscarriages of Justice in Capital Cases," 61 *Law & Contemp. Probs.* 125, 138 (1998).
34. See Peter Neufeld, Letter to Hon. Governor Phil Bredesen, January 25, 2004 (on file with author).
35. 360 U.S. 264 (1959).
36. 377 U.S. 201, 203–206 (1964).
37. Kansas v. Ventris, 129 S. Ct. 1841, 1844 (2009).
38. Daniel Richman, "Cooperating Defendants: The Costs and Benefits of Purchasing Information from Scoundrels," 8 *Fed. Sent. Rep.* 292, 294 (1996).
39. *Hoffa,* 385 U.S. at 311.
40. Trial Transcript, 222, State of New York v. John Kogut, Ind. #61029 (Nassau County Ct. May 13, 1986).
41. Trial Transcript, 46–47, State of Michigan v. Kenneth Wyniemko, No. CR-94-1595 (Mich. D. Ct. Aug. 11, 1994); ibid., 64–65 (Nov. 3, 1994).
42. Trial Transcript, 2126, State of Illinois v. Willie L. Rainge, Kenneth E. Adams, and Dennis Williams, Information No. 78-I6-5186 (Ill. Cir. Ct. Sept. 27, 1978).
43. Trial Transcript, 881, Commonwealth of Pennsylvania v. Drew Whitley, No. CC 8902462, 8902609 (Pa. Ct. of Common Pleas July 18, 1989).

44. Trial Transcript, 1229, State of Florida v. Wilton Allen Dedge, Case No. 82-135-CF-A (Fla. Cir. Ct. Aug. 22, 1984).
45. Trial Transcript, 1696, State of Texas v. Calvin Edward Washington, No. 87-08-C (Tex. D. Ct. Nov. 30, 1987).
46. Ibid., 1338.
47. Ibid., 1339.
48. Trial Transcript, 791, State of New York v. Steven P. Barnes, Ind. 89-96 (N.Y. Sup. Ct. May 15, 1989).
49. See Natapoff, *Snitching*, 94; R. Michael Cassidy, "'Soft Words of Hope': Giglio, Accomplice Witnesses, and the Problem of Implied Inducements," 98 *Northwestern U. L. Rev.* 1129 (2004).
50. People v. Cruz, 643 N.E.2d 636, 643–644 (Ill. 1994).
51. Williamson v. Ward, 110 F.3d 1508, 1512 (10th Cir. 1997).
52. Waymong Dotson Statement, August 4, 1987, 7 (on file with author).
53. Ibid., 8.
54. Trial Transcript, 726, 778, State of Idaho v. Charles I. Fain, Criminal Case No. C-5448 (Idaho D. Ct. Oct. 26, 1983).
55. Ibid., 764.
56. Ibid., 771.
57. Ibid., 772.
58. Barnes Trial Transcript, 538.
59. Trial Transcript, 165–166, Commonwealth of Pennsylvania v. Bruce Donald Godschalk, No. 00934-87, (Pa. Ct. of Common Pleas May 27, 1987).
60. Trial Transcript, 575–576, State of Oklahoma v. Ronald Keith Williamson, CRF 87-90 (Okla. D. Ct. April 22, 1988).
61. Trial Transcript, 727, State of New York v. John Restivo and Dennis Halstead, Ind. #61322 (Nassau County Ct. October 20, 1986).
62. Ibid., 760–761.
63. Ibid., 730.
64. Whitley Trial Transcript, 879.
65. Fain Trial Transcript, 740.
66. Ibid., 737, 782–783.
67. Ibid., 850.
68. Ibid., 1322–1323.
69. Trial Transcript, 2488, State of Florida v. Chad Richard Heins, Case No. 94-3965-CF (Fla. D. Ct. Dec. 10, 1996).
70. Washington v. State, 822 S.W.2d 110, 121 (Tex. App. Waco 1991).
71. Godschalk Trial Transcript, 70 (May 27, 1987).
72. Ibid., 165.
73. Dedge v. State, 442 So. 2d 429, 430 (Fla. App. 5 Dist. 1983).
74. Staff, "Cases Involving Preston," *Florida Today* (Melbourne, FL), August 30, 2009, A12; John A. Torres and Jeff Schweers, "Dog Handler Led to Bad Evidence," *Florida Today* (Melbourne, FL), June 21, 2009.
75. Dedge Trial Transcript, 1214–1215.

76. Ibid., 418
77. Ibid., 1213.
78. Ibid., 1215.
79. Ibid., 1216.
80. Ibid., 417–418.
81. John A. Torres, "After 22 Years Dedge Again Tastes Freedom," *Florida Today* (Melbourne, FL), August 13, 2004, 1; Dedge Trial Transcript, 1205, 1225.
82. Staff, "Prior Zacke Knowledge May Have Been Hidden," *Florida Today* (Melbourne, FL), January 23, 2006, A1.
83. Trial Transcript, 2–11, Commonwealth of Pennsylvania v. Nicholas Yarris, No. 690-82 (Pa. Ct. of Common Pleas June 29, 1982). He also said Yarris had claimed to have told police about the murder "and he was trying to put it on someone else in order to help him out with his first case," ibid., 2–15.
84. Ibid., 1–84, 1–88, 1–121, (June 28, 1982).
85. Ibid., 2–9.
86. Ibid., 9 (July 1, 1982).
87. Ibid., 2–12.
88. Ibid., 2–11.
89. Fain Trial Transcript, 847, 1323.
90. People v. Halstead, 580 N.Y.S.2d 413 (2d Dep't 1992).
91. Yarris Trial Transcript, 2-39-40.
92. Fain Trial Transcript, 743.
93. Calvin Washington Trial Transcript, 1363–1364.
94. Ibid., 1382.
95. Restivo Trial Transcript, 750.
96. Rainge, Adams, and Williams Trial Transcript, 2125–2135.
97. Trial Transcript at 646, 665–666, State of Oklahoma v. Dennis Fritz, CRF 87-90 (Okla. Dist. Ct. April 7, 1988).
98. Jim Cuddy Jr., "DNA Test Fails to Link Wilkinsburg Man to /81 Murder," *Pittsburgh Post-Gazette,* May 23, 1991 D12.
99. John Biemer, "Exonerated Earlier of Rape, Man Also Wins Related Case," *Chicago Tribune,* June 6, 2003, 6.
100. Ren E. Lee, "Rape Case Closed, But 'Justice Was Not Served,'" *Houston Chronicle,* February 21, 2007 A1.
101. The only codefendants who were not exonerated were those who testified against Chaunte Ott. The codefendants were also excluded by the postconviction DNA testing; however, one was himself murdered years before, and the other had received a plea deal and had served his five years. See Meg Jones, "Man Released from Prison on New DNA Evidence in Murder," *Journal Sentinel,* January 8, 2009.
102. People v. Jimerson, 652 N.E.2d 278, 282–286 (Ill. 1995).
103. David Protess and Rob Warden, *A Promise of Justice,* (New York: Hyperion Books, 1998), chap. 12, 16.
104. Trial Transcript, 35–36, 43, State of Oklahoma v. Ronald K. Williamson and Dennis L. Fritz, CRF 87-90 (Okla. Dist. Ct. July 20, 1987).

105. Trial Transcript, 63–64, Commonwealth of Massachussetts v. Kenneth Waters, No. 82-4115-4116 (Mass. Sup. Ct. May 4, 1983); http://www.innocenceproject.org/Content/285.php.
106. See Staff, "Wrongfully Convicted? DNA Testing May Set Convicted Murderer William Dillon Free After 26 Years," *Florida Today,* October 10, 2007, A1.
107. Bob Burtman, "Hard Time," *Houston News,* September 10, 1998; Jeffrey Rice, "Hard Time," *Houston Chronicle,* November 26, 2000, 6.
108. Jeffrey S. Neuschatz et al., "The Effects of Accomplice Witnesses and Jailhouse Informants on Jury Decision Making," 32 *Law & Hum. Behav.* 137 (2008) (finding that "conviction rates were unaffected by the explicit provision of information indicating that the witness received an incentive to testify" and "the presence of a confession, albeit a secondary confession, had a significant influence on mock juror conviction rates.")
109. Hoffa v. United States, 385 U.S. 293, 311 (1966).
110. Whitley Trial Transcript, 886–888.
111. Ibid., 883–884, 889–890.
112. Dodd v. State, 993 P.2d 778, 784 (Okla. Crim. App. 2000) (adopting procedure for jailhouse informant testimony that ensures "complete disclosure"); see also Cal. Penal Code § 1127a(b) (West 2004) (requiring courts to instruct jury on in-custody informant testimony); United States v. Villafranca, 260 F.3d 374, 381 (5th Cir. 2001) ("The testimony of a plea-bargaining defendant is admissible if the jury is properly instructed."); State v. Bledsoe, 39 P.3d 38, 44 (Kan. 2002) (noting that trial court "gave a cautionary jury instruction regarding the testimony of an informant"); Alexandra Natapoff, "Beyond Unreliable: How Snitches Contribute to Wrongful Convictions," 37 *Golden Gate U. L. Rev.* 107, 112–115 (2006) (proposing model statute requiring pretrial evaluations of informant testimony).
113. 725 Ill. Comp. Stat. Ann. 5/115-21(d) (West Supp. 2007).
114. Staff, "Dillon Forgives Accuser at Hearing," *Florida Today,* November 2, 2009.

6장. 농락당한 무죄 주장

1. "Autopsy Reports Coming In," *Culpeper Star-Exponent,* July 7, 1982; "Police Believe Williams' Killer Knew Victim," *Culpeper Star-Exponent,* September 9, 1982.
2. Trial Transcript, 47, Commonwealth of Virginia v. Earl Junior Washington (Va. Cir. Ct. Jan. 19, 1984).
3. Va. Code Ann. § 19.2-163.
4. Washington Trial Transcript, 644–647.
5. Ibid., 629–630, 718–720.
6. Ibid., 805–811.
7. Ibid., 132, 151, 13. The court had only asked that the expert evaluate Washington's "present status" and capacity to stand trial. The psychologist did not examine his mental capacity at the time of the murder or interrogation, nor whether mental retardation could have affected the voluntariness of his confession. Washington's attor-

ney later stated that he believed that the court would have denied any request for funding for an expert. Brooke Masters, "Missteps on the Road to Injustice," *Washington Post,* November 30, 2000.

8. Affidavit of John W. Scott, November 3, 1989 (on file with author); Brandon L. Garrett and Peter J. Neufeld, "Invalid Forensic Science Testimony and Wrongful Convictions," 95 *Va. L. Rev.* 1, 76–77 (2009).
9. See, e.g., Nancy M. Steblay et al., "The Effects of Pre-trial Publicity on Juror Verdicts: A Meta-Analytic Review," 23 *Law & Hum. Behav.* 219 (1999).
10. The sixteen exonerees who pleaded guilty are: Larry Bostic, Marcellius Bradford, Keith Brown, James Dean, John Dixon, Kathy Gonzalez, Anthony Gray, Eugene Henton, William Kelly, Michael Marshall, Christopher Ochoa, James Ochoa, Debra Shelden, Ada JoAnne Taylor, David Vasquez and Thomas Winslow. Three exonerees, Steven Phillips, Jerry Townsend, and Arthur Whitley, were convicted at a trial, but pleaded guilty to an additional charge or charges. Thus, a total of nineteen exonerees pleaded guilty to a crime of which they were later exonerated.
11. Diane Jennings, "Two Men's DNA Exonerations in '88 Austin Murder Reveal Triumph, Tragedy," *Dallas News,* February 24, 2008.
12. Hearing Transcript, 5, State of New Jersey v. John Dixon, Ind. No. 2683-5-91 (N.J. Sup. Ct. Nov. 12, 1991).
13. See American Bar Association Standing Committee on Legal Aid and Indigent Defendants, *Gideon's Broken Promise: America's Continuing Quest for Equal Justice* (2004), 17.
14. Memorandum of Law, State of Maryland v. Anthony Gray, Case No. C-91-409 (Feb. 20, 1992).
15. Matthew Durose and Patrick A. Langan, U.S. Department of Justice, Bureau of Justice Statistics, *Felony Sentences in State Courts, 2004* (2007), 1, table 4.1; see also Brandon L. Garrett, "Judging Innocence," 108 *Colum. L. Rev.* 55, 74 n.73 (2008).
16. *60 Minutes,* "DNA Helps Free Inmate after 27 Years," May 4, 2008, at www.cbsnews.com/stories/2008/05/02/60minutes/main4065454.shtml.
17. Brandon L. Garrett, "Claiming Innocence," 92 *Minn. L. Rev.* 1629, 1680–1681 (2008).
18. Stephen P. Garvey et al., "Juror First Votes in Criminal Trials," 1 *J. Empir. Leg. Stud.* 396 (2004); Saul Kassin and Lawrence Wrightsman, *The Psychology of Evidence and Trial Procedure* (New York: Hemisphere Publishing, 1985), 8.
19. Paula Hannaford-Agor et al., *Are Hung Juries a Problem?* National Center for State Courts (2002), 49.
20. See Dan Simon, "A Third View of the Black Box: Cognitive Coherence in Legal Decision Making," 71 *U. Chi. L. Rev.* 511–586 (2004) (providing a review of the literature); Saul M. Kassin and Lawrence Wrightsman, *The American Jury on Trial: Psychological Perspectives,* (New York: Hemisphere Publishing, 1988), 153–156.
21. Trial Transcript, 1739, State of Connecticut v. Miguel Roman, No. 54423 (Ct. Sup. Ct. April 30, 1990).
22. Hannaford-Agor et al., *Are Hung Juries a Problem?* 35 (finding 92% of defendants in sample were tried alone).

23. See Dale A. Sipes et al., *On Trial: The Length of Civil and Criminal Trials,* National Center for State Courts (1988).
24. See Trial Transcript, 204, State of Texas v. Carlos Lavernia, No. 76,122 (Tex. Dist. Ct. Jan. 21, 1985); and Trial Transcript, 352–353, State of Texas v. Thomas Clifford McGowan, No. F85-81070-MU (Tex. Dist. Ct. March 5, 1986).
25. Kim North Shine, "Convicted Rapist Turns to DNA Tests," *Macomb Free Press,* November 27, 2002.
26. Additional exonerees, 8%, argued that no crime had occurred at all (17 of 207 trials). Unsurprisingly, such arguments failed. After all, DNA testing ultimately excluded these people, and therefore, almost all of the exonerees' cases were ones in which a crime did in fact occur, but the wrong man was convicted.
27. Trial Transcript, 549, State of Texas v. Brandon Moon, No. 50,015 (Tex. D. Ct. January 14, 1987).
28. Tara M. Burke and John W. Turtle, "Alibi Evidence in Criminal Investigations and Trials: Psychological and Legal Factors," 1 *Canadian J. Police & Security Services* 286 (2004); R. C. L. Lindsay et al., "Mock-Juror Evaluations of Eyewitness Testimony: A Test of Metamemory Hypotheses," 15 *J. App. Soc. Psychol.* 447 (1986).
29. Trial Transcript, 614–615, State of Oklahoma v. Timothy Edward Durham, No. CF-91-4922 (Okla. Dist. Ct. March 9, 1993).
30. Ibid., 580.
31. Trial Transcript, 375, State of Ohio v. Anthony Green, No. CR 228250 (Ohio Ct. of Common Pleas, Oct. 13, 1988).
32. Trial Transcript, 503, 506, State of Louisiana v. Rickey Johnson, No. 30,770 (La. Dist Ct. Jan. 5, 1983).
33. Trial Transcript, 1044–1045, 1070, State of West Virginia v. James Edmund Richardson, Jr., Criminal No. 89-F-5 (W. Va. Cir. Ct. July 27, 1989).
34. Trial Transcript, V3-26-27, State of Missouri v. Antonio Beaver, No.961-2972 (Apr. 24, 1997).
35. Trial Transcript, 23, State of Oklahoma v. Arvin Carsell McGee, No. CF-88-886, CF-89-1344 (Okla D. Ct. Sept. 14, 1988).
36. See 547 U.S. 319 (2006); Keith A. Findley and Michael S. Scott, "The Multiple Dimensions of Tunnel Vision in Criminal Cases," 2006 *Wis. L. Rev.* 291, 343–346.
37. For two of the few articles discussing standards for admission of third-party guilt evidence prior to *Holmes,* see Brett C. Powell, "Perry Mason Meets the 'Legitimate Tendency' Standard of Admissibility (And Doesn't Like What He Sees)," 55 *U. Miami L. Rev.* 1023 (2001); Stephen Michael Everhart, "Putting a Burden of Production on the Defendant Before Admitting Evidence That Someone Else Committed the Crime Charged: Is It Constitutional?" 76 *Neb. L. Rev.* 272 (1997).
38. Trial Transcript, 477–478, State of California v. Frederick Rene Daye, CR-67014/DA-A75647 (Cal. Sup. Ct. May 21, 1984).
39. Ibid., 557–558.
40. See Tony Perry, "DNA Test Frees Inmate after 10 Years," *Los Angeles Times,* September 29, 1994, 3; Carl Rothman, "Suspect in 1985 Rape and Murder of 2 Kids Is Dead," *Newark Star-Ledger,* November 24, 2009.

41. S. A. Reid, "DNA That Freed One Links Another to Cobb Rape," *Atlanta Journal-Constitution,* February 16, 2007, D4; Christopher J. McFadden, "The Exoneration of Robert Clark," *Fulton County Daily Report,* June 16, 2006, 4; Trial Transcript, 145–147, State of Georgia v. Robert Clark, Jr., Ind. No. 82-0481 (Ga. Sup. Ct. May 24, 1982).
42. Trial Transcript, 867–868, State of Oklahoma v. Ronald Keith Williamson, CRF 87-90 (Okla. Dist. Ct. March 22, 1988).
43. Trial Transcript, 164, State of Louisiana v. Dennis P. Brown, No. 128,634 (La. Dist. Ct. Sept. 11, 1985).
44. Trial Transcript, 80, State of Texas v. Charles Chatman, No. F81-2101 QK (Tex. Dist. Ct. 1981).
45. Trial Transcript, 391, Commonwealth of Pennyslvania v. Thomas Doswell, No. CC 8603467 (Pa. Ct. of Common Pleas November 19, 1986).
46. Trial Transcript, 1398, State of Ohio v. Clarence A. Elkins, No. 98-06-1415 (Ohio Ct. of Common Pleas May 20, 1999).
47. Trial Transcript, 878, State of Oklahoma v. Dennis Leon Fritz, No. CRF-87-90 (Okla. Dist. Ct. April 6, 1988).
48. Trial Transcript, 180–181, Commonwealth of Pennsylvania v. Bruce Donald Godschalk, No. 00934-87, (Pa. Ct. of Common Pleas May 27, 1987).
49. Ronald Jones Transcript, 84 (July 13, 1999); ibid., 183 (Aug. 19, 1989).
50. Trial Transcript, 94, State of New York v. Anthony Capozzi, #85-1379-001 (N.Y. Sup. Ct. Jan. 27, 1987).
51. Trial Transcript, 197, State of Texas v. Larry Fuller, No. F81-8431-P (Tex. Dist. Ct. Aug. 24, 1981).
52. Trial Transcript, 28–29, State of Maryland v. Kirk N. Bloodsworth, No. 84-CR-3138 (Md. Cir. Ct. Mar. 1, 1985).
53. Trial Transcript, 513, State of Georgia v. Douglas Eugene Echols, No.086-0565 (Ga. Sup. Ct. March 23, 1987).
54. Sharon Cohen, "Jailed at 14, Youth Refused to Surrender Hope," *Los Angeles Times,* June 9, 2002.
55. Trial Transcript, 870–872, State of New York v. James O'Donnell, No. 289-97 (N.Y. Sup. Ct. April 28, 1998).
56. Trial Transcript, 69, State of New York v. Kevin Richardson and Kharey Wise, No. 4762/89 (N.Y. Sup. Ct. Oct. 22, 1990).
57. Trial Transcript, 10, Commonwealth of Massachusetts v. Stephan Cowans, No.97-11231 (Mass. Sup. Ct. July 7, 1998).
58. Trial Transcript, 1211, 1214, State of Illinois v. Michael Evans and Paul Terry No. 76-1105, 76-6504 (Ill. Cir. Ct. April 25, 1977).
59. John H. Blume, "The Dilemma of the Criminal Defendant with a Prior Record—Lessons from the Wrongfully Convicted," 5 *J. Empirical Legal Stud.* 492 (2009) (reviewing case summaries of 119 exonerees and finding that of those who testified, 43% had criminal records, while of those who did not, 93% had criminal records).
60. Sixteen exonerees were excluded by DNA testing at the time of their convictions: Joseph Abbitt, Richard Alexander, Jeffrey Deskovic, Clarence Elkins, Nathaniel

Hatchett, Travis Hayes, Entre Nax Karage, Ray Krone, Ryan Matthews, Antron McCray, James Ochoa, Kevin Richardson, Miguel Roman, Raymond Santana, Yusef Salaam, and Korey Wise. However, one of the sixteen, James Ochoa, did not have a trial but pleaded guilty despite DNA testing that excluded him. In addition to the fifteen exonerees who were excluded by all of the non-DNA forensics in their case, twenty-three more exonerees were excluded by some but not all of the forensics in their case.

61. In forty-one trials the State had two experts, in thirty-two trials the State had three experts, in sixteen trials the State had four experts, in five trials the State had five experts, in five trials the State had six, and in five trials the State had seven.
62. See, e.g., Hannaford-Agor et al., *Are Hung Juries a Problem?* 47; Darryl Brown, "The Decline of Defense Counsel and the Rise of Accuracy in Criminal Adjudication," 93 *Cal. L. Rev.* 1585, 1603 & n.62–63 (2005). Chapter 4 discusses difficulties exonerees had in obtaining forensic experts and why under existing doctrine courts often deny such experts. See also Paul C. Gianelli, "Ake v. Oklahoma: The Right to Expert Assistance in a Post-Daubert World," 89 *Cornell L. Rev.* 1305 (2004).
63. Brief of Appellants, Jimmy Ray Bromgard, On Appeal from the United States District Court for the District of Montana, Billings Division, Cause No. CV-05-32-BLG-RFC 4 (2009).
64. Adam Liptak, "DNA Will Let a Montana Man Put Prison Behind Him, But Questions Still Linger," *New York Times,* Oct. 1, 2002.
65. Trial Transcript, 3, State v. Jimmy Ray Bromgard, No. 88108 (Mont. Dist. Ct. Nov. 16, 1987).
66. State v. Bromgard, 285 Mont. 170 (1997).
67. See, e.g., The Spangenberg Group, *State and County Expenditures for Indigent Defense Services in Fiscal Year 2002* (2003), 34-37.
68. Clair Johnson, "Yellowstone County Wins Bromgard Case," *Billings Gazette,* November 19, 2009; see also Office of the State Public Defender, at http://publicdefender.mt.gov/ ("On July 1, 2006 the Office of the State Public Defender assumed responsibility for statewide Public Defender Services, previously provided by cities and counties").
69. State v. Stinson, 134 Wis. 2d 224 (Wis. App. 1986).
70. Thus more exonerees had public defenders and retained counsel than the average criminal defendant in the United States, perhaps due to the disproportionate numbers in large jurisdictions and in serious felony cases, as well as the desire of these innocent individuals to vigorously defend themselves at a trial. See Steven K. Smith and Carol J. DeFrances, U.S. Department of Justice, *Indigent Defense* (1996), 1 ("nearly 80% of local jail inmates indicated that they were assigned an attorney"). Studies suggest that retaining private counsel or counsel from a public defender's office, as opposed to a court-appointed lawyer, is associated with better outcomes at trial and also on appeal. See, e.g., David T. Wasserman, *A Sword for the Convicted: Representing Indigent Defendants on Appeal* (New York: Greenwood Press, 1990), 99, 152.

71. Trial Transcript, 332–334, State of Texas v. Donald Wayne Good, F33-31435 (Tex. Dist. Ct. Sept. 15, 1987).
72. Berger v. United States, 295 U.S. 78, 88 (1935).
73. As I discuss in Chapter 7, seventy-seven exonerees brought claims relating to prosecutorial misconduct during their appeals or postconviction.
74. Kathleen A. Ridolfi and Maurice Possley, "Preventable Error: A Report on Prosecutorial Misconduct in California, 1997–2008" (2010); James S. Liebman, Jeffrey Fagan, and Valerie West, *A Broken System: Error Rates in Capital Cases, 1973–1995* (2000), 4–5; Marshall J. Hartman and Stephen L. Richards, "The Illinois Death Penalty: What Went Wrong?" 34 *J. Marshall L. Rev.* 409, 422–430 (2001); Ken Armstrong and Maurice Possley, "Trial & Error; How Prosecutors Sacrifice Justice to Win; The Verdict: Dishonor," *Chicago Tribune*, January 10, 1999, 1.
75. In their appeals or postconviction, nineteen exonerees made Fourth Amendment claims regarding police search or seizure of evidence or lack of probable cause to arrest, all without any success. Similarly, eight exonerees alleged that law enforcement destroyed evidence that could have helped their case, without success.
76. Steve McGonigle and Robert Tharp, "DA Joins Fight to Clear Man," *Dallas News*, February 23, 2007.
77. Elkins v. Summit County, Ohio, No. 5:06-CV-3004, 2009 WL 1150114 (N.D. Ohio April 28, 2009).
78. Doswell v. City of Pittsburgh, Civil Action No. 07-0761, 2009 WL 1734199, at *5 (W.D. Pa. June 16, 2009).
79. McGowan Trial Transcript, 396.
80. Trial Transcript, 455–456, State of Ohio v. Anthony Green, No. CR 228250 (Ohio Ct. of Common Pleas Oct. 13, 1988).
81. Trial Transcript, 2461–2462, State of Florida v. Chad Richard Heins, Case No. 94-3965-CF (Fla. D. C. Dec. 10, 1996).
82. Trial Transcript, 349, Commonwealth of Virginia v. Arthur Lee Whitfield, F 841-82 (Va. Cir. Ct. Jan. 14, 1982).
83. McCarty v. State, 765 P.2d 1215, 1220 (Okla. Ct. of Crim. App. 1988).
84. Taylor v. State, 1997 WL 167849, at *3 (Tex. App.-Hous. 1 Dist. April 10, 1997).
85. Few criminal trials result in hung juries. One study of felony trials in four counties found that about 6% of trials resulted in a hung jury and 4% more resulted in a mistrial. Of those, less than a third result in a second jury trial; most are dismissed or result in guilty pleas. Hannaford-Agor et al., *Are Hung Juries a Problem?* 25, 31.
86. The nine exonerees who had hung juries are: Richard Alexander, Scott Fappiano, Donald Wayne Good, David Gray, Eddie Lowery, Arvin McGee, Willie Nesmith, Thomas McGowan, and Julius Ruffin. McGee had a hung jury and then a mistrial (he was tried three times). Julius Ruffin had two hung juries and was convicted in his third trial. The fifteen exonerees who had multiple trials because their convictions were vacated on appeal or postconviction are: Kirk Bloodsworth, Ronald Cotton, McKinley Cromedy, Rolando Cruz, Wilton Dedge, Michael Evans, Donald Wayne Good (he had both two hung juries and one new trial granted due to a vacatur), Alejandro Hernandez, Darryl Hunt, Ray Krone, Johnnie Lindsey, Curtis

McCarty, Willie Rainge, Mark Webb, and Dennis Williams. All of those had two trials, except Cruz and Hernandez, who had three trials. In addition to those twenty-three exonerees who had multiple trials, Dana Holland, Steven Phillips, and LaFonso Rollins had multiple trials for a different reason, not due to hung juries or new trials granted, but rather because they had separate trials for separate crimes that they were charged with.

87. Trial Transcript, 1078–1085, 774, People v. Roy Brown, 91-2099 (N.Y. Sup. Ct. Jan. 13–23, 1992).
88. Trial Transcript, 917–918, People v. Anthony Capozzi, 4-89-657 (N.Y. Sup. Ct. Feb. 5, 1987).
89. Trial Transcript, 2525, State v. Chad Richard Heins, No. 94-3965-CF (Fla. Cir. Ct. Dec. 13, 1994); see also Brandon L. Garrett and Peter J. Neufeld, "Invalid Forensic Science Testimony and Wrongful Convictions," 95 *Va. L. Rev.* 1, 66 (2009).
90. Trial Transcript, 46, Jerry E. Watkins v. State of Indiana, 3CSCC-87C8-CB-764 (Ind. Sup. Ct. Aug. 1987).
91. Alan Berlow, "The Wrong Man," *Atlantic,* November 1999.
92. David Harper, "McGee Case: City to Pay: Lawsuit Is Settled for $12.25 million," *Tulsa World* (Okla.), June 3, 2006.
93. Trial Transcript, 293, State of Oklahoma v. Arvin Carsell McGee, No. CF-88-886, CF-89-1344 (Okla Dist. Ct. Sept. 14, 1988); ibid., 11–16 (Sept. 28, 1988 Hearing).
94. Trial Transcript, 619, Commonwealth v. Eric Sarsfield, No. 87-66 (Mass. Sup. Ct. July 6, 1987).
95. Ken Armstrong and Maurice Possley, "Reversal of Fortune," *Chicago Tribune,* January 13, 1989.
96. Trial Transcript, Commonwealth of Virginia v. Willie Davidson, No. 919-81 (Va. Cir. Ct., May 27, 1981) (page numbers illegible).
97. Trial Transcript, E-33, State of Illinois v. Richard Johnson, No. 91-CR-20794 (Ill. Cir. Ct. Oct. 6, 1992).
98. Trial Transcript, 390–391, State of Utah v. Bruce Dallas Goodman, No. 605 (Utah Dist. Ct. Jan. 30, 1986).
99. Trial Transcript, 36, State of South Carolina v. Perry Renard Mitchell, No. 83-GS-32-479 (Ct. of Gen. Sess. January 23, 1984). The jury took only one hour to convict. Ibid., 37.
100. For a discussion of related issues, including some advantages that defendants have over prosecutions, but concluding that the playing field in criminal cases is decisively tilted, see Richard A. Uviller, *A Tilted Playing Field: Is Criminal Justice Unfair?* (New Haven, CT: Yale University Press, 1997).
101. Dennis Fritz, *Journey Toward Justice* (Santa Ana, CA: Seven Locks Press, 2006), 318.
102. Fritz Trial Transcript, 1071–1072.
103. Fritz, *Journey Toward Justice,* 318.

7장. 오판을 바로잡는 여정

1. See Shaila Dewan, "Despite DNA Test, Prosecutor Retries a '92 Murder Case," *New York Times,* September 6, 2007.
2. See Flynn McRoberts and Steve Mills, "From the Start, a Faulty Science," *Chicago Tribune,* October 19, 2004.
3. Brewer v. State, 725 So. 2d 106 (Miss. 1998).
4. Ibid., 133.
5. Brewer v. Mississippi, 526 U.S. 1027 (Mem) (1999).
6. Brewer v. State, 819 So. 2d 1165, 1168 (Miss. 2000).
7. Brewer v. State, 819 So. 2d 1169 (Miss. 2002).
8. McCarty v. State, 765 P.2d 1215, 1218 (Okla. Cr. 1988).
9. McCarty v. State, 904 P.2d 110 (Okla. Crim. App. 1995) (denying relief on claims regarding hair comparison and serology testimony at the second trial, but remanding for new capital sentencing hearing).
10. McCarty v. State, 114 P.3d 1089 (Okla. Crim. App. 2005).
11. See Cheryl Camp, "Convicted Murderer Is Freed in Wake of Tainted Evidence," *New York Times,* May 22, 2007, A16.
12. Roger J. Traynor, *The Riddle of Harmless Error* (Columbus: Ohio State University Press, 1969).
13. Judge Jerome Frank and Barbara Frank, *Not Guilty* (Garden City, NY: Doubleday, 1957).
14. See Victor E. Flango, National Center for State Courts, *Habeas Corpus in State and Federal Courts* (1994), 62–63; Nancy King, Fred L. Cheesman II, and Brian J. Ostrom, National Center for State Courts, *Final Technical Report: Habeas Litigation in U.S. District Courts* (2007), 58.
15. Later in the chapter I describe in greater detail the "matched comparison group" that I constructed to compare the exonerees' reversal rate to that of a similarly situated group of cases. In that matched group, there was no significant difference in the reversal rate (and just a single additional reversal).
16. These results update a study that I previously published, titled "Judging Innocence," which examined written decisions during the appeals and postconviction litigation of the first 200 exonerees. See Brandon L. Garrett, "Judging Innocence," 108 *Colum. L. Rev.* 55 (2008). As I explained in that study, by written decisions I refer to decisions that were available on Westlaw or Lexis-Nexis or state court databases and that provided a reason for the decision, regardless whether they were characterized by the judge as "reported" or "unreported." Ibid., 68 & n.46. Most postconviction rulings are summary or not published, and judges often rule on selected claims, without saying what other claims were raised in a petition. Failure to issue a written decision, however, may not be random. For example, judges may tend to write decisions just discussing the claims they perceive to have the most merit. For all of those reasons, which create challenges for any effort to study criminal appeals and postconviction review, the data reported here is from a selected sample and necessarily incomplete.

17. See Brandon L. Garrett, "The Substance of False Confessions," 62 *Stan. L. Rev.* 1051, 1107–1109 (2010).
18. Trial Transcript, 2, 43, State of Oklahoma v. Ronald K. Williamson and Dennis L. Fritz, CRF 87-90 (Okla. Dist. Ct. July 20, 1987).
19. The exonerees are: James Dean, Jeffrey Deskovic, Bruce Godschalk, Byron Halsey, Alejandro Hernandez, Nathaniel Hatchett, Stephen Linscott, Freddie Peacock, Yusef Salaam, Jerry Townsend, Douglas Warney, Earl Washington Jr., and Ronald Williamson. See Washington v. Murray, 4 F.3d 1285, 1292 (4th Cir. 1993) (stating that Washington "had confessed to the crime not in a general manner, but as one who was familiar with the minutiae of its execution"); Godschalk v. Montgomery County Dist. Attorney's Office, 177 F. Supp. 2d 366, 367 (E.D. Pa. 2001) (quoting unpublished state court decision finding "plaintiff's conviction 'rests largely on his own confession which contains details of the rapes which were not available to the public'" (citation omitted)); Townsend v. State, 420 So. 2d 615, 617 (Fla. Dist. Ct. App. 1982) ("Townsend confessed to all of the collateral crimes as well as those for which he was charged, and he took the police to the scene and corroborated facts known to the police which only the killer would know."); People v. Hatchett, No. 211131, 2000 WL 33419396, at *1 (Mich. Ct. App. May 19, 2000) (stating that "the prosecution presented overwhelming evidence" and that police "testified that defendant's statement included information that only the perpetrator of the crimes would know," facts "fully corroborative" of the victim's account); State v. Dean, 464 N.W.2d 782, 789 (Neb. 1991) ("[T]he presentence investigation contained numerous statements made by the defendant to law enforcement officers. Those statements were corroborated not only by the physical evidence found at the crime scene and the scientific examination of that evidence, but also by interviews with other people involved or intimately familiar with some details of the crimes against the deceased as heretofore related."); State v. Halsey, 748 A.2d 634, 636–638 (N.J. Super. Ct. App. Div. 2000) (citing "overwhelming" evidence of his guilt and describing each of the facts he supposedly volunteered in his confession); People v. Peacock, 417 N.Y.S.2d 339 (N.Y. App. Div. 1979) (denying relief citing "strong evidence of guilt, including defendant's confession"); People v. Warney, 750 N.Y.S.2d 731, 732–733 (N.Y. App. Div. 2002) ("Defendant confessed to the crime and gave accurate descriptions of many details of the crime scene."); People v. Salaam, 590 N.Y.S.2d 195, 196 (N.Y. App. Div. 1992) ("Details of this statement were corroborated overwhelmingly by substantial physical evidence."); Williamson v. State, 812 P.2d 384, 396 (Okla. Crim. App. 1991) ("[T]he Appellant made certain admissions, in addition to a confession, which were corroborated by the extrinsic evidence.").
20. People v. Cruz, 121 Ill.2d 321, 336 (Ill. 1988).
21. Those exonerees are Curtis McCarty, Marvin Mitchell, Bruce Nelson, and Walter Snyder.
22. 388 U.S. 218 (1967).
23. State v. Cromedy, 727 A.2d 457 (N.J. 1999) (reversing conviction for failure to instruct jury concerning error and cross-racial identifications); Jean v. Rice, 945 F.2d 82, 87 (4th Cir. 1991) (finding violation of *Brady* where use of hypnosis was not dis-

closed to the defense and where there was "little" evidence to corroborate the witness identifications); State v. Cotton, 351 S.E.2d 277, 280 (N.C. 1987) (granting new trial where evidence of eyewitnesses' identification of another person supported third-party guilt theory); Webb v. State, 684 S.W.2d 800, 801 (Tex. App. 1985) (reversing conviction where victim violated rule against discussion with other witnesses); People v. Evans, 399 N.E.2d 1333, 1337 (Ill. App. 1979) (noting that new trial had previously been granted to Evans).

24. 432 U.S. 98 (1977).
25. People v. Barnes, 558 N.Y.S.2d 339 (4 Dept. 1990).
26. Bryson v. State, 711 P.2d 932 (Okla. Cir. 1985).
27. State v. Green, 585 N.E.2d 990 (Ohio App. 8 Dist. 1990).
28. McCarty v. State, 765 P.2d 1215, 1218 (Okla. Cr. 1988).
29. State v. Krone, 897 P.2d 621, 624–625 (1995).
30. People v. Linscott, 159 Ill. App. 3d 71, 80–81 (Ill. App. Ct. 1987).
31. Williamson v. Ward, 110 F.3d 1508, 1520 (10th Cir. 1997) (noting that in reversing the conviction the district court also emphasized failure to adequately challenge the forensic evidence, and not reviewing the merits of that decision); People v. Williams, 444 N.E.2d 136, 138, 143 (Ill. 1982) (reversing after trial attorney was disbarred, citing counsel's joint representation of three capital defendants before two juries and also citing failures to move to suppress central evidence, including hair evidence); People v. Rainge, 445 N.E.2d 535, 547 (Ill. App. Ct. 1983) (reversing on similar grounds).
32. People v. Rainge, 445 N.E.2d 535, 551 (Ill. App. Ct. 1983).
33. State v. Bauer, 210 Mont. 298 (1984).
34. See Massiah v. United States, 377 U.S. 201, 203–206 (1964).
35. State v. Hunt, 378 S.E.2d 754, 757–759 (N.C. 1989) (describing improper introduction of unsworn statements).
36. People v. Cruz, 643 N.E.2d 636, 644 (Ill. 1993).
37. The Tenth Circuit later affirmed the grant of habeas, but on other grounds, and without reviewing rulings relating to the informant testimony. Williamson v. Ward, 110 F.3d 1508, 1512 (10th Cir. 1997); Williamson v. Reynolds, 904 F. Supp. 1529, 1550–1551 (E.D. Okla. 1995).
38. Trial Transcript, 1737, Jerry E. Watkins v. State of Indiana, 3CSCC-87C8-CB-764 (Ind. Sup. Ct. Aug. 1987).
39. Watkins v. Miller, 92 F. Supp. 2d 824, 834 (S.D. Ind. 2000).
40. Watkins Trial Transcript, 2172.
41. Anthony G. Amsterdam, "Verbatim: Lady Justice's Blindfold Has Been Shredded," *Champion*, May 2007, 51.
42. In a groundbreaking article, law professor William Stuntz developed these arguments about the perverse incentives that the structure of criminal procedure rules create. See William J. Stuntz, "The Uneasy Relationship between Criminal Procedure and Criminal Justice," 107 *Yale L.J.* 1, 37–45 (1997).
43. John Scalia, U.S. Department of Justice, Bureau of Justice Statistics, *Prisoner Petitions Filed in U.S. District Courts, 2000, with Trends, 1980–2000,* 1–2.

44. Arizona v. Youngblood, 488 U.S. 51 (1988).

45. James Liebman, Jeffrey Fagan, and Valerie West, *A Broken System: Error Rates in Capital Cases, 1973–1995* (2000), 5.

46. See Flango, *Habeas Corpus*, 62–63; King et al., *Habeas Litigation*, 58.

47. For a more detailed discussion of this matched comparison group, see Garrett, "Judging Innocence," 154-157. The claims that received reversals in the matched comparison group mirrored the claims on which exonerees received relief: five state law evidentiary claims, four ineffective assistance of counsel claims (one accompanied by a prosecutorial misconduct claim), a *Jackson* claim, a right to counsel claim, and a suggestive eyewitness identification claim.

48. The winning claims, namely those for which a new trial was granted and that ruling was upheld on appeal, were as follows: state evidentiary claims (6); *Brady* claims (5); ineffective assistance of counsel claims (4); claims concerning jury instructions (2); *Bruton* unconstitutional joinder claims (2); prosecutorial misconduct claims (2); due process and right to counsel claims (1); ex post facto challenge to a state statute (1); and fabrication of evidence (1).

49. The fourteen cases include the five reversals relating to eyewitness identifications: a state law claim regarding failure to provide a jury instruction explaining the dangers of cross-racial misidentification (M. Cromedy); a state evidentiary violation relating to an eyewitness identification (M. Webb); a *Brady* claim related to payment of a reward to an eyewitness (M. Evans); the trial court's decision to bar evidence that another victim of similar attacks identified another person (R. Cotton); and a *Brady* claim regarding hypnotism of the victim in order to elicit an identification (L. Jean). The eight additional reversals related to trial evidence: another related to expert evidence on a bite mark central to the case (R. Krone); prosecutorial misconduct for misrepresenting hair and blood evidence (S. Linscott); a *Brady* violation related to hair analysts (C. McCarty); ineffective assistance of counsel relating to expert issues regarding competence, a confession, and forensic testimony (R. Williamson); improper admission of an unsworn statement by a cooperating witness (D. Hunt); a fabrication claim regarding testimony of a cooperating codefendant (V. Jimerson); and two appeals involving ineffectiveness of counsel including failure to move to suppress central physical evidence such as hair evidence (W. Rainge and D. Williams). The last case, not discussed earlier in this chapter, involved a state law evidence claim related to a dog scent identification in the case of Wilton Dedge. See Dedge v. State, 442 So. 2d 429 (Fla. App. 1983). For just the noncapital cases, that figure is seven of eleven reversals.

50. Two reversals were granted for *Brady* claims that alleged the state concealed police reports relating to third-party guilt, in the cases of Kirk Bloodsworth and Jerry Watkins. See Bloodsworth v. State, 512 A.2d 1056 (Md. 1986); Watkins v. Miller, 92 F. Supp. 2d 824, 834 (S.D. Ind. 2000). The third such reversal occurred after the trial court in Rolando Cruz's case barred evidence of a third party's pattern of similar crimes and confessions, although the reversal was also on the basis that prosecutors improperly impeached a witness. See People v. Cruz, 643 N.E.2d 636, 653–661 (Ill. 1994).

51. Johnny Lindsey won a reversal due to a conviction on an amended criminal statute that was not yet in effect at the time of his conviction, Lindsey v. State, 672 S.W.2d 892 (Tex. App. 1984). Donald Wayne Good's conviction was reversed because the prosecutor improperly referred to his demeanor when he testified. Good v. State, 723 S.W.2d 734 (Tex. Ct. App. 1986). Paula Gray's conviction was reversed due to her defense lawyer's conflicts in jointly representing codefendants. Gray v. Director, Dept. of Corrections, State of Illinois, 721 F.2d 586, 598 (7th Cir. 1983). In addition to the reversal of his second conviction for failure to allow him to present evidence of third-party guilt and improper prosecutorial questioning, Rolando Cruz's first trial was reversed for prejudicial joinder of his case with codefendants. People v. Cruz, 521 N.E.2d 18, 25 (Ill. 1988). His codefendant, exoneree Alejandro Hernandez, had a reversal for the same reason. People v. Hernandez, 521 N.E.2d 25, 37–38 (Ill. 1988).
52. See Williamson v. Ward, 110 F.3d 1508, 1520 (10th Cir. 1997).
53. State v. Cotton, 351 S.E.2d 277, 280 (N.C. 1987).
54. See Brandon L. Garrett and J. J. Prescott, "Determinants of Success in Post-conviction Litigation by the Innocent," (2011) (draft on file with author).
55. See, e.g., King et al., "Final Technical Report," 89 (concluding that "it appeared that the presence of an innocence claim operated somehow to make a grant of relief on a *different* claim more likely"); see also Thomas Y. Davies, "Affirmed: A Study of Criminal Appeals and Decision-Making Norms in a California Court of Appeal," 1982 *Am. B. Found. Res. J.* 543, 625–628; David T. Wasserman, *A Sword for the Convicted: Representing Indigent Defendants on Appeal* (Westport, CT: Greenwood Press, 1990), 138–148.
56. See Chapman v. California, 386 U.S. 18, 24, 26 (1966). The *Brecht v. Abramson* test, see 507 U.S. 619, 639 (1993), which requires that the State show that error did not substantially influence the jury, applies during federal habeas corpus review; but with fewer exonerees pursuing habeas petitions and only a handful pursuing them after 1993 when *Brecht* was decided, that more stringent test was never cited in these cases.
57. Properly applied, harmless error analysis should ask only whether the State can demonstrate that error did not sufficiently affect the outcome at trial and not, conversely, whether evidence of guilt outweighed the impact of any error. See Sullivan v. Louisiana, 508 U.S. 275, 279 (1993) ("The inquiry . . . is . . . whether the guilty verdict actually rendered in this trial was surely unattributable to the error. That must be so, because to hypothesize a guilty verdict that was never in fact rendered—no matter how inescapable the findings to support that verdict might be—would violate the jury-trial guarantee.").
58. Those cases are: Dennis Brown, State v. Brown, No. L-82-297, 1983 WL 6945, at *14 (Ohio Ct. App. Sept. 16, 1983); Ronnie Bullock, People v. Bullock, 507 N.E.2d 44, 49 (Ill. App. Ct. 1987); Frederick Daye, People v. Daye, 223 Cal. Rptr. 569, 580 (Cal. Ct. App. 1986); Jeffrey Deskovic, People v. Deskovic, 607 N.Y.S.2d 957, 958 (N.Y. App. Div. 1994) ("There was overwhelming evidence of the defendant's guilt in the form of the defendant's own multiple inculpatory statements, as corroborated by such physical evidence as the victim's autopsy findings"); Bruce Godschalk,

Godschalk v. Montgomery County Dist. Attorney's Office, 177 F. Supp. 2d 366, 367, 369 (E.D. Pa. 2001) (quoting criminal trial court); Hector Gonzalez, State v. Gonzalez, 696 N.Y.S.2d 696, 697 (N.Y. App. Div. 1999); Larry Holdren, Holdren v. Legursky, 16 F.3d 57, 63 (4th Cir. 1994); D. Hunt, State v. Hunt, 457 S.E.2d 276, 293 (N.C. Ct. App. 1994); Leonard McSherry, People v. McSherry, 14 Cal. Rptr. 2d 630, 636 (Cal. Ct. App. 1992) (referring to "the unusual circumstances in this case, overwhelmingly identifying appellant as the perpetrator") (depublished); Alan Newton, Newton v. Coombe, No. 95-9437, 2001 WL 799846, at *6 (S.D.N.Y. July 13, 2001) (noting evidence of guilt "extremely strong"); David Shawn Pope, Pope v. State, 756 S.W.2d 401, 403 (Tex. App. 1988); Anthony Robinson, Robinson v. State, No. C14-87-00345-CR, 1989 WL 102335, at *7, *10 (Tex. App. Sept. 7, 1989); Yusef Salaam, People v. Salaam, 590 N.Y.S.2d 195, 196 (N.Y. App. Div. 1992).

59. People v. Deskovic, 607 N.Y.S.2d 696, 697 (N.Y. App. Div. 1994).
60. No written decision mentioned that an exoneree raised *Schlup,* the "innocence gateway" that excuses procedural defaults of constitutional claims on the basis of newly discovered evidence. Schlup v. Delo, 513 U.S. 298, 326–327 (1995).
61. See Nicholas Berg, "Turning a Blind Eye to Innocence: The Legacy of Herrera v. Collins," 42 *Am. Crim. L. Rev.* 121, 135–137 (2005) (surveying more than 170 cases in which actual innocence claims were asserted and concluding that no court has granted relief solely on basis of such claims).
62. See Herrera v. Collins, 506 U.S. 390, 417 (1993) (assuming arguendo that persuasive demonstration of actual innocence would render an execution unconstitutional, but stating that if such a claim existed, the threshold would be "extraordinarily high").
63. See, e.g., Kyles v. Whitley, 514 U.S. 419, 435 (1995); see also Scott E. Sundby, "Fallen Superheroes and Constitutional Mirages: The Tale of *Brady v. Maryland,*" 33 *McGeorge L. Rev.* 643, 659 (2002) (describing *Brady* as a postconviction "due process safety check").
64. See Hunt v. McDade, 205 F.3d 1333 (4th Cir. 2000).
65. Editorial, "Badly Botched Case Wrongful Convictions Undermine Faith in Justice System," *Charlotte Observer* (N.C.), December 29, 2003, 12A; Associated Press, "DNA Tests Exonerated Man Who Spent 18 Years in Prison for Murder of a Woman in 1984," *St. Louis Post-Dispatch,* February 7, 2004, 21.
66. Seven exonerees proffered third-party guilt evidence, seven presented police reports suppressed at the time of trial, four presented recantations of key witnesses, two presented new alibi evidence, two presented new evidence undercutting informant testimony, one presented evidence of police hypnosis of the victim, and one presented new forensic expert evidence (some presented more than one type).
67. See Jackson v. Day, No. CIV.A.95-1224, 1996 WL 225021 *1 (E.D.La May 2, 1996).
68. See Answer in Opposition to Respondent's Motion to Dismiss, Eddie Joe Lloyd v. Grayson, No. 88CV-73351-DT (E.D. Mich) (on file with author).
69. See 443 U.S. 307, 324 (1979) (holding that habeas relief is available if petitioner shows that no rational trier of fact "could have found proof of guilt beyond a reasonable doubt" based on evidence presented at trial).
70. See, e.g., 28 U.S.C. § 2244(d) and § 2254(d)–(e).

71. See Flango, *Habeas Corpus,* 46–47.
72. Strickland v. Washington, 466 U.S. 668, 689–690, 693–694 (1988).
73. Randall Coyne, *Capital Punishment and the Judicial Process* (Durham, NC: Carolina Academic Press, 1994), 148; see also Stephen B. Bright, "Counsel for the Poor: The Death Sentence Not for the Worst Crime but for the Worst Lawyer," 103 *Yale L.J.* 1835, 1844 (1994); Robert R. Rigg, "The Constitution, Compensation, and Competence: A Case Study," 27 *Am. J. Crim. Law* 1, 7–9 (1999).
74. See also Bright, "Counsel for the Poor"; Rigg, "The Constitution." John Jeffries and Bill Stuntz have proposed that *Strickland* claims could be a vehicle for judges to more broadly grant relief on innocence-related grounds. See John C. Jeffries Jr. and William J. Stuntz, "Ineffective Assistance and Procedural Default in Federal Habeas Corpus," 57 *U. Chi. L. Rev.* 679, 691 (1990).
75. Williamson v. Ward, 110 F.3d 1508, 1522 (10th Cir. 1997).
76. People v. Williams, 444 N.E.2d 136, 138, 143 (Ill. 1982), U.S. ex. rel. Gray v. Dir., Dept of Corr., 721 F.2d 586, 597 (7th Cir. 1983).
77. See, e.g., Washington v. Murray, 4 F.3d 1285, 1288–1292 (4th Cir. 1993).
78. Brandon L. Garrett, "Judging Innocence," 108 *Colum. L. Rev.* 55, 115 (2008).
79. Berger v. United States, 295 U.S. 78, 88 (1935).
80. Mooney v. Holohan, 294 U.S. 103, 112 (1935).
81. Batson v. Kentucky, 476 U.S. 79 (1986).
82. Brewer v. State, 725 So.2d 106, 123–124 (Miss. 1998).
83. State v. Krone, 897 P.2d 621, 624–625 (Ariz. 1995); People v. Cruz, 643 N.E.2d 636, 653–661 (Ill. 1994). As described, seventy-seven exonerees brought claims related to prosecutorial misconduct of one kind or another. Forty-two exonerees brought claims related to prosecution arguments, twenty-nine brought *Brady* claims, four brought fabrication claims, and twenty-one brought claims related to jury instructions. Four exonerees brought claims that made generalized claims of prosecutorial misconduct that the court did not specify. Three more cases involved claims of improper questioning of witnesses, one case involved a discovery violation, and a final case involved a prosecution motion. Some cases involved more than one type.
84. See, e.g., Arizona v. Youngblood, 488 U.S. 51, 72 (1988) (Blackmun, J., dissenting).
85. State v. Jean, 311 S.E.2d 266, 274 (N.C. 1984) (Exum, J., dissenting).
86. State v. Goodman, 763 P.2d 786, 789–790 (Utah 1988) (Stewart, J., dissenting).
87. See, e.g., People v. Cruz, 643 N.E.2d 636, 688 (Ill. 1994) (Heiple, J., dissenting).
88. Herrera, 506 U.S. 390, 403–404 (1993).

8장. 다시 세상으로

1. See *Frontline,* "Requiem for Frank Lee Smith," at www.pbs.org/wgbh/pages/frontline/shows/smith/eight/.
2. Smith v. Dugger, 565 So. 2d 1293, 1296 (Fla. 1990); Sydney Freedberg, "DNA Clears Inmate Too Late," *St. Petersburg Times,* December 15, 2000, 1A.
3. Freedberg, "DNA Clears Inmate."

4. Ibid.
5. Barry Scheck, "Did Frank Lee Smith Die in Vain?" www.pbs.org/wgbh/pages/frontline/shows/smith/ofra/scheck.html.
6. See Fla. Stat. Ann. § 925.11(f)(3) (West 2010).
7. Bain v. State, 9 So. 3d 723 (Fla. Dist. Ct. App. 2009); Mitch Stacy, "Fla. Man Exonerated After 35 Years Behind Bars," *Associated Press,* December 18, 2009.
8. They spent a total of more than 3,250 years behind bars. See Innocence Project, "250 Exonerated: Too Many Wrongly Convicted," 2–3, at www.innocenceproject.org/news/250.php.
9. See Cathy Maston and Patsy Klaus, U.S. Department of Justice, *Criminal Victimization in the United States, 2005,* (2006), Statistical Tables, table 34(b) (finding that 31.4% of rape and sexual assault cases involved stranger-perpetrators).
10. See, e.g., Ron C. Michaelis et al., *A Litigators Guide to DNA* (Boston: Academic Press/Elsevier, 2008), 45.
11. Gov. Wilder's Executive Clemency Offer, Jan. 14, 1994, at www.pbs.org/wgbh/pages/frontline/shows/case/cases/washingtonclem.html.
12. See John M. Butler, *Forensic DNA Typing: Biology & Technology Behind STR Markers,* 2d ed. (Boston: Academic Press/Elsevier, 2005), 146.
13. Ibid., 33–35.
14. Ibid., 201–298.
15. Dinitia Smith and Nicholas Wade, "DNA Test Finds Evidence of Jefferson's Child by Slave," *New York Times,* November 1, 1998.
16. See Federal Bureau of Investigation, Department of Justice, *CODIS: Combined DNA Index System* 2 (2007), at www.fbi.gov/hq/lab/pdf/codisbrochure2.pdf.
17. See DNA Fingerprint Act of 2005, 42 U.S.C. § 14132(a)(1) (2005) (permitting arrestee profiles to be entered); Michelle Hibbert, "DNA Databanks: Law Enforcement's Greatest Surveillance Tool?" 34 *Wake Forest L. Rev.* 767 (1999).
18. The three states are Louisiana, Texas, and Virginia, See La. Rev. Stat. Ann. § 15.609; Tex. Gov't Code Ann. § 411.1471; Va. Code Ann. § 19.2-310.2:1. See also Julia Preston, "U.S. Set to Begin a Vast Expansion of DNA Sampling," *New York Times,* February 5, 2007 ("Federal Bureau of Investigation officials said they anticipated an increase ranging from 250,000 to as many as 1 million samples a year. The laboratory currently receives about 96,000 samples a year.").
19. Jeffrey Rosen, "Genetic Surveillance for All," *Slate,* March 17, 2009.
20. Sixty-five of the cases involved "cold hits" in a DNA database, while forty-seven involved nondatabase DNA testing that confirmed another's guilt.
21. James Dao, "Lab's Errors Force Review of 150 DNA Cases," *New York Times,* May 7, 2005, A1.
22. Margaret Edds, *An Expendable Man: The Near-Execution of Earl Washington, Jr.,* (New York: New York University Press, 2003), 244–250.
23. Brandon L. Garrett, "Claiming Innocence," 92 *Minn. L. Rev.* 1629, 1655–1670 (2008).
24. Henry J. Friendly, "Is Innocence Irrelevant? Collateral Attack on Criminal Judgments," 38 *U. Chi. L. Rev.* 142, 159–160 (1970).

25. 506 U.S. 390, 417 (1993).
26. House v. Bell, 547 U.S. 518, 540–548 (2006).
27. Ibid., 571 (Robert, C.J., dissenting).
28. David G. Savage, "Murder Charges Dropped Because of DNA Evidence," *Los Angeles Times,* May 13, 2009.
29. The Court has ruled in other cases in which the convict later proved innocence and was exonerated through postconviction DNA testing. All were summary denials of cert. except one—the case of Arizona v. Youngblood, discussed in the next section.
30. 129 S. Ct. 2308, 2316 (2009).
31. Osborne v. District Attorney's Office, Reply to Brief in Opposition 8.
32. 129 S.Ct. 2308, 2319.
33. Ibid.
34. In re Davis, 130 S. Ct. 1 (2009).
35. Skinner v. Switzer, No. 09-9000, 2010 WL 545500 (May 24, 2010).
36. Tim Arango, "Death Row Foes See Newsroom Cuts as a Blow," *New York Times,* May 20, 2009.
37. See Alaska Stat. § 12.73.010–12.73.090 (2010).
38. Gerry Smith, "Rape Conviction Gone, Stigma Isn't," *Chicago Tribune,* October 22, 2007.
39. Jim Dwyer, "New York Fails at Finding Evidence to Help the Wrongly Convicted," *New York Times,* July 6, 2006.
40. Arizona v. Youngblood, 488 U.S. 51, 57–59 (1988); see also Brandon L. Garrett, "Judging Innocence," 108 *Colum. L. Rev.* 55, 95, 117 (2008).
41. See The Innocence Project, *Preservation of Evidence Fact Sheet* (2009), at http://www.innocenceproject.org/Content/253.php.
42. Commonwealth v. Godschalk, 679 A.2d 1295 (Pa. Super. 1996).
43. State v. Halsey, 748 A.2d 634, 636 (N.J. Super. Ct. 2000).
44. Waller v. State, Nos. 05-02-00117-CR, 05-02-00118-CR, 05-02-00119-CR, 05-02-00120-CR, 2003 WL 22456324, at *2 (Tex. Crim. App. October 30, 2003); Jennifer Emily, "Exonerated by DNA, Patrick Waller Is Released from Prison," *Dallas News,* July 3, 2008.
45. Dedge v. State, 732 So.2d 322, 323 (Fla. App. 5 Dist. 1998) (W. Sharp., J. dissenting); Laurin Sellers, "DNA Testing Frees Man Accused in 1981 Rape," *Orlando Sentinel,* August 12, 2004.
46. See N.Y. Crim. Proc. Law § 440.30(1-a) (McKinney Supp. 1999); 725 Ill. Comp. Stat. 5/116-3(a) (West Supp. 1998).
47. For a detailed analysis of these statutes, see Garrett, "Claiming Innocence," 1673–1682.
48. See, e.g., People v. McSherry, 14 Cal. Rptr. 2d 630 (Cal. Ct. App. 1992) (failing to vacate conviction despite DNA exclusion, citing to serology results and the victim's identification); Watkins v. State, No. 30A04-9504-PC-118, 1996 WL 42093 (Ind. Ct. App. Jan. 29, 1996) (stating that DNA results exonerating Jerry Watkins only "suggest the possibility" of another perpetrator and that the DNA evidence was merely "cumulative" of inconclusive serology evidence at trial).

49. See *Frontline,* "The Case for Innocence," http://www.pbs.org/wgbh/pages/frontline/shows/case/interviews/keller.html.
50. Ibid. at http://www.pbs.org/wgbh/pages/frontline/shows/case/etc/update.html.
51. Ralph Blumenthal, "12th Dallas Convict is Exonerated by DNA," *New York Times,* January 18, 2007.
52. Hearing Transcript, 3–4, State of West Virginia v. Glen Dale Woodall, No. 87-F-46 (W. Va. Cir. Ct. May 4, 1992).
53. Lola Vollen and Dave Eggers, eds., *Surviving Justice: America's Wrongfully Convicted and Exonerated* (San Francisco: McSweeney's, 2005), 32.
54. Fernanda Santos, "With DNA from Exhumed Body, Man Finally Wins Freedom," *New York Times,* January 24, 2007.
55. Email, Elizabeth Webster, Communications Director, The Innocence Project, 11/9/2009 (on file with author); *Strengthening Forensic Science in the United States: Hearing Before the S. Comm. on the Judiciary,* 111th Cong. (2009) (statement of Peter Neufeld, Co-Director, The Innocence Project).
56. See Barry C. Scheck, "Barry Scheck Lectures on Wrongful Convictions," 54 *Drake L. Rev.* 597, 601 (2006).
57. Fifteen of thirty-six with written decisions were capital cases. These death row inmates, though actually guilty, had a strong incentive to pursue every avenue for review, regardless of whether their claims had merit. I discuss these "guilt confirmation" cases in more detail in an article. Garrett, "Judging Innocence," 141.
58. For example, an opponent to the Virginia DNA statute cited "a strong possibility of abuse." Craig Timberg, "DNA Spurs Crime Panel to Debate Changes in Va.," *Washington Post,* December 2, 2000, B1.
59. U.S. Department of Justice, *Cost Study of DNA Testing and Analysis Report, North Carolina Office of State Budget and Management* (2006), 7–8, at http://www.osbm.state.nc.us/files/pdf_files/3-1-2006FinalDNAReport.pdf.
60. Gabrielle Fimbres, "Lab Work a Lot Cheaper Than Lockup," *Tucson Citizen* (Ariz.), August 23, 2000, 1A; see also Holly Shaffter, "Postconviction DNA Evidence: A 500 Pound Gorilla in State Courts," 50 *Drake L. Rev.* 695, 735 (2002).
61. See Kaine's Full Statement in Norfolk Four Case, at http://voices.washingtonpost.com/virginiapolitics/2009/08/kaines_full_statement_on_norfo.html?sidST2009080602217. For an in-depth account and analysis of those confession statements, see Tom Wells and Richard A. Leo, *The Wrong Guys: Murder, False Confessions, and the Norfolk Four* (New York: W. W. Norton, 2008).
62. Edwin M. Borchard, *Convicting the Innocent: Errors of Criminal Justice* (New Haven, CT: Yale University Press, 1932), 275.
63. Janet Roberts and Elizabeth Stanton, "A Long Road Back after Exonerations, and Justice Is Slow to Make Amends," *New York Times,* November 25, 2007.
64. Chris William Sanchirico, "Character Evidence and the Object of Trial," 101 *Colum. L. Rev.* 1227, 1271–1272 (2001).
65. See Innocence Project, *Making Up for Lost Time: What the Wrongfully Convicted Endure and How to Provide Fair Compensation* (2009).

66. Fran Spielman, "Former Death Row Inmate to Get $2.2 Million," *Chicago Sun-Times,* December 16, 2003, 22.
67. The case then settled for slightly less than that, avoiding an appeal. David Harper, "McGee Case: City to Pay: Lawsuit Is Settled for $12.25 million," *Tulsa World* (Okla.), June 3, 2006.
68. Ibid.
69. For a review of these statutes, see *Final Report of the New York State Bar Association's Task Force on Wrongful Convictions* (2009), 138–140; Adele Bernhard, "Justice Still Fails: A Review of Recent Efforts to Compensate Individuals Who Have Been Unjustly Convicted and Later Exonerated," 52 *Drake L. Rev.* 703 (2004).
70. Jeff Carlton, "Texas DNA Exonerees Find Prosperity after Prison," *Associated Press,* September 4, 2009.
71. Hugo Kugiya, "Free of Death Row; Hard Road for 13 Former Inmates," *Newsday* (NY), May 19, 2002, A5.
72. Meg Laughlin and Daniel de Vise, "Former Convict Is Overwhelmed by His Freedom," *Miami Herald,* July 7, 2001, 11A.
73. Adam Liptak, "DNA Will Let a Montana Man Put Prison Behind Him, but Questions Still Linger," *New York Times,* October 1, 2002.
74. Mike Wagner and Geoff Dutton, "Columbus Man Finally Freed from Prison," *Columbus Dispatch,* March 10, 2009.
75. Ibid.
76. *Frontline,* "The Burden of Innocence," at www.pbs.org/wgbh/pages/frontline/shows/burden/etc/script.html.
77. Michael Hall, "The Exonerated," *Texas Monthly,* November 2008, 162.
78. Sharon Waxman, "For the Wrongly Convicted, New Trials Once the Cell Opens," *New York Times,* January 25, 2005.
79. Barbara Novovitch, "Free after 17 Years for a Rape That He Did Not Commit," *New York Times,* December 22, 2004, A22.
80. Todd Richmond, "Avery, County Settle for $400,000," *St. Paul Pioneer Press,* February 15, 2006.
81. That story is now the subject of a movie. See John Larrabee and Russ Olivo, "Reluctant Hero," *Rhode Island Monthly,* February 2010.
82. Mike Mather, "30-Year-Old DNA Clears Richmond Man of Rape," at www.wtkr.com/news/wtkr-mather-dna-story-mar05,0,7898871.story.
83. James F. McCarty, "Wrongly Convicted, Now Free DNA Testing Clears Man Jailed for 4 Years in Rape Case," *Cleveland Plain Dealer,* October 7, 1994, 1B.
84. Jennifer Thompson-Cannino and Ronald Cotton, *Picking Cotton: Our Memoir of Justice and Redemption* (New York: St. Martin's Press, 2009).
85. Steve McGonigle, "Rape Victim Is for Exoneration," *Dallas Morning News,* April 6, 2007.
86. *Dateline NBC,* "Profile: Suspicion," June 4, 2008.
87. Jenkins v. Scully, No. 91-CV-298E, 1992 WL 205685, at *2 (W.D.N.Y. July 16, 1992); Jenkins v. Scully, No. 91-CV-298E(M), 1992 WL 205685, at *1 (W.D.N.Y. April 15, 1993).

88. Gene Warner, "What Price to Pay for Wrongful Convictions," *Buffalo News,* April 12, 2008, A1.

9장. 형사사법제도 개혁이라는 과제

1. See North Carolina Actual Innocence Commission, Mission Statement, Objectives, and Procedures, at www.innocenceproject.org/docs/NC_Innocence_Commission_Mission.html; Jack Betts, jackbetts.blogspot.com/2010/02/lake-innocence-process-most-important.html.
2. Christine C. Mumma, "The North Carolina Actual Innocence Commission: Unknown Perspectives Joined by a Common Cause," 52 *Drake L. Rev.* 647 (2004). In 2007, the commission was renamed the North Carolina Criminal Justice Study Commission.
3. N.C. Gen. Stat. § 15A-284.50–53 (2002).
4. Ibid. at 52(b).
5. Ibid.
6. N.C. Gen. Stat. § 15A-211 (2009); see also H.B. 33, 2009 Gen. Assem., 2009–2010 Sess. (N.C. 2009).
7. See Criminal Cases Review Commission, at www.ccrc.gov.uk/about.htm/; see also Jerome M. Maiatico, "All Eyes on Us: A Comparative Critique of the North Carolina Innocence Inquiry Commission," 56 *Duke L.J.* 1345 (2007) (comparing North Carolina and U.K. commissions).
8. Canada Criminal Code, R.S.C., ch. C-46, § 696.1–696.6 (1985).
9. "Gov. Easley Signs Innocence Inquiry Commission Bill," *U.S. State News,* August 3, 2006.
10. www.innocencecommission-nc.gov/inthenews.htm ("Since 2007, the Commission has received over 300 applications and has accepted five of those cases for investigation.").
11. Robbie Brown, "Judges Free Inmate on Recommendation of Special Panel," *New York Times,* February 17, 2010.
12. Radley Balko, "Schwarzenegger Vetoes Justice," *FOXNews.com,* November 5, 2007.
13. See Innocence Commissions in the U.S., at www.innocenceproject.org/Content/415.php; see also Cal. Comm'n on the Fair Admin. of Justice, *Final Report* (2008), at www.ccfaj.org/documents/CCFAJFinalReport.pdf; Innocence Comm'n for Va., *A Vision for Justice: Report and Recommendations Regarding Wrongful Convictions in the Commonwealth of Virginia* (2005), at www.exonerate.org/ICVA/full_r.pdf; Commission on Capital Punishment, State of Illinois, *Report of the Governor's Commission on Capital Punishment* (2002), at www.idoc.state.il.us/ccp/ccp/reports/commission_report/index.htm; Stanley Z. Fisher, "Convictions of Innocent Persons in Massachusetts: An Overview," 12 *B.U. Pub. Int. L.J.* 1 (2002); John T. Rago, "A Fine Line between Chaos & Creation: Lessons on Innocence Reform from the Pennsylvania Eight," 12 *Widener L. Rev.* 359 (2006); North Carolina Innocence Inquiry Commission, www.innocencecommission-nc.gov.

14. See Samuel R. Gross et al., "Exonerations in the United States 1989 Through 2003," 95 *J. Crim. L. & Criminology* 523 (2005).
15. James S. Liebman, "The New Death Penalty Debate: What's DNA Got to Do With It?" 33 *Colum. Hum. Rts. L. Rev.* 527 (2002).
16. Adam Liptak, "U.S. Prison Population Dwarfs that of Other Nations," *New York Times,* April 23, 2008.
17. Barry C. Scheck and Peter J. Neufeld, "Toward the Formation of Innocence Commissions," 86 *Judicature* 98, 98 (2002).
18. See Brian A. Reeves, Bureau of Justice Statistics, *Census of State and Local Law Enforcement Agencies, 2004* (2007), 1.
19. Jeremy W. Peters, "Wrongful Conviction Prompts Detroit Police to Videotape Certain Interrogations," *New York Times,* April 11, 2006.
20. See Jodi Wilgoren, "Confession Had His Signature; DNA Did Not," *New York Times,* August 26, 2003.
21. Trial Transcript, 40–41, Michigan v. Eddie Joe Lloyd, 85-00376 (Mich. Rec. Ct. May 2, 1985).
22. See Peters, "Wrongful Conviction."
23. See D.C. Code Ann. § 5-116.01 (2007) (requiring police to record all custodial investigations); 725 Ill. Comp. Stat. Ann. 5/103-2.1 (2006) (requiring police to record interrogations in all homicide cases); Md. Ann. Code, Crim. Proc. § 2-401 (2008) (requiring that law enforcement make "reasonable efforts" to record interrogations); Me. Rev. Stat. Ann. tit. 25, § 2803-B (2007) (mandating recording "interviews of suspects in serious crimes"); Mont. Code Ann. § 46-4-406–46-4-411 (2010) (requiring recording of interrogations in all felony cases); N.C. Gen. Stat. § 15A-211 (2010) (requiring complete electronic recording of custodial interrogations in homicide cases); Neb. Rev. Stat. § 29-4501-4508 (2009), effective July 18, 2008 (requiring electronic recording of interrogations in several types of felony cases); N.M. Stat. § 29-1-16 (Supp. 2006) (requiring police to record all custodial investigations); Ohio Rev. Code Ann. § 2933.81 (2010); Tex. Code Crim. Proc. Ann. art. 38.22, § 3 (Vernon Supp. 2007) (rendering unrecorded oral statements inadmissible); Wis. Stat. Ann. §§ 968.073, 972.115 (requiring recording of felony interrogations and permitting jury instruction if interrogation not recorded); Ind. R. Evid. 617 (requiring that in order to be admissible, entire interrogations in felony criminal prosecutions must be recorded); Stephan v. State, 711 P.2d 1156, 1158 (Alaska 1985) ("[A]n unexcused failure to electronically record a custodial interrogation conducted in a place of detention violates a suspect's right to due process . . ."); Commonwealth v. DiGiambattista, 813 N.E.2d 516, 535 (Mass. 2004) (allowing defense to point out failure to record interrogation and calling unrecorded admissions "less reliable"); State v. Scales, 518 N.W.2d 587, 592 (Minn. 1994) ("[A]ll questioning shall be electronically recorded where feasible and must be recorded when questioning occurs at a place of detention."); State v. Barnett, 147 N.H. 334 (2001); State v. Cook, 847 A.2d 530, 547 (N.J. 2004) ("[W]e will establish a committee to study and make recommendations on the use of electronic recordation of custodial interrogations."); In re Jerrell C.J., 699 N.W.2d 110, 123 (Wis. 2005)

("[W]e exercise our supervisory power to require that all custodial interrogation of juveniles in future cases be electronically recorded where feasible, and without exception when questioning occurs at a place of detention."); State v. Hajtic, 724 N.W.2d 449, 456 (Iowa 2006) ("electronic recording, particularly videotaping, of custodial interrogations should be encouraged, and we take this opportunity to do so.").

24. A recent survey of 631 police investigators found that 81% believed that interrogations should be recorded. See Saul Kassin et al., "Police Interviewing and Interrogation: A Self-Report Survey of Police Practices and Beliefs," 31 *Law & Hum. Behav.* 381 (2007).
25. Transcript of Motion to Suppress Hearing, 72–73, United States v. Bland, No. 1:02-CR-93 (N.D. Ind. Dec. 12, 2002).
26. Stoker v. State, 692 N.E.2d 1386, 1390 (Ind. Ct. App. 1998).
27. See Peters, "Wrongful Conviction."
28. See Brandon L. Garrett, "The Substance of False Confessions," 62 *Stan. L. Rev.* 1051, 1109–1118 (2010).
29. Darryl Fears, "Exonerations Have Changed Justice System," *Washington Post,* May 3, 2007.
30. Trial Transcript, 182, State of New Jersey v. McKinley Cromedy, Ind. No. 1243-07-93 (N.J. Super. Ct. July 27, 1994).
31. Ibid., 104.
32. Ibid., 142.
33. Ibid., 164, 168.
34. State v. Cromedy, 727 A.2d 457 (N.J. 1999).
35. Ibid.
36. Tom Avril, "Eyewitness' Blind Spot," *Philadelphia Inquirer,* May 22, 2006.
37. Office of the Attorney General, N.J. Department of Law and Public Safety, *Attorney General Guidelines for Preparing and Conducting Photo and Live Lineup Identification Procedures* (Apr. 18, 2001). The attorney general referred to "recent cases, in which DNA evidence has been utilized to exonerate individuals convicted almost exclusively on the basis of eyewitness identifications." Letter from New Jersey Attorney General John J. Farmer, Jr., to All County Prosecutors et al. (Apr. 18, 2001), 1.
38. State v. Delgado, 188 N.J. 48, 62–63 (N.J. 2006) (citing Court Rule 3:17).
39. State v. Romero, 191 N.J. 59, 76 (2007).
40. State v. Henderson, 2009 WL 510409 (N.J. Feb. 26, 2009).
41. *Report of the Special Master,* State of New Jersey v. Karry R. Henderson, No. A-8 (2010).
42. Bloodsworth v. State, 512 A.2d 1056, 1062 (Md. 1986).
43. John Monahan and Laurens Walker, *Social Science in Law,* 6th ed. (New York: Foundation Press, 2006), 567–605; see, e.g., Utah v. Dean Lomax Clopton, 2009 UT 84 ("Over the last two decades, numerous other state courts have either reversed decisions to exclude or encouraged the inclusion of eyewitness expert testimony").

44. See 725 Ill. Comp. Stat. 5/107A-5 (2003); Md. Code Ann., Pub. Safety § 3-506 (2007); N.C. Gen. Stat. § 15A-284.52 (2007); Ohio Rev. Code Ann. § 2933.83 (2010); W. Va. Code Ann. § 62-1E-1 (2010); Wis. Stat. § 175.50 (2005).
45. See, e.g. Va. Code Ann. § 19.2-390.00-02 (2005).
46. Jennifer Emily, "New Dallas Policy Regulates, Limits Showups," *Dallas Morning News,* December 10, 2008; Jennifer Emily, "Dallas Police Drop Study, Plan Photo-Lineup Changes," *Dallas Morning News,* January 16, 2009; The Justice Project, *Eyewitness Identification: A Policy Review* (2006), http://www.thejusticeproject.org/wp-content/uploads/polpack_eyewitnessid-fin21.pdf.
47. Trial Transcript, 508, 524–529, State of West Virginia v. Glen Dale Woodall, Ind. No. 87-P-46 (W. Va. Cir. Ct. July 2, 1987).
48. In re an Investigation of The W. Va. State Police Crime Lab., Serology Div., 438 S.E.2d 501, 502–503 (W. Va. 1993).
49. See ASCLD/LAB, *West Virginia State Police Crime Laboratory, Serology Division, South Charleston, West Virginia, ASCLD/LAB Investigation Report* (July 23, 1993) at http://www.law.virginia.edu/pdf/faculty/garrett/innocence/wva_cvrime_lab.pdf.
50. In re an Investigation of The W. Va. State Police Crime Lab., Serology Div., 438 S.E.2d at 506; see Kit R. Roane and Dan Morrison, "The CSI Effect," *U.S. News & World Report,* April 25, 2005, 48.
51. In re Renewed Investigation of State Police Crime Laboratory, Serology Div., 633 S.E.2d 762, 766 (W. Va. Jun. 16, 2006).
52. See Michael R. Bromwich, *Fifth Report of the Independent Investigator for the Houston Police Department Crime Laboratory and Property Room, Executive Summary* (2006), 2; Roma Khanna and Steve McVicker, "Police Lab Tailored Tests to Theories, Report Says," *Houston Chronicle,* May 12, 2006.
53. Editorial, "Crime Lab Legacy," *Houston Chronicle,* August 12, 2009.
54. See, e.g., Minn. Stat. §299C.156 (2007) (establishing Forensic Laboratory Advisory Board); N.Y. Exec. Law §§995-a to -b (McKinney 2003) (establishing forensic science commission and requiring accreditation); Okla. Stat. Ann. tit. 74, §150.37 (2007) (requiring accreditation); Tex. Code Crim. Proc. Ann. art. 38.35(d) (Vernon 2005) (requiring accreditation by the Texas Department of Public Safety); Va. Code Ann. §9.1-1101 (2006) (creating Department of Forensic Science and oversight committee).
55. See ASCLD/LAB Home Page, www.ascld-lab.org/.
56. Mandy Locke and Joseph Neff, "Inspectors Missed All SBI Faults," *News Observer* (Charlotte), August 26, 2010.
57. For example, in one positive step, the International Association for Identification (IAI) adopted new guidelines concerning fingerprint testimony, to more clearly acknowledge the limitations of the method. See IAI Resolution 2010-18.
58. See Dodd v. State, 993 P.2d 778, 784 (Okla. Crim. App. 2000) (adopting procedure for jailhouse informant testimony that ensures "complete disclosure"); Cal. Penal Code § 1127a(b) (West 2004) (requiring courts to instruct jury on in-custody informant testimony); United States v. Villafranca, 260 F.3d 374, 381 (5th Cir. 2001)

("The testimony of a plea-bargaining defendant is admissible if the jury is properly instructed."); State v. Bledsoe, 39 P.3d 38, 44 (Kan. 2002) (noting that trial court "gave a cautionary jury instruction regarding the testimony of an informant"); Alexandra Natapoff, "Beyond Unreliable: How Snitches Contribute to Wrongful Convictions," 37 *Golden Gate U. L. Rev.* 107, 112–115 (2006) (proposing model statute requiring pretrial evaluations of informant testimony).

59. See 725 Ill. Comp. Stat. Ann. 5/115-21(d) (West Supp. 2007); Dodd v. State, 993 P.2d at 785 (suggesting in concurring opinion that reliability hearings be conducted); Myers v. State, 133 P.3d 312, 321 (Okla. Crim. App. 2006) (describing post-*Dodd* case in which reliability hearing was conducted, though not required by *Dodd*); D'Agostino v. State, 823 P.2d 283 (Nev. 1992) (holding that before admitting testimony of a jailhouse informant in a capital sentencing-phase hearing, the judge should first review its reliability).
60. See Province of Ontario, Ministry of Attorney General, *In-Custody Informers, Crown Policy Manual* (March 21, 2005), R. v. Brooks, [2000] 1 S.C.R. 237 Can.; Kent Roach, "Unreliable Evidence and Wrongful Convictions: The Case for Excluding Tainted Identification Evidence and Jailhouse and Coerced Confessions," 52 *Crim. L. Q.* 210 (2007); Hon. Fred Kaufman, *Report of the Kaufman Commission on Proceedings Involving Guy Paul Morin* (1998).
61. *Report of the 1989–1990 Los Angeles County Grand Jury, Investigation of the Involvement of Jailhouse Informants in the Criminal Justice System in Los Angeles County* (1989–1990), 149; Henry Weinstein, "Use of Jailhouse Informants Is Uneven in State," *Los Angeles Times,* September 21, 2006, 3; Staff, "Man Who Showed How to Fake Confessions Is Indicted for Perjury," *Los Angeles Times,* March 4, 1992, 1.
62. The eleven cases in which the DNA testing confirmed the guilt of another are those of Kirk Bloodsworth, Kennedy Brewer, Rolando Cruz, Alejandro Hernandez, Verneal Jimerson, Ray Krone, Robert Miller, Frank Lee Smith, Earl Washington, Dennis Williams, and Ron Williamson.
63. 553 U.S. 35, 85–86 (2008) (Stevens, J., concurring).
64. United States v. Quinones, 196 F. Supp. 2d. 416, 420 (S.D.N.Y. 2002).
65. United States v. Quinones, 313 F.3d 49 (2d Cir. 2002).
66. See Death Penalty Information Center, *Innocence and the Death Penalty,* at www.deathpenaltyinfo.org/innocence-and-death-penalty (listing 138 death row exonerees since 1973). For excellent discussions of the role that these DNA exonerations have played in altering the death penalty debate, see Liebman, "The New Death Penalty Debate," and Colin Starger, "Death and Harmless Error: A Rhetorical Response to Judging Innocence," *Colum. L. Rev. Sidebar* 1, February 23, 2008.
67. See Bureau of Justice Statistics, U.S. Department of Justice, *Sourcebook of Criminal Justice Statistics 2003,* 147, table 2.56; see also Frank R. Baumgartner, Suzanna L. De Boef, and Amber E. Boydstun, *The Decline of the Death Penalty and the Discovery of Innocence* (New York: Cambridge University Press, 2008).
68. Kansas v. March, 548 U.S. 163, 189 (2006) (Scalia, J. concurring).
69. Md. Code Ann., Crim. Law § 2-202 (2010).

70. Massachusetts Governor's Council on Capital Punishment, *Final Report* (2004), at http://www.lawlib.state.ma.us/docs/5-3-04Governorsreportcapitalpunishment.pdf.
71. Robert H. Jackson, "The Federal Prosecutor," 24 *J. Am. Judicature Soc'y* 18, 18 (1940).
72. Josh Bowers, "Punishing the Innocent," 156 *U. Penn. L. Rev.* 1117 (2008).
73. Editorial, "Craig Watkins Is the 2008 Texan of the Year," *Dallas News,* December 28, 2008.
74. Alex Holmquist, "Ramsey County: Better ID Methods Sought for Witnesses New Techniques to Be Focus of St. Paul Conference," *St. Paul Pioneer Press (MN),* October 23, 2009, B1.
75. Peg Lautenschlager, Wisconsin Attorney General, "Eyewitness Identification Best Practices" (June 15, 2005); John J. Farmer, Jr., Attorney General of the State of New Jersey, "Letter to All County Prosecutors: Attorney General Guidelines for Preparing and Conducting Photo and Live Lineup Identification Procedures" (April 18, 2001); Office of the Utah Attorney General, *Best Practices Statement for Law Enforcement: Recommendations for Recording of Custodial Interviews* (October 2008).
76. Jonathan Saltzman, "Homicide Conviction Rate in '09 Up Sharply," *Boston Globe,* December 28, 2009.
77. See, e.g., Report of the Task Force on Eyewitness Evidence, Suffolk County District Attorney's Office (July 2004), at www.innocenceproject.org/docs/Suffolk_eyewitness.pdf.
78. See, e.g., American Bar Association Standing Committee on Legal Aid and Indigent Defendants, *Gideon's Broken Promise: America's Continuing Quest for Equal Justice* (2004); The Spangenberg Group, *State and County Expenditures for Indigent Defense Services in Fiscal Year 2002* (2003), 34–37; Note, "Gideon's Promise Unfulfilled: The Need for Litigated Reform of Indigent Defense," 113 *Harv. L. Rev.* 2062, 2065 (2000); Darryl K. Brown, "Rationing Criminal Defense Entitlements: An Argument from Institutional Design," 104 *Colum. L. Rev.* 801, 807–808 and n.28, 815 (2004).
79. See *Oversight of the Department of Justice's Forensic Grant Programs: Hearing Before the S. Comm. on the Judiciary, 110th Cong.* (2008) (statement of Glenn A. Fine, Inspector General, U.S. Department of Justice); *Oversight of the Justice For All Act: Hearing Before the S. Comm. on the Judiciary, 110th Cong.* (2008) (statement of Peter Neufeld on Behalf of the Innocence Project).
80. *Letter from Assistant Attorney General William Moschella to U.S. Senator Orrin Hatch,* April 28, 2004, H.R. Rep. No. 108-711 at 133–156 (2004).
81. See Department of Justice, Technical Working Group for Eyewitness Evidence, *Eyewitness Identifications: A Guide for Law Enforcement* (1999), at www.ncjrs.gov/pdffiles1/nij/178240.pdf; National Institute of Justice, U.S. Department of Justice, *National Commission on the Future of DNA Evidence,* www.ojp.usdoj.gov/nij/topics/forensics/evidence/dna/commission/welcome.html.
82. Kansas v. Marsh, 548 U.S. 163, 194–195 (2006) (Scalia, J., concurring). Much of the thrust of his opinion, however, concerns a separate topic, the degree of error in our

system of capital punishment, which he argued has been "reduced to an insignificant minimum," or at least that the public is comfortable with the risks of error that exist. Ibid., 199. Justice Scalia was responding to a dissent by Justice Souter. Souter discussed several studies of false capital convictions, stating that "Today, a new body of fact must be accounted for in deciding what, in practical terms, the Eighth Amendment guarantees should tolerate, for the period starting in 1989 has seen repeated exonerations of convicts under death sentences, in numbers never imagined before the development of DNA tests." Ibid., 207–208 (Souter, J. dissenting). This book does not squarely address such debates, as I do not examine any set of capital convictions. However, as discussed earlier in this chapter, seventeen DNA exonerees had been sentenced to death, some multiple times, before their exoneration. For a discussion of the debate between Souter and Scalia, see Samuel R. Gross, "Souter Passant, Scalia Rampant: Combat in the Marsh," 105 *Michigan Law Review First Impressions* 67 (2006).

83. While scholars have estimated troubling error rates based on exonerations in death penalty cases, the cases that Justice Scalia was preoccupied with, such efforts are possible because we know how many people have been sentenced to death. See D. Michael Risinger, "Innocents Convicted: An Empirically Justified Wrongful Conviction Rate," 97 *J. Crim. L. & Criminology* 761 (2007) (estimating a 3.3% to 5% wrongful conviction rate for capital rape-murder exonerations involving convictions in the 1980s); Samuel R. Gross and Barbara O'Brien (draft on file with author).
84. See Sean Rosenmerkel, Matthew Durose, and Donald Farole Jr., U.S. Department of Justice, Bureau of Justice Statistics, *Felony Sentences in State Courts, 2006* (2009), table 1.2.1 (finding that of 1,132,290 felony convictions in state courts, only 10,540 involved rape convictions resulting in a prison sentence). A study from the early 1990s reported slightly higher figures. See Patrick A. Langan and Jodi M. Brown, U.S. Department of Justice, Bureau of Justice Statistics, *Felony Sentences in State Courts, 1994* (1992), 2 (finding that of 872,217 felony convictions, about 20,000 felons were convicted of rape, 71% of whom received a prison sentence).
85. The most complete effort to examine rape convictions, for example, used limited data and included no data on how many convicts were both convicted at a trial and received prison sentences of a given length, much less how many of those involved stranger-perpetrators. See Lawrence A. Greenfield, U.S. Department of Justice, Bureau of Justice Statistics, *Sex Offenses and Sex Offenders (1997)*, v, 13–14. The aggregate data presented in that study suggest that exonerees' convictions are atypical of the vast majority of rape convictions. Approximately 75% of rape convictions involve nonstranger acquaintance crimes, and of the approximately 21,000 rape convictions annually in the 1980s, 80% involved a plea bargain. In the 1980s, approximately two-thirds of rape convicts received a prison sentence, and among those, the average jail term was eight months, a fraction of the average of thirteen years that these innocent convicts served before being exonerated. Ibid. Another study suggests just a few thousand rape convictions involved a trial. See also Patrick A. Langan and Helen A. Graziadei, U.S. Department of Justice, Bureau of Justice Statis-

tics, *Felony Sentences in State Courts, 1992* (1995), 9 (finding that 3,952 rape convicts were convicted at a trial). Only 16% of rape convicts in another 1992 study received a maximum sentence of more than ten years, and many of those may not have served that long. Brian A. Reaves and Pheny Z. Smith, U.S. Department of Justice, Bureau of Justice Statistics, *Felony Defendants in Large Urban Counties, 1992* (1995), 33. Thus, the number of comparable cases during the relevant time period may not be great, and factoring the degree to which some innocent individuals never seek DNA testing, or where DNA tests cannot be conducted because the evidence was not preserved, the error rate is still higher.

86. Instead, a few jurisdictions have conducted partial or flawed retesting efforts. For example, an effort in Virginia has tested only selected cases and used outdated testing technology. See, e.g., Frank Green, "DNA Retests Needed in up to 400 Cases in Virginia," *Richmond Times-Dispatch,* May 14, 2009. Other efforts have similarly involved small numbers of cases handpicked by law enforcement or crime laboratories. See Jodi Wilgoren, "Prosecutors Use DNA Test to Clear Man in '80s Rape, *New York Times,* November 14, 2002.
87. District Attorney's Office for Third Judicial Dist. v. Osborne, 129 S. Ct. 2308, 2323 (2009).
88. D. Michael Risinger et al., "The Daubert/Kumho Implications of Observer Effects in Forensic Science: Hidden Problems of Expectation and Suggestion," 90 *Cal. L. Rev.* 1 (2002).
89. Richard A. Posner, "An Economic Approach to the Law of Evidence," 51 *Stan. L. Rev.* 1477, 1495 (1999); Dan Simon, "The Limited Diagnosticity of Criminal Trials," 63 *Vand. L. Rev.* (forthcoming 2011); Dan Simon, "A Third View of the Black Box: Cognitive Coherence in Legal Decision Making," 71 *U. Chi. L. Rev.* 511 (2004); Keith A. Findley and Michael S. Scott, "The Multiple Dimensions of Tunnel Vision in Criminal Cases," 2006 *Wis. L. Rev.* 291.
90. Itiel E. Dror, David Charlton, and Ailsa E. Peron, "Contextual Information Renders Experts Vulnerable to Making Erroneous Identifications," 156 *Forensic Sci. Int'l* 74–78 (2006).
91. Trial Transcript, 189–190, State of California v. Frederick Rene Daye, D 002073 (Cal. Ct. App. May 24, 1984).
92. Maurice Possley, "Exonerated by DNA, Guilty in Official's Eyes," *Chicago Tribune,* May 28, 2007.
93. Judith Graham, "Crime Labs Contaminate Justice," *Chicago Tribune,* June 21, 2001.
94. Linda T. Kohn, Janet M. Corrigan, and Molla S. Donaldson, *To Err Is Human: Building a Safer Health System* (Washington, D.C.: National Academy Press, 2000), 3–7.
95. See Peter Pronovost et al., "An Intervention to Decrease Catheter-Related Bloodstream Infections in the ICU," 355 *New Engl. J. Med.* 2725–2732 (2006).
96. See Keith Findley, "Proceedings of the Conference on New Perspectives on Brady and Other Disclosure Obligations: What Really Works: Report of the Working Groups on Best Practices," 31 *Cardozo L. Rev.* 1961, 1974–1975 (2010).

97. Gary L. Wells and Deah S. Quinlivan, "Suggestive Eyewitness Identification Procedures and the Supreme Court's Reliability Test in Light of Eyewitness Science: 30 Years Later," 33 *Law & Hum. Behav.* 1, 1 (2009) ("DNA exoneration cases can only represent a fraction, probably a very small fraction, of the people who have been convicted based on mistaken eyewitness identification.").
98. Trial Transcript, 76, State of Illinois v. Ronald Jones, No. 85-12043 (Ill. Cir. Ct. July 17, 1989).
99. William Shakespeare, *Macbeth,* act. 3, sc. 2, 8–12, act. 5, sc. 5, 69.
100. Letter from Kirk Bloodsworth to Congress (May 24, 2004), at www.thejusticeproject.org/testimony/kirk-bloodsworth-letter-to-congress/.
101. Ben Protess, "The DNA Debacle," *ProPublica,* May 5, 2009 (describing half-billion dollars in grant for DNA backlog elimination allocated under the 2004 Justice For All Act).
102. Trial Transcript, 321, State of Texas v. Ronald Gene Taylor (Tex. Dist. Ct. April 28, 1995).
103. See 145 Cong. Rec. S14533-02.

부록

1. The Innocence Project Home Page, at www.innocenceproject.org (providing count of postconviction DNA exonerations; the number as of July 2010 is 255).
2. These documents are available online at a set of University of Virginia School of Law Library research collection webpages. See Brandon L. Garrett, "Convicting the Innocent," at http://www.law.virginia.edu/innocence. Links are available at that webpage to appendixes and resources related to each book chapter. For example, for records relating to exoneree false confessions, see www.law.virginia.edu/html/librarysite/garrett_falseconfess.htm. For records relating to forensic analysis, see Brandon L. Garrett, "Exoneree Trials: Testimony by Forensic Analysts," at www.law.virginia.edu/html/librarysite/garrett_exoneree.htm.
3. Brandon L. Garrett, *Judging Innocence: An Update* (2009), at www.law.virginia.edu/html/librarysite/garrett_exonereedata.htm.
4. An interrater reliability analysis using the Kappa statistic was performed to determine consistency among raters in coding the two central questions concerning whether eyewitness identifications in a case involved indicia of police suggestion or unreliability. Kappa values from 0.40 to 0.59 are considered moderate, 0.60 to 0.79 substantial, and 0.80 outstanding (Landis and Koch, 1977). Analyses revealed outstanding interrater reliability for suggestion (Kappa 0.89, p .0.001, 95% CI 0.77 - 1.01) and substantial interrater reliability for reliability (Kappa 0.78, p .0.001, 95% CI 0.60 - .96). See J. R. Landis and G. G. Koch, "The Measurement of Observer Agreement for Categorical Data," 33 *Biometrics* 59–174 (1977).
5. For example, trial records obtained often do not provide basic data, such as the race of the defendant and the race of the victim, data that is readily available in exonerees'

comparatively well-publicized cases. Indeed, trial records are sealed in sexual assault cases in several key jurisdictions. For cases in which the only records are written judicial decisions, data is even more scant. Even data as basic as the year of conviction, or types of evidence presented at trial, was not typically reported in "matched" cases identified through judicial decisions.

감사의 말

이 책은 원고를 읽고 매우 귀중한 의견을 내주신 케리 에이브럼스, 새뮤얼 그로스, 리처드 렘퍼트, 그렉 미첼, 존 모너핸, 모리스 포슬리, 조지 루더글렌, 콜린 스타거, 잘 스타우퍼, 스티븐 선 그리고 래리 워커의 도움을 받았습니다. 몇 개의 장은 무고한 죄를 밝히는 DNA의 양상을 연구한 법률 리뷰(법률 간행물)에 실린 논문들 "무죄판결(Judging Innocence)," 108 컬럼비아 법률 리뷰 55(2008); "무죄주장(Claiming Innocence)," 92 미네소타 법률 리뷰 1629(2008); "근거 없는 범죄과학 증거와 부당한 유죄판결(Invalid Forensic Science Testimony and Wrongful Convictions)," 95 버지니아 법률 리뷰 1(2009)(피터 뉴펠드와 함께); "거짓 자백의 본질The Substance of False Confessions," 62 스탠퍼드 법률 리뷰 1051(2010); 그리고 "DNA와 공정한 법 절차(DNA and Due Process)," 78 포드햄 법률 리뷰(2010)에서 시작되었습니다. 피터 뉴펠드와 공동 연구한 무죄임이 밝혀진 사람들의 재판에서의 범죄과학 증거 연구와 J.J. 프레스콧과 함께 회귀분석을 이용한 무죄임이 밝혀진 사람들의 소송 분석 프로젝트를 진행하며 큰 도움을 받았습니다.

이 책의 챕터들 또는 이 책이 나오게끔 이끌어준 이전에 썼던 법률 리뷰 논문들에 관한 의견을 내주신 앤서니 암스테르담, 레이철 바르코프, 토니 바르코프, 조시 비튼, 아델 베른하르트, 에드워드 블레이크, 리처드 보니, 대릴 브라운, 레베카 브라운, 앨버트 최, 앤 코글린, 스티븐 드리진, 제프 페이건, 조너선 하이트, 버나드 하코트, 토비 헤이텐스, 로저 후드, 리처드 하인스, 짐 제이콥스, 솔 카신, 조디 크라우스, 에릭 랜더, 리처드 레오, 리처드 르원틴, 제임스 라이브만, 폴 머호니, 니나 모리슨, 에린 머피, 케일럽 넬슨, 피터 뉴펠드, 시네이드 오'도허티, 리처드 오프시, 캐럴린 램지, D. 마이클 라이싱어, 오스틴 새럿, 배리 셱, 리처드 슈레거, 스티븐 슐호퍼, 엘리자베스 스콧, 댄 시몬, 낸시 스테블래이, 수전 슈투름, 윌리엄 톰프슨, 게리 웰스, 롭 워든에게 감사드립니다. 이 책은 시카고, 조지아, 하버드, 뉴욕 대학교, 버지니아 대학교, 토론토, 그리고 털사 로스쿨에서의 연구 발표회, 그리고 미국 범죄 학회의 연례 학술 대회, 법과 사회 협회의 연례 학회, 무죄 네트워크 학회, 경험주의 법률 연구 학회 등의 콘퍼런스, 그리고 국립 과학 아카데미 제4차 회의, 법의학 커뮤니티의 필요성 확인 위원회의 도움을 받았습니다. '부당한 유죄판결' 세미나와 '헤비어스 코퍼스(인신보호절차)' 수업 과정에서 수년 동안 의견을 주신 학생들에게 감사드립니다.

처음 250명의 DNA 검사 후 무죄임이 밝혀진 사람들의 사례들로부터 이 방대한 기록들을 수집하는 것은 많은 사람들의 도움을 받아야만 가능했습니다. 무죄 프로젝트의 많은 파일들을 검색하고 그 문서들에 접근할 수 있게 해준 윈스턴 앤드 스트론 로펌에 대단히 감사드립니다. 자료의 위치를 찾고 데이터를 교환해주신 매디 드론, 후이 다오, 에밀리 웨스트 및 무죄 프로젝트 분들에게 특별히 감사드리며 여러 사례들의 자료를 찾는 것을 도와주신 노스캐롤라이나 실제무죄위원회 센터의 크리스틴 멈마 그리고 부당한 유죄판결 센터의 직원에게 감사드립니다. UVA 법률 도서관의 최고의 스태프, 특히 미셸 모리스, 벤 도허티, 켄트 올슨의 도움을 받아 지금도 더 많은 재판 기록을 얻고 있습니다. 아마도 가장 큰 비중의 기록들은 감사하게도 기록보관소와 서류철을 철저히 조사해준 법원 서기, 법원 사서, 법원 속기사, 검사, 피고측 변호인, 재심절차 변호사, 무죄 프로젝트 등 수많은 분들의 도움으로 얻어졌을 것입니다. 댈러스 카운티 지방 검찰청은 특히 도움이 되었으며 이곳이 아니면 찾을 수 없었을 여러 사례에 대한 공판 기록을 제공해주었습니다. 이러한 파일들을 조사하는 일에 도움을 주신 UVA로스쿨의 다이앤 존슨과 베티 스노에게 특별히 감사드립니다.

이러한 자료들을 수집하고 조사한 이후에는, 최상급 연구 조교 팀원들인 제프리 벤더, 캐서린 버드, 제임스 캐스, 크리스틴 창, 베로니카 드라갈린, 레베카 아이비, 티파니 존스, 브래들리 유스투스, 제시카 킹, 데이비드 케이니그, 섀넌 랑, 조지핀 류, 레베카 마틴, 에린 몽고메리, 시네이드 도허티, 닐락시 파르디가마지, T.J. 판햄, 레베카 리브, 리처드 로스블래트, 케리 쉐플레이, 나탈리 숀카, 제이슨 시융, 엘리자베스 스터다드, 스티븐 선, 엘리자베스 테드포드, 저스틴 토레스는 수년에 걸쳐 이 모든 문서들을 검토하고 코드화하는 데 도움을 주었습니다. 목격자 코드화와 관련된 평정자간 신뢰도 점수 계산을 도와준 제시카 코스텔닉, 그리고 데이터를 분석하고 여러 연구 결과를 나타내는 차트를 마련해주는 일을 도와준 에드워드 케네디에 감사드립니다. 법률 도서관 리서치 리소스 웹사이트를 만드는 일에 도움을 주어 무죄임이 밝혀진 사람들의 사례로부터 나온 자료 중 몇 가지를 온라인으로 대중이 이용가능하게 해 준 매리 우드에게 감사드립니다.

이 책은 결백을 증명하기 위해 수년간 고군분투했던 무고한 사람들의 인내와 용기로 만들어진 증거입니다. 또한 조사하는 과정에서 연락이 닿아 그들이 겪었던 일들에 대한 질문에 친절하게 답해주시고 재판 자료나 다른 기록들을 제공해주신 무죄임이 밝혀진 사람들에 감사드립니다.

피터 뉴펠드와 배리 셱의 직원으로서 2002년부터 2004년까지 당시의 코크런, 뉴펠드 앤드 셰크(LLP) 로펌에서 일했던 것을 영광으로 생각합니다. 그곳에서 일하는 동안 무죄판결 이후의 부당한 유죄판결 민사소송 제기와 관련하여 여러 명의 DNA 검사 결과 무죄임이 밝혀진 사람들을 대변할 기회를 가졌습니다.

편집과 관련된 제언과 길잡이가 되어준 엘리자베스 놀, 그리고 원고가 향상되도록 일해 주신 하버드 대학 출판사의 모든 분들에게 감사드립니다.

이 책은 나의 버지니아 대학교 법과대학 동료들의 지적 공헌 없이는 불가능했을 것입니다. 또한 이 연구는 UVA로스쿨의 Olin프로그램의 보조금, UVA로스쿨의 하계 연구 보조금, 그리고 몇 년간 열린사회연구소, 형사사법기금 보조금 등의 관대한 재정적 지원을 받았습니다.

수년간 이 작업을 지지해주신 나의 가족에게 진심으로 감사드립니다. 나의 경이로운 아이들이 이 책을 작업했던 시기에 태어났고, 그들은 제게 있어 매일의 기쁨이었습니다. 나의 부모, 테오도르 개릿과 보니 개릿, 나의 여자 형제, 나탈리 개릿, 그리고 나의 장인과 장모, 리처드 에이브럼스와 재니스 에이브럼스는 모두 헤아릴 수 없이 많은 방식으로 격려와 도움을 주었습니다. 모든 면에서 사랑스럽고 훌륭한 파트너일 뿐만 아니라 그 누구보다 훌륭한 독자로서, 편집자로서, 자문으로서 이 책의 모든 과정에서 가장 귀중하고 통찰력 있고 생각을 불러일으켜주는 공헌을 해준 나의 아내 케리 에이브럼스에게 가장 큰 감사를 전합니다.

오염된 재판

과학수사의 추악한 이면과 DNA 검사가 밝혀낸 250가지 진실

초판 1쇄 인쇄 2021년 5월 24일
초판 1쇄 발행 2021년 5월 31일

지은이 브랜던 L. 개릿
옮긴이 신민영
펴낸이 이상훈
편집인 김수영
본부장 정진항
편집2팀 이현주 허유진
마케팅 천용호 조재성 박신영 성은미 조은별
경영지원 정혜진 이송이

펴낸곳 (주)한겨레엔 www.hanibook.co.kr
등록 2006년 1월 4일 제313-2006-00003호
주소 서울시 마포구 창전로 70(신수동) 화수목빌딩 5층
전화 02) 6383-1602~3 **팩스** 02) 6383-1610
대표메일 book@hanibook.co.kr

ISBN 979-11-6040-600-9 03360

- 책값은 뒤표지에 있습니다.
- 파본은 구입하신 서점에서 바꾸어 드립니다.